21世纪成人高等教育精品教材

财务管理学

主编 龙云飞

CAIWUGUANLIXUE

中国人民大学出版社

21 世 纪 成 人 高 等 教 育 精 品 教 材

编审委员会

总　　序

历史的车轮已将人类社会推进了崭新的时代，推进了一个科学技术发展日新月异、发明创造层出不穷、知识更新日趋频繁的“知识经济”时代，知识已成为经济与社会生活的“主旋律”。发展教育事业，不断调整人们的知识结构、提高知识水平已成为时代的要求。随着经济的全球化发展，世界各国都自觉不自觉地卷进了世界商品竞争的大市场中，竞争的实质就是各国科学技术力量的竞争、人才的竞争。这就使当今世界各国都极其重视科学技术的发展和高级专门人才的培养，大力发展高等教育，特别是成人高等教育。随着经济与社会的发展，成人高等教育将成为一种最广泛最普及的教育形式。

在世纪之交，党中央及时提出了“科教兴国”、“人才兴国”、“人才强国”的战略决策，并在党的十六大明确提出要“形成全民学习、终身学习的学习型社会，促进人的全面发展”，“构建终身教育体系”，在一个新的高度确定了我国成人高等教育的地位、作用和任务，对发展成人高等教育提出了新的更高的要求。构建“学习型社会”和“终身教育体系”，实质上就是要求发展和完善多种形式、多种层次的成人教育，特别是成人高等教育。目前，我国成人高等教育的发展规模已占全国高等教育的一半左右，随着我国经济的现代化发展、产业结构的调整、传统产业部门的改造、新兴产业部门的建立，数以千万计的各种岗位劳动者，需要通过边工作边学习来调整自己的知识结构和提高自己的知识水平，以适应这种现代经济与社会发展的要求。可见，我国的成人高等教育的发展面临着可贵的机遇，肩负着重大的历史使命。

我国的成人高等教育要抓住机遇发展，完成自己的历史使命，从根本上说就是要全面提高教育教学质量，这涉及多方面的工作，但抓好教材建设是提高教学质量的中心环节。众所周知，成人教育的对象是在岗的职工，他们一方面有着丰富的实践经验，有着较强的自学能力；另一方面他们要边工作边学习，这就决定了他们的知识在很大程度上要通过自学教材来获得，靠自学成才。所以，要提高教育教学质量，首先要抓好教材建设。

为适应我国成人高等教育新发展的需要，满足广大成教学员的普遍要求，中国人民大学出版社邀请了国内知名专家学者对我国成人高等教育的教学改革与教材建设进行专题研讨，成立了教材编审委员会，联合全国30多所著名高校，共同策划编撰“21世纪成人高等教育精品教材”，计划在两三年内陆续推出百门成人高等教育精品系列教材。教材编审委员会对该系列教材的作者经过了严格的遴选，编写教材的专家、教授都有着丰富的成人高等教育教学经验和较高的专业学术水平。教材编写严格遵照教育部颁布的“全国成人高等教育教学基本要求”，坚持理论联系实际的原则，结合我国成人高等教育的特点，使教材内容完整统一，具有一定的理论性、科学性和实用性。力求使这批新编的教材从内容到形式真正符合成人的特点和要求，有新的突破。具体表现为：理论联系实际；反映最新成果；鲜明的时代精神；突出案例分析；论述深入浅出；章节重点突出；叙述通俗易懂；文字简练流畅。

这套“21世纪成人高等教育精品教材”不仅适用于成人高等教育，也非常适合作为普通大中专院校、远程网络教育学院、高职高专院校各相关专业的教材使用。

这套“21世纪成人高等教育精品教材”在策划和编写出版过程中，得到教育部高教司、中国成人教育协会、北京高校成人高教研究会、中国人民大学、东北财经大学、武汉大学、山西财经大学、东北师范大学、华中科技大学、黑龙江大学、长春大学、湖北工学院等单位的领导、专家、学者的大力支持和帮助，谨表深切谢意。我们相信，随着我国成人高等教育的发展和教学改革的不断深入，特别是随着教育部“高等学校教学质量和教学改革工程”的启动和实施，这套适应应用型人才培养的成人高等教育精品教材必将促进我国高校教学质量的提高。

杨干忠

2004年5月28日

前　言

中国资本市场的深入发展及我国企业财务管理环境的巨大变化，对传统财务管理理论与实务产生了强烈的冲击和深刻的影响，进而对人们在财务管理的观念、方法、手段以及方式等方面也将产生重大的影响，使得利用更为科学、先进的管理方法与手段成为可能，也使新的财务管理理念、运行机制、管理模式得以形成和引入。这些导致财务管理的时空范围进一步拓展，运行效率大大提高，财务管理的理论与方法不断完善和创新，推动着财务管理学科建设朝着科学化、多样化和实用化的方向发展。

本书以资本市场为背景，以公司制企业为对象，在阐述现代企业财务管理基本理论的基础上，着重考察了企业资本筹集、运用和收益分配的财务理论和方法，同时还阐述了企业并购、企业失败、重整与清算等专门问题。本书的编写遵循财务管理理论结构和专业实践特色，本着务实、求新、继承与开拓的精神，关注财务管理实践的最新动态，力争做到实用性与超前性的统一，定性分析与定量分析相结合，着重培养学生对财务专业的判断能力与分析能力。

另外，本书还设计了新的编写体例：各章末尾设有小结，提炼出本章内容的要点；各章后附有复习题、讨论与思考题，便于教学安排和学生自学参考。

本书由黑龙江大学龙云飞主编，全书共十二章，其中，第二、三、九、十章由龙云飞编写，第一、四、六、八章由哈尔滨商业大学卜穆峰编写，第五、七章由大连理工大学刘彦文编写，第十一、十二章由武汉大学鄢洪平编写，全书由龙云飞修改定稿。

由于时间仓促，编者的水平有限，书中难免有误，恳请读者批评指正。

编　者

2004 年 6 月

目　录

第一章
总　论

【本章引言】

现代财务管理理论产生于20世纪50年代。随着经济活动的日益繁杂和经济活动领域的不断延展，财务管理的理论体系得到了充实和完善，财务管理的方法在实证研究中也在不断地修正和创新。在市场经济条件下，财务管理以理财目标为出发点和归宿，理财目标又为企业经营目标服务。因此，对企业来说，财务管理实施的有效与否直接关系到企业的前途和命运。本章着重介绍财务管理的一些基本概念和管理理念。

第一节　财务管理的概念

一、财务管理的含义

在市场经济条件下，商品是使用价值和价值的统一体；社会再生产过程是使用价值的生产、交换过程和价值的形成、实现过程的统一体。在这一过程中，企业将资金通过采购业务转换成生产资料；劳动者通过生产过程将消耗的生产资料的价值转移到产品中，并因在产品中凝结了劳动者的活劳动而创造出新的价值；通过销售过程将产品销售出去，在收回资金的同时使生产过程中转移的价值和新创造的价值得以实现。企业在上述生产经营过程中，其实物资产的价值形态不断的发生变化，由一种形态转变成另一种形态，周而复始，循环往复，这种价值量的循环周转形成了企业的资金运动。企业的生产经营活动一方面表现为商品实物形态的转换过程，另一方面表现为资金的运动。资金运动是企业再生产过程的价值表现，它从价值量角度综合地反映了企业的再生产过程。在此意义上，可以将资金的实质理解为是社会再生产过程中运动着的价值。

企业的资金运动不仅蕴含在物质运动中，而且由此会引发企业与有关利益群体之间的经济利益关系。企业财务是二者的统一体，就是指企业再生产过程中客观存在的资金运动和所体现的经济利益关系。财务管理正是基于企业再生产过程中客观存在的财务活动和财务关系而产生的经济管理活动。

简言之，财务管理是指按照一定的原则，运用特定的量化分析方法，从价值量角度出发，组织企业的财务活动，处理企业财务关系的一项经济管理工作，是企业管理的重要组成部分。为此，要准确把握财务管理的概念，必须先了解企业所从事的财务活动以及由此而产生的财务关系。

二、企业财务活动

企业财务活动是指以现金收支为主的企业资金收支活动的总称。企业的资金收支活动汇集了企业所有的生产经营活动的内容和实质，直观的表现为资金的流入和流出，由资金的筹集、投放、使用、收回和分配等一系列活动所构成。企业的财务活动主要包括以下四个方面。

1. 筹资活动

在商品经济条件下，任何经济实体从事生产经营活动的前提是要拥有一定数量的资金并能够对其加以自主的支配和运用。企业取得资金以及由此而产生的一系列经济活动就构成了企业的筹资活动。具体表现为：当企业借助于发行股票、发行债券、吸收直接投资等方式筹集资金时，会引发资金流入企业，此为资金收入；当企业在筹资时支付各种筹资费用，向投资者支付股利，向债权人支付债务利息以及到期偿还债务本金时，会引发资金流出企业，此为资金支出。上述因筹集资金而引发的各种资金收支活动就是筹资活动。

2. 投资活动

通过各种方式筹集大量的资金并非企业经营的最终目的。企业筹集资金后所面临的问题是如何合理的运用资金以谋求最大的经济利益，增加企业的价值。企业对资金的运用包含两个方面的内容：将资金投放于长期资产或短期资产。在本书中将资金占用在长期资产上称为投资活动；将资金运用在短期资产上进行周转称为资金营运活动。企业的投资活动可以分为广义的投资活动和狭义的投资活动。狭义的投资活动仅指对外投资，包括对外股权性投资和债权性投资两种。广义的投资活动不仅包括对外投资还包括对内投资，具体表现为：对内固定资产投资、对内无形资产投资等。当企业将筹集到的资金用以购买各种长期资产或有价证券时，会引发资金流出企业；当企业将长期资产处置或将有价证券转让收回投资时，会引发资金流入企业。上述因资金的投放而引发的资金收支活动就是投资活动。

企业的筹资和投资活动之间不是孤立的，而是互为依存、辩证统一的。筹资活动是投资活动的前提，没有筹资活动，投资活动就将失去资金基础；投资活动是筹资活动的目的，是筹资活动经济效益得以实现的保障，没有投资活动，筹资活动将失去意义，成为不经济行为。

3. 资金营运活动

企业短期资金的周转是伴随着日常生产经营循环来实现的。具体表现为：企业运用资金采购材料物资并由劳动工人对其进行加工，直至将其加工成可供销售的商品，同时向劳动者支付劳务报酬以及支付各种期间费用。当企业用资金来偿付这些料、工、费的消耗时会引起资金流出企业，最终企业通过销售、货款结算将商品销售出去并实现资金的回笼，从而使资金流入企业。在此过程中，若企业出现临时的资金短缺无法满足经营开支时，还可以借助于举借短期债务的方式筹集流动资金，同样也会引起资金流入企业。如上所述，因企业的日常经营活动而引起的各种资金收支活动就是资金营运活动。

4. 利润分配活动

企业在经营过程中会取得利润，也可能会因对外投资而获得投资收益，这表明企业实现了资金的增值或取得了投资报酬。企业的利润要按规定的程序进行分配。首先，要依法纳税；其次要用来弥补亏损，提取盈余公积金、公益金；最后要向投资者分配利润。这种因实现利润并对其进行分配而引起的各种资金收支活动就是利润分配活动。

上述四项财务活动并非是孤立、互不相关的，而是相互依存、相互制约的。正是上述相互联系又有一定区别的四个方面，构成了完整的企业财务活动，这四个方面也就是财务管理的基本内容，即：企业筹资管理、企业投资管理、营运资金管理和利润及其利润分配管理。

三、企业财务关系

企业财务关系是指企业在组织财务活动过程中与各有关方面所发生的经济利益关系。在企业进行筹资、投资、营运及利润分配等财务活动时，因交易双方在经济活动中所处的地位不同，各自拥有的权利、承担的义务和追求经济利益内容的不同而形成各种各样、各具特色、不同性质的关系。大体可以概括为以下七个方面：

1. 企业与投资者之间的财务关系

企业接受投资者投资形成企业的主权资金，企业将税后利润按照一定的分配标准分配给投资者作为投资者的投资回报；投资者将资金投入企业，获得对企业资产的所有权（或股份），从而参与企业的生产经营运作并有权按持有的权益份额从税后利润中获取投资报酬。按投资主体的不同，可以将投资者分为国家、法人、个人和外商四种类型。投资者必须按照合同、协议、章程的规定按时履行出资义务及时形成企业资本金，获取参与生产经营、分享利润的权利。企业接受投资后，对资金加以合理运用，取得的财务成果要按照各出资人的出资比例或合同、协议、章程规定的分配比例向投资者分配利润。企业与投资者之间的财务关系体现为所有权性质上的经营权与所有权关系，也可以说是所有权性质上的受资与投资关系。

2. 企业与被投资者之间的财务关系

企业可以将生产经营中闲置下来的、游离于生产过程以外的资金投放于其他企业，形成对外股权性投资。随着经济一体化的不断深入，企业间横向联合的开展，使企业间资金的横向流动日益增多。企业向外单位投资应当按照合同、协议的规定，按时、足额地履行出资义务，以取得相应的股份从而参与被投资企业的利润分配。被投资企业受资后须按照取得的税后利润和规定的分配方案将收益在不同的投资者之间进行分配。企业与被投资单位之间的财务关系属于所有权性质上的投资与受资关系。

3. 企业与债权人之间的财务关系

企业向债权人借入资金形成企业的债务资金，企业按照借款协议或合同中的约定按时向债权人支付利息作为对债权人出资的回报，并到期偿还债务本金；债权人按照合同中的约定及时将资金借给企业成为企业的债权人，有权按合同、协议的约定取得利息和本金的清偿。与投资者所不同的是，债权人的出资回报来源于税前利润；投资者的出资回报来源于税后利润，其数额并未在投资时确定下来，而是取决于企业税后净利润的多寡以及企业利润分配的比例。企业与债权人之间的财务关系属于债务与债权关系。

4. 企业与债务人之间的财务关系

企业不仅可以向债权人借入资金，形成资金来源，同样也可以将资金通过购买债券、提供借款或商业信用等形式借给其他利益相关群体，企业将资金出借后，有权要求债务人按照约定的条件偿付本息。企业与这些利益相关群体间形成的财务关系表现为债权与债务关系。

5. 企业与内部职工之间的财务关系

企业与内部职工之间通过签订劳务合同形成一定的财务关系。主要表现为：企业接受职工提供的劳务并从营业所得中按照一定的标准向职工支付工资、奖金、津贴、养老保险金、失业保险金、医疗保险金、住房公积金等。此外，企业还可根据自身业务拓展的需要，为职工提供学习、培训的机会，提高职工的专业技能或管理水平，为企业创造更多的经济效益；职工按照合同约定为企业提供劳务，索取劳务报酬。这种企业与职工之间的财务关系属于劳动成果上的分配关系。

6. 企业内部各单位、各部门之间的财务关系企业内部各单位、各部门在企业生产经营过程中所处的环节、职能、分工各不相同，在企业实行内部经济核算制和经营责任制的条件下，企业内部各单位、各部门都有相对独立的资金定额或可独立支配的费用限额，当企业内部各单位、各部门之间相互提供产品、劳务时，对交易的客体——劳务、产品要进行计价并结算。此外，企业内部各单位、各部门与企业财务部门会发生诸如借款、报销、代收、代付等经济活动。在此意义上，企业内部各单位、各部门之间会建立一定的财务关系，这种财务关系属于企业内部的资金结算关系，体现了企业内部各单位、各部门之间的利益关系。

7. 企业与税务机关之间的财务关系

企业从事生产经营活动所取得的各项收入要按照税法的规定依法纳税，并由此形成与国家税务机关之间的财务关系。任何企业都有依法纳税的义务，以保证国家财政收入的实现，满足社会公共需要。因此，企业与国家税务机关之间的财务关系体现为企业在妥善安排税收战略筹划的基础上依法纳税和依法征税的权利义务关系。

四、财务管理的特点

企业的生产经营活动错综复杂，决定了企业管理活动包括生产经营活动方方面面的内容。具体包括：生产管理、人力资源管理、设备管理、销售管理、物业管理、财务管理等。各项管理工作相互联系、紧密配合，同时在科学分工的基础上又有着各自独特的特点。财务管理的特点主要表现在：

1. 财务管理是一种价值管理

企业管理在实行分工、分权管理的过程中形成了一系列专业管理活动，这些管理活动各有其侧重点，有的侧重于使用价值的管理，有的侧重于价值的管理，有的侧重于劳动要素的管理，有的侧重于信息的管理等。其中，财务管理是针对企业的资金运动及其形成的财务关系所进行的管理，是从价值角度对企业的经营活动进行的管理，由此可见，财务管理区别于其他管理活动的最显著的特点在于它是一种价值管理。

2. 财务管理是一项综合性的管理工作

财务管理工作是通过价值形式，对企业的各种经济资源、生产经营过程、战略发展方向和生产经营成果进行合理地配置、规划、协调和控制，提高企业经营效率并制定适应本企业生产经营特色的财务政策，提高企业的经济效益，使企业所有者财富不断增加。因此，财务管理既是企业管理的一个独立方面，又是一项综合性的管理工作。

3. 财务管理与企业各方面的管理工作具有广泛的联系

财务管理是组织财务活动，处理财务关系的一项综合性的管理活动。财务管理的对象是企业的各项财务活动以及由此引发的各种财务关系。故此，在企业的生产经营管理过程中，一切涉及资金收支的活动都与财务管理有关。而在企业管理实务中，企业内部各职能部门的运营活动都会或多或少涉及资金的收支。主要表现在各职能部门会因使用资金而与财务部门产生联系；财务部门要对各职能部门的财务收支进行预算、监督，确保各部门合理使用资金、节约资金占用、提高资金使用效率。因此，财务管理工作会与企业管理的各个方面产生广泛的联系。

4. 财务管理能够迅速的反映企业生产经营状况

在企业进行财务管理的过程中，通过计划、组织、协调和控制对企业各方面的财务活动进行管理，在制定了适宜的财务政策后实施决策，同时在财务计划过程中为财务决策的实施奠定了评价、分析基础。因此，在企业管理过程中决策是否合理、经营是否适当、技术是否有优势、产销是否顺畅等都可以快速的借助于财务分析指标及选定的比较标准来进行衡量、评价，反映出企业生产经营的实际状况和取得的财务成果。为此，财务部门应通过财务报表分析及时向企业的管理层报送有关财务分析指标的变化情况，以便使决策层及时掌握企业各方面经营运转状况和财务成果，努力实现财务管理目标。

第二节　财务管理的目标

在系统论中对目标所作的诠释为：正确的目标是系统良性循环的前提条件。企业管理系统有企业管理的目标；财务管理系统有财务管理的目标。作为企业管理的组成部分，财务管理的目标应与企业经营管理的目标协调一致，并受财务管理自身特点的制约。

一、企业经营目标及其对财务管理的要求

企业是盈利性组织，其运营的出发点和归宿都是为了获利。企业经营管理的目标可以概括为生存、发展和获利。不同层次的企业目标对财务管理提出了不同内容的要求。

1. 生存

生存是获利的前提条件，企业只有生存才能获利。企业是在市场中生存的，企业生存所处的市场按交易对象划分包括：商品市场、金融市场、人力资源市场、技术市场等，企业在市场上求得生存必须要满足一定的条件。首先，企业生存最基本的条件是“以收抵支”。企业的资金周转在物质形态上可以表现为：一方面，企业付出货币资金从市场上取得所需资源；另一方面，企业向市场上提供市场所需商品或服务，并换回货币资金。企业为了维持生存，必须做到从市场上换回的货币资金至少要等于付出的货币资金，这样才能维持企业的长期存续。反之，企业没有足够的支付能力，无法从市场上换回生产经营所需材料物资，则企业必然会萎缩，直到企业无法维持最低运营条件而被迫终止。如果企业长期亏损，扭亏无望，就失去了存在的意义。为避免进一步扩大损失，所有者应主动终止营业。其次，即使企业当期有盈利，但是在企业资金周转过程中也可能由于某种原因导致资金周转困难而无法偿还到期债务。发生这种情况时，企业也可能无法生存下去，即企业生存的另一个基本条件是到期偿债。企业在生产经营过程中，为了满足运营周转对资金的需求，往往会借助于各种方式筹集资金。其中，为了筹集满足临时性周转所需资金或扩大业务规模所需资金，企业可以向其他个人或法人筹集债务资金。政府为了保障经济利益双方的合法权益，为了维持市场经济秩序，通过立法规定债务人必须“偿还到期债务”，否则，必要时进入“破产清算程序”。企业如果不能偿还到期债务，债权人诉诸于法律程序的话，就有可能被债权人接管或被法院判定破产。

由此可见，企业生存的威胁主要来自于上述两个方面：长期亏损，是导致企业终止的内在原因；不能偿还到期债务是导致企业终止的直接原因。

企业管理的第一层目标——“生存”目标，对财务管理提出的要求是：对企业的筹资环节、投资环节和资金营运环节进行有效管理，使企业拥有“以收抵支”和“偿还到期债务”的能力，减少企业的破产风险。

2. 发展

企业是在发展中求得生存的。企业若仅仅维持简单再生产将很难长久的在现代市场经济竞争条件下生存。为此，经营管理者将企业的生产经营活动形象地比喻为“逆水行舟，不进则退”。在科技不断进步、竞争不断加剧、产品不断推陈出新的今天，企业只有不断的改进生产工艺、开发研制出新产品、向市场提供更能满足消费者需求的商品，占据市场有利地位，形成自己竞争优势，才能在市场中立足，实现企业生存并发展的经营管理目标。发展的停滞意味着企业步向了死亡。在市场经济中，任何经济资源的取得和运用都是要付出一定代价的，而货币资金则是对代价的最终结算手段。资金的投放，生产规模的形成，企业的运营，都离不开资金。

因此，筹集企业发展所需资金，合理的运用资金是企业管理目标对财务管理第二层次的要求。

3. 获利

企业能够获利，才有存在的价值。组建企业的目的就是为了获利。运营过程中的企业有很多项努力的目标，包括扩大市场份额、提高所有者收益水平、减小环境污染、改善生产环境和员工的福利待遇等。但获利是其中最具综合性的目标，不但体现了组建企业的出发点和归宿，而且还可以反映出其他目标的实现程度。从财务上看，获利就是使产出资金大于初始投入资金。在市场中取得资金要付出代价——成本，每项资金的投放都应当遵循经济效益原则，即财务管理人员对资金的运用都应当是讲求经济效益的，都应当以产出最大的方式对资金加以运用。

因此，企业第三层次的管理目标——“获利”目标，对财务管理提出的要求为：合理有效地运用资金，从而使企业获利。

综上所述，企业管理三个层次的目标——生存、发展和获利是相互联系、密不可分的。企业管理的目标要求财务管理做到筹集资金并有效地进行投放和使用。为了切实完成企业管理对财务管理的要求，在财务管理过程中，不仅要对资金的取得和运用进行管理，而且还要对生产、销售和利润分配的环节进行管理，从总体上实现企业目标对财务管理提出的要求。

二、财务管理目标的特征

1. 财务管理目标具有相对稳定性

财务管理目标是在一定宏观经济管理体制和企业经营模式下，由人们在总结经营管理实践的基础上提炼出来的。随着宏观经济管理体制和企业经营模式的不断演化，财务管理目标也在不断的改进。但是，宏观经济管理体制和企业经营模式的演变是循序渐进的，必须发展到一定阶段以后才能产生质变，人们的认知在达到一个全新的高度后，也会有一个取得共识、普遍接受的过程。因此，财务管理目标作为人们对客观经济管理活动的规律性概括，在一定经济发展时期内是相对稳定的。

2. 财务管理目标具有可操作性

财务管理目标是实施财务目标管理的依据和前提，企业根据财务管理的目标制定一系列经济指标并对其进行分解，进而实现职工自我控制以及对企业的经济活动进行科学的绩效考评，为此，要求财务管理目标必须具有可操作性。具体来说包括：

（1）可计量性。合理的财务管理目标应当可以准确计量，具有明确、具体、定量化的财务指标，使其具有较强的可操作性。理财目标既要有定性的描述，同时也要能据以制定出可量化的衡量标准，这样才便于管理操作。

（2）可追溯性。理财目标应该是最终可以追溯到有关管理部门和人员头上，这样才有利于落实指标责任，检查责任履行情况，制定整改措施，并实施奖惩制度，最终保证企业总体发展目标的实现。

（3）可控制性。企业的理财目标以及分解落实到各职能部门、业务单位、责任中心的具体目标，应该是企业及所属部门、业务单位、责任中心能管得住、控制得了的。凡是在他们权利控制范围之外的目标，他们是无能为力的，用以评价其工作绩效有失公允，这种目标形同虚设，没有现实意义。

3. 财务管理目标具有层次性

财务管理目标是企业财务管理系统顺利运行的前提条件，同时它本身也是一个完备的系统。各种各样、不同层次的理财目标构成了一个科学的目标体系，这个体系反映着各个量化指标之间的内在联系。财务管理目标按其涉及范围大小，可分为总体目标和具体目标。总体目标是指整个企业在财务管理中所要达到的目的，制约着整个财务管理过程的总体发展方向，是企业财务活动的出发点和归宿。具体目标是指在总体目标的框架制约下，从事某一内容财务活动所要达到的目的。总体目标是各个具体目标的集中表现；具体目标是总体目标的细化和分解，是为保证总体目标的实现而制定的。财务管理总体目标是企业各项财务活动的共同目标，对于各项财务活动起着指导和监控作用，对企业影响深远、意义重大。为此，本章将着重阐述财务管理的总体目标。

三、财务管理目标的具体内容

企业财务管理目标是指为了完成企业管理对财务管理提出的要求，在企业理财过程中事先拟定的希望实现的结果。是在特定的理财环境中，通过组织财务活动、处理财务关系所要达到的根本目的。理财目标是衡量财务管理过程是否有效的最终标准。

由于企业所处的宏观经济环境不同，企业管理目标的衡量标准不同，企业管理的价值取向不同，企业财务管理目标也表现出了不同的内容。以下是在财务管理理论和实践中出现的最具代表性的几种观点：

1. 利润最大化

这种观点认为：利润代表企业新创造的价值，利润越多则说明企业的价值积累越多，越接近企业的管理目标。以“利润最大化”作为理财目标的原因是：首先，从全社会角度看，人类从事生产经营的目的是为了创造更多的财富，厂商生产更多的剩余产品用以满足消费者的消费需求。在经济领域中，用来衡量剩余产品数量多少的价值指标是利润额。其次，在自由竞争的资本市场中，一定量资本的最终使用权归属于使用效率最好的企业，即获利最多的企业。再次，利润是企业补充资本、扩大生产经营规模的资金源泉，利润越多，企业的自我积累能力越强，越具有竞争实力。

因此，以利润最大化作为理财目标在一定条件下对社会经济的发展、企业管理目标的实现具有一定的积极意义。但是，“利润最大化”目标在实践应用中暴露出了以下几个缺点：

(1) 没有考虑资金的时间价值，即没有考虑利润取得的时间。这里的利润是指企业在一定时期内获得的利润总额，并没有考虑获得利润的时间先后。例如：有两个方案，同样都是在5年有效投资寿命期内获得利润总额1 000万元，甲方案的利润额是在5年中分期获得的；乙方案的利润额是在寿命期满时一次性获得的。单纯按照“利润最大化”目标衡量两个方案，这两个方案便没有差异了。显然，这一结论是不符合实际的。任何理性经济人都会判断出甲方案经济效益超过乙方案。这里就体现了资金的时间价值。

(2) 没有考虑投入与产出之间的比例关系，即没有考虑为取得利润所需投入的资本额。

例如：同一时间获得同等数额的利润 1 000 万元，一个企业需投入 5 000 万元的资本，而另一个企业为支撑运转则需投入 6 000 万元的资本。单从“利润最大化”目标进行判断，二者是无差异的。但实质上，前者的资本运营效果明显好于后者。也就是说在评判财务管理效果时不能仅仅依靠“利润最大化”目标。使用“利润最大化”指标，不能用于不同经营规模的企业、同一企业不同时期或不同投资成本的项目间的比较。

(3) 没有考虑到风险因素，即没有考虑到为取得等量利润所承担风险的程度。可能会导致企业的财务决策者只顾追求利润而忽略了风险的“负面影响”，使企业遭受风险损失。

(4) 片面的追求利润最大化，可能会使企业在制定决策时过于重视“近期利益”忽视“远期利益”，引发决策上的“短视行为”。导致企业只顾实现目前的短期利润最大化，忽视了企业的长远发展。

2. 每股收益最大化

这种观点认为：在企业运营过程中，资金是稀缺的经济资源，所以在企业理财时还应重视对资金运营效率的管理，即应当把企业获取的利润与所有者(股东)投入的资本相联系，从而衍生出“每股收益最大化”的企业理财目标。“每股收益最大化”目标克服了“利润最大化”目标中的一个缺点，即考虑了所得与所费之间的比例关系，强调了资金运营效率，但是该理财目标中依然存在弊端：

(1) 没有考虑到资金的时间价值。

(2) 没有考虑到取得利润时所承担的风险。

(3) 不能避免决策上的“短视行为”。

3. 股东财富最大化

这种观点认为，企业的所有权属于股东，企业运营管理应代表股东的利益，即通过财务上的合理经营，为投入到企业中的股东资本创造更多积累，为股东创造更多财富。“股东财富最大化”或“企业价值最大化”是在市场经济体制下提出并逐步完善的，已成为现代企业制度下最科学的理财目标，这也是本书中采用的观点。

理论界所公认的衡量“股东财富”的标准是：公司当前的股票价格。因为，在股份公司中，个别股东财富的多少取决于两个因素，股东拥有的股份数量以及每股股票的市场交易价格。其中，股份数的多少取决于股东最初投入的资本数额，并不能体现出公司日后的经营为其带来的利益。所以，在剔出了股份数引发的股东财富数量上的差异后，股票市场价格就成为决定股东财富多寡的惟一制约因素。

股价的高低，反映了潜在的投资群体对公司价值的客观评价。衡量股东财富大小的标准——每股股价的高低反映了投入资本与获利额之间的关系；每股价格的高低在数值上受预期每股收益现值的影响，反映了预期每股收益的大小和取得的时间；每股价格的大小也能够在一定程度上反映出每股收益的风险。综上所述，与前两种财务管理目标相比，“股东财富最大化”有其显著的优点：

(1) 考虑了资金的时间价值。

(2) 考虑了风险因素。

(3) 考虑了公司长远发展，因为只有公司未来的发展前景好，预期的每股收益才会提高，公司的股票市场价格才会上升。

但是，这一理财目标也有其缺点：

(1) 适用范围有限，只适用于上市公司，对非上市公司很难使用。

(2) 在对股东财富进行衡量时，使用的是预期每股收益，带有一定主观色彩，不够客观准确，由此计量出的公司股价也很难客观真实。

(3) 在将预期每股收益折现时，折现率的选择及确认也都带有一定主观因素，以此衡量股东财富可能与事实略有偏差。

第三节　财务管理环境

企业财务管理环境又称理财环境，是指对企业财务活动产生影响作用的企业环境。企业各项财务活动都是在一定客观环境中运行并受客观环境所制约的，例如，生产技术、市场发展状况、税收政策、产业政策、金融市场等因素都对企业的财务活动有着重大影响。财务管理环境是企业财务决策难以改变的外部约束条件。企业只有在理财环境的各个影响因素下协调、平衡企业各项生产经营活动，才能确保企业的生存和发展。为此，企业财务决策的制定更多的是使企业财务活动适应外界环境的变化和要求。财务管理的环境涉及的范围很广，其中最重要的理财环境包括法律环境、金融市场环境和经济环境。

一、法律环境

市场经济的主要特征在于它是一种以法律规范和市场规则为特征的经济制度。法律为企业经营活动规定了活动空间，也为企业在相应空间内自主经营提供了法律上的保护。财务管理的法律环境是指企业和外部发生经济关系时所应遵守的各种法律、法规和规章制度。企业在其经营活动中，要和各利益相关群体发生各种经济利益关系，在处理这些经济利益关系时，应当遵守有关法律规范。影响企业财务管理活动的法律规范主要有：企业组织法律规范、税收法律规范和财务法律规范等。

1. 企业组织法律规范

企业是市场经济的主体，企业组织必须依法成立。组建不同类型的企业，要依据不同的法律规范。这些法律规范既是企业的组织法又是企业的行为法。例如：《公司法》对公司制企业的设立条件、设立程序、组织机构、组织变更及终止的条件和程序等都作了相应规定，包括股东人数、法定资本的最低限额、资本筹集方式等。只有按照规定的条件和程序建立企业，才能称之为法律意义上的“公司”。《公司法》还对公司生产经营的主要方面做出规定，包括股票的发行和交易、债券的发行和转让、税后利润的分配等内容。公司组建后各项生产经营活动，包括财务管理活动都要按照《公司法》的有关规定来进行。因此，《公司法》是公司制企业财务管理最重要的强制性法律规范，公司的理财活动不能违反《公司法》，公司生产经营的自主权也不能超出该法律规范的限制。

2. 税收法律规范

国家财政收入的主要来源是企业所缴纳的各种税金，任何企业都有法定的纳税义务。而国家的财政状况和财政政策对于企业的资金筹措和税收负担有着重要的影响。有关的税收法律规范主要有以下三类：所得税的法律规范、流转税的法律规范和其他税的法律规范。

税负是企业的一项费用支出，会增加企业的现金流出量，加大了企业对现金管理的压力，对财务管理有重要的影响。任何企业均希望在不违法的前提下减轻税务负担。故而，要求企业的财务人员应当熟悉国家税收法规，不仅要了解各种税种的征税范围、计征依据和税率，还要了解税率的差别，减税、免税的原则规定等，自觉按照税收政策导向进行生产经营活动，精心安排和规划筹资、投资以及税后利润的分配等。同时应避免在纳税行为发生时偷税漏税。

3. 财务法律规范

财务法律规范主要是《企业财务通则》和《行业财务制度》。《企业财务通则》是各类企业进行财务活动、实施财务管理的基本规范。经国务院批准由财政部颁发的《企业财务通则》于1993年7月1日起施行。它规定了以下有关问题：建立资本金制度、固定资产的折旧、成本的开支范围、利润的分配。《行业财务制度》是根据《企业财务通则》的有关规定，为适应不同行业的特点和要求，由财政部制订的行业规范。

除上述法律规范外，与企业财务管理有关的其他经济法律规范还有很多，诸如：证券法律规范、支付结算法律规范、合同法律规范等。财务人员要熟悉这些法律法规，在守法的前提下完成企业的各项财务管理活动，实现企业财务管理目标。

二、金融市场环境

企业从事生产经营活动一般都需要有资金参与运作。而企业的资金来源除了投资者投入的自有资金外，主要靠企业从金融机构和金融市场上筹措取得。金融市场环境的变化必然会影响到企业资金的筹集、投放、营运和收回。在此意义上，金融市场环境是企业最为重要的外部环境。金融市场是指企业筹集资金的场所。广义的金融市场是指一切资本流动的场所，包括实物资本和货币资本。广义金融市场的交易对象包括货币借贷、票据承兑和贴现、有价证券的交易、黄金和外汇的交易、办理国内外保险和生产资料的产权交易等。狭义的金融市场一般是指有价证券发行和交易的市场，即股票和债券发行和流通的市场。

1. 金融市场

资金的供求双方在金融市场上可以借助于金融工具进行资金融通。金融市场按照交易的对象不同可以分为：资金市场、外汇市场和黄金市场。资金市场按照融通资金的期限长短又可以分为：货币市场和资本市场。货币市场包括短期证券市场和短期借贷市场；资本市场包括长期证券市场和长期借贷市场。而长期证券市场又分为发行市场和交易市场。其关系可用图1—1表示：

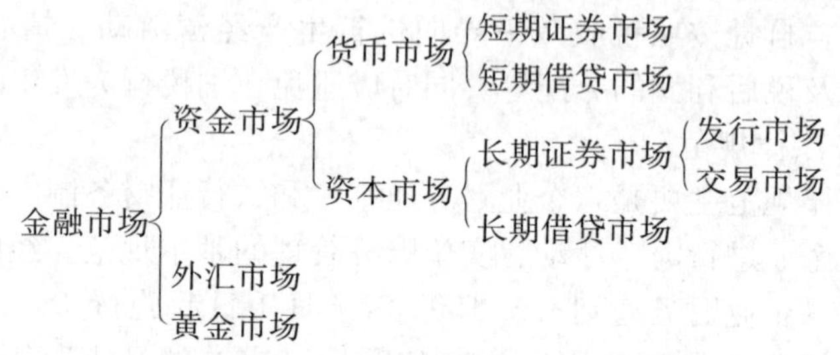

图1—1 金融市场分类

金融市场交易对象具有特殊性。金融市场是以资金为交易对象的市场，在金融市场上，资金是作为一种特殊的商品进行交易的。从交易场所看，金融市场既可以是有形的也可以是无形的。有形的金融市场有固定交易场所和设备。例如：银行、证券交易所等；无形的金融市场没有固定的交易场所或设备，交易者利用电脑、传真、电话等设施进行交易，或者通过经纪人进行资金的交易活动，而且可以跨越城市、地区和国界。

金融市场对于商品经济的运行，具有充当金融中介、调节资金余缺的功能，与企业存在密切的关系。(1) 金融市场是企业筹资和投资的场所。企业可以运用各种筹资方式在金融市场上灵活地进行筹资或投资活动。(2) 企业通过金融市场可以根据自身运营的需要将长短期资金进行相互转化。企业持有的股票和债券对企业来说，是长期投资，当企业需求大量的短期资金时，可以在金融市场上随时转让变现，使之成为短期资金；远期票据通过贴现变为现金；大额可转让定期存单可以在金融市场上转让。与此相适应，企业也可以在金融市场上将企业的短期资金转变成长期资金，以提高资金的获利水平和管理效率。(3) 金融市场可以为企业提供相关的信息。金融市场上利率的波动能够反映出资金的供求状况；有价证券的市场价格波动能够反映出投资者对企业的经营状况和获利能力的评价。企业高级管理层的交易行为能够在一定程度上反映企业财务报告的真实程度。企业可以据此制订投资融资规划。

金融市场由主体、客体和参加人组成。主体是指银行和非银行金融机构，他们是金融市场的中介机构，是联系筹资人和投资者的桥梁和纽带。客体是指金融市场上买卖交易的对象，诸如：商业票据、政府债券、公司股票、公司债券等各种信用工具。金融市场的参加人是指客体的供应者和需求者（资金的供应者和需求者），诸如：企业、事业单位、政府部门、城乡居民等。

2. 金融机构

社会上的闲散资金从供应者手中转移到资金需求者手中，需要借助于金融机构来进行。我国的金融机构主要有：

（1）中国人民银行。是我国的中央银行，代表我国政府管理全国的金融机构和金融活动，经理国库。

（2）政策性银行。是指由政府设立，以贯彻国家产业政策、区域发展政策为目的，而不以营利为目的的政策性金融机构。我国目前有三家政策性银行，他们分别是国家开发银行、中国进出口银行和中国农业发展银行。

（3）商业银行。商业银行是以营利为目的经营存贷款、办理结算为主要业务的金融企业。我国的商业银行分为两类：国有独资商业银行和股份制商业银行。国有独资银行包括：中国工商银行、中国农业银行、中国银行、中国建设银行。股份制商业银行包括：交通银行、深圳发展银行、中信实业银行、中国光大银行、华夏银行、招商银行、福建兴业银行、上海浦东发展银行、中国民生银行等。

（4）非银行金融机构。目前，我国的非银行金融机构主要有：保险公司、信托投资公司、证券公司、财务公司、金融租赁公司等。

3. 金融性资产的特点

金融性资产是指现金或有价证券等可以进入金融市场交易的资产。他们具有以下三方面特点：

（1）流动性。流动性是指金融资产能够在短期内不受损失变为现金的能力。流动性高的金融资产的特征是：易兑现、市场价格波动小。

（2）收益性。收益性是指某项金融性资产的投资收益率的高低。

（3）风险性。风险性是指某项金融性资产不能恢复其原有投资价格（投资成本）的可能性。金融性资产的风险主要有违约风险和市场风险。违约风险是指由于证券发行人破产导致永远不能偿还的风险；市场风险是指由于投资的金融性资产的市场价格波动而产生的风险。

金融资产的上述三种特性是相互联系、相互制约的。流动性高的金融资产其收益性一般较低；风险性小的金融资产其收益性也不高；若金融资产的收益性高则其风险性也大。总之，金融性资产的流动性和收益性成反比，收益性与风险性成正比。例如：在金融性资产中现金的流动性最强，其收益性也最低、风险性最小；政府债券的收益性比股票低，其风险性也比股票低，变现能力相对较强。因此，企业在金融市场上进行金融性资产交易时，要权衡收益与风险，按照风险与收益均衡原则作出决策，同时还应考虑到企业未来的资金需求。

4. 金融市场上利息率的决定因素

利息率简称为“利率”，是指利息占本金的百分比。从资金借贷关系上看，利率是一定时期运用资金资源的交易价格。资金作为一种特殊的商品，以利率为价格标准的资金融通行为实质上是资源通过利率实行再分配。金融市场上利率的高低在企业资金分配以及财务决策中起着决定性作用。

任何商品的市场价格均是由供求双方的力量来决定的，资金的交易价格——利率也是由资金的供应和需求的关系来决定的。除此之外，经济周期、通货膨胀、货币政策、国际政治经济关系、国家利率管制程度等外部因素，对利率的水平均有着不同程度的影响。

一般来讲，金融市场上资金的交易价格可用下式来表示：

$$利率=\begin{matrix}纯粹\\利率\end{matrix}+\begin{matrix}通货膨胀\\补偿率\end{matrix}+\begin{matrix}变现力\\附加率\end{matrix}+\begin{matrix}违约风险\\报酬率\end{matrix}+\begin{matrix}到期风险\\附加率\end{matrix}$$

（1）纯粹利率。纯粹利率是指没有通货膨胀、没有风险情况下的市场平均利率。一般来讲，在没有通货膨胀条件下，国库券的利率可以视为纯粹利率。原因是国库券是一种无变现力风险、无违约风险的有价证券，所以可以将其视为没有风险的有价证券。纯粹利率的高低受社会平均利润率、资金供求关系、国家宏观经济政策调节的影响。

（2）通货膨胀补偿率。通货膨胀的存在会使货币的购买力下降，货币贬值，投资者的实际报酬下降。因此，投资者为弥补通货膨胀造成的购买力下降损失，会在将资金交给债务人时在纯粹利率的基础上上浮一定百分比，即通货膨胀补偿率。故而，政府每次发行国库券的利息率也将随预期通货膨胀率的变化而变化，它等于纯粹利率加预期通货膨胀率。

（3）变现力附加率。由于有价证券发行者的偿债能力不同，信用等级不同，不同的有价证券变现力各不相同。政府债券和大公司发行的股票、债券容易被投资者所接受，投资者可以随时将其转让并收回投资，该有价证券的变现能力很强；反之，一些小公司发行的股票、债券，因其鲜为人知、信用等级不高，不容易在证券交易市场交易，不易变现，所以投资者在进行投资时要求对其承担的变现力风险给予一定的补偿，反映在利率上，就是在纯粹利率的基础上加1%～2%的变现力附加率。

（4）违约风险报酬率。违约风险是指债务人未能按期偿付债务利息和本金，给投资者带来的风险。违约风险越大，投资者要求的利率报酬越高。对债券进行评级，实际上就是评定债券违约风险的大小。信用等级越低，违约风险越大，投资者要求的利率补偿越多。在纯粹利率基础上附加的违约风险报酬率越多，市场利率就越高。

（5）到期风险附加率。到期风险附加率是指因到期时间长短不同而形成的利率差异。例如：五年期国库券的年利率比三年期国库券年利率高。二者的发行者相同，变现力风险和违约风险相同，差别仅在于到期时间不同。到期时间越长，在此期间利率变动的可能性越大，到期风险附加率就是对投资者承担利率变动风险的一种补偿。一般而言，因受到期风险的影响，长期资金的利率会高于短期资金的利率。但有时也会出现相反的情况，当再投资风险大于利率波动风险时，即预期市场利率会持续下降，投资者争相寻求长期投资机会从而造成资金的供给量大于需求量，使长期资金价格低于短期资金价格，造成长期资金的利率低于短期资金利率的现象。

对企业的财务管理人员来讲，要求其尽可能地预测出未来市场利率的发展趋势，在利率持续上升期使用长期资金；在利率持续下降期使用短期资金。当然，市场利率的变化很难预测，为了降低企业的利率风险，要求财务人员在安排企业的资本结构、资金占用时间时，能够合理的搭配长短期资金。

三、经济环境

经济环境是指企业从事财务活动时所处的宏观经济状况。影响企业财务管理的宏观经济因素主要有：经济发展状况、通货膨胀、政府的经济政策以及竞争等。

1. 经济发展状况

经济发展总是呈现出周期性兴衰更替的变化态势，经济发展的不规律性变化对企业理财活动有着重大影响。当经济发展进入不同阶段时，首先对企业的营业额产生直接影响，当企业营业额发生变化时，将会使企业的经营发生变化，例如：经济发展进入繁荣期，会引起企业销售量增加，当企业销售量增加时，企业存货将大量减少（包括商品和生产所需材料物资等都会大量缩减），企业的生产能力不足，从而使企业面临存货短缺的局面。此时，需要企业短期内动用大量的流动资金购入存货，同时购置固定资产等长期资产以增加企业的生产能力。需要企业的财务人员筹集足量的资金以满足企业扩大生产经营规模的需要。反之，将会引起企业资金的大量闲置以及存货的积压等现象。正因为经济发展的不规律性变化是客观存在的，所以财务人员对这种波动应事先做好准备，筹措并分配足量的资金，用以调整企业的生产经营活动。

经济发展的周期性变化一般要经过以下四个阶段：经济复苏期、经济繁荣期、经济衰退期和经济萧条期。在不同的经济发展时期，企业应采取的理财策略也呈现出不同的内容，见表1—1：

表1—1

经济复苏期	经济繁荣期	经济衰退期	经济萧条期
1. 增加厂房设备 2. 增加存货 3. 开发新产品 4. 增加员工 5. 拟定进入战略 6. 寻求适当的资金来源（租赁）	1. 扩充厂房设备 2. 继续增加存货 3. 制定并实施扩张战略 4. 增加员工 5. 制定适宜的筹资决策	1. 停止扩张 2. 处置不用或闲置的设备 3. 减少存货 4. 调整产品结构和资本结构 5. 适当减员增效	1. 保持市场份额 2. 缩减各种不必要支出和管理费用 3. 削减存货 4. 实施减员增效 5. 制定并实施退出战略

2. 通货膨胀

通货膨胀不仅使货币购买力下降，而且给企业财务管理活动造成很大的困难。由于通货膨胀只有政府借助于宏观调控手段才能够加以调控，而企业无法通过自身的生产经营行为对其产生影响，因此，企业只能采取一定的理财手段调整收入和成本，使企业的预期投资报酬得以实现。同时利用套期保值等手段降低因通货膨胀的存在给企业造成的损失。常用的套期保值的手段有期权、期货等。

3. 政府的宏观经济政策

政府具有较强的宏观经济调控的职能。我国经济体制改革的目标是建立社会主义市场经济体制，进一步解放和发展社会生产力。我国政府为了实现一定时期的经济发展总目标制定了一系列相应的政策、法规，包括国民经济发展规划、国家的产业政策、经济体制改革的措施和政府的行政法规等。在上述政策和法规中，国家对某些地区、行业、经济行为等制定了优惠或限制条款。企业的财务管理人员应对国家的经济政策进行认真研究，按照经济政策导向组织财务活动、处理财务关系，做到趋利避害。

4. 竞争

竞争在市场经济中广泛存在，大多数企业都无法避免。竞争的结果促进优胜劣汰，推动全社会的经济发展，使经济资源能够合理配置。竞争能够促使企业改善产品结构和产品质量，使之满足消费者的需求；使企业加强营运管理，提高管理效率。竞争对企业来说是机遇与挑战并存，企业只有把握机遇，迎接挑战，寻求适合于本企业的竞争战略，形成本企业的竞争优势，才能够使企业立于不败之地。

第四节　财务管理原则

财务管理原则，也称为理财原则，是指人们对财务管理活动的共同的、理性的认识。财务管理的原则是联系财务管理理论和财务管理实务的纽带。财务管理理论是从科学的角度对公司的理财活动进行分析研究得出的结论，通常包括理论的假设、相关概念的界定、原理、理财原则等内容。财务管理实务是指人们在公司财务管理实践中广泛使用的理财目标、理财原则、财务管理程序、理财方法等内容。其中，理财原则是财务管理理论联系实际的结合部。（见图1—2）

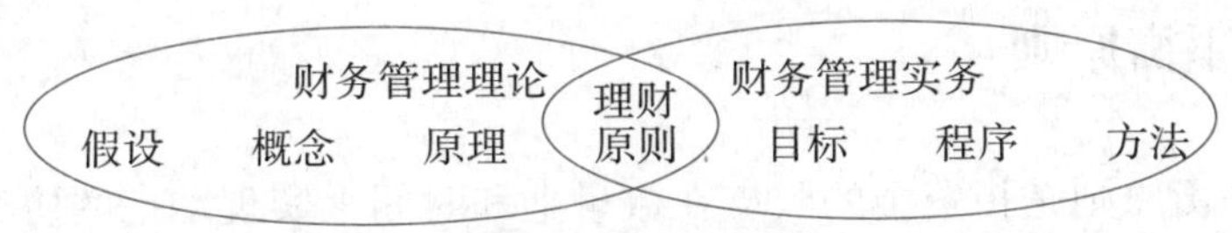

图 1—2　理财原则

理财原则具有以下特征：（1）理性的认知。理财原则是经过实践检验论证的、合乎逻辑的结论。（2）共同的认知。理财原则符合理财实践，被大多数人所接受，争议较小，是人们在实践中探索出的共同的结论。（3）操作性强。理财原则是组织财务活动、进行财务决策的理论前提，在理财实务中所采用的程序和方法是建立在理财原则基础上的。（4）环境的适应性。理财原则与环境相适应，在一定环境下理财原则是正确的，能够对公司的运作产生推动作用；当环境发生变化时，某些原则的内容也必须顺应环境的变化而做出适当改进，否则可能会阻碍公司的运作。财务管理的原则主要包括以下六项：

一、资金合理配置原则

资金合理配置原则是指通过资金活动的组织和调节来保证各项物质资源具有最优化的比例关系。企业所拥有的各项经济资源的配置是企业资金运动的结果，同时它又是借助于资金结构表现出来的。从一定时点的静态角度看，企业资金来源和资金占用的内部存在各种各样的比例关系。在资金占用方面，有对外资金投放和对内资金投放之间的比例关系；有流动资产和长期资产之间的比例关系；有货币性资产和非货币性资产间的比例关系等。在资金来源方面，有主权资金和债务资金间的比例关系；有长期资金来源和短期资金来源间的比例关系；有流动负债和长期负债间的比例关系等。按照系统论观点，组成特定系统的各个要素的构成比例是决定该系统功能状况的最基本条件，系统组成要素间存在着一定的内在联系，系统的结构一旦形成就会对环境产生整体的效应，或是有效改善环境；或是对环境产生不利影响。在企业各种财务活动所构成的这一运动着的系统中也存在上述关系。资金配置合理与否，决定并验证了企业财务决策的正确性，以保证后续生产经营活动的顺畅进行，进而获取最佳经济效益；否则就会危及企业的生存与发展。因此，资金合理配置是企业实现持续、高效经营必不可少的条件。

二、收支平衡原则

收支平衡原则是指资金的收支在数量上和时间上实现动态的协调平衡。这里所说的动态平衡是相对于会计意义上的静态平衡而言的，在会计核算资料中，由于资产反映的是企业所拥有或控制的经济资源的占用、分布和使用情况；而负债和所有者权益反映的是企业经济资源的来源情况。从价值量角度讲，任何时刻二者在数量上都必然相等，这就是所谓的资金运动的静态平衡。而财务管理的最显著特征是对运动着的价值所进行的动态管理，因此，必然追求资金在数量和时间上的动态平衡。

企业的资金循环周转是以财务收支为起止点的，当发生财务支出时，表明一次资金循环的开始；当实现财务收入时，表明一次资金循环的结束。可见，资金循环周转不仅在时间上受财务收支影响，而且更在数量上受财务收支制约。只有资金收支在数量上和时间上都能保持动态平衡时才能保障资金循环周转的顺利进行，二者缺一不可。例如：当财务收支总量在一定期间相平衡，而在时间上不匹配，即财务支出大部分发生在前、财务收入大部分发生在后时，会在一定期间内使企业面临资金短缺的困境，没有足够的后续资金，保证财务支出的进一步需要，形成大量的资金缺口，从而妨碍资金的顺利周转。

资金收支的动态平衡可用下式表示：

$$\text{当前现金余额}+\text{预计现金收入}-\text{预计现金支出}=\text{预计现金余额}$$

在企业财务管理实践中，现金预算的编制、筹资决策和投资决策的制定都必须严格遵守这一具体原则。

三、收益与风险均衡原则

收益与风险均衡原则又称为“风险与报酬均衡原则”，风险与报酬均衡原则是指在风险和报酬之间存在着一定的辩证统一关系。投资者在制定投资决策时，必须对风险和报酬进行权衡，在风险和报酬之间做出理性选择，即为追求高报酬而承担高风险还是为回避风险而选择较低的报酬水平。风险与报酬二者之间的辩证统一关系的具体体现是：高收益的投资机会必然伴随着较大的风险；风险较低的投资方案通常收益水平也较低。

在具体财务活动中，无论市场的状况是繁荣还是衰退；无论人们的心理状态是稳定还是进取，都应当对投资项目的风险和收益作出合理的全面地估计，权衡利弊进而选择最佳方案。此外还应注意，要将风险大、收益高的项目同风险小、收益低的项目进行搭配，来达到分散风险获取较高收益的目的。

四、成本效益原则

成本效益原则是指企业组织各项具体财务活动时，要对财务活动中涉及的所得与所费进行分析比较，衡量运营过程的得失，以使成本与收益得到最优的结合，谋求最大的经济效益。在企业财务管理中，不仅要关心财务收支活动的动态平衡，更要关心财务收支活动完毕后给企业带来的经济效益。因为企业经营的最终目的是为了获利，而利润最本质来源便是收支相抵的差额即成本与收入间的量化关系。为求得有限资源下的最佳经济效益，要求企业尽可能少的消耗和资金垫支，创造出尽可能数量多、质量好的劳动成果来实现企业目标。从价值角度看，垫支的资金和投入的耗费体现为资金的占用和成本费用的付出；劳动成果的多寡则体现为收入的多少以及利润的高低。为此，要求企业在进行各项财务活动时，都能认真贯彻成本效益原则，只有这样才能最大的提高企业经济效益。

五、弹性原则

所谓弹性原则是指企业财务管理实践中编制所有的财务预算、制定有关的财务决策时，要在力争客观、准确的前提下留有一定合理的伸缩余地，以应对意外情况的发生。在财务管理中之所以保留一定的弹性空间，原因在于：

（1）财务管理活动处于错综复杂、变幻不定的客观环境中，并受客观环境的影响，有些因素是企业自身无法控制的。这些因素的存在使企业财务管理活动存在客观的不确定性。

（2）企业所有的理财决策都是由特定的财务管理人员量化分析后得出的，然而“人无完人”，企业财务管理人员的业务素质和综合能力不可能达到客观理想的境界，在财务决策中或多或少的会掺杂一些主观因素，当其工作中发生失误或主观想象偏离客观实际时，其分析结果将不可能符合实际。

（3）财务预测、财务决策、财务计划的编制都是对未来情况、发展趋势做出人为估计后得出的结果，是对未来状况所进行的不确定规划，不可能完全准确、完全符合实际。

鉴于在财务管理中存在上述不确定性因素的影响，要求在企业财务管理的各个方面和各个环节都应保持可调节的余地，即贯彻弹性原则。

六、利益关系协调原则

企业在进行财务活动时，会引发企业与相关利益群体间的各种财务关系，而各种财务关系的本质均体现为不同内容的经济利益关系。为使企业财务活动顺利、有效地按计划运行，必须处理好企业与各利益群体之间的财务关系。从这个角度讲，财务管理过程也是一个协调各种经济利益关系的过程。经济利益关系协调成功与否，直接关系到财务管理目标的实现程度。

企业内部和外部各种财务关系的协调都是借助于一系列财务活动来实现的。企业对投资者要承担资本保值增值的义务，并向投资者分配利润。在此过程中，企业要在有效组织生产经营活动获取利润的基础上，根据国家企业财务制度规定，制定出合理的盈余公积和公益金的提取比例；在投资者之间合理的分配税后利润。企业对债权人承担按期还本付息的强制性义务，为保证企业的生存，就必须合理组织财务活动，安排资金的收支数量和时间。企业与内部职工之间的经济利益关系协调，要靠企业从财务成果中划分合理的比例作为劳务报酬和奖励基金。企业与其他单位间的利益关系要靠企业组织的财务活动来保证合同、协议的履行。任何具体经济利益关系的协调，都是建立在一定的财务活动基础上的。为此，企业在财务管理实践中，应当正确运用价格、股利、利息、奖金和罚款等激励和约束手段处理好各种财务关系，保障企业各项财务活动的顺利进行。

第五节　财务管理环节

财务管理环节是指财务管理的工作步骤及一般程序。总体来讲，企业财务管理包括以下几个环节：

一、财务预测

财务预测是指根据企业财务活动的历史资料，参考企业财务管理的现实要求和理财环境，对企业未来财务活动、财务成果作出科学的预计和测算。本环节的工作程序是：

（1）明确预测目标；（2）搜集相关资料；（3）建立预测模型；（4）得出财务预测结果。

通过财务预测实现测算各项生产经营方案的经营效益，为决策提供可靠的数据依据；预计财务收支的发展变化，确定经营目标；测定各项定额标准，为编制计划、分解计划指标提供依据。

二、财务决策

财务决策是指财务人员按照财务目标的总体要求，利用专门的方法和程序对各种备选方案进行比较分析，并从中选出最能实现理财目标的方案过程。在市场经济条件下，财务管理的核心环节是财务决策，财务预测为财务决策服务，财务决策的成功与否将直接关系到企业的兴衰成败。财务决策的程序为：

（1）确定决策目标；（2）提出备选方案；（3）选择最优的方案。

三、财务预算

财务预算是指运用科学的技术手段和量化分析方法，对未来的财务活动内容、目标进行具体规划。财务预算是财务预测、财务决策的具体化，是以财务预测提供的数据信息及财务决策中确定的方案为基础编制的，是进一步监督、控制财务活动的依据。编制财务预算的程序为：

（1）分析财务环境，确定预算指标；（2）协调财务能力，组织综合平衡；（3）选择预算方法，编制财务预算。

四、财务控制

财务控制是指在财务管理过程中利用相关信息和特定的方法，对企业具体财务活动所施加的影响或进行的具体调节行为，以保证财务预算的实现。其工作步骤为：

（1）制定控制标准，分解落实责任；（2）实施追踪控制，及时调整误差；（3）分析执行情况，搞好考核奖惩。

五、财务分析

财务分析是指根据会计核算资料，运用特定的财务分析方法，对企业的财务活动过程及其结果进行分析和评价，以掌握各项财务计划完成情况，评价企业财务状况，分析财务活动的规律性，完善财务预测、决策、预算和控制，提高企业的经营管理水平和经济效益。具体步骤为：

（1）收集资料，掌握信息；（2）指标对比，查找问题；（3）分析原因，明确责任；（4）提出措施，改进工作。

【本章小结】

本章阐述的是企业财务管理的基本概念和基本原理，是学好以后各项具体内容的理论基础。

市场经济的发展是企业资金运动存在的客观基础。企业财务活动就是企业再生产过程中的资金运动，财务活动的运行同时引发企业与各有关利益群体间的财务关系。企业资金运动的具体内容包括资金的筹集、投放、营运和分配。财务管理区别于其他管理的特点集中的体现为它是一种价值管理，是针对企业再生产过程中运动着的价值所进行的管理。

财务管理隶属于企业管理的管理体系内，为企业管理服务的。因此，财务管理的目标要依据企业管理的总体目标而制定，要从财务上保证企业总体目标的实现。为此，要在深入研究企业目标对财务管理提出的各项要求的基础上制定出适宜的财务管理目标。只有明确了财务管理目标后,方能在理财目标的指引下做好后续理财工作。企业所从事的具体财务管理工作,是在一定的客观环境中进行的,不仅要有明确的目标,还要遵循一定的财务管理原则。

理财环境对企业的财务管理活动有着正负两方面的影响，理财人员要在全面分析环境的影响后，积极的利用客观环境的推动、促进作用，并尽可能的将不利影响转变为对企业的有利影响。

【复习题】

1. 财务管理的特点有哪些？
2. 企业财务活动的具体内容有哪些？
3. 企业与各有关利益群体之间的财务关系有哪些表现？
4. 财务管理的原则是什么？

5. 理财环境对企业财务管理的影响是什么?

【讨论及思考题】

1. 如何处理企业与各有关利益群体间的财务关系?
2. 几种有代表性的理财目标的优缺点及其适用性有哪些?
3. 财务管理的目标在各个理财环节中的应用?

第二章 财务管理的价值观念

【本章引言】

财务管理的特点是价值管理，涉及一系列的价值观念。资金时间价值、投资风险价值及利息率，是现代财务管理的基本概念，它们对于筹资管理、投资管理、营运资本管理及收入和分配管理等都有重要影响。因此，在研究各项具体的管理内容之前，有必要研究它们的基本含义及有关计算方法。

第一节 资金时间价值

一、资金时间价值的概念

一定量的货币资金在不同的时点上具有不同的价值。从西方经济学的角度看，即使不考虑风险和通货膨胀，今天的1元钱和将来的1元钱不等值，前者要比后者的经济价值大，这种不同时点的价值差量是由于时间推移而引起的。因此，资金在周转使用中由于时间因素而形成的价值差额即为资金时间价值，它表现为资金周转使用后的价值增值额。如将资金存入银行可以获得利息，将资金运用于企业的经营活动可以获得利润，将资金用于对外投资可以获得投资收益，这种由于资金运用实现的利息、利润或投资收益表现为资金的时间价值。

但是，并不是所有的货币资金都具有时间价值。如果将资金闲置不用，不管保存多久，都不会增值。只有把它投入到生产或流通领域中才能增值。因为，企业资金循环和周转的起点是投入货币资金，企业用它来购买所需的生产要素，然后生产出新的产品，产品出售后得到的货币资金大于最初投入的货币资金。资金的循环和周转以及由此实现的货币增值，需要或多或少的时间，每完成一次循环，资金就会增加一定数额，周转的次数越多，增值额也越大。从量的规定性来看，资金的时间价值是没有风险和通货膨胀条件下的社会平均资金利润率。由于竞争，市场经济中各部门投资的利润率趋于平均化。每个企业在投资某个项目时，至少要取得社会平均资金利润率，否则不如投资于其他的项目或其他的行业。因此，资金的时间价值是评价投资方案的基本标准。

资金时间价值有两种表现形式，一种是绝对数，即利息；另一种是相对数，即资金时间价值率。为便于不同数量货币资金之间时间价值大小的比较，在实务中，人们常使用相对数表示资金的时间价值。由于资金时间价值率经常以利率的形式表示，通常认为它与一般的市场利率相同，实际上时间价值率与市场利率是有区别的。时间价值率不包含风险因素和通货膨胀率，而市场利率则包含。但由于资金随时间的增长过程与利息的增长过程在数学上相似，因此，在换算时广泛使用计算利息的各种方法。

资金的时间价值是一个客观存在的经济范畴，把资金时间价值引入财务管理，主要是对资金的筹集、投放、使用和收回等从量上进行分析，以便找出适用于分析方案的数学模型，提高财务决策的质量。

二、资金时间价值的计算

由于资金时间价值非常近似于利息和利息率，因此，资金时间价值计算通常采用终值和现值两种形式。所谓终值，是指现在一定量资金在未来某一时点上的价值，即本利和。所谓现值，是指将来一定量的资金现在的价值，是将来一定量的资金扣除了利息之后的余额。终值和现值的计算涉及利息计算方法的选择。目前有两种利息计算方法：单利计算和复利计算。

1. 单利终值与现值的计算

所谓单利，是指每期都按初始本金计算利息，当期利息不计入下期本金，计算基础不变。

（1）单利终值。单利终值是本金与未来利息之和。例如，年利率为10%的1元存款，从第1年到第3年，各年年末（假定第1年年初存入银行，下同）的终值如下：

1年后1元的终值：1×（1+10%×1）=1.1（元）

2年后1元的终值：1×（1+10%×2）=1.2（元）

3年后1元的终值：1×（1+10%×3）=1.3（元）

因此，单利终值的一般计算公式为：

$$F=P(1+i\cdot n)=P+P\cdot i\cdot n=P+I$$

式中：F为终值；P为现值；i为利息率；n为计息期；I为利息。

（2）单利现值。单利现值是指未来收到或付出资金按单利计算的现在价值。它可用倒求本金的方式计算。例如，年利率为10%，从第1年到第3年各年年末1元钱的现值如下：

1年后1元的现值：1/（1+10%×1）=0.909（元）

2年后1元的现值：1/（1+10%×2）=0.833（元）

3年后1元的现值：1/（1+10%×3）=0.769（元）

因此，单利现值的一般计算公式为：

$$P=F/(1+i\cdot n)$$

2. 复利终值与现值的计算

复利是指本金产生的利息，在下一个计息期能自动滚入本金随同本金一同计息。按照这种方法，每经过一个计息期，要将本金所产生的利息加入本金，作为下一个计息期的投入本金计算利息，这样逐期滚算，俗称“利滚利”。

（1）复利终值。复利终值是指一定量的本金按复利计算的若干期后的本利和。例如，现在（年初）的1元钱，年利率为10%，从第1年至第3年，各年年末的复利终值如下：

1元1年后的终值：1×（1+10%）=1.1（元）

1元2年后的终值：1.1×（1+10%）=1×$(1+10\%)^2$=1.21（元）

1 元 3 年后的终值：1.21×（1+10%）=1×$(1+10\%)^3$=1.331（元）

因此，复利终值的一般计算公式为：

$$F=P\times(1+i)^n$$

上式中：$(1+i)^n$ 称为"复利终值系数"或"1 元的复利终值"，常用符号（F/p，i，n）来表示。例如，（F/p，8%，5）表示利息率为 8%，计息期为 5 期的复利终值系数。为了便于计算，可以编制"1 元的终值表"（见本书附表一）备用。该表的第一行是利息率 i，第一列为计息期数 n，横纵交叉处即为相对应的复利终值系数值。通过该表可查出（F/p，8%，5）=1.469，即当资金时间价值为 8%的情况下，现在的 1 元和 5 年后的 1.469 元在经济价值上是相等的。根据该系数表可以将现在的货币资金量换算成将来的货币资金量。该表的作用不仅在于当已知 i 和 n 时查找出相对应的复利终值系数值，而且还可用于当已知复利终值系数值和 n 时查找 i，或者当已知复利终值系数值和 i 时查找 n。

【例 2.1】 某投资人将 10 000 元投资于一项报酬率为 8%的项目，投资者想知道要经过多少年才能够使现在的货币资金量增加 1 倍？

$$F=10\,000\times2=20\,000$$

$$20\,000=10\,000\times(1+8\%)^n$$

$$(1+8\%)^n=2$$

$$(F/p,\ 8\%,\ n)=2$$

查找"复利终值系数表"，其最接近的系数为值 1.999

$$(F/p,\ 8\%,\ 9)=1.999$$

所以：$n\approx9$

即 9 年后方能使现有的货币量增加 1 倍。

【例 2.2】 投资者现有 10 000 元投资本金，打算在 7 年后使其达到原来的 3 倍，为达到增值的目的，该投资者所应选择投资项目的报酬率最低应达到何种水平？

$$F=10\,000\times3=30\,000$$

$$30\,000=10\,000\times(1+i)^7$$

$$(1+i)^7=3$$

$$(F/p,\ i,\ 7)=3$$

查找"复利终值系数表"，在 $n=7$ 的横行中寻找 3，对应的 i 的值为 17%，即：

$(F/p, 17\%, 7) = 3$

所以 $i=17\%$，即投资项目的最低报酬率为 17%时，才能使现在的资金在 7 年后达到 3 倍。

（2）复利现值。复利现值是指未来一定时间的特定资金量按照复利计算的现在价值，或者说是为取得将来一定的本利和在现在需要投入的本金量。可用倒求本金的方法计算。由终值求现值叫贴现，在贴现时所用的利息率叫贴现率。

求现值的过程其实是求终值过程的逆运算，可由终值的计算公式导出：

因为：

$$F = P \times (1+i)^n$$

所以：

$$P = F \times (1+i)^{-n}$$

上式中的 $(1+i)^{-n}$ 称为“复利现值系数”或者是 1 元的复利现值，用符号 $(P/F, i, n)$ 来表示。例如，$(P/F, 10\%, 5)$ 表示利息率为 10%时，计息期数为 5 期的 1 元的现值表（见本书附表二）。该表的使用方法与“复利终值系数表”的使用方法相同。

【例 2.3】 某公司打算在 5 年后更新一套机器设备，其设备的市场价格为 100 000 元，假设该公司的投资报酬率为 10%，则为实施该更新计划现在应准备多少资金？

$$P = F \times (P/F, i, n) = 100\,000 \times (P/F, 10\%, 5)$$
$$= 100\,000 \times 0.621 = 62\,100 \text{（元）}$$

该公司应准备 62 100 元方能在 5 年后更新机器设备。

3. 年金终值与现值的计算

年金是指一定时期内每期相等金额的收付款项。年金的特点是“三同”，即“同额”、“同距”、“同向”。“同额”是指每期收付款项的金额相等；“同距”是指每两次收付款项的时间间隔相等；“同向”是指每次收付款项的方向相同。在经济领域中，分期付款赊购、分期付款偿还贷款、融资租赁、养老金的发放、固定资产按照直线法计提的年折旧额、养老保险金、零存整取或整存零取储蓄等都采取年金的形式。

年金按其每次收付款发生的时点不同，可分为后付年金、先付年金、延期年金和永续年金。

（1）后付年金。后付年金是指从第一期期末开始，每期期末都有等额的收付款项的年金。在现实经济生活中这种年金最为常见，因此，又称为普通年金。

1）后付年金终值。后付年金终值犹如零存整取的本利和，它是一定时期内每期期末等额收付款项的复利终值之和。

设：A—年金数额

i—利息率

n—计息期数

F—年金终值

则后付年金终值的计算可用图 2—1 来说明。

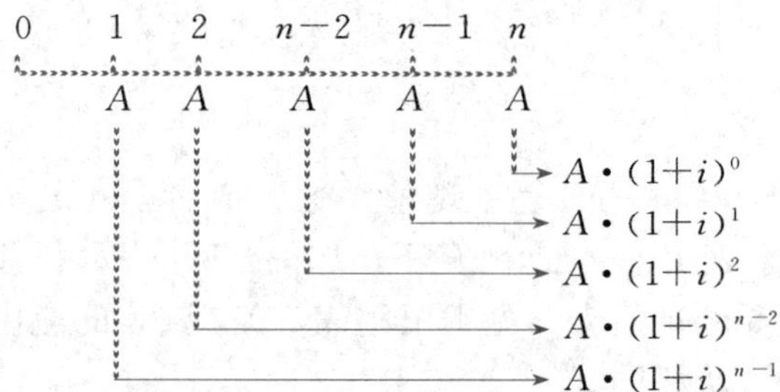

图 2—1　后付年金终值的计算

由图 2—1 可知，后付年金终值的计算公式为：

$$F = A(1+i)^0 + A(1+i)^1 + A(1+i)^2 + \cdots\cdots + A(1+i)^{n-2} + A(1+i)^{n-1}$$

$$= A[(1+i)^0 + (1+i)^1 + (1+i)^2 + \cdots\cdots + (1+i)^{n-2} + (1+i)^{n-1}]$$

$$= A\sum_{t=1}^{n}(1+i)^{t-1}$$

上式中的 $\sum_{t=1}^{n}(1+i)^{t-1}$ 叫“年金终值系数”或“1 元的年金终值”。常用符号（F/A，i，n）来表示，则年金终值的计算公式可写成：

$F=A\cdot$（F/A，i，n）

为了简化计算，可以编制“1 元的年金终值表”（见本书附表三）以供查阅。表中各期年金终值系数可按下式计算：

$$(F/A,\ i,\ n) = \frac{(1+i)^n - 1}{i}$$

公式推导过程如下：

$$(F/A, i, n) = (1+i)^0 + (1+i)^1 + (1+i)^2 + \cdots\cdots + (1+i)^{n-2} + (1+i)^{n-1} \quad (1)$$

将（1）式两边同乘以（$1+i$），得：

$$(F/A, i, n) \cdot (1+i) = (1+i)^1 + (1+i)^2 + (1+i)^3 + \cdots\cdots + (1+i)^{n-1} + (1+i)^n \quad (2)$$

将（2）－（1）得：

$$(F/A, i, n) \cdot (1+i) - (F/A, i, n) = (1+i)^n - 1$$

$$(F/A, i, n) \cdot i = (1+i)^n - 1$$

$$(F/A, i, n) = \frac{(1+i)^n - 1}{i}$$

【例 2.4】 某公司一项工程施工期为 5 年，每年年末向银行借入资金 100 万元，约定到期一次性还本付息，借款期年复利率为 10%，则该借款到期时，公司应偿还的本息合计是多少？

$$F = A \cdot \frac{(1+i)^n - 1}{i} = 100 \times \frac{(1+10\%)^5 - 1}{10\%} = 610.5(\text{万元})$$

或：$F = A \cdot (F/A, i, n) = 100 \times (F/A, 10\%, 5)$

$= 100 \times 6.105 = 610.5(\text{万元})$

即借款到期时，公司应向银行偿还的本息金额为 610.5 万元。

2）后付年金现值。后付年金现值是一定时期内每期期末等额的系列收付款项的复利现值之和。后付年金现值的计算情况可用图 2—2 加以说明。

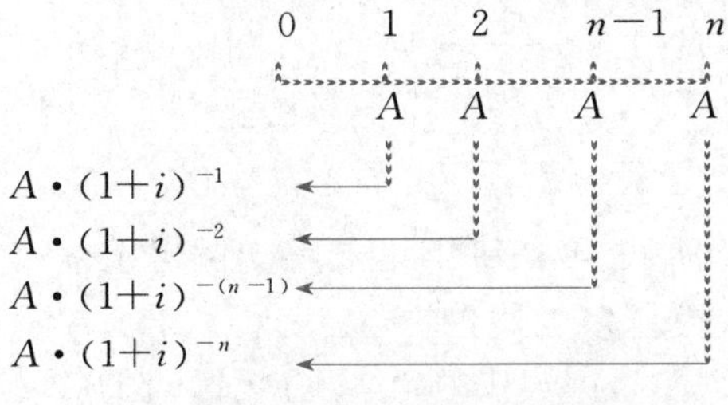

0 1 2 $n-1$ n

A A A A

$A \cdot (1+i)^{-1}$

$A \cdot (1+i)^{-2}$

$A \cdot (1+i)^{-(n-1)}$

$A \cdot (1+i)^{-n}$

图 2—2 后付年金现值的计算

由图 2—2 得年金现值的计算公式为：

$$P = A\frac{1}{(1+i)^1} + A\frac{1}{(1+i)^2} + \cdots\cdots + A\frac{1}{(1+i)^{n-1}} + A\frac{1}{(1+i)^n}$$

$$= A\sum_{t=1}^{n} \frac{1}{(1+i)^t}$$

式中：$\sum_{t=1}^{n}\frac{1}{(1+i)^t}$ 叫“年金现值系数”或“1 元的年金现值”。常用符号（P/A，i，n）来表示，则后付年金现值的计算公式可写为：

$$P=A\cdot(P/A,\ i,\ n)$$

为了简化计算，可以编制“1 元的年金现值表”（见本书附表四）以供查阅。表中各期年金现值系数可按下式计算：

$$(P/A,\ i,\ n)=\frac{1-(1+i)^{-n}}{i}$$

此公式的推导过程为：

$$(P/A,\ i,\ n)=\frac{1}{(1+i)^1}+\frac{1}{(1+i)^2}+\frac{1}{(1+i)^3}+\cdots\cdots+\frac{1}{(1+i)^{n-1}}+\frac{1}{(1+i)^n} \quad (1)$$

在（1）式两边同乘以（$1+i$），得：

$$(P/A,\ i,\ n)\cdot(1+i)=1+\frac{1}{(1+i)^1}+\frac{1}{(1+i)^2}+\cdots\cdots+\frac{1}{(1+i)^{n-2}}+\frac{1}{(1+i)^{n-1}} \quad (2)$$

将（2）－（1）得：

$$(P/A,\ i,\ n)\cdot(1+i)-(P/A,\ i,\ n)=1-\frac{1}{(1+i)^n}$$

$$(P/A,\ i,\ n)\cdot i=1-\frac{1}{(1+i)^n}$$

$$(P/A,\ i,\ n)=\frac{1-(1+i)^{-n}}{i}$$

【例 2.5】 某人租住房屋 3 年，每年年末需支付房租 10 000 元，年复利率为 10%，问他现在应存入银行多少钱？

$$P=A\cdot(P/A,\ i,\ n)=10\,000\times(P/A,\ 10\%,\ 3)$$
$$=10\,000\times2.487=24\,870\text{（元）}$$

（2）先付年金。又称即付年金或预付年金，是指从第一期期初开始，每期期初等额的系列收付款项。它与后付年金的区别仅在于付款时间的不同。

n 期先付年金与 n 期后付年金的关系如图 2—3 所示。

1）先付年金终值。先付年金终值是最后一期期末时的本利和，是各期收付款项的复利终值之和。

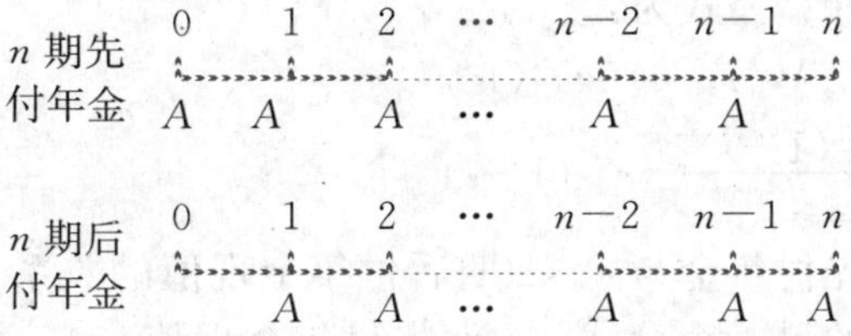

	0	1	2	…	n−2	n−1	n
n 期先付年金	A	A	A	…	A	A	
n 期后付年金		A	A	…	A	A	A

图 2—3 先付年金和后付年金的关系

从图 2—3 可以看出，n 期先付年金与 n 期后付年金的付款次数相同，但由于付款时间不同，n 期先付年金终值比 n 期后付年金终值多计算一期利息。因此，在 n 期后付年金终值的基础上乘以（$1+i$）就是 n 期先付年金的终值。其计算公式为：

$$F=A\cdot(F/A,\ i,\ n)\cdot(1+i)$$

$$=A\cdot\frac{(1+i)^n-1}{i}\cdot(1+i)$$

此外，还可以根据 n 期先付年金与 $n+1$ 期后付年金的关系推导出另一公式。n 期先付年金与 $n+1$ 期后付年金的计息期数相同，但比 $n+1$ 期后付年金少付一次款。因此，只要将 $n+1$ 期后付年金的终值减去一期付款额 A，便可求出 n 期先付年金终值，计算公式为：

$$F=A\cdot(F/A,\ i,\ n+1)-A$$

$$=A\cdot[(F/A,\ i,\ n+1)-1]$$

【例 2.6】 某人每年年初将 10 000 元存入银行，银行存款的年利率为 8%，则到第 10 年末此人可以从银行中取出的本利和为多少？

$$F=A(F/A,\ i,\ n)\cdot(1+i)$$

$$=10\,000\times(F/A,\ 8\%,\ 10)\times(1+8\%)$$

$$=10\,000\times14.487\times1.08$$

$$=156\,450（元）$$

或：$F=A\cdot[(F/A,\ i,\ n+1)-1]$

$$=10\,000\times[(F/A,\ 8\%,\ 11)-1]$$

$$=10\,000\times(16.645-1)$$

$$=156\,450（元）$$

2）先付年金现值。如前所述，n 期先付年金现值与 n 期后付年金现值的期限相同，但由于其付款时间不同，n 期先付年金现值比 n 期后付年金现值少折现一期。因此，在 n 期后付年金现值的基础上乘以（$1+i$），便可求出 n 期先付年金的现值。其计算公式为：

$$P=A\cdot(P/A,\ i,\ n)\cdot(1+i)$$
$$=A\cdot\frac{1-(1+i)^{-n}}{i}\cdot(1+i)$$

此外，根据 n 期先付年金与 $n-1$ 期后付年金现值的关系，还可推导出计算 n 期先付年金现值的另一个公式。n 期先付年金现值与 $n-1$ 期后付年金现值的贴现期数相同，但 n 期先付年金比 $n-1$ 期后付年金多一期不用贴现的付款 A。因此，先计算 $n-1$ 期后付年金的现值，然后再加上一期不需要贴现的付款 A，便可求出 n 期先付年金的现值。计算公式为：

$$P=A\cdot(P/A,\ i,\ n-1)+A$$
$$=A\cdot[(P/A,\ i,\ n-1)+1]$$

【例 2.7】 某投资者打算分期付款购买一栋办公楼，分期付款期为 10 年，每年年初支付 500 000 元，若银行的存款利率为 6%，则该投资者分期付款购买办公楼所支付的资金相当于现在一次性付款多少？

$$P=A\cdot(P/A,\ i,\ n)\cdot(1+i)$$
$$=500\ 000\times(P/A,\ 6\%,\ 10)\times(1+6\%)$$
$$=500\ 000\times7.360\times1.06$$
$$=39\ 010\ 000（元）$$

或：$P=A\cdot[(P/A,\ i,\ n-1)+1]$

$$=500\ 000\times[(P/A,\ 6\%,\ 9)+1]$$
$$=500\ 000\times(6.802+1)$$
$$=39\ 010\ 000（元）$$

（3）延期年金。延期年金又称递延年金，是指在最初的若干期没有收付款项的情况下，后面若干期每期期末有等额的系列收付款项。它是后付年金的特殊形式，凡不是从第一期开始的后付年金都是延期年金。

假设最初有 m 期没有收付款项，后面 n 期有等额收付款项，则延期年金如图 2—4 所示。

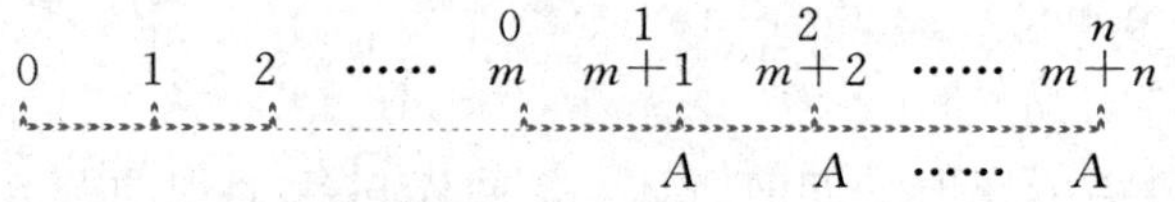

图 2—4 延期年金

1）延期年金终值。从图 2—4 可以看出，延期年金终值与 n 期后付年金终值的计算方法相同。

【例 2.8】 某企业采用补偿贸易方式引进国外一条先进的生产线，协议中约定生产线投产后从第 4 年年末开始，连续 5 年用该生产线生产出的价值 500 000元的产品偿还设备的价款。若银行存款年利率为 6%，则到第 8 年年末最后一期设备款支付完毕为止该公司共支付货款多少元？

$$\begin{aligned}F &= A\cdot(F/A,\ i,\ n)\\ &= A\cdot(F/A,\ 6\%,\ 5)\\ &= 500\ 000\times 5.637\\ &= 2\ 818\ 500\ (\text{元})\end{aligned}$$

从上述计算过程可以看出，延期年金终值与资金流动次数相等的后付年金终值相同。

2）延期年金现值。以图 2—4 为例，延期年金的现值即为后 n 期年金贴现到 m 期第一期期初的现值。可先求出延期年金在 n 期期初（m 期期末）的现值，再将它作为终值贴现至 m 期的第一期期初，便可求出延期年金的现值。其计算公式为：

$$P = A\cdot(P/A,\ i,\ n)\cdot(P/F,\ i,\ m)$$

延期年金还可以用另外一种方法计算，先求出 $m+n$ 期后付年金现值，减去没有付款的前 m 期后付年金现值，二者之差便是延期 m 期的 n 期后付年金现值。其计算公式为：

$$\begin{aligned}P &= A\cdot(P/A,\ i,\ m+n) - A\cdot(P/A,\ i,\ m)\\ &= A\cdot[(P/A,\ i,\ m+n) - (P/A,\ i,\ m)]\end{aligned}$$

【例 2.9】 某人在年初存入一笔资金，打算存满 5 年后，从第 6 年年末开始连续 5 年每年年末从银行中提取 10 000 元，若银行存款年利率为 10%，则此人需要现在存入多少才能实现计划？

$$\begin{aligned}P &= A\cdot(P/A,\ 10\%,\ 5)\cdot(P/F,\ 10\%,\ 5)\\ &= 10\ 000\times 3.791\times 0.621\\ &= 23\ 542.11\ (\text{元})\end{aligned}$$

或：
$$\begin{aligned}P &= A\cdot[(P/A,\ 10\%,\ 10) - (P/A,\ 10\%,\ 5)]\\ &= 10\ 000\times(6.145-3.791)\\ &= 23\ 540\ (\text{元})\end{aligned}$$

（4）永续年金。永续年金是指从第一期期末开始，无限期地在每期期末都有等额的收付款项。在西方有些债券是无限期的，可以将这种债券的利息视为永续年金。再比如，对于一个在可预见的未来能够持续发展的公司来说，如果该公司发行了股利固定的优先股，由于优先股有固定的股利而又没有到期日，因此，优先股股利的发放或取得可以看成为永续年金。正因为永续年金的资金流动次数无限，所以永续年金无终值。但是，永续年金却有现值，即：永续年金现值的计算可以等同为无限期的后付年金现值的计算。

$$P=A\frac{1-(1+i)^{-n}}{i}$$

其中，$n\to\infty$时，$(1+i)^{-n}\to 0$

因此，永续年金现值的计算公式为：

$$P=\frac{A}{i}$$

【例 2.10】 某高校从今年起建立一项永久性的奖励基金，每年年末颁发100 000元奖金给品学兼优的学生。若目前银行存款年利率为10%，则该校现在应存入多少款项，才能使这项基金正常运转？

$$P=\frac{A}{i}=\frac{100\ 000}{10\%}=1\ 000\ 000\text{（元）}$$

第二节　投资风险价值

一、风险的含义及其计量

1. 风险的概念

企业的财务活动经常是在有风险的情况下进行的。一般来说，风险是指某一行动在一定条件下和一定时期内可能发生的各种结果的变动程度。人们只能够事先确定采取某种行动可能形成的结果，以及每种结果出现的可能性程度，而行动的最终结果究竟会怎样，人们无法预先获知。例如，掷硬币的游戏，我们事先知道硬币落地时有正面朝上和反面朝上两种结果，而且知道每种结果出现的可能性各占一半，但究竟是正面朝上还是朝下，谁也不能肯定。再例如，我们在预计一个投资项目的报酬时，不可能十分精确，也没有百分之百的把握。有些事情的未来发展我们事先不能确知，例如价格、销量、成本等都可能发生预想不到并且无法控制的变化。

风险具有三个显著的特点：

(1) 客观存在性。风险既然是事件本身的不确定性，风险便具有客观性，即财务活动的风险是客观存在的。每一项财务活动风险的大小是既定的，是决策者所无法改变的。但是，是否冒风险以及冒多大的风险却是决策者能够选择的，是决策者通过拟定财务决策在主观上能够控制的。

(2) 相对性。风险是一个相对的概念，随时间的推延而改变。对某一既定的财务活动而言，在预测阶段由于财务活动本身受各种外部因素的影响，而各种因素的变化本身又具有不确定性和不可控性，所以实现的预测可能很不准确。但是随着时间的推移，外部的各种影响因素逐渐地变成了事实，成为客观存在的环境，是决策者所能够掌握的信息资料，事件（财务活动）的不确定性随之而减少，风险在减少；当财务活动结束后，其结果已既成事实，形成完全肯定的数据资料，也就不存在风险了。因此，风险是相对于时间而言的，是“一段时间内”的风险。

(3) “双刃剑”。风险具有两面性，像“双刃剑”一样，可能给投资者带来超出预期的收益，也可能给投资者带来超出预期的损失。正因如此，投资者冒风险进行投资时，不仅要考虑可能获得的超额报酬，也同时要考虑风险可能产生的超额损失及公司（投资者）对风险带来损失的承受能力。一般而言，投资者对意外损失的关切远比对意外收益的关切强烈得多。人们在研究风险时，往往侧重于对风险带来的意外损失的分析，常常致力于研究如何降低风险带来的不利影响。故此，风险的概念在财务上常被描述成“不利事件发生的可能性”，或“无法达到预期报酬的可能性”。

按照决策者对投资活动所掌握资料的详尽程度不同，可以将投资活动分成以下三类：

(1) 确定性投资活动。确定性投资活动是指财务活动的运行只有一种可能的结果，并且该结果给公司带来的经济利益能够在事前确切地预计。

(2) 风险性投资活动。风险性投资活动是指财务活动的运行有多种可能的结果，每种结果发生的可能概率在事前能够可靠地预测，每种结果发生后给公司带来的经济利益能够可靠的计量。

(3) 不确定性投资活动。不确定性投资活动是指财务活动运行后有多种可能的结果，每种结果发生的可能性在事前不能借助于掌握的资料可靠的预测，每种结果发生后给公司带来的经济利益也无法在事前确切的预计。对于不确定性投资活动，由于公司的控制能力有限，无法进行定量的计算，所以不作为财务管理的对象。但是当决策者对该投资活动的各种可能结果赋予一定的发生概率，并对每种结果给公司带来的经济利益进行估计并赋予其一定的估计值，则可以将“不确定性投资活动”转化为“风险性投资活动”，从而将其纳入财务管理的范围。

2. 风险的类别

从个别理财主体的角度看，风险可以分为两类：市场风险和公司特有风险。

（1）市场风险。市场风险是指在公司运营的环境中存在的对所有企业均产生影响的因素发生变化时产生的风险，例如：战争、经济周期的变化、通货膨胀、财政政策和货币政策等。这类风险关系到市场中存在的所有的投资对象，是企业（投资者）无法通过多元化投资来分散的。因此，又称为不可分散风险或系统性风险。例如：1997 年的亚洲金融危机造成全球金融市场价格的大幅度下跌，这种风险便是市场风险，是任何个别投资者无法回避的，也是任何投资组合所不能分散的风险。

（2）公司特有风险。公司特有风险是指发生于个别公司的特有事件造成的风险，例如罢工、新产品开发失败、没有争取到重要的合同、诉讼失败等。这类事件是随机发生的，因而可以通过多元化投资来分散风险，即发生于一家公司的不利事件可以被其他公司的有利事件所抵消。这类风险因其具有可分散、可抵消性，所以称其为“可分散风险”或“非系统性风险”。例如，一个人投资股票时，买几种不同行业、不同产品和业务公司的股票的风险比买进单一股票的风险小。

从公司本身看，风险分为经营风险和财务风险两种。

（1）经营风险。经营风险是指生产经营的不确定性带来的风险，它是任何商业活动都具有的风险，也称为“商业风险”。经营风险主要来自以下几个方面：市场销售的波动、生产成本的变化、生产技术的不断改进以及其他对生产经营活动产生影响的各因素的变化。经营风险将会使企业的营运报酬变得不确定。

（2）财务风险。财务风险是指因企业借款而增加的风险，是筹资决策带来的风险，故而也叫“筹资风险”。企业举债经营，全部资金中除自有资金外还有一部分借入资金，这会对自有资金的盈利能力造成影响；同时，借入资金需还本付息，一旦无力偿付到期债务，企业便会陷入财务困境甚至破产。对财务风险的管理，关键是要保证有一个合理的资本结构，维持适当的负债水平，既要充分利用举债经营这一手段获取财务杠杆收益，提高自有资金盈利能力，同时要注意防止过度举债而引起的财务风险的加大，避免陷入财务困境。

3. 风险的计量

风险是客观存在的，它广泛影响着企业的财务和经营活动，因此，正视风险并将风险程度予以量化，进行较为准确的衡量，便成为企业财务管理中的一项重要工作。风险虽具有不易计量的特征，但风险同概率相关。因此，对风险的衡量与计算，需要从概率分析入手。下面结合实例分步加以说明。

（1）确定概率分布。在经济活动中，有些事件在相同条件下可能发生也可能不发生，这类事件被称为“随机事件”。用来描述随机事件发生的可能性大小的数值称为“概率”。通常，把必然事件发生的概率定为1，把不可能发生事件的概率定为0，其他随机事件的概率则是介于0到1之间的一个数值。概率越大，说明事件发生的可能性越大。

随机事件的概率分布必须符合以下两个要求：

1）所有随机事件的概率 P_i 都介于0和1之间，即 $0 \leqslant P_i \leqslant 1$。

2）所有随机事件的概率之和等于1，即 $\sum_{i=1}^{n} P_i = 1$，其中 n 为所有可能结果的个数。

【例 2.11】 ABC公司面临两个投资机会可供选择，A项目是一个高科技项目，该领域市场竞争激烈，如果经济发展迅速并且项目研制开发搞得好，则能够取得较大的市场份额，获得较高的利润；反之，将会获得较少的利润甚至亏损。B项目是一个成熟的产品，市场发展稳定，销售前景可以根据市场调研资料进行可靠的预测。经预测发现未来的市场行情可能有三种情况：繁荣、一般、衰退，每种情况发生的可能概率以及各种情况下的预期报酬率资料见表2—1：

表 2—1

市场行情	发生的概率	A项目的预期报酬	B项目的预期报酬
繁荣	0.3	100%	18%
一般	0.4	15%	12%
衰退	0.3	−80%	6%
合计	1.0	——	——

在表 2—1 中，概率不仅表示各种市场行情发生的可能性，同时也揭示了获得各种预期报酬的可能性大小。以 A 方案为例，未来市场行情繁荣的可能概率为 30%，当真的出现繁荣的市场行情时公司能够获得 100%的报酬率。即公司获得 100%的报酬率的可能性为 30%。

(2) 计算期望报酬。期望报酬是各种可能的预期报酬水平以概率为权数进行加权平均得到的报酬水平，它反映了未来报酬水平的集中趋势。期望报酬水平可以有绝对额和相对数两种表达方式，绝对额是指期望报酬额；相对数的表达方式指期望报酬率。期望报酬的计算公式为：

$$\overline{K}=\sum_{i=1}^{n}K_iP_i$$

式中：$\overline{K}$——期望报酬额或期望报酬率

K_i——第 i 种可能结果的预期报酬额或预期报酬率

P_i——第 i 种可能结果发生的可能概率

n —— 所有可能结果的个数

如例 2.11 所示：

期望报酬率（A）＝0.3×100%＋0.4×15%＋0.3×（－80%）

＝12%

期望报酬率（B）＝0.3×18%＋0.4×12%＋0.3×6%

＝12%

从计算结果上看，两个项目的期望报酬水平相同，但对投资者而言两个项目并不是等同的。因为两个项目的概率分布情况不同。A 项目的预期报酬率相对于 B 项目分散程度大，变动范围在－80%～100%之间；而 B 项目的预期报酬率变动范围在 6%～18%之间。前者的报酬率水平跨度为 180 个百分点；后者的报酬率水平跨度为 12 个百分点。这说明二者的风险程度不同。上述分析仅从定性的角度说明了两个项目风险程度上存在的差异，还缺乏量化比较的依据，为了从定量的角度衡量风险程度的大小，需要运用数理统计中衡量概率分布离散程度的变量——标准差和标准离差率。

(3) 计算标准差和标准离差率。标准差是指各种可能报酬偏离期望报酬的综合差异水平，是用来定量衡量预期报酬离散程度的经济变量。标准差越小，说明离散程度越小，风险越小；反之，标准差越大，说明离散程度越大，风险越大。标准差是一个绝对数指标，只能用以比较期望报酬相同的投资方案的风险程度的大小，对于期望报酬水平不同的项目应使用相对数指标，即标准离差率。标准离差率是指标准差同期望报酬的比值，用以描述单位期望报酬风险程度的大小。标准离差率越小，说明单位期望报酬的风险越小，投资方案的风险程度越小；反之，标准离差率越大，说明单位期望报酬的风险越大，投资方案的风险程度越大。

1）标准差的计算公式为：

$$\sigma=\sqrt{\sum_{i=1}^{n}(K_i-\overline{K})^2\cdot P_i}$$

式中：σ —— 期望报酬的标准差

$\overline{K}$ —— 期望报酬

P_i —— 第 i 种可能结果发生的可能概率

n —— 所有可能结果的个数

将上例中 ABC 公司两个项目的资料代入，得到两个项目的标准差：

A 项目的标准差为

$$\sigma=\sqrt{(100\%-12\%)^2\times0.3+(15\%-12\%)^2\times0.4+(-80\%-12\%)^2\times0.3}$$
$$=69.76\%$$

B 项目的标准差为

$$\sigma=\sqrt{(18\%-12\%)^2\times0.3+(12\%-12\%)^2\times0.4+(6\%-12\%)^2\times0.3}$$
$$=4.65\%$$

从计算的结果中能够看出，A 项目的标准差大于 B 项目的标准差，说明 A 项目的风险程度大于 B 项目的风险程度。

2）标准离差率的计算公式为：

$$V=\frac{\sigma}{\overline{K}}\times100\%$$

式中：V——标准离差率

σ——标准差

$\overline{K}$——期望报酬

上例中，A 项目的标准离差率为：

$$V=\frac{69.76\%}{12\%}\times100\%=581\%$$

B 项目的标准离差率为：

$$V=\frac{4.65\%}{12\%}\times100\%=38.75\%$$

当然，在上述例子中，A、B两项目的期望报酬率相同，所以可以直接利用标准差比较风险程度的大小，但如果投资项目的期望报酬率不同则必须计算标准离差率才能比较风险程度的大小。例如：假定A、B项目的期望报酬率不同，分别为30%和15%，标准差仍然为69.76%和4.65%。这时，只靠期望报酬或标准差都不能比较出项目的优劣，因为A项目相对于B项目而言，期望报酬水平高，但同时风险也大。为此，必须计算标准离差率来比较相对风险水平的高低。

A项目的标准离差率

$$V=\frac{69.76\%}{30\%}=233\%$$

B项目的标准离差率

$$V=\frac{4.65\%}{15\%}=31\%$$

这说明，在上述假定条件下，A项目的相对风险大于B项目的风险水平。

综上所述，A、B两个项目的平均报酬率相同，但是风险程度不同。A项目有可能获得高报酬，但发生亏损的可能性也很大；B项目取得高报酬的可能性较小，但是发生亏损的可能性也较小。

决策者对待风险的态度因个人的偏好不同也有所差别，对相同的项目可能得出不同的决策结论。以上述两个项目为例，厌恶风险的决策者会回避风险，从而选择风险小的项目——B项目；偏好风险的决策者会趋向风险，从而选择风险水平高的项目——A项目。绝大多数的决策者是理性经济人，这些决策者在制定决策时要充分考虑风险和报酬之间的关系，并作出理性判断，即选择风险小，报酬水平高的项目。问题是，在现实市场经济条件下，不存在报酬水平高，风险小的项目，那么投资者应如何抉择？此时，投资者应考虑可能获得的报酬水平是否值得冒风险，以及投资者对待风险的态度。

二、风险与报酬的关系

企业的任何财务活动都或多或少地存在着风险，当企业冒险从事生产经营活动时，必然要求获得一定的超额报酬或额外收益，如果企业不能获得超额报酬，则企业不值得冒险去投资。投资者因冒风险进行投资所获得的超过时间价值的超额报酬称为投资的风险价值或风险报酬。风险和报酬的基本关系是风险越大要求的报酬率越高。实际上各投资项目的风险大小是不同的，在投资报酬率相同的情况下，人们都会选择风险小的投资，结果竞争使其风险增加，报酬率下降。最终，高风险的项目必须有高报酬，否则就没有人投资；低报酬的项目必须风险很低，否则也没人投资。风险和报酬的这种联系，是市场竞争的结果。

投资者要求的投资报酬率由两部分构成：

一是无风险报酬率，通常用国债利率代替，因为国家发行的政府债券，到期能够收回本息，基本上是无风险的。

二是风险报酬率，与项目的风险程度有关，风险越大，投资者要求的风险投资回报越高。在上述分析中引入的标准离差率指标只能揭示出项目的风险程度，不能反映风险报酬的高低。因此，有必要引入另一个参数——风险价值系数。风险价值系数是指特定投资者进行特定项目的投资对所承担的单位风险要求的风险报酬水平。所以，风险报酬率可以表示为风险程度的线性函数，其计算公式为：

$$R_R=bV$$

式中：R_R——风险报酬率

b——风险价值系数

V——风险程度，标准离差率

投资者要求的投资报酬率为：

$$K= R_F+ R_R= R_F+ bV$$

式中：K——投资者要求的投资报酬率

R_F——无风险报酬率

投资者要求的投资报酬率与风险的关系如图 2—5 所示。

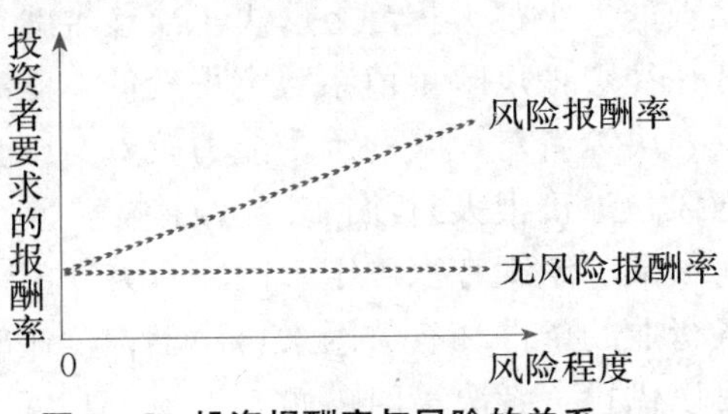

图 2—5　投资报酬率与风险的关系

假定同期无风险报酬率为8%，A项目的风险价值系数为10%，B项目的风险价值系数为6%，则：

A项目的风险报酬率应为：

$$R_R=10\%\times581\%=58.1\%$$

B项目的风险报酬率应为：

$$R_R=6\%\times38.75\%=2.325\%$$

投资者投资于A项目要求的投资报酬率为：

$$K=R_F+R_R=8\%+58.1\%=66.1\%$$

投资者投资于B项目要求的投资报酬率为：

$$K=R_F+R_R=8\%+2.325\%=10.325\%$$

通过上述对两项目的预测可知，A项目的期望报酬率远低于投资者要求的报酬率，因此，项目在经济上不可行；B项目的期望报酬率大于投资者要求的投资报酬率，所以项目在经济上是可行的。

影响项目是否可行的关键性因素有三个：无风险报酬率、标准离差率和风险价值系数。其中，无风险报酬率和标准离差率都有确切的数据资料，能计算得到。至于风险价值系数的确定通常可以借助于以下几种方法：

（1）根据以往的历史资料加以确定。风险价值系数可以参照同类项目的历史资料，运用上述关系式进行推断。例如，公司打算进行一项投资，同类项目的投资报酬率通常为20%，标准离差率为100%，无风险报酬率为8%，则利用公式 $K=R_F+bV$ 可得：

$$b=\frac{K-R_F}{V}=\frac{20\%-8\%}{100\%}=12\%$$

（2）由公司领导层或有关专家确定。如果缺乏可比的历史资料，则可以由公司领导层根据以往的经验加以确定，也可以由公司组织有关的专家确定。实际上，风险价值系数的大小很大程度上取决于决策者对待风险的态度。风险承受能力强的决策者往往会把风险价值系数定得较低，此时投资者要求的风险溢价便会较小；相反，决策者对风险的承受能力较差，则会把风险价值系数定得较高，此时只有当风险溢价很大时项目才能被接受。

（3）由国家有关部门组织专家确定。国家有关部门如财政部、中央银行等组织专家，根据各行业的条件和有关因素，确定各行业的风险价值系数，并由国家定期公布，可以供投资者决策时参考。

第三节　利息率

资金的时间价值和投资的风险价值，都是以利息率的形式表现的。利息率是进行财务决策的基本依据，无论进行筹资决策还是进行投资决策都不能忽视利息率因素，利息率原理是财务管理中的一项基本原理。

一、利息率的概念

利息率，简称利率，是一定时期的利息额与本金的比率。从资金借贷关系来看，利率是在一定时期内运用资金资源的价格。也就是说，资金作为一种特殊商品，在市场上的买卖，是以利率作为价格的，资金的融通实质上是资金通过利率这一价格体系在市场机制作用下实行的资金再分配，可见利率在资金市场中的核心地位。

利息，本质上是利润的一部分。利息率与利润率，同社会平均利润率有着密切的联系。马克思认为，必须把社会平均利润率看成是利息的有最后决定作用的最高界限。因为，如果利率超过社会平均利润率，企业会因无利可图而不去借款。利率的最低界限是零，否则资金所有者就会无利可图，而不愿放款。所以，利率处于零和社会平均利润率之间。一般来说，利率随社会平均利润率的变化而变化。在其他条件不变的情况下，平均利润率升高，利率也升高；反之，平均利润率降低，利息率也随之降低。至于利率具体会位于区间（0，平均利润率）中的哪一点，则要由信贷资金的供求双方来确定。因此，利率在资金的分配及企业作出财务决策的过程中起着重要的作用。例如，一个企业拥有投资利润率很高的投资机会，它就可以发行高利率的证券筹集资金，投资者把过去投资的利率较低的证券卖掉，来购买这种利率较高的证券，这样，资金将从低收益的投资项目不断向高收益的投资项目转移。因此，在发达的市场经济条件下，资金从高收益项目到低收益项目的依次分配，是由市场机制通过资金的价格——利率的差异来决定的。企业必须适应利率杠杆对经济活动的调节，正确运用利率手段来实现对货币资金的有效利用。

二、利率的种类

按照不同的划分标准，可以把利率划分成以下不同类别：

1. 按利率之间的变动关系分类

（1）基准利率（又称基本利率）。它是指在多种利率并存的条件下起决定作用的利率，若这种利率变动，其他利率也相应变动。了解这种关键性利率水平的变化趋势，就可以了解全部利率的变化趋势。基准利率，在西方通常是中央银行的再贴现率，在我国是中国人民银行对商业银行再贷款的利率。我国目前正在逐步调整国债利率为基准利率。

（2）套算利率。它是指在基准利率确定后，各金融机构根据基准利率和借贷款项的特点而换算出的利率。例如，某金融机构规定，贷款给 AAA 级、AA 级、A 级企业的利率，应分别在基准利率基础上加 0.25%、0.5%和 1%的差幅，若基准利率是 9%，则三类企业的贷款利率分别是 9.25%、9.5%和 10%，其中 AAA 级企业的贷款利率又称最优惠利率。

2. 按投资者取得报酬情况分类

（1）实际利率。它是指在物价水平不变货币购买力也不变情况下的利率；或是指在物价有变化时，扣除通货膨胀补偿后的利息率。

（2）名义利率。它是指包含对通货膨胀贴水的利率。物价上涨是一种普遍的现象。所以，名义利率一般都高于实际利率。两者之间的关系可用公式表示如下：

$$K=K_0+IP$$

式中，K——名义利率；

K_0——实际利率；

IP——预计的通货膨胀率；

在通货膨胀条件下，市场上各种利率都是名义利率，而实际利率却不能直接观察到。通常是利用上述公式，根据名义利率和通货膨胀率推算出实际利率。

3. 按利率是否随市场资金供求关系而变化分类

（1）固定利率。它是指在借贷期内固定不变的利息率。过去，利率都是固定利率，因为这种利率对借贷双方确定成本和收益十分方便。近几十年来，世界各国都存在不同程度的通货膨胀，实行固定利率会使债权人利益受到损害，因而这种利率逐步趋于减少。

（2）浮动利率。它是指在借贷期内可以调整的利率。根据借贷双方的协定，由一方在规定的时间依据某种市场利率进行调整。采用浮动利率可为债权人减少因通货膨胀而造成的损失，但这种利率的计算复杂，工作量比较大。

4. 按利率变动与市场的关系分类

（1）市场利率。它是指根据资金市场上的供求关系，随市场资金供求变动而自由变动的利率。

（2）官定利率。它是指由金融管理部门或者中央银行确定的利率，又称法定利率。官定利率是国家进行宏观调控的一种手段。

我国的利率属于官定利率，由国务院统一制定。中国人民银行统一管理。市场经济发达的国家以市场利率为主，同时存在少量官定利率，但一般官定利率与市场利率无显著的脱节现象。

三、未来利率水平的测算

正如任何商品的价格由供应和需求两方面来决定一样，资金这种特殊商品的价格——利率，也是由供给与需求来决定的。但除这两个因素外，经济周期、通货膨胀、货币政策和财政政策、国际政治经济关系、国家对利率管制程度等，对利率的变动均有不同程度的影响。因此，要测算特定条件下的未来利率水平，首先必须分析利率的构成。在一般情况下，借入资金的利率由三部分内容组成：（1）纯粹利率；（2）通货膨胀补偿率；（3）风险报酬率。其中风险报酬率又分为违约风险报酬率、流动性风险报酬率和期限风险报酬率三种。因此，利率的一般计算公式可表示为：

$$K=K_0+IP+DP+LP+MP$$

式中：K——利率（指名义利率）；

K_0——纯粹利率；

IP——通货膨胀补偿率（或称通货膨胀贴水）；

DP——违约风险报酬率；

LP——流动性风险报酬率；

MP——期限风险报酬率。

现将上述构成利率的五个方面分述如下：

1. 纯粹利率

纯粹利率是指没有风险和没有通货膨胀情况下的均衡利率。影响纯粹利率的基本因素是前面谈到的货币供应量和货币需求量，因而，纯粹利率不是一成不变的，它随资金供求的变化而变化。精确地测定纯粹利率是非常困难的，在实际工作中，通常以无通货膨胀情况下的无风险证券（国库券）的利率为代表。

2. 通货膨胀补偿率

通货膨胀对利率水平的影响在世界大多数国家是实际存在的。通货膨胀削弱了货币实际购买力，同时也降低了投资项目的投资报酬率。资金的供应者在通货膨胀情况下，必然要求提高利率水平以补偿其购买力损失。因此，无风险证券的利率，除纯粹利率之外还应加上通货膨胀因素，以补偿因通货膨胀所遭受的损失。在实际经济生活中，政府发行的短期国库券就是一种无风险证券，它的利率就由纯粹利率和通货膨胀补偿率两部分组成的。可通过求解算术平均数和几何平均数，测算出未来的通货膨胀率预期。一般而言，利率的变化总是滞后于通货膨胀率的。

3. 违约风险报酬率

违约风险是指借款人无法按期支付利息和偿还本金，而给贷款人或投资者带来的风险。违约风险反映着借款人按期支付本金和利息的信用程度。借款者如经常不能按期支付本息，说明这个借款者违约风险高。贷款者不愿意以同等的利率水平向违约风险高的借款者贷款。为了弥补这种风险所带来的损失，违约风险高的借款者必须要支付更高的利率才能获得贷款。国库券、公债等证券由政府发行，违约风险接近于零，其利率水平也最低。而企业债券则视企业信用程度分为许多等级，信用越好，违约风险越低，利率水平也越低；信誉不好，违约风险高，利率水平自然也高，在到期日和流动性等因素相同的情况下，各信用等级债券的利率水平同国库券利率之间的差额，便是该信用等级债券的违约风险报酬率。

4. 流动性风险报酬率

流动性，也称变现性，是指某项资产能否迅速转化为现金的可能性。流动性强弱的标志有两个：一是时间因素；二是变现价格。政府债券、著名大公司的证券，变现能力强，流动性风险就小；而不知名的中小企业的证券，变现能力差，流动性风险就大。一般而言，在其他因素相同的情况下，流动性风险小与流动性风险大的证券利率差距介于1%～2%之间，这就是所谓的流动性风险报酬率。

5. 期限风险补偿率

一项负债，到期日越长，债权人承受的不确定因素就越多，承担的风险也越大。为弥补这种风险而增加的利率水平，称为期限风险报酬率。当然，在利率剧烈波动的情况下，可能出现短期利率高于长期利率的情况，但这种偶然情况并不影响上述结论。

综上所述，影响某一特定借款或投资的利率主要有以上五大因素，只要能合理预测上述因素，便能比较合理地测算未来的利率水平。

【本章小结】

资金时间价值是指资金在周转使用中由于时间因素而形成的价值差额，它表现为资金周转使用后的价值增值额。一般以利息率表示资金的时间价值。资金时间价值的计算分为单利计算和复利计算两种。其中复利计算包括复利终值、复利现值和年金的计算。风险是指投资收益的不确定性。风险报酬是指投资者由于承担风险进行投资而获得的超过资金时间价值的额外收益。从个别投资主体的角度来看，风险可分为市场风险和公司特有风险两类。市场风险是指那些影响所有公司的因素所引起的风险，它不能通过多元化投资来分散，故又称不可分散风险或系统风险；公司特有风险是指发生于个别公司的特有事件造成的风险，故又称可分散风险或非系统风险。从公司本身来看，风险分为经营风险和财务风险。经营风险是指生产经营的不确定性带来的风险，又称商业风险；财务风险是指因企业借款而增加的风险，是筹资决策带来的风险，又称筹资风险。本章还介绍了如何衡量单个投资项目的风险。

利息率（简称利率）是资金使用价格的一般表现形态。按利率之间的变动关系，可分为基准利率和套算利率；按投资者取得报酬情况可分为实际利率和名义利率；按利率是否随市场资金供求关系变化而变化可分为固定利率和浮动利率；按利率变动与市场的关系可分为市场利率和官定利率。一般而言，利率由三部分构成：纯粹利率、通货膨胀补偿率和风险报酬率，其中风险报酬率又分为违约风险报酬率、流动性风险报酬率和期限风险报酬率三种。

【复习题】

1. 什么是年金？年金的特点是什么？
2. 普通年金与预付年金、递延年金、永续年金有何区别？
3. 什么是投资的风险价值？
4. 从个别理财主体的角度看？风险分为哪几种？
5. 风险和报酬的基本关系是什么？
6. 利息率如何按不同的标准分类？
7. 利息率的构成要素有哪些？

【讨论及思考题】

1. 在财务决策中为什么要考虑资金的时间价值？
2. 利率或贴现率对终值和现值有何影响？
3. 试对风险衡量的过程作出全面总结。

第三章
筹资管理

【本章引言】

任何一个企业，为了保证生产经营的正常进行，必须持有一定数量的资金。筹资是企业理财的起点，资金运用的前提。现代企业的资金来源于两个方面，一是权益资金，二是债务资金。从一定意义上讲，筹资的数量与结构直接影响企业效益的好坏。因此，企业的筹资管理是企业财务管理的首要任务。

第一节　企业筹资概述

一、企业筹资的动机

资金是企业持续从事经营活动的基本条件。企业筹资是指企业作为筹资主体，根据其生产经营、对外投资和调整资本结构等需要，通过各种筹资渠道和金融市场，运用各种筹资方式，经济有效地筹措和集中资本的活动，它是企业理财的起点。

企业筹资的动机，是指企业筹资的目的。企业筹资的基本目的是为了自身的生存和发展，企业具体筹资活动通常受特定动机的驱使。企业筹资的具体动机概括起来主要有以下几个方面：

1. 企业创建的需要

具有一定数量的资本是创建企业的基础。我国《公司法》规定，设立企业首先必须筹集一定量的资本金。企业的经营性质、组织形式不同，对资本的需求量也不相同。资本从哪里来，要靠筹资解决，筹资对企业设立有启动作用，加强筹资管理，及时筹足本钱，可以保证企业的顺利设立。

2. 企业正常运营的需要

企业设立并不等同于可以正常运营。一般情况下，正常运营的资金需求要大于设立时投入的本金。实际经营过程中，资金的周转在数量上具有波动性，会经常发生资金的需求，为了使企业经营活动正常运转，必须加强筹资管理，保证资金供应。

3. 企业发展的需要

企业在发展过程中，生产经营规模会不断扩大。随着生产经营规模的扩大，对资金的需求也会不断增多，需要不断筹集大量资金，而这些资金仅靠自身的积累是不够的，必须通过各种筹资方式来筹集。

4. 偿还债务、调整资本结构的需要

一般而言，企业的资金来源有两个方面：借入资金和自有资金。借入资金都有一定的到期日，到期必须归还。借入资金与自有资金之间应有一个恰当的比例，资本结构才能趋于合理。这里有两种情况：一是以偿还债务为目的的筹资，即企业的现有支付能力不足以偿还到期债务，这是企业在财务状况恶化的情况下而被迫采取的措施；二是以调整资本结构为目的的筹资，即企业有足够的能力支付到期债务，但为了调整原有的资本结构而举债，从而使资本结构更加合理。

5. 外部筹资环境变化的需要

企业的筹资活动总是在一定的时间和空间进行的，受到各种外部因素的制约与影响，而这些因素恰恰是企业不可控制的，企业只能努力去适应环境、利用环境。如：国家税收政策的调整会影响企业内部现金流量的数量与结构；金融制度的变化会影响企业的筹资结构；通货膨胀会使原材料价格上涨而导致资本需用量的增加等等，这些外部筹资环境的变化都会产生新的筹资需要。

二、企业筹资的原则

筹资原则是指企业筹资的基本要求。在企业筹资过程中，会面临许多问题，何时筹资，通过什么渠道，采用什么方式进行筹资，以及筹资的数量、成本和资金的使用条件等，都是筹资工作必须正确解决的问题。为此，应遵循以下原则：

1. 合法性原则

无论企业采用何种筹资方式、通过何种渠道、按照何种条件、筹集多少资金都必须符合有关政策法规，依法筹资，履行约定的责任，维护投资者权益。

2. 合理性原则

企业筹资的目的在于确保企业生产经营所必需的资金。资金不足，固然会影响企业的生产经营；而资金过剩，则可能导致资金使用效果降低。所以资金筹集应掌握一个合理的界限，即保证企业生产经营正常、高效运行的最低资金需要量。

3. 效益性原则

由于不同的筹资渠道和筹资方式，其资金成本各不相同，取得资金的难易程度也不尽一致，企业所承担的风险也大小不一。为此，在筹资时应综合考虑各种筹资方式的资本成本和筹资风险，力求以最少的资金成本实现最大的投资收益。

4. 及时性原则

企业筹集资金应根据资金的投放使用时间来合理安排，使筹资和用资在时间上相衔接，避免因筹资时间过早而造成使用前的闲置，或因筹资时间滞后而贻误有利的投资时机。

5. 适度性原则

企业在筹资时，其负债在全部资本中的比重应适度，防止负债过多而增加财务风险，增加偿债压力；或没有充分地利用负债经营，使权益资本的收益水平下降。

三、企业筹资的分类

为了有效地进行筹资管理，可按不同标准对企业筹资进行分类。

(一) 按所筹资金性质分类

1. 主权性筹资

主权性筹资是指企业依法筹集并长期拥有、自主支配的资本来源，包括实收资本、资本公积、盈余公积金和未分配利润。其主要特征是：(1) 所有权归出资者所有，出资者按出资额享有资产收益、享有参与经营管理的权利，并以出资额对企业债务负有限责任；(2) 可以长期占用，属“永久性资本”，形成企业法人财产权，在企业存续期间，除依法转让外，不得以任何方式抽回；(3) 不需要还本付息，因而风险较小；(4) 通过吸收直接投资、发行股票、留存收益等方式筹措形成。

2. 债权性筹资

债权性筹资是指企业依法筹措并依约使用、按期偿还的资本来源，主要包括银行或非银行金融机构的各种借款、应付债券、应付票据等。其主要特征是：(1) 它是企业债务，体现了企业和债权人之间的债权债务关系；(2) 债权人不享有参与经营管理的权利；(3) 企业在约定期限享有使用权，到期还本付息，有筹资风险；(4) 负债利息在成本中列支；(5)有利于提高权益资本的收益率。

(二) 按所筹资金的使用期限分类

1. 短期筹资

短期筹资是对短期资金的筹集。一般是指使用期限不超过一年的资金，主要投资于现金、应收账款、存货等，一般在短期内可收回。短期筹资主要有短期借款和商业信用等方式。

2. 长期筹资

长期筹资是对长期资金的筹集。长期资金是使用期限在一年以上的资金，主要用于购置固定资产、无形资产、对外长期投资，以及垫支于经常性占用的永久性流动资产的需要，一般需几年甚至十几年才能收回。长期资金通常采用吸收直接投资、发行股票、发行公司债券、取得长期借款、融资租赁和内部积累等方式来筹集。

(三) 按融通资金的方式分类

1. 直接筹资

直接筹资是指企业不经过银行等金融机构，直接与资本所有者协商融通资本的一种筹资活动。在直接筹资过程中，供求双方借助于金融工具直接实现资金的转移，无需通过银行类金融中介。其主要特征是：(1) 受金融市场及法律的限制较大；(2) 必须借助于一定的载体（如股票、债券等）；(3) 筹资范围广，可利用的筹资方式较多。具体而言，主要有投入资本、发行股票、发行债券和商业信用等。

2. 间接筹资

间接筹资是指企业借助银行等金融机构而融通资本的筹资活动，其主要形式为银行借款、非银行金融机构借款、融资租赁等。它是目前我国企业最为重要的筹资途径，具有筹资手续简便、交易成本低而筹资效率高等特点。

(四) 按所筹资金的范围分类

1. 内部筹资

内部筹资是指在企业内部通过留用利润而形成的资本来源，是在企业内部“自然地”形成的，被称为“自动化的资本来源”，其数量通常由企业可分配利润的规模和利润分配政策（或股利政策）所决定。采用内部筹资方式简便易行，不直接支付使用费用，也不发生筹资费用，较为经济，有利于企业的长期发展。因此，在筹资决策上，应先考虑内部筹资，再安排外部筹资。

2. 外部筹资

外部筹资是指利用企业外部来源筹集资金，除企业内部积累外，其余都属于外部筹资。显然，外部筹资具有资金供应量大，筹资渠道宽，筹资方式多的特征。但外部筹资往往限制条件较多，使资金的使用受到约束。

四、企业筹资渠道与方式

企业筹资需要通过一定的筹资渠道，运用一定的筹资方式来进行。不同的筹资渠道和筹资方式各有其特点和适用性，企业筹资活动需要两者合理地配合来完成。

(一) 企业筹资渠道

筹资渠道是指筹措资金来源的方向与通道，体现着资金的源泉和流量。认识和了解各筹资渠道及其特点，有助于企业充分拓宽和正确利用筹资渠道。目前，我国企业的筹资渠道主要有以下七种：

1. 财政资金

国家对企业的直接投资是国有企业最主要的资金来源渠道，特别是国有独资企业，其资本全部由国家投资形成。现有国有企业的资金来源中，其资本部分大多是由国家财政以直接拨款方式形成的，还有些是国家对企业“税前还贷”或减免各种税款而形成的。

2. 银行信贷资金

银行对企业的各种贷款，是我国目前各类企业最为重要的资金来源。银行一般分为商业银行和政策性银行。商业银行为各类企业提供商业性贷款；政策性银行为特定企业提供政策性贷款。

3. 非银行金融机构资金

非银行金融机构是指除了银行以外的各种金融中介机构，主要有信托投资公司、保险公司、租赁公司、证券公司、财务公司等。它们通过一定的途径或方式为企业直接提供部分资金或为企业筹资提供服务。

4. 其他法人单位资金

其他法人单位资金是指其他法人单位以其可以支配的资产对企业投资形成的资金，包括企业法人单位和社会法人单位资金。另外，企业间的购销业务可以通过商业信用方式来完成，从而形成债务人对债权人的短期信用资金占用。企业间的相互投资和商业信用的存在，使其他企业资金也成为企业资金的来源。

5. 民间资金

企业职工和居民个人的结余货币，作为“游离”于银行及非银行金融机构之外的个人资金，形成民间闲置资金，企业可通过一定的方式例如发行股票、债券等，把这些结余货币集中起来形成企业的资金。

6. 企业自留资金

它是企业内部形成的资金，主要包括计提折旧，提取公积金和未分配利润等。这些资金的重要特征之一是，它们无须企业通过一定的方式去筹集，而直接由企业内部自动生成或转移，是企业的“自动化”筹集渠道。

7. 外商资金

是外国投资者以及我国港、澳、台地区投资者投入的资金，是外商投资企业的重要资金来源。

(二) 企业筹资方式

筹资方式是指企业筹措资金所采用的具体形式。如果说筹资渠道属于客观存在，那么筹资方式则属于企业主观能动行为。资金来源的多渠道，要求筹资方式多样化。目前，我国企业筹资方式主要有以下几种：（1）吸收直接投资；（2）发行股票；（3）利用留存收益；（4）向银行借款；（5）利用商业信用；（6）发行公司债券；（7）融资租赁。其中：利用（1）～（3）方式筹措的资金为权益资金；利用（4）～（7）方式筹措的资金为负债资金。

（三）企业筹资渠道与筹资方式的对应关系

筹资渠道解决的是资金来源问题，筹资方式则解决通过何种方式取得资金的问题，二者存在密切的联系。同一渠道的资金往往可以采用不同的筹资方式取得，而一定的筹资方式可能只适用于某一特定的筹资渠道。因此，企业在筹资时，应当实现筹资渠道和筹资方式两者之间的合理配合。企业筹资渠道与筹资方式相配合的对应关系，可用表3—1来表示。

表3—1　　企业筹资渠道与筹资方式的对应关系

两者配合 筹资方式 / 筹资渠道	吸收直接投资	发行股票	利用留存收益	向银行借款	利用商业信用	发行公司债券	融资租赁
财政资金	√						
银行信贷资金				√			
非银行金融机构资金	√	√		√		√	√
其他法人单位资金	√	√			√	√	√
民间资金	√	√				√	
企业自留资金	√		√				
外商资金	√	√			√	√	√

第二节　权益资金的筹集

权益资金也称自有资金，是企业依法筹集并长期拥有、自主调配运用的资金来源。其内容包括投资者投入的资本金和留存收益，它在数量上反映了投资者投入的全部资本。权益资金主要通过吸收直接投资、发行普通股、发行优先股和企业留存收益等筹资方式形成。

一、企业资本金制度

企业资本金是指企业设立时必须向所有者筹集的、并在工商行政管理部门登记的注册资金。它是企业从事正常经营活动、承担经济责任的物质基础。资本金制度是指国家对有关资本金的筹集、管理以及企业所有者的责权利等方面所作的法律规范。建立资本金制度，有利于维护企业所有者权益；正确计算盈亏，健全企业的经营机制。

（一）资本金的确定

通常，在财务上的资本金是指企业的实收资本，它与法律上的资本金，即注册资本不尽相同。在注册资本登记管理上，对资本金的确定主要有以下三种方法：

1. 实收资本制

实收资本制也称法定资本制。即企业成立时确定资本金总额，一次筹足，实收资本与注册资本相一致，否则企业不能成立。

2. 授权资本制

授权资本制是指在企业设立时，虽也要确定资本金总额，但不要求一次缴足。只要缴纳了第一期出资额，企业即可设立。剩余未缴部分资本金，可在企业设立后进行筹集。

3. 折中资本制

折中资本制是指在企业设立时，确定资本金总额，虽不一定一次筹足，但规定了首期出资的数额或比例及最后一期缴清资本金的期限。我国的经济法律法规一般强调实收资本与注册资本相一致。

（二）资本金的构成

按有关规定，资本金按照投资主体分为国家资本金、法人资本金、个人资本金以及外商资本金等。与此相适应，股份制企业的股权划分为国家股、法人股、个人股和外资股。

（三）资本金的筹集方式

根据我国法律法规的规定，企业可以采用各种方式吸收各种资本金。企业筹集资本金既可以吸收货币资金的投资，也可以吸收实物、无形资产的投资，但吸收实物资产、无形资产筹集资本金的，应按照评估确认或者合同、协议约定的金额计价。对吸收的无形资产投资不得超过国家规定的比例限度，我国现行的法律法规明确规定：企业吸收的无形资产（不包括土地使用权）一般不超过注册资本的 20%；如果情况特殊，含有高新技术，确实需要超过 20%的，应当经有关部门审查批准，但最高不得超过 30%。

（四）资本金的筹集期限

企业资本金的筹集无论是一次筹集，还是分期筹集，都应根据国家有关的法律法规以及合同章程的规定来确定。有限责任公司的股本总额由股东一次缴足；外商投资企业则可以分期筹集。如果采取一次性筹集，应在营业执照签发之日起六个月内筹足。分期筹集的，最长期限不得超过三年，其中第一次筹集的部分不得低于注册资本的 15%，并且第一次筹集部分应在营业执照签发之日起三个月内筹足。

（五）资本金的验证

资本金验证是指对投资者所投入资产进行法律上的确认，它包括对现金与非现金资产从价值确认和时间确认方面进行验证等内容。国际上通行的做法是聘请社会中介机构进行验资。我国企业在筹集资本金时，必须聘请中国注册会计师验资，出具验资报告之后，工商部门才会签发营业执照，企业据此向出资者发放出资证明。

（六）违约责任

资本金的筹集方式、筹集期限等事项均要在投资合同协议中约定，并在公司章程中做出规定，以确保资本金的及时、足额到位。如果某一所有者未按合同、协议和公司章程的约定及时、足额出资，即为违约，企业和其他投资者可依法追究违约方的责任，政府部门还应根据国家有关法律法规，对违约者进行处罚。

二、吸收直接投资

吸收直接投资，是指企业以协议或合同等形式吸收国家、其他企业、个人和外商等直接投入资金，形成企业资本金的一种筹资方式。

（一）吸收直接投资的种类

1. 按其所形成资本金的构成分类

（1）吸收国家直接投资。国家直接投资是指有权代表国家投资的政府部门或者机构以国有资产投入企业，由此形成的资本叫国有资本。吸收国家直接投资是国有企业筹集自有资金的主要方式。当前，除了原来国家以拨款形式投入企业所形成的各种资金外，用利润总额归还贷款后所形成的国家资金、财政和主管部门拨给企业的专用拨款以及减免税后形成的资金，也应视为国家投资。

(2) 吸收法人直接投资。法人直接投资是指法人单位以其依法可以支配的资产投入企业，由此形成的资本叫法人资本。

(3) 吸收个人直接投资。个人直接投资是指社会个人或本企业内部职工以个人合法财产投入企业，由此形成的资本称为个人资本。

(4) 吸收外商直接投资。外商直接投资是指外国投资者和我国港、澳、台地区投资者投入企业的资金，由此形成的资本称为外商资本。

2. 按投资者的出资形式分类

(1) 吸收现金投资。吸收现金投资是企业吸收直接投资所乐于采用的形式。企业有了现金，可用于购置资产、支付费用，灵活方便。因此，企业一般争取投资者以现金方式出资。对现金出资比例由有关法规作出规定，或由融资各方协商确定。

(2) 吸收非现金投资。吸收非现金投资主要有两类形式：一是吸收实物资产投资，即投资者以房屋、建筑物、设备等固定资产和材料、燃料、产品等流动资产作价投资；二是吸收无形资产投资，即投资者以专利权、商标权、商誉、非专利技术、土地使用权等无形资产作价投资。

(二) 吸收直接投资的条件

企业采用吸收直接投资方式筹措自有资本，必须符合一定的条件要求，主要有以下几个方面：

(1) 采用吸收直接投资方式筹措自有资本的企业，应当是非股份制企业，包括国有企业、集体企业、合资或合营企业等，股份制企业按规定应以发行股票方式取得自有资本。

(2) 企业通过吸收直接投资而取得的实物资产或无形资产，必须符合企业生产经营、科研开发的需要，在技术上能够消化应用。在吸收无形资产投资时，应符合法定比例要求。

(3) 企业通过吸收直接投资而取得的非现金资产，必须进行客观公正合理的估价，并办理产权转移手续。

(三) 吸收直接投资的优缺点

1. 吸收直接投资的优点

(1) 有利于提高企业信誉。吸收直接投资所筹集的资金属于自有资金，与借入资金相比，能增强企业的信誉和举债能力，对扩大企业经营规模、壮大企业实力具有重要作用。

(2) 有利于尽快形成生产能力。吸收直接投资不仅可以筹集现金，而且能够直接获取投资者的先进技术和设备，有利于尽快形成生产能力。

(3) 有利于降低财务风险。由于吸收直接投资的分配以企业的经营状况为依据，经营好时可以多分，经营差时可以少分或不分。这有利于企业灵活经营，降低企业的财务风险。

2. 吸收直接投资的缺点

(1) 资金成本较高。由于向投资者支付的报酬是根据其出资额的数额和企业实现利润的多少来计算的，因此，吸收直接投资的资金成本一般都比较高，特别是企业经营状况较好、盈利较多时，更是如此。

(2) 容易分散企业控制权。由于投资者一般都希望获得与其投资数量相适应的经营管理权，在外部投资者较多的情况下，容易分散企业的控制权。

(3) 不便于产权流动。由于该融资方式没有以证券为媒介，产权关系有时不够明确，涉及产权转让的一些资产重组事项难于操作。投资者资本进入容易出来困难，难以吸收大量的社会资本进入，融资规模受到限制。

三、发行普通股筹资

股票是股份公司为筹集权益资本而发行的有价证券，是公司发行的证明股东所持股份的凭证，它代表了股东对股份公司的所有权。发行普通股是股份有限公司筹集权益资金最常见的方式。

(一) 股票的种类

股票按不同标准，可以划分为不同类型，下面介绍几种主要分类方法。

1. 按股东权利和义务分为普通股和优先股

普通股是股份公司依法发行的具有管理权，股利不固定的股票。普通股具备股票的最一般特征，是股份公司资本的最基本部分。通常情况下，股份有限公司只发行普通股。

优先股是股份公司依法发行的具有一定优先权利的股票。优先股的优先权利表现在：(1) 优先分配股利；(2) 优先分配剩余财产。世界上多数国家《公司法》规定，公司设立和增发新股可以发行优先股，但有些国家的法律规定，优先股只能在特殊情况下，如增发新股或清理债务时才能发行。

2. 按股票票面是否记名分为记名股票和无记名股票

记名股票是在股票上载有股东姓名或名称并将其记入公司股东名册的一种股票。我国《公司法》规定，公司向发起人、国家授权投资的机构、法人发行的股票，应当为记名股票，对社会公众发行的股票，可以为记名股票，也可以为无记名股票。记名股票的转让要通过背书或法律规定的其他方式进行，并办理过户手续。

无记名股票是指在股票上不记载股东姓名或名称的股票，股东姓名或名称也不计入公司的股东名册，公司只记载股票的数量、编号及发行日期。无记名股票的转让无需办理过户手续，即实现股权的转移。

3. 按股票票面有无金额分为面额股票和无面额股票

面额股票是指票面标有每股金额的股票。这种股票表明每股股票在公司股本总额中占有的份额，以及所负有限责任的最高限度。按我国《公司法》规定，公司发行的股票都是面额股票。

无面额股票是指票面不标明每股金额，只标明股数的股票。无面额股票仅表示每一股在公司全部股票中所占有的比例。也就是说，这种股票只在票面上注明每股占公司全部净资产的比例，其价值随公司财产价值的增减而增减。

4. 按发行对象和上市地区分为 A 股、B 股、H 股和 N 股

在我国内地，有 A 股和 B 股，A 股是以人民币标明票面金额并以人民币认购和交易的股票。B 股是以人民币标明票面金额，以外币认购和交易的股票。H 股是在香港上市的股票，N 股是在纽约上市的股票。

（二）普通股股东的权利

普通股股票的持有人叫普通股股东，普通股股东一般具有如下权利：

1. 参与经营管理权

股东参与公司的经营管理权不是直接的，而是体现在股东在股东大会上行使的表决权，包括：(1) 决定公司的经营方针和投资计划；(2) 选举和更换董事、监事；(3) 审议董事会和监事会报告；(4) 审议和批准公司年度财务预算、决算方案，利润分配方案和弥补亏损方案；(5) 对公司增减注册资本和发行债券作出决议；(6) 对公司合并、分立、解散和清算等事项作出决议；(7) 修改公司章程等。

2. 查阅权

查阅权是指股东对公司有关文件有查阅的权利。如公司章程、股东大会会

议记录和财务报告。通过行使查阅权，对公司的经营提出建议或质询，这实际上是一种监督权。

3. 分享盈余权

这也是普通股股东的一项基本权利。盈余的分配方案，由股东大会决定，每一个会计年度由董事会根据企业的盈利数额和财务状况来决定分发股利的多少并经股东大会批准通过。

4. 出让股份权

股东有权出售或转让股票，这也是普通股股东的一项基本权利。它表明普通股投资的流动性，是对投资的一种保护。

5. 优先认股权

当公司增发普通股票时，原有股东有权按持有公司股票的比例，优先认购新股票。这主要是为了使现有股东保持其在公司股份中原来所占的百分比，以保证他们的控制权。

6. 剩余财产的要求权

当公司解散、清算时，普通股股东对剩余财产有要求权。但是，公司破产清算时，财产的变价收入，首先要用来清偿债务，然后支付优先股股东，最后才能分配给普通股股东。所以，在破产清算时，普通股股东实际上很少能分到剩余财产。

（三）股票上市

股票上市是指股份有限公司发行的股票，符合规定条件，经过申请核准后在证券交易所作为交易的对象。经核准在证券交易所上市交易的股票，称为上市股票，其股份有限公司称为上市公司。

股份公司申请股票上市，基本目的是为了增强本公司股票的吸引力，形成稳定的资本来源，能在更大范围内筹措大量资本。股票上市对上市公司而言，主要有如下意义：

（1）提高公司所发行股票的流动性和变现性，便于投资者认购、交易；

（2）促进公司股权的社会化，防止股权过于集中；

（3）提高公司的知名度，吸引更多顾客；

（4）有助于确定公司增发新股的发行价格；

（5）便于确定公司的价值，有利于促进公司实现股东财富最大化目标。

不少公司积极创造条件，争取其股票上市。但是，也有人认为，股票上市对公司不利，主要是：各种“公开”的要求可能会暴露公司的商业秘密，负担较高的信息披露成本；股市的人为波动可能歪曲公司的实际情况，损害公司的声誉；可能分散公司的控制权。因此，有些公司即使已符合上市条件，也宁愿放弃上市机会。

（四）普通股筹资的优缺点

1. 普通股筹资的优点

(1) 没有固定利息负担。普通股没有法定的支付股利的义务，公司有充裕的盈余，并认为适合分配股利，就可以分配给股东；公司盈余较少，或虽有盈余但资金短缺或有更有利的投资机会，就可少支付或不支付股利。

(2) 没有固定到期日，不用偿还。利用普通股筹集的是永久性的资金，除非公司清算才需偿还。这对保证公司对资本的最低需要，促进公司长期持续稳定经营具有重要意义。

(3) 筹资风险小。由于普通股没有固定到期日，不用支付固定的股利，不存在还本付息的风险，同时资本使用上无特别限制，筹资风险最小。

(4) 能提高公司的信誉。普通股股本与留存收益构成公司所借入的一切债务的基础。有了较多的自有资金，就可为债权人提供较大的损失保障，因而，普通股筹资既可以提高公司的信用价值，同时也为使用更多的债务资金提供了强有力的支持。

2. 普通股筹资的缺点

(1) 资本成本较高。其原因有三：一是普通股投资风险较大，按照风险、收益对等原则，相应的普通股所要求的收益率也就很高；二是普通股的股利在税后利润中支付，享受不到免税优惠；三是普通股的发行费用比举债要高出许多。

(2) 容易分散公司控制权。出售新股会把控制权扩展到新股东，从而削弱原控制者的地位。

(3) 增发新股可能会降低每股收益。新股东有分享公司净利润的权利，在公司盈利不增加的情况下，会降低每股的获利能力，以及每股权益，从而引起每股市价下跌。

四、发行优先股筹资

优先股是相对普通股而言的，较普通股具有某些优先权利，同时也受到一定的限制，它既与普通股有许多相似之处，又具有债券的某些特征。但从法律的角度来看，优先股属于自有资金。

（一）优先股的种类

按不同标准，可对优先股作不同分类，现介绍几种主要的分类方式。

1. 按支付股利能否累积分为累积优先股和非累积优先股

累积优先股是指在任何营业年度内未支付的股利可累积起来，用以后营业年度的盈利一起支付的优先股股票。也就是说，当公司营业状况不好，无力支付固定股利时，可把股利累积下来，当公司营业状况好转，盈余增多时，再补发这些股利。一般而言，一个公司只有把所欠的优先股股利全部支付以后，才能支付普通股股利。因此。累积优先股可以保证优先股股东有稳定的股利收入。

非累积优先股是仅按当年利润分派股利，如当年未能获得分派股利，则以后也不予以累计补付的优先股股票。我国的有关法规规定：优先股股东无表决权，但公司连续三年不支付优先股股息，优先股股东就享有普通股股东的权利。

2. 是否可以参加额外股利的分派和参与程度，可分为全部参与优先股、部分参与优先股和不参与优先股。

全部参与优先股是指优先股股东在利润分配上与普通股股东同股同利。

部分参与优先股是指优先股股东除了按约定的固定股息率获得股息收入外，还有权在一定幅度内参与额外股利的分配。参与的方式有定率、定额或二者混合三种。在公司章程中，参与分享额外收益的条款很少轻易提供。

不参与优先股是指优先股股东只按优先股票面约定的固定股息率取得股息收入，不能参与额外股利的分配，是优先股的常见形式。

3. 按是否可以赎回分为可赎回优先股和不可赎回优先股

可赎回优先股又称可收回优先股，是指股份公司可以按一定价格收回的优先股股票。发行这种股票时，一般都附有收回性条款，在收回条款中规定了赎回该股票的价格，此价格一般略高于股票的面值。至于是否收回，在什么时候收回，则由发行股票的公司来决定。

不可赎回优先股是指不能收回的优先股股票，当然，不可赎回并非指公司不可以从市场上按照市价收回。

4. 按是否可以转换分为可转换优先股和不可转换优先股

可转换优先股是股东可在一定时期内按一定比例把优先股转换成普通股的

股票。转换的比例是事先确定的，其数值大小取决于优先股与普通股的现行价格。

不可转换优先股是指不能转换成普通股的股票，不可转换优先股只能获得固定股利报酬，而不能获得转换收益。

从以上介绍可以看出，累积优先股、可转换优先股、参与优先股均对股东有利，而可赎回优先股则对股份公司有利。

（二）优先股股东的权利

优先股的“优先”是相对普通股而言的，这种优先权利主要表现在以下几个方面：

1. 优先分配股利权

优先分配股利的权利，是优先股的最主要特征。优先股通常有固定股利，一般按面值的一定百分比来计算，受公司经营状况和盈利水平的影响较少，优先股的股利除数额固定外，还必须在支付普通股股利之前予以支付。对于累积优先股来说，这种优先股就更为突出。

2. 优先分配剩余资产权

在企业破产清算时，出售资产所得的收入，优先股位于债权人的求偿权之后，但先于普通股。其金额只限于优先股的票面价值，加上累积未支付的股利。

3. 部分管理权

优先股股东的管理权限是有严格限制的。通常，在公司的股东大会上，优先股股东没有表决权，但是，当公司研究与优先股有关的问题时其有权参加表决。因此，发行优先股一般不会稀释普通股股东的控制权。

（三）优先股的性质

从公司章程规定的有关条款看，优先股是介于普通股和债券之间的资金来源，是一种混合性证券，其特征也介于普通股和债券之间。

(1) 优先股具有普通股的某些特征，优先股与普通股相同的地方，主要表现在以下几个方面：

1）优先股所筹资本属于权益资本，多数情况下，没有到期日；

2）优先股的股利在税后利润中支付；

3）优先股没有筹资风险，当公司没有足够盈利支付股利时，可以不支付，而无破产之忧；

4）优先股股东也是以其投资额对公司的债务承担有限责任。

(2) 优先股具有类似债券的特征，优先股与债券相似之处主要有以下几个方面：

1) 优先股的股利固定，一般不受公司经营状况和盈利水平的影响；

2) 优先股一般不享有参与公司经营管理权；

3) 当公司章程中规定有赎回条款时，优先股具有还本特征；

4) 当公司章程中规定有转换条款时，优先股可以向债券那样转换为普通股。

(四) 优先股筹资的优缺点

1. 利用优先股筹资的优点

(1) 没有固定到期日，不用偿还本金。优先股从根本上说属权益资本，没有固定到期日，是永久性资金来源，可以为公司举债提供保证，增强了公司的借款能力。

(2) 股利支付既固定，又有一定弹性。一般而言，优先股都采用固定股利，但固定股利的支付并不构成公司的法定义务。如果财务状况不佳，则可暂时不支付优先股股利，那么，优先股股东也不能像债权人一样迫使公司破产。

(3) 优先股的可赎回性和可转换性，使之具有调整资本结构的功能。

(4) 优先股股利固定，具有财务杠杆作用。

2. 利用优先股筹资的缺点

(1) 筹资成本高。优先股所支付的股利要从税后净利润中支付，不同于债务利息可在税前扣除。因此，优先股成本较高。

(2) 筹资限制多。发行优先股，通常有许多限制条款，例如，对普通股股利支付上的限制，对公司借债限制等。

(3) 财务负担重。优先股需要支付固定股利，但又不能在税前扣除。所以，当利润下降时，优先股的股利会成为一项较重的财务负担，有时不得不延期支付。

第三节 负债资金的筹集

负债资金是通过负债筹集的资金，是企业依法筹集、依法使用、按期偿还的资金来源，其内容包括流动负债和长期负债，它从数量上反映了债权人投入企业的资金。负债资金主要通过银行借款、发行债券、商业信用和租赁等筹资方式形成。与权益资金的筹资相比，负债资金的特点表现为：筹集的资金具有使用上的时间性，需到期偿还；不论企业经营效果好坏，需固定支付债务利息，从而形成企业的固定负担；但资金成本一般较权益资金低，且不会分散企业的控制权。

一、向银行借款

向银行借款就是由企业根据借款合同从有关银行或非银行金融机构借入所需资金的一种筹资方式，又称银行借款筹资。

（一）银行借款的种类

1. 按借款的期限分为短期借款、中期借款和长期借款

短期借款是指借款期限在1年以内（含1年）的借款；中期借款是指借款期限在1年以上5年以下（含5年）的借款；长期借款是指借款期限在5年以上的借款。

2. 按有无担保分为信用借款、担保借款和票据贴现

信用借款是指以借款人的信誉为依据而获得的借款，企业取得这种借款，无需以财产作抵押；担保借款是指以一定的财产作抵押或以一定的保证人作担保为条件所取得的借款；票据贴现是指企业以持有的未到期的商业票据向银行贴付一定的利息而取得的借款。

3. 按提供贷款的机构分为政策性银行贷款和商业银行贷款

政策性银行贷款一般是指执行国家政策性贷款业务的银行向企业发放的贷款。如国家开发银行为满足企业承建国家重点建设项目的资金需要提供贷款；进出口信贷银行为大型设备的进出口提供买方或卖方信贷。商业银行贷款是指由各商业银行向工商企业提供的贷款。这类贷款主要为满足企业生产经营的资金需要。此外，企业还可从信托投资公司取得实物或货币形式的信托投资贷款等。

（二）银行借款筹资的程序

企业向银行借款，通常要经过以下步骤：

1. 企业提出借款申请

企业向银行借入资金，应当填写借款申请书，向银行提出申请。借款申请书的内容包括借款金额、借款用途、偿还能力及还款方式等，并提供以下资料：

（1）借款人及保证人的基本情况；

（2）经会计事务所审计的上年度财务报告；

（3）原有不合理占用贷款的纠正情况；

（4）抵押物清单及同意抵押的证明，保证人拟同意保证的有关证明文件；

（5）项目建议书和可行性报告；

（6）银行认为需要的其他资料。

2. 银行进行审批

银行针对企业的借款申请，按照有关规定和贷款条件，对借款企业进行审查，依据审批权限，核准企业申请的借款金额和用款计划。银行审查的内容包括：（1）企业的财务状况；（2）企业的信用情况；（3）企业盈利的稳定性；（4）企业的发展前景；（5）借款投资项目的可行性等。

3. 签订借款合同

银行经审查批准借款合同后，与借款企业可进一步协商贷款的具体条件，签订正式的借款合同，明确规定贷款数额、利率、期限和一些限制性条款。

4. 企业取得借款

借款合同生效后，银行可在核定的贷款指标范围内，根据用款计划和实际需要，一次或分次将贷款转入企业的银行存款结算户，以便企业支用借款。

5. 企业偿还借款

企业应按借款合同的规定按期还本付息。企业偿还贷款的方式通常有三种：（1）到期日一次偿还。在这种方式下，还款集中，借款企业需于贷款到期日前做好准备，以保证全部清偿到期贷款；（2）定期偿还相等数额的本金，即在到期日之前定期（如每一年或两年）偿还相同的金额，至贷款到期日还清全部本金；（3）分批偿还，每批金额不等，便于企业灵活安排。

如果企业不能按期归还借款，应在借款到期之前，向银行申请贷款展期，但是否展期，由贷款银行根据具体情况决定。

（三）银行借款的信用条件

按照国际惯例，银行借款往往附加一些信用条件，主要有信用额度、周转信用协议和补偿性余额。

1. 信用额度

信用额度是企业与银行正式或非正式协议确定的借款最高限额。在信用额度内，企业根据需要可以随时获得借款，信用额度通常每年规定一次，但可定期修改。但在非正式协议下，银行并不承担借款最高限额保证的法律义务。

2. 周转信用协议

周转信用协议是一种经常为大公司使用的正式信用额度。与信用额度一样规定借款的最高限额，在协议的有效期内，只要企业借款总额未超过最高限额，银行必须满足企业任何时候提出的借款要求。企业享有周转信用协议，通常要对贷款限额的未使用部分付给银行一笔承诺费。例如，某企业与银行商定的周转信用额为1 000万元，承诺费率为0.5%，借款企业年度内使用了600万元，余额400万元。则借款企业应向银行支付承诺费的金额为：

$$\text{承诺费}=400\times 0.5\%=2\text{（万元）}$$

3. 补偿性余额

补偿性余额是银行要求借款企业将借款的10%～20%的平均存款余额留存银行。银行通常都有这种要求，目的是降低银行贷款风险，提高贷款的有效利率，以便补偿银行的损失。但对借款企业来说，补偿性余额则提高了借款的实际利率，加重了企业的利息负担。例如，某企业按年利率8%向银行借款100万元，银行要求保留20%的补偿性余额，企业实际可动用的借款只有80万元。则该项借款的实际利率为：

$$\text{补偿性余额贷款实际利率}=\frac{\text{名义利率}}{1-\text{补偿性余额比率}}\times 100\%$$

$$=\frac{8\%}{1-20\%}\times 100\%=10\%$$

（四）银行借款筹资的优缺点

1. 银行借款筹资的优点

（1）筹资速度快。企业利用银行借款筹资，一般所需时间较短，程序较为简单，可以快速获得货币资金。而发行股票、债券筹集资金，需做好发行前的各种工作，如发行股票、债券前的审批工作等，发行也需要一定时间，耗时较长。

（2）筹资成本低。利用借款筹资，其利息可在所得税前列支，故可减少企业实际负担的成本，因此比股票筹资的成本要低得多；与债券相比，借款利率一般低于债券利率，而且也无需支付大量的发行费用。

（3）借款弹性大。在借款时，企业与银行直接商定贷款的时间、数额和利率等；在用款期间，企业如因财务状况发生某些变化，亦可与银行再行协商，变更借款数量及还款期限等。因此，银行借款筹资对企业具有较大的灵活性。

2. 银行借款筹资的缺点

(1) 财务风险较大。银行借款通常有固定的利息负担和固定的偿付期限，在经营不善的情况下，可能会产生不能偿付的风险，甚至会导致破产。

(2) 限制条件较多。企业与银行签订的借款合同中，一般都有一些限制条件，如定期报送有关财务报表、不准变更借款用途等，这些条件可能会限制企业的经营活动。

(3) 筹资数量有限。银行一般不愿借出巨额的长期借款。因此，利用银行借款筹资不如股票、债券那样可以一次筹集到大笔资金。

二、发行债券

债券是债务人为筹集债权资本而发行的，约定在一定期限内向债权人还本付息的有价证券。发行债券是企业筹集债权资本的重要方式。我国非公司企业发行的债券称为企业债券。股份有限公司和有限责任公司发行的债券称为公司债券，习惯上又称公司债。

(一) 债券的种类

1. 按债券是否记名分为记名债券和无记名债券

记名债券。指券面上记有持券人姓名或名称的债券。记名债券只对记名人还本付息，持券人凭印鉴领取利息，记名债券的转让要办理过户手续。

无记名债券。指券面上不记有持券人姓名或名称的债券。债券的还本付息仅以债券为凭即见票还本付息。无记名债券的转让，只需将债券交付受让人后即发生效力。

2. 按有无抵押担保分为有担保债券和信用债券

有担保债券。是指发行公司以特定财产作为担保的债券。它按担保品的不同，又可分为不动产抵押债券、动产抵押债券、信托抵押债券。

信托抵押债券是指公司以其持有的有价证券为担保而发行的债券。信用债券。又称无担保债券，是指发行公司没有抵押品担保，完全凭信用发行的债券。这种债券通常是由信誉良好的公司发行，利率一般略高于抵押债券。

3. 按是否可转换为普通股分为可转换债券和不可转换债券

可转换债券。指按契约规定，在一定条件下可转换为普通股的公司债券。这种债券具有选择权，所以利率比普通债券要低。

不可转换债券。指不具有转换选择权的公司债券。

4. 按债券持有收益分为固定利率债券、浮动利率债券、参与分红债券和收益债券

固定利率债券是指发行时就已确定利率并记于债券票面的债券。

浮动利率债券的利率在发行时不固定，而是随着市场利率变化作相应调整，从筹资角度看，浮动利率债券不仅可以获得长期资金，而且在整个使用期不必负担过高的利率，通常在未来利率不确定情况下适用。

参与分红债券，又称参与公司债券，这种债券利率较低，但公司有超额盈余时，可以参加盈余分配，这种债券较为少见。

收益债券是指在企业不盈利时，可暂不支付利息，而到获利时支付累积利息的债券。

5. 按本金偿还方式分为一次到期债券和分次到期债券

一次到期债券是指发行公司于债券到期日一次集中偿还所发行的全部债券本金。

分次到期债券有两种情形，一种是设计分批到期偿还；另一种是对同一债券的本金分次偿付，于债券到期日偿清本金。公司发行这类债券可以分散其集中还本的财务负担。

6. 按其他特征分为附认股权债券和附属信用债券

附认股权债券是指附带允许债券持有人按特定价格认购公司股票权利的债券。这种认购股权通常随债券发放，具有与可转换债券类似的属性，其票面利率通常低于一般公司债券。

附属信用债券是指当公司清偿时，受偿权排列顺序低于其他债券的债券。这种债券的利率通常高于一般公司债券但如果其可转换为普通股，其出售价格又会低于一般公司债券。

（二）发行债券的资格与条件

1. 发行债券的资格

我国《公司法》规定，股份有限公司、国有独资公司和两个以上的国有企业或者其他两个以上的国有投资主体投资设立的有限责任公司，有资格发行公司债券。

2. 发行债券的条件

我国《公司法》规定，有资格发行公司债券的公司，必须具备以下条件：

(1) 股份有限公司的净资产额不低于人民币 3 000 万元，有限责任公司的净资产额不低于人民币 6 000 万元。

(2) 累计债券总额不超过公司净资产额的 40%。

(3) 最近 3 年平均可分配利润足以支付公司债券 1 年的利息。

(4) 所筹集资金的投向符合国家产业政策。

(5) 债券的利率不得超过国务院限定的水平。

(6) 国务院规定的其他条件。

另外，发行公司债券所筹集的资金，必须符合审批机关审批的用途，不得用于弥补亏损和非生产性支出，否则会损害债权人的利益。

发行公司凡有下列情形之一的，不得再次发行公司债券：

(1) 前一次发行的公司债券尚未募足的。

(2) 对已发行的公司债券或者其债务有违约或延迟支付本息的事实，且仍处于持续状态的。

(三) 债券的发行价格

多数情况下，企业债券是按票面价值发行，亦称平价发行。但也有按高于票面价值或低于票面价值，即溢价发行或折价发行的情况。这是因为，债券利率是参照市场利率制定的，一经印制，便固定不变。而从印制到债券发行，市场利率可能会发生变化，如果发生变化，则应根据市场利率变化情况调整发行价格，即：当票面利率高于市场利率时，以溢价发行债券；当票面利率低于市场利率时，以折价发行债券；当票面利率与市场利率一致时，则可以平价发行债券。

从资金的时间价值考虑，债券的发行价格就是它的现值，它由两个部分构成：一是各期利息按发行时市场利率折现的年金现值；二是到期偿还本金（面值）按发行时市场利率折现的现值，其计算公式如下：

$$债券价格=\sum_{t=1}^{n}\frac{年利息}{(1+市场利率)^t}+\frac{面值}{(1+市场利率)^n}$$

式中：n 为债券期限，t 为计息期数

例如：公司发行面值 1 000 元的 10 年期债券，票面年利率为 10%，每年年末付息一次，发行时市场利率有以下三种不同情况。

(1) 市场利率与票面利率一致，也是 10%，则

$$债券价格 = \sum_{t=1}^{10} \frac{1\,000 \times 10\%}{(1+10\%)^t} + \frac{1\,000}{(1+10\%)^{10}} = 1\,000(元)$$

此时，发行价格与面值相同，为平价发行。

(2) 市场利率为 12%，高于票面利率，则

$$债券价格 = \sum_{t=1}^{10} \frac{1\,000 \times 12\%}{(1+12\%)^t} + \frac{1\,000}{(1+10\%)^{10}} = 887(元)$$

此时，发行价格低于面值，为折价发行。

(3) 市场利率为 8%，低于票面利率，则

$$债券价格 = \sum_{t=1}^{10} \frac{1\,000 \times 10\%}{(1+8\%)^t} + \frac{1\,000}{(1+8\%)^{10}} = 1\,134(元)$$

此时，发行价格高于面值，为溢价发行。

(四) 债券的信用等级

公司公开发行债券通常需要由债券资信评级机构评定等级。债券的信用等级对于发行公司和购买人都有重要影响。

国际上流行的债券等级是 3 等 9 级。AAA 级为最高级，AA 级为高级，A 级为上中级，BBB 级为中级，BB 级为中下级，B 级为投机级，CCC 级为完全投机级，CC 级为最大投机级，C 级为最低级。

我国的债券评级工作正在开展，但尚无统一的债券等级标准和系统评级制度。根据中国人民银行的有关规定，凡是向社会公开发行的企业债券，需要由经中国人民银行认可的资信评级机构进行评信。这些机构对发行债券企业的企业素质、财务质量、项目状况、项目前景和偿债能力进行评分，以此评定信用级别。

(五) 债券筹资的优缺点

1. 债券筹资的优点

(1) 资本成本较低。与股票的股利相比较而言，债券的利息允许在所得税前支付，发行公司可取得节税利益，故公司实际负担的债券成本一般低于股票成本。

(2) 可以发挥财务杠杆作用。无论发行公司的盈利多少，债券持有人一般只收取固定的利息，而更多的收益可用于分配给股东或留归公司经营，从而增加股东和公司的财富。

(3) 保障股东的控制权。债券持有人无权参与发行公司的经营管理决策，因此，公司发行债券不会像增发新股那样可能会分散股东对公司的控制权。

(4) 便于调整资本结构。在公司发行可转换债券以及提前赎回债券的情况下，则便于公司主动地合理调整资本结构。

2. 债券筹资的缺点

(1) 筹资风险高。债券有固定的到期日，并需定期支付利息，发行公司必须承担按期还本和付息的义务。在公司经营不景气时，亦需向债券持有人还本和付息，这会给公司带来更大的财务困难，有时甚至导致公司破产。

(2) 限制条件多。发行债券的限制条件一般要比长期借款、租赁筹资的限制条件都要多且严格，从而限制了公司对债券筹资方式的使用，甚至会影响公司以后的筹资能力。

(3) 筹资数量有限。公司利用债券筹资一般受一定额度的限制。我国《公司法》规定，发行公司流通在外的债券累计总额不得超过公司净资产的40%。

三、融资租赁

(一) 租赁业务的种类和特征

租赁是出租人以收取租金为条件，在契约或合同规定的期限内将资产租给承租人使用的一种经济行为。租赁活动由来已久，现代租赁综合了传统租赁和分期付款的特点，在金融市场上发挥了投资、融资和促销的三重作用，其中融资功能最为明显。目前，租赁业务已成为企业普遍采用的筹资方式。

租赁业务通常可以分为经营租赁和融资租赁两大类。

1. 经营租赁

经营租赁又称营运租赁、服务租赁，是由出租人向承租企业提供租赁设备，并提供设备维修保养和人员培训等服务性业务。经营租赁通常为短期租赁。承租企业采用经营租赁的目的，主要不在于融通资本，而是为了获得设备的短期使用以及出租人提供的专门技术服务。由于承租企业无需先筹资购买设备即可享有设备使用权，所以，这种租赁方式也有短期筹资的功效。

经营租赁有下列主要特点：

(1) 承租企业可随时向出租方提出租赁资产要求；

(2) 租赁期短，不涉及长期而固定的业务；

（3）租赁合同比较灵活，在合同限制条件范围内，承租人可以解除租约；

（4）出租人提供专门服务，如设备的保养、维修、保险等；

（5）租赁期满或合同终止时，租赁设备由出租人收回。

2. 融资租赁

（1）融资租赁的含义。融资租赁又称资本租赁、财务租赁，是由租赁公司或办理融资租赁业务的其他金融机构（银行等金融机构）按照承租企业的要求融资购买设备，并在契约或合同规定的较长期限内提供给承租企业使用的信用性业务。

融资租赁是以融通资金为目的的租赁，以出租实物形式取代向企业提供设备贷款，是融资与融物的有机结合，并带有商品销售性质的信用活动，是筹集资金的特殊方式。

（2）融资租赁的特点。1）一般由承租企业向租赁公司提出正式申请，由租赁公司购进设备租给承租企业使用；2）租赁期限较长，大多为设备使用年限的一半以上；3）租赁合同比较稳定，在规定的租期内非经双方同意，任何一方不得中途解约，这有利于维护双方的权益；4）由承租企业负责设备的维修保养和保险，但无权自行拆卸改装；5）租赁期满时，按事先约定的办法处置设备，一般有退租、续租、留购三种选择，通常由承租企业留购。

（3）融资租赁的形式。融资租赁按其业务的不同特点，可分为如下三种形式：

1）直接租赁。直接租赁是指承租人直接向出租人租入所需要的资产，并付出租金。它是融资租赁的典型形式。2）售后回租。根据协议，企业将某资产卖给出租人，再将其租回使用。资产的售价大致为市价。采用这种租赁形式，出售资产的企业可得到相当于售价的一笔资金，同时仍然可以使用资产。当然，在此期间，该企业要支付租金并失去了资产所有权。3）杠杆租赁。杠杆租赁是国际上比较流行的一种融资租赁形式。它一般要涉及承租人、出租人和贷款人三方当事人。从承租人的角度来看，它与其他融资租赁形式并无区别，同样是按合同的规定，在租期内获得资产的使用权，按期支付租金。但对出租人却不同，出租人只垫支购买资产所需现金的一部分（一般为20％～40％），其余部分（为60％～80％）则以该资产为担保向贷款人借款支付。因此，在这种情况下，租赁公司既是出租人又是借款人，据此既要收取租金又要支付债务，这种融资租赁形式，由于租赁收益一般大于借款成本支出，出租人借款购物出租可获得财务杠杆利益，故被称为杠杆租赁。

（二）融资租赁的程序

对于承租企业而言，融资租赁有以下主要过程。

1. 作出租赁决策

一般是通过租赁与自购比较，决定取舍。除了进行租赁与自购现金流量的定量比较，还要注意其他一些重要因素，如企业的现金能力，举债的限制等，作综合的考察分析。

2. 选定租赁物，委托租赁

承租企业根据需要，确定租赁资产的品种和规格，再与供应商接洽租赁物，然后选择租赁公司并申请租赁预约，经租赁公司审查合格后，双方签署租约。

3. 交货验收租赁物

租约签订后，租赁公司向供应商订货，并由供应商向承租企业发货，货到验收，租期即行开始。

4. 按期缴付租金

在租赁期内，承租企业按期向租赁公司缴付租金，在此期间内，承租企业享有租赁物的使用权。

5. 租赁期届满，租赁物的处理

租赁期满，承租企业根据租约规定留购、续租或退租。

（三）融资租赁筹资的优缺点

1. 融资租赁筹资的优点

（1）迅速获得所需资产。融资租赁集“融资”与“融物”于一身，从时间上，一般要比先筹措货币资金后再购置设备来得更快，可使企业尽快形成生产经营能力。

（2）限制条款少。企业运用股票、债券、长期借款等筹资方式，都受到相当多的条件的限制，相比之下，融资租赁筹资的限制条件很少。

（3）设备淘汰风险小。随着科学技术的不断进步，设备陈旧过时的风险很高，而多数租赁协议规定由出租人承担，承租企业可免遭这种风险。

（4）财务风险小。全部租金通常在整个租期内分期支付，不用到期归还大量本金，因此，可适当减少不能偿付的风险。

（5）税收负担轻。租金可在税前扣除，具有抵免所得税的效应。

2. 融资租赁筹资的缺点

融资租赁筹资的最主要缺点就是资本成本较高。一般来说，其租金要比举借银行借款或发行债券所负担的利息要高得多。在企业财务困难时，固定的租金也会构成一项较沉重的负担。

四、利用商业信用

商业信用是指商品交易中的延期付款或预收货款而形成的借贷关系，是企业之间的一种直接信用行为。它是企业短期资金的重要来源之一。商业信用是由商品交易中货款与商品在时间上的分离而产生的。在西方一些国家，90%的商品销售方式是商业信用。在我国，随着商品经济的不断发展，商业信用也正迅猛发展，已经成为企业短期筹资的一种重要方式。

（一）商业信用的形式

1. 应付账款

应付账款是企业购买货物暂未付款而欠对方的账款，即卖方允许买方在购货后一定时期内支付货款的一种形式。卖方利用这种方式促销，而对买方来说延期付款则等于向卖方借用资金购进商品，可以满足短期的资金需要。

应付账款是最早出现、最典型的商业信用形式，后来才发展为商业票据等形式。

2. 应付票据

应付票据是企业以延期付款进行商品交易时开具的表明债权债务关系的票据。卖方要求买方开出正式的商业汇票，卖方也可自己开出，但必须由买方承诺在未来一定日期偿还货款。双方依此票据作为债权债务的法律依据。采用商业汇票，可以起到约定期限结算、防止拖欠的作用。

应付票据按承兑人的不同，可分为商业承兑汇票和银行承兑汇票两种。商业承兑汇票是指到期由购货单位承兑付款的汇票；银行承兑汇票是指由购货单位请求其开户银行对汇票承兑的汇票。应付票据的付款期限由交易双方商定，一般为1个月～6个月。因此，应付票据对于购货企业来说，是一种短期负债筹资方式。

应付票据可分为带息票据和不带息票据。带息票据在票据上标有利率及计息日期，一般在到期日兑付时一并支付利息；不带息票据是在到期日只按票面金额兑付而不另付利息的票据。即使是带息票据，其利率一般也比银行借款的利率低。但是应付票据到期必须归还，如若延期便要交罚金，因而风险较大。

3. 预收账款

预收账款是卖方企业在交付货物之前向买方先收取部分或全部货款的信用形式。对于卖方来讲，预收账款相当于向买方借用资金后用货物抵偿。预收账款一般用于生产周期长、资金需要量大的货物销售。

(二) 商业信用的条件

所谓信用条件是指销货人对付款时间和现金折扣所做的具体规定，如“2/10，N/30”，便属于一种信用条件。信用条件从总体来看，主要有以下几种形式：

1. 预付货款

这是买方在卖方发出货物之前支付货款。一般用于如下两种情况：

(1) 卖方已知买方的信用欠佳。

(2) 销售生产周期长、售价高的产品。在这种信用条件下销货单位可以得到暂时的资金来源，但购货单位不但不能获得资金来源，还要预先垫支一笔资金。

2. 延期付款，但不提供现金折扣

在这种信用条件下，卖方允许买方在交易发生后一定时期内按发票面额支付货款，如“net45”，是指在45天内按发票金额付款。在这种情况下，买卖双方存在商业信用，买方可因延期付款而取得资金来源。

3. 延期付款，但早付款有现金折扣

在这种条件下，买方若提前付款，卖方可给予买方一定的现金折扣，如买方不享受现金折扣，则必须在一定时期内付清账款。如“2/10，N/30”便属于此种信用条件。西方国家企业在各种信用交易活动中广泛的应用现金折扣，这主要是为了加速账款的收回。现金折扣一般为发票面额的1%—5%。这种条件下，双方存在信用交易。买方若在折扣期内付款，则可获得短期的资金来源，并能得到现金折扣；若放弃现金折扣，则可在稍长时间内占用卖方的资金。

如果销货单位提供现金折扣，购买单位应尽量争取享受此项折扣，因为丧失现金折扣的机会成本很高。可按下式计算：

$$\text{资本成本}=\frac{CD}{1-CD}\times\frac{360}{N}$$

式中：CD——现金折扣的百分比

N——失去现金折扣后延期付款天数

如信用条件为“2/10，N/30”，丧失现金折扣的资本成本应为：

$$资本成本=\frac{2\%}{1-2\%}\times\frac{360}{20}=36.73\%$$

(三) 商业信用筹资的优缺点

1. 商业信用筹资的优点

(1) 筹资便利。因为商业信用与商品买卖同时进行，属于一种自然融资，无需正式办理筹资手续。

(2) 筹资成本低。如果没有现金折扣，或企业不放弃现金折扣，则利用商业信用筹资没有实际成本。

(3) 限制条件少。如果企业利用银行借款筹资，银行往往对贷款的使用规定一些限制条件，而商业信用则限制较少。

(4) 筹资弹性大。能够随着购买或销售规模的变化而自动地扩张或缩小。

2. 商业信用筹资的缺点

商业信用的期限一般较短，如果企业取得现金折扣，则时间会更短，如果放弃现金折扣，则要付出较高的资本成本。

第四节 可转换债券与认股权证筹资

一、可转换债券筹资

可转换债券结合了普通股股票和公司债券两方面的特点，是一种在将来某一特定时期，可以按特定价格及相关条件转换成公司普通股股票的公司债券。

(一) 可转换债券的特点

(1) 可转换债券是一种混合融资方式，转换前它具有债券特征，转换后又具有普通股特征，从这个意义上讲，它是一种递延普通股。

(2) 债券和普通股之间的转换，不涉及现金流入，公司不会因此增加资本；但增加普通股数，改变资本结构，从而增加企业财务杠杆的灵活性。

(3) 债券转换前为持有者提供固定利息，一旦股价上升，又可获得转换普通股的权利。这样就有把报酬和权利结合在一起的特点，这是其他单一性质的证券所不具有的。

(二) 可转换债券的转换

可转换债券的转换涉及转换期限、转换价格和转换比率。

1. 转换期限

转换期限是指证券持有者行使转换权的有效期限。通常情况下，转换期等于债券的期限。但也可以另外规定，如递延转换期和有限转换期。递延转换期则是规定推迟到一定年限后开始可转换；有限转换期则规定只能在一定年限内进行转换。有限转换期一般比债券期限短，一旦超过有限转换期，可转换债券就自动成为非转换（或普通）债券。

2. 转换价格

转换价格是指以可转换债券转换为股票的每股价格。这种转换价格通常由发行公司在发行可转换债券时约定。

转换价格的确定主要有两种方式：(1) 按面额转换，即按股票面额与公司债券面额的比率将公司债券转换为股票；(2) 高于市价转换，即转换价格高于可转换债券发行时该公司股票市价。我国《可转换债券管理暂行办法》提出："上市公司发行可转换债券的，以发行可转换债券前一个月股票的平均价格为基础，上浮一定幅度为转换价格"，就属于第二种确定方式。

可转换债券的转换价格并非是固定不变的。公司发行可转换债券并约定转换价格后，由于又增发新股、配股及其他原因引起公司股份发生变动的，应当及时调整转换价格，并向社会公布。

3. 转换比率

转换比率是指每份可转换债券能换得的普通股数目，用公式表示为：

转换比率＝可转换债券面值/转换价格

例如，可转换债券面值 1 000 元，规定的转换价格为 50 元，则转换比率为 20 股。

可转换债券持有人请求转换时，其所持债券面额有时发生不足以转换为一股股票的余额，发行公司则应当以现金偿付。

(三) 可转换债券筹资的优缺点

1. 可转换债券筹资的优点

(1) 有利于降低资本成本。可转换债券的利率通常低于普通债券，故在转换前可转换债券的资本成本低于普通债券；转换后，又可节约股票的发行费用，从而降低股票的资本成本。

(2) 可以筹集更多资金。可转换债券的转换价格通常高于发行时的股票价格，因此，可转换债券转换后，其筹资额大于当时发行股票筹资额，也有利于稳定公司的股价。

(3) 有利于调整资本结构。可转换债券是一种具有债权筹资和股权筹资双重性质的筹资方式。可转换债券在转换前属于发行公司的一种债务，若发行公司希望可转换债券持有人转股，还可以借助诱导，促其转换，进而借以调整资本结构。

(4) 赎回条款的规定可以避免筹资损失。当公司股票价格在一段时期内连续高于转股价格而达到某一水平时，公司可按事先约定的价格赎回未转换为股票的可转换债券，从而避免损失。

2. 可转换债券筹资的缺点

(1) 可转换债券转换后，股东增加会分散公司的控制权。

(2) 可转换债券转换后，减少负债，削减财务杠杆作用，从而降低每股的获利能力。

(3) 可转换债券长期实现不了转换，会损害公司形象，使其难以再利用发行债券筹资。

(4) 可转换债券长期不能转换,公司会面对回售风险,增加企业的财务负担。

二、认股权证筹资

(一) 认股权证的特点

认股权证是由股份有限公司发行的可认购其股票的一种买入期权。它赋予持有者在一定期限内以事先约定的价格购买发行公司一定股份的权利。

对于筹资公司而言，发行认股权证是一种特殊的筹资手段。认股权证本身含有期权条款，其持有者在认购股份之前，对发行公司既不拥有债权也不拥有股权，而只是拥有股票认购权，而且用认股权证购买普通股，其价格一般低于市价，这样认股权证就有了价值。发行公司既可以通过发行认股权证筹集资金，还可用于公司成立时对承销商的一种补偿。

(二) 认股权证的种类

在国内外的公司筹资实务中，认股权证的形式多种多样，可以分为不同种类：

(1) 认股权证按允许认股的期限可分为长期认股权证和短期认股权证。长期认股权证的认股期限通常持续几年，有的是永久性的。短期认股权证的认股期限比较短，一般在 90 天以内。

(2) 认股权证按发行方式可分为单独发行的认股权证和附带发行的认股权证。单独发行的认股权证是指不依附于其他证券而独立发行的认股权证。附带发行的认股权证是指依附于债券、优先股、普通股或短期票据发行的认股权证。

(3) 备兑认股权证与配股权证。备兑认股权证是每份备兑证按一定比例含有几家公司的若干股份。配股权证是确认股东配股权的证书，它按股东的持股比例定向派发，赋予股东以优惠的价格认购发行公司一定份额的新股。

(三) 认股权证的作用

在公司的筹资实务中，认股权证的运用十分灵活，对发行公司具有一定的作用。

(1) 为公司筹集额外的资金。认股权证不论是单独发行还是附带发行，大多都为发行公司筹集一笔额外资金，从而增强公司的资本实力和运营能力。

(2) 促进其他筹资方式的运用。单独发行的认股权证有利于将来发售股票。附带发行的认股权证可促进其所依附证券发行的效率。

【本章小结】

资金筹集是企业财务活动的一项重要内容。企业筹资是指企业作为筹资主体，根据其各种生产经营、对外投资和调整资本结构等需要，通过各种筹资渠道和金融市场，运用各种筹资方式，经济有效地筹措和集中资本的活动，它是企业理财的起点。企业创建、正常运营、企业发展、偿还债务或调整资本结构以及筹资环境的变化等都需要企业进行资金筹集。企业筹资要讲求效益，按照一定的原则进行。各投资主体的投资资金、银行信贷资金、非银行金融机构资金等都是企业可以利用的筹资渠道。但各种资金的所有者不同，也就具有了不同的性质，须通过直接投资、发行股票、发行债券、金融机构贷款和商业信用等筹资方式来筹集资金，要将筹资渠道和筹资方式有效地结合起来，使之取得良好的筹资效果。权益资金的筹集包括吸收直接投资、发行普通股、发行优先股和留存收益。负债资金的筹集包括银行借款、发行债券、融资租赁和商业信用。与选择权相关的筹资主要是可转换债券和认股权证筹资等。每一种筹资方式有不同的种类和各自的优缺点，投资者应根据自身的需要进行选择。在具体的筹资操作过程中，每种筹资方式又有不同资格要求和筹措程序，企业应根据自身特点灵活运用这些方式。

【复习题】

1. 企业筹资的动机是什么？
2. 企业筹资的原则是什么？
3. 企业筹资的渠道和方式各有哪些？
4. 试比较权益资金和负债资金的异同。
5. 资本金制度包括哪些内容？
6. 吸收直接投资的形式和种类具体包括哪些？吸收直接投资形式有何优缺点？
7. 普通股股东的权利有哪些？
8. 优先股股票的性质和特点是什么？
9. 股票上市的目的及对公司不利的一面是什么？
10. 分别叙述普通股筹资与优先股筹资的优缺点。
11. 阐述银行借款筹资的优缺点。
12. 如何确定债券的发行价格？
13. 阐述债券筹资的优缺点。
14. 融资租赁的特点及优缺点是什么？
15. 商业信用的形式有哪些？其优缺点是什么？
16. 认股权证的特点和作用是什么？

【讨论及思考题】

1. 企业的筹资渠道和筹资方式有什么区别和联系？应该如何实现两者的合理配合？

2. 比较各种权益资金筹集方式的优点和缺点。

3. 负债资金如何筹集？比较各种负债筹资方式的优缺点。

4. 可转换债券筹资与认股权证筹资有什么不同？怎样看待可转换债券筹资？

第四章 资本结构

【本章引言】

资本结构是指企业资金总额中各种资金来源的构成比例，最基本的资本结构是指企业资金来源中债务资本与权益资本的比例。资本结构决策是财务管理的重要内容之一，体现了企业的财务政策，对企业的资本成本和企业价值的高低起着决定性的作用。资本成本是企业取得和使用资金所付出的各种费用，是企业选择筹资渠道、拟定筹资方案的依据，也是评价企业投资方案、财务上是否可行的最低尺度。本章通过对资本成本、杠杆利益原理的阐述来综合分析企业在不同的理财目标下如何选择资本结构。

第一节　资本成本

一、资本成本的含义和作用

资本成本是企业因筹集和使用资金所付出的代价。在现代市场经济条件下，企业从各种渠道所筹集到的资金，不外乎来自于投资人与债权人两个途径。前者称之为自有资金，后者称之为借入资金。投资者将资金投入企业，其目的是为了取得一定的投资报酬，而债权人将资金贷出去的目的也是为了能获取一定的贷款利息。由此可见，作为资金的使用人，其资金的筹集不论来自于投资者还是来自于债权人都必须为此付出一定的使用代价，不能无偿地使用这些资金。因此，简单地说，资本成本就是使用资金所承担的代价。

资本成本由两部分组成，一部分是资金筹集成本，另一部分是资金使用成本。资金筹集成本是指企业在筹措资金的过程中所花费的各项有关开支，如银行借款的手续费、发行股票或发行债券所支付的各项代理发行费用等。它通常属于一次性费用，在计算中可作为所筹资金额的一项扣除。资金使用成本是指资金使用人支付给资金所有者的资金使用报酬，如支付给股东的股利、支付给银行的贷款利息，以及支付给其他债权人的各种利息费用，它构成了资本成本的主要内容。为了便于分析比较，资本成本通常用相对数表示，即支付的报酬与可动用资本之间的比率。

在实际中，由于运用的场合不同，资本成本可有多种形式。在比较各种筹资方式时，使用个别资本成本；在进行资本结构决策时，使用加权平均资本成本；在进行追加筹资决策时，使用边际资本成本。

二、个别资本成本

个别资本成本是指使用各种长期资金的成本。它主要包括：长期借款成本、长期债券成本以及优先股成本、普通股成本、留存收益成本等。一般将长期借款和债券的资本成本称之为债务成本；而将优先股、普通股和留存收益成本统称为权益成本。

1. 长期借款成本

长期借款的成本是指借款利息费用和筹资费，长期借款的筹资费一般很少，可忽略不计。借款利息费用直接构成了长期借款的资本成本，但由于利息费用是税前列支，故借款资本成本是利息费用扣除由支付利息而少交的所得税之后的净额。其计算公式如下：

$$K_L=I_L\ (1-T)$$

式中：K_L——长期借款成本

I_L——长期借款利率

T——企业所得税税率

【例 4.1】 某企业长期借款 200 万元，年利率 10.8%，借款期限 3 年，每年付息一次，到期一次还本。企业所得税率 33%。这笔长期借款的成本计算如下：

$$K_L=10.8\%\times\ (1-33\%)\ =7.236\%$$

2. 债券成本

发行债券的成本主要是指债券利息和筹资费用。债券利息的处理与长期借款利息的处理相同，应以税后的债务成本为计算依据。债券的筹资费用一般比较高，计算中不可忽略。债券资本成本计算公式为：

$$K_b=\frac{I_b\ (1-T)}{B\ (1-f_b)}$$

式中：K_b——债券的资本成本

I_b——债券年利息

T——所得税率

B——债券筹资额

f_b——债券筹资费用率

或：$K_b=\dfrac{R_b\ (1-T)}{1-f_b}$

式中 R_b 为债券利率。

【例 4.2】 某公司平价发行总面额为 500 万元的 10 年期债券，票面利率 12%，发行费用率为 5%，公司所得税率为 33%，该债券的资本成本为：

$$K_b=\frac{500\times 12\%\times\ (1-33\%)}{500\times\ (1-5\%)}=8.46\%$$

或 $K_b=\frac{12\%\times(1-33\%)}{1-5\%}=8.46\%$

若债券溢价或折价发行，为更精确计算资本成本，应以实际发行价格作为债券筹资额。

【例 4.3】 假定上述公司溢价发行面值 500 万元的债券，其他条件不变，发行价格为 600 万元，该债券的资本成本为：

$$K_b=\frac{500\times12\%\times(1-33\%)}{600\times(1-5\%)}=7.05\%$$

【例 4.4】 假设上述公司折价发行债券，其他条件不变，发行价格为 400 万元，该债券的资本成本为：

$$K_b=\frac{500\times12\%\times(1-33\%)}{400\times(1-5\%)}=10.58\%$$

以上计算了长期借款成本和债券成本，由于两者的利息费用均在所得税前扣除，故成本都比较低。应当指出，计算长期债券的税后成本是以假设企业有利润为前提的，如果企业没有利润，就不能享受债务利息抵减所得税的利益。这时企业长期债务成本将为其税前成本。长期借款成本与债券成本相比较，一般前者低于后者，这主要是由于债券利率和筹资费用都比较高的缘故。

3. 优先股成本

优先股成本属于权益资本成本。权益资本的占用费是向股东分派的股利，股利来源于税后净利，不能抵减所得税，所以权益资本成本与前两种债务资本成本的显著不同在于计算时不扣除所得税。

企业发行优先股，需花费筹资费用，并定期支付股利。其计算公式为：

$$K_p=\frac{D_p}{P_s(1-f_p)}$$

式中：K_p——优先股成本

D_p——优先股每年的股利

P_s——优先股发行总额

f_p——优先股筹资费用率

【例 4.5】 某股份有限公司发行优先股 100 万元，筹资费用率为 2.5%，每年向优先股股东支付 13%的固定股利。优先股成本计算如下：

$$K_p=\frac{100\times13\%}{100\times(1-2.5\%)}=13.333\%$$

因为优先股股利是税后利润，而债券利息是税前的费用，因此，债权人的索赔权是优先于优先股的。由此可见，优先股的风险比债券大，所以优先股的资本成本应高于债券的资本成本。

4. 普通股成本

普通股是构成股份公司原始资本和所有者权益的主要成分。与优先股类似，普通股股利的支付也是在税后进行的，所以不用考虑所得税的因素。计算普通股成本，常用的方法有股利估价法和资本资产定价模型法。

(1) 股利估价法。股利估价法是确定股票价值的一种方法，通常称股利估价模型。将此模型简化，则普通股资本成本的计算公式为：

$$K_s=\frac{D_c}{P_c\ (1-f_c)}+G$$

式中：K_s——普通股成本

D_c——预期年股利额

P_c——普通股筹资额

f_c——普通股筹资费用率

G——普通股股利年增长率

【例 4.6】 某公司发行面额 1 元的普通股 1 000 万股，每股发行价格为 5 元，筹资费用率为全部发行所得资金的 5%，第 1 年的股利率为 10%，以后每年递增 4%，则可计算该普通股的资本成本如下：

$$K_s=\frac{1\ 000\times10\%}{1\ 000\times5\times\ (1-5\%)}+4\%$$

$$=6.1\%$$

(2) 资本资产定价模型。我们知道，普通股股利实际上是一种风险报酬，它的高低取决于投资者所冒风险的大小。我们只需计算某种股票在证券市场的组合风险系数，就可以根据这一风险来预计股票的资本成本。计算公式如下：

$$K_s=R_F+\beta\ (R_m-R_F)$$

式中：R_F——无风险报酬率

β——股票的贝他系数

R_m——平均风险股票必要报酬率

【例 4.7】 某期间市场无风险报酬率为 10%，平均风险股票必要报酬率为 14%，某公司普通股 β 值为 1.2。该普通股的资本成本为：

$K_s=10\%+1.2\times(14\%-10\%)=14.8\%$

5. 留存收益成本

留存收益是所得税后形成的，其所有权属于股东，实质上相当于股东对公司的追加投资。股东将保留盈余用于公司，是想从中获取投资报酬，所以留存收益也有资本成本。它的资本成本是股东失去向外投资的机会成本，因此，与普通股计算基本相同，只是不存在筹资费用。其计算公式如下：

$$K_r=\frac{D_c}{P_c}+G$$

式中：K_r——留存收益资本成本

D_c——预期年股利额

P_c——普通股筹资额

G——普通股股利年增长率

【例 4.8】 某公司发行普通股共计 800 万元，预计第一年股利率 14%，以后每年增加 1%，则留存收益的资本成本为

$$K_r=\frac{800\times 14\%}{800}+1\%$$

$$=15\%$$

经过计算可以看出，由于所得税和风险的影响，权益资本成本要大于债务资本成本，因而在长期资金的各种来源中，普通股资本成本最高。

三、综合资本成本

企业通常通过多种渠道、采取多种方式来筹措长期资金，不同的资金来源成本高低不等。为了进行筹资和投资决策，确定最佳资本结构，还需确定企业各种长期资金来源的综合资本成本。综合资本成本是以各种资金占全部资金的比重为权数，对各种资金的成本进行加权平均计算得到的，故又称之为加权平均资本成本。它是由个别资本成本和加权平均权数两个因素所决定的。

综合资本成本计算公式如下：

$$K=\sum_{j=1}^{n}W_jK_j$$

式中：K——综合资本成本（加权资本成本）

W_j——第 j 种资金占总资金的比重

K_j——第 j 种资金的成本

n——表示企业资金的种类

在实际计算中，可以分三个步骤：第一步先计算个别资本成本；第二步计算各资金的权数；第三步利用上面公式计算出综合资本成本。

上式中，W_j 可以有几种不同的计算方法，可以按资金的账面价值计算资金的权数，也可以按市场价值计算资金权数，甚至是利用资金的目标价值来计算资金权数。现分述如下：

1. 按账面价值计算

按账面价值计算资金权数方法是以账面价值作为依据，主要是为了分析过去的筹资成本。其方法可举例说明如下：

【例 4.9】 某企业长期资金总额为 5 000 万元（账面价值）。其中长期借款 700 万元，公司债券 1 000 万元，优先股 500 万元，普通股 1 500 万元，留存收益 1 300 万元，它们各自的资本成本分别是 5.5％、6.3％、10.25％、15％、14.5％。该企业的综合资本成本可计算如下：

(1) 计算个别资金在资金总额中所占的比重：

$$\text{长期借款}W_1=\frac{700}{5\ 000}=14\%$$

$$\text{公司债券}W_2=\frac{1\ 000}{5\ 000}=20\%$$

$$\text{优先股}\quad W_3=\frac{500}{5\ 000}=10\%$$

$$\text{普通股}\quad W_4=\frac{1\ 500}{5\ 000}=30\%$$

$$\text{留存收益}W_5=\frac{1\ 300}{5\ 000}=26\%$$

(2) 计算加权平均资本成本：

$$\begin{aligned}K&=W_1K_1+W_2K_2+W_3K_3+W_4K_4+W_5K_5\\&=5.5\%\times14\%+6.3\%\times20\%+10.25\%\times10\%+15\%\times30\%\\&\quad+14.5\%\times26\%\\&=11.325\%\end{aligned}$$

以上计算过程可以通过表 4—1 完成：

表 4—1　　加权平均资本成本计算表

资金种类	账面价值（万元）	所占比重	个别资本成本（%）	加权平均资本成本（%）
长期借款	700	0.14	5.5	0.77
公司债券	1 000	0.20	6.3	1.26
优先股	500	0.10	10.25	1.025
普通股	1 500	0.30	15	4.50
留存收益	1 300	0.26	14.5	3.77
合　计	5 000	1.00	—	11.325

采用账面价值法，资料可直接从资产负债表上取得，但这一方法也有不足之处，若股票与债券的市场价值已严重脱离其账面价值，据此计算出的加权平均资本成本就会偏离实际，影响企业做出正确的筹资决策。

2. 按市场价值计算

按市场价值计算加权平均资本成本，是指将债券、股票及留存收益均以现行的市场价值作为个别资本比重的计算依据，然后计算加权平均成本的方法。

由于现行市场的证券价格一直处于不断的波动状态，因此，可选用平均的市场价格。现仅用上例加以说明。

若普通股市价比账面价值下降 5%，优先股市价比账面价值下降 10%，公司的债券市价比账面价值上涨了 2%，另假定留存收益将全部作为增资的积累。我们可重新列表计算在市价基础上的企业加权平均资本成本，见表 4—2。

表 4—2　　以市场价为基础的加权平均资本成本

资金种类	市场价值（万元）	所占比重	个别资本成本（%）	加权平均资本成本（%）
长期借款	700	0.144 9	5.5	0.797
公司债券	1 020①	0.211 2	6.3	1.330
优 先 股	450	0.093 2	10.25	0.955
普 通 股	1 425	0.295 0	15	4.425
留存收益	1 235	0.255 7	14.5	3.708
合　计	4 830	1.00	—	11.215

注①：公司债券市价，1 020＝（账面价值）1 000×（1＋2%），其他市价的计算可由此例推算。

在表 4—2 中，我们看到，由于债券市价上涨，股票市价下跌，因而加权平均资本成本也从原来 11.325%下降至 11.215%，这反映了该企业目前实际的资本成本。它有利于企业在目前情况下，做出适当的筹资决策。当然市价也有缺陷，由于市价不断波动，资本成本受市价波动的影响也会不断的发生变化。另外，尽管资本的价值采用现行市价，但也不一定能代替未来的市场价格情况，因而这一加权平均成本不便于企业对未来筹资作出正确决策。

3. 按目标价值进行计算

按目标价值进行计算方法是把各种资金都以未来预计的目标市场价值作为权数，从而估计出企业加权的平均资本成本。这一成本一般使用于企业未来筹措新资的需要。

仍沿用上例，假定企业在未来将扩大现有的资金规模，从 5 000 万元扩增至 8 000 万元，预计各种资金的目标市场价值分别为长期借款 1 000 万元，公司债券 1 600 万元，优先股 1 200 万元，普通股 2 500 万元，留存收益 1 700 万元。据此，可编表计算加权平均资本成本如表 4—3：

表 4—3　以目标价值为基础的加权平均资本成本

资金种类	目标价值（万元）	所占比重	个别资本成本（%）	加权平均资本成本（%）
长期借款	1 000	0.125	5.5	0.687 5
公司债券	1 600	0.200	6.3	1.260 0
优先股	1 200	0.150	10.25	1.537 5
普通股	2 500	0.312 5	15	4.687 5
留存收益	1 700	0.212 5	14.5	3.081 3
合计	8 000	1.00	—	11.254

使用目标价值来计算加权平均资本成本能够满足企业对未来筹资的决策需要，体现企业期望的资本结构。但它也有不足之处，主要是如何合理地估计未来的预计市场价值。一般地，我们以市场价值为基础，并对未来市场的变动趋势做出合理的估计，从而确定目标价值。

四、边际资本成本

边际资本成本是企业筹措新资金的成本。如：边际资本成本为 10%，表明新增 1 元资金，其成本为 0.10 元。边际资本成本是加权资本成本的一种形式，亦按加权平均法计算。它是企业追加筹资和投资中必须考虑的问题。

现举例说明边际资本成本的计算。

【例 4.10】 某公司现有资本 100 万元，其中长期负债 20 万元，优先股 5 万元，普通股（含留存收益）75 万元。为了满足追加投资需要，公司拟筹措新资金，试确定筹措新资金的资本成本。可按下列步骤进行：

1. 确定目标资本结构

假定公司财务人员经分析确定目前的资本结构属于适合于企业的最优资本结构，在今后增资时应予以保持，即长期负债 20%，优先股 5%，普通股 75%。

2. 确定目标资本成本

财务人员分析了资本市场状况和企业筹资能力，认定随着企业筹资规模的增大，各种资本成本也会发生变动。测算资料见表 4—4。

表 4—4 **某公司筹资资料**

资本种类	目标资本结构	新筹资的数量范围	资本成本
长期负债	0.20	10 000 元以内 10 000～40 000 元 40 000 元以上	6% 7% 8%
优先股	0.05	2 500 元以内 2 500 元以上	10% 12%
普通股	0.75	22 500 元以内 22 500～75 000 元 75 000 元以上	14% 15% 16%

1. 计算筹资总额分界点

根据目标资本结构和各种资本成本变化的分界点，计算筹资总额分界点。见表 4—5。其计算公式为：

$$BP_j = \frac{TF_j}{W_j}$$

式中：BP_j——筹资总额分界点

TF_j——第 j 种资本成本分界点

W_j——目标资本结构中第 j 种资本的比重

表 4—5　　筹资分界点计算表　　单位：元

资本种类	资金资本（%）	各种资本的筹资范围	筹资总额分界点	筹资总额的范围
长期负债	6 7 8	10 000 元以内 10 000～40 000 元 40 000 元以上	$\frac{10\ 000}{0.2}=50\ 000$ $\frac{40\ 000}{0.2}=200\ 000$	50 000 元以内 50 000～200 000 元 200 000 元以上
优先股	10 12	2 500 元以内 2 500 元以上	$\frac{2\ 500}{0.05}=50\ 000$	50 000 元以内 50 000 元以上
普通股	14 15 16	22 500 元以内 22 500～75 000 元 75 000 元以上	$\frac{22\ 500}{0.75}=30\ 000$ $\frac{75\ 000}{0.75}=100\ 000$	30 000 元以内 30 000～100 000 元 100 000 元以上

表 4—5 显示了特定筹资种类成本变化的分界点。例如，长期债务在 10 000元以内时，其成本为 6%，而在目标资本结构中，债务的比重为 20%，这表示债务成本由 6%上升到 7%之前，企业可筹集 50 000 元资金。当筹资总额多于 50 000 元时，债务成本就上升到 7%。

2. 计算边际成本

根据上一步骤计算出的分界点，可得出下列五组新的筹资范围：(1)30 000 元以内；(2)30 000～50 000 元；(3)50 000～100 000 元；(4)100 000～200 000 元；(5)200 000 元以上。

对上例五个筹资范围分别计算加权平均资本成本，即可得到各种筹资范围的边际资本成本，计算过程可通过表 4—6 进行。

表 4—6　　边际资本成本计算表

序号	筹资总额范围	资金种类	资本结构	资本成本（%）	边际资本成本（%）
1	30 000 元以内	长期负债	0.20	6	1.2
		优先股	0.05	10	0.5
		普通股	0.75	14	10.5
第一个范围的边际资本成本＝12.2					
2	30 000～50 000 元	长期负债	0.20	6	1.2
		优先股	0.05	10	0.5
		普通股	0.75	15	11.25
第二个范围的边际资本成本＝12.95					

续前表

序号	筹资总额范围	资金种类	资本结构	资本成本（%）	边际资本成本（%）
3	50 000～100 000 元	长期负债	0.20	7	1.4
		优先股	0.05	12	0.6
		普通股	0.75	15	11.25
第三个范围的边际资本成本＝13.25					
4	100 000～200 000 元	长期负债	0.20	7	1.4
		优先股	0.05	12	0.6
		普通股	0.75	16	12.0
第四个范围的边际资本成本＝14.0					
5	200 000 元以上	长期负债	0.20	8	1.6
		优先股	0.05	12	0.6
		普通股	0.75	16	12.0
第五个范围的边际资本成本＝14.2					

五、降低资本成本的途径

降低资本成本，分为绝对资本成本降低和相对资本成本降低两种不同的范畴概念。降低绝对资本成本是指资本成本总额的降低；降低相对资本成本是指对边际资本成本的降低，即对新增单位资本成本的降低。

1. 降低绝对资本成本的途径主要有：

（1）利用财务杠杆效应，选择最大的债务资本比重，从而实现绝对资本成本的降低。

（2）在同种性质的资本来源中，选择个别资本成本最低的筹资方式筹集资金。

2. 降低相对资本成本的途径主要有：

（1）当企业预期的息税前利润为零，财务上有充足的支付能力时，债务利息抵减所得税的作用为零。可以相对加大自有资金所占的比重。此时，权益资本的真实成本为零。

（2）通过提高公司股票的流动性来降低相对资本成本。因为股票的期望收益和公司的资本成本与风险成正比，公司股票的期望收益和公司的资本成本与股票的流动性成反比。公司股票的流动性越高，股票投资的风险越小。通过降低公司的运营风险来降低资本成本相当困难，但是提高公司股票的流动性却相对比较容易。

第二节　杠杆利益

一、杠杆原理

阿基米德有句名言“给我一个支点，我就能撬动地球。”这句话中所表达的道理是自然界中的杠杆效应，是指人们利用杠杆，可以用较小的力量产生一个较大的作用力的现象。在财务管理中，也存在着类似的杠杆效应，表现为：由于特定费用（例如：固定的生产经营成本或固定的债务利息费用）的存在而产生的，当某一经济变量以较小幅度变动时，引发另一相关经济变量产生较大幅度的变动。这就是财务管理中的杠杆原理，了解这些杠杆原理，有利于企业合理的规避风险，提高财务管理水平，实现企业的理财目标。

财务管理中的杠杆效应有三种具体的表现形式，即经营杠杆、财务杠杆和复合杠杆。

二、经营杠杆

经营杠杆是指在某一固定成本影响下，业务量的变动对利润产生的作用。由于经营杠杆对经营风险影响大，因此，常常被用来衡量经营风险的大小。如果企业固定成本比重大，则在销售发生变动时，单位产品分摊的固定成本额也随之变动，从而造成利润的大幅度变动，产生较大的经营风险。相反，如果企业负担较低的固定成本，就可以降低经营杠杆，减少经营风险。显然，经营杠杆的合理运用能给企业带来额外的利润。

企业经营杠杆的作用程度通常是用经营杠杆系数来反映，它是经营利润（息税前利润）变动率与销售量（额）变动率之间的比值，用公式表示如下：

$$DOL=\frac{\Delta EBIT/EBIT}{\Delta Q/Q}$$

式中：DOL——经营杠杆系数

$\Delta EBIT$——息税前利润变动额

$EBIT$——经营利润，指息税前利润

ΔQ——销售变动量

Q——销售量

为了便于应用，经营杠杆系数可通过销售额和成本来表示。这又有两种公式：

公式一：$DOL_Q=\dfrac{Q(P-V)}{Q(P-V)-F}$

式中：DOL_Q——销售量为 Q 时的经营杠杆系数

P——产品单位销售价格

V——产品单位变动成本

F——总固定成本

公式二：$DOL_S=\dfrac{S-VC}{S-VC-F}$

式中：DOL_S——销售额为 S 时的经营杠杆系数

S——销售额

VC——变动成本总额

在实际工作中，公式一可用于计算单一产品的经营杠杆系数；公式二除了用于单一产品外，还可用于计算多种产品的经营杠杆系数的计算。

【例 4.11】 企业生产某种产品，固定成本 60 万元，变动成本率 40%，当企业的销售额分别为 400 万元、200 万元、100 万元时，经营杠杆系数分别为：

$$DOL_{(1)}=\frac{400-400\times40\%}{400-400\times40\%-60}=1.33$$

$$DOL_{(2)}=\frac{200-200\times40\%}{200-200\times40\%-60}=2$$

$$DOL_{(3)}=\frac{100-100\times40\%}{100-100\times40\%-60}\rightarrow\infty$$

上例计算可知，在固定成本不变的情况下，经营杠杆系数值的高低说明了销售额增长（减少）所引起利润增长（降低）的幅度。并且在固定成本不变的情况下，销售额越大，经营杠杆系数越小，经营风险也就越小；反之，销售额越小，经营杠杆系数越大，经营风险也就越大。

三、财务杠杆

财务杠杆是指债务对投资者收益的影响程度。企业资本结构不变时，不论利润多少，债务利息额是固定不变的。当利润总额上升时，每一元利润所负担的债务利息就会相对减少，扣除有关的成本费用后，为投资者收益形成了更大的空间，从而给投资者收益带来大幅度的提高。

财务杠杆利益的程度，通常用财务杠杆系数来衡量。与经营杠杆不同的是，财务杠杆影响的是企业税后利润而不是息税前利润。财务杠杆系数计算的是每股收益的变动率相当于息税前利润变动率的倍数。其计算公式如下：

$$DFL=\frac{\Delta EPS/EPS}{\Delta EBIT/EBIT}$$

式中：DFL——财务杠杆系数

ΔEPS——普通股每股收益变动额

EPS——变动前的普通股每股收益

$\Delta EBIT$——息税前利润变动额

$EBIT$——变动前的息税前利润。

此公式的推导公式为：$DFL=\frac{EBIT}{EBIT-I}$

式中：I——债务利息

【例 4.12】 企业一定时期的息税前利润 40 000 元，长期负债总额为 100 000万元，债务利息率 12%，则财务杠杆系数计算如下：

$$\text{财务杠杆系数}=\frac{40\ 000}{40\ 000-(100\ 000\times 12\%)}=1.429$$

该系数能表示企业财务杠杆的作用程度，系数越大说明企业负债比例越高，财务风险越大；系数为 1，说明企业负债筹资为零。通过该系数分析，还可以知道，当经营利润每增加 10%，则每股收益就会增长 13%。

四、复合杠杆

经营杠杆是在固定成本不变的前提下，通过销售额（量）的变动，引起息税前利润发生较大幅度的变动；财务杠杆是在债务利息固定的前提下，通过扩大息税前利润引起每股收益发生较大幅度的变化，最终两者都会影响企业净利润和每股收益。从这一意义上讲，人们往往将经营杠杆称为第一阶段杠杆，而将财务杠杆称为第二阶段杠杆。

既然经营杠杆的变动会引起息税前利润的变动，而息税前利润的变动又会引起每股收益的变动。因此，如果企业充分运用经营杠杆和财务杠杆的作用，那么销售额即便是细微的变化最终也会引起每股收益大幅度的变动。所以可将经营杠杆和财务杠杆结合在一起，来综合地讨论销售量（额）变动对每股收益的影响。

经营杠杆和财务杠杆复合的结果，称为复合杠杆系数，它是经营杠杆系数和财务杠杆系数的乘积。计算公式为：$DTL=DOL\cdot DFL$

经化简可得公式 $DTL=\dfrac{Q(P-V)}{Q(P-V)-F-I}$

如用销售额来表示，可有公式 $DTL=\dfrac{S-VC}{S-VC-F-I}$

式中：DTL——复合杠杆系数

【例 4.13】 某公司的经营杠杆系数为 2，财务杠杆系数为 1.5，总杠杆系数为：2×1.5=3

复合杠杆的作用，首先，在于能够估计出销售额变动对每股收益的影响。如上例中，销售额每增加或减少 1 个单位，就会引起每股收益增加或减少 3 个单位。其次，它使我们看到了经营杠杆和财务杠杆之间的相互关系。即：为了达到某一总杠杆系数，经营杠杆与财务杠杆有很多不同的组合。如，经营杠杆系数较高的公司可以在较低的程度上使用财务杠杆；经营杠杆系数较低的公司可以在较高程度上使用财务杠杆。这些有待公司在考虑了各有关的具体因素后做出选择。

第三节　资本结构

一、资本结构的含义和作用

资本结构是指公司各种资本来源组成的比例关系。在企业财务管理中，资本结构有狭义和广义之分。广义的资本结构是指企业全部资金来源的构成及其所体现的比例关系。其中不仅包括长期资本还包括短期资金。而狭义的资本结构是指企业各种长期资本的来源及其构成比例，主要研究的是长期权益资本与债务资本的构成内容及比例关系。**在狭义的资本结构下，短期资金作为营运资金来管理。本书采用的是狭义的资本结构的概念，重点研究企业长期资本的构成比例及其价值间的比例关系。**

企业资本结构研究的主要问题集中在债务资本的比例配置上。在企业的资本结构中，合理的利用债务资本，科学的安排债务资本的比例，是企业筹资管理要解决的核心问题。这对企业理财目标的实现起着决定性的作用。

（1）合理安排债务资本的比例可以降低企业的综合资本成本。由于债务利息在税前列支，有抵减所得税的作用，因而债务资本的成本大大低于权益资本成本。所以，适当的提高债务资本所占的比例，在一定程度上能够起到降低综合资本成本的作用。

（2）合理安排债务资本在总资本中的比例可以获取财务杠杆利益。由于债务利息特别是长期债务资本的利息通常在一定期间内都是固定不变的，所以当息税前利润增大时，每单位息税前利润所负担的固定利息会相应降低，从而可供所有者分配的税后利润会有所增加，使企业获得财务杠杆利益。因此，在一定限度内适当的安排债务资本可以充分发挥财务杠杆的正效应，给企业所有者带来更多的价值积累。

（3）合理安排债务资本在总资本中的比例，有利于企业理财目标的实现。一般而言，企业的价值等于债务资本的市场价值和权益资本的市场价值之和，可用公式表示如下：

$$V=B+S$$

V 代表企业（公司）的总价值，即总资本的市场价值之和；

B 代表企业（公司）的债权资本的市场价值；

S 代表企业（公司）的权益资本的市场价值。

上式中，市场价值的评估都是依据资金时间价值原理，由未来的现金流量折现所得到的，而且在折现时通常以企业的综合资本成本作为折现率。当未来现金流量既定不变时，综合资本成本越低，企业的价值越大，越能保证企业理财目标的实现。这里，清楚地说明了企业理财目标的实现与资本结构之间的关系。因此，合理的安排资本结构有利于增加企业的价值，有利于企业理财目标的实现。

二、影响资本结构的因素

总体而言，企业资本结构的制定主要受企业理财目标和资本所有者的出资动机的双因素影响。

1. 企业理财目标对资本结构的影响

在本书中第一章财务管理目标部分已详细地阐述了在不同的经济发展状况下，不同的经济管理要求引发出各种不同内容的理财目标。比较有代表性的是利润最大化、股东财富最大化或企业价值最大化。不同的理财目标，使得企业在从事具体的财务管理活动时产生不同的预期效果，进而最终评价理财绩效时所使用的评价指标也不相同，体现在筹资管理阶段，对企业资本结构的制定产生一定程度的影响。例如：以利润最大化作为理财目标的企业，在制定资本结构时考虑最多的问题就是如何通过资本结构的决策来提高企业的利润。这就要求企业在筹资时尽可能的降低资本成本，只有当资本成本降低了利润才能提高。所以这样的理财目标往往导致企业在尽可能的条件下，适当的加大债务资本的比例。而以股东财富最大化作为理财目标的企业，在筹资管理中考虑较多的问题是如何通过资本结构的制定使股东的财富积累的更多。这就要求企业在筹资管理中更多的看重财务杠杆效应，使股东每股收益达到最大，在筹资决策时自然会选择用每股收益的高低作为评价方案优劣的尺度。

2. 资本所有者的出资动机对企业资本结构的影响

从企业资本来源的性质角度分类，可以将企业的资本分为债务资本和权益资本。不同资本的所有者出资动机各不相同，债务资本的所有者出资动机主要是按期收回本金和利息；权益资本的所有者出资的基本动机是在保证投资本金保值的前提下获得较高的投资收益，并使留存在企业中的投资本金不断获得增值。企业在制定资本结构时，必须全面考虑资本所有者的出资动机，安排好债务资本和权益资本之间的比例关系。

此外，对企业的资本结构产生影响的因素还包括：债权人的态度、经营者的经营理念、企业财务状况和发展潜力、税收政策以及行业差别等。

三、资本结构的决策方法

最优资本结构的制定是公司筹资决策的核心问题，所以公司在进行任何筹资决策之前，首先应根据一定的理财目标选定最优资本结构，并在以后各项筹资活动中有意识地保持这种最佳资本结构。

用以衡量公司资本结构是否合理的标准主要有：（1）综合资本成本最低，公司为筹资所花费的代价最小。（2）筹集到能供公司使用的资本最充裕，能确保公司长短期经营和发展的资金需要。（3）股票市价稳步上升，股东财富最大化，公司总体价值最大化。（4）公司财务风险较小。

然而，在一定情况下，要使公司筹资所形成的资本结构完全满足上述标准往往十分困难。比如，长期借款（或债券）的投资风险小，其资本成本较低，而普通股风险最大，其资本成本也最高，公司增加长期负债在总资本中的比重通常可以降低公司整体资本成本。但是，如果公司无节制举债，使得长期负债在总资本中比重超过一定限度，这样必然引起公司财务状况变坏，从而增加财务风险，导致各种资本来源的资本成本发生变动，最终导致公司整体资本成本上升。因此，公司合理地筹集资本，各种资本来源之间必须保持合理的比例关系。

1. 每股收益无差别点分析法

资本结构是否合理，要通过每股收益的变化来分析。一般来说，凡能提高每股收益的资本结构都是合理的，反之则认为不够合理。然而，每股收益的变化，不仅受资本结构影响，还会受销售收入的影响，要处理这三者关系，则必须运用筹资“每股收益无差别点”的方法来分析。每股收益无差别点是指不论采取何种筹资方式均使公司每股收益额不受影响，即每股收益额保持不变的息税前利润（$EBIT$）水平。

计算每股收益无差别点，首先要求出每股收益（EPS）

$$EPS=\frac{(EBIT-I)\cdot(1-T)-PD}{S}=\frac{(Q-VC-F-I)\cdot(1-T)-PD}{S}$$

式中：$EBIT$——息税前利润

I—— 公司负债资本应付利息

T—— 所得税率

PD—— 优先股股息

S—— 发行并出售的普通股股数

Q—— 销售额

VC—— 变动成本

F—— 固定成本

在每股收益无差别点上无论采用负债融资，还是采用权益融资，每股收益都相等。若以 EPS_1 代表负债融资，EPS_2 代表权益融资，有：

$$EPS_1=EPS_2$$

$$\frac{(EBIT-I_1)\cdot(1-T)-PD}{S_1}=\frac{(EBIT-I_2)\cdot(1-T)-PD}{S_2} \qquad (1)$$

$$\frac{(Q_1-VC_1-F_1-I_1)\cdot(1-T)-PD}{S_1}$$

$$=\frac{(Q_2-VC_2-F_2-I_2)\cdot(1-T)-PD}{S_2} \qquad (2)$$

在（1）式中，可以求出使两种方案每股收益无差别的 $EBIT$，这个数值就是筹资分界点。

在（2）式中，可以求出使两种筹资方案每股收益无差别的销售额，这是从另一个角度确定筹资分界点。

【例 4.14】 某公司原有资本 700 万元，其中债务资本 200 万元，（每年负担利息 24 万元），普通股股本 500 万元（发行普通股 10 万股，每股面值 50 元）。由于扩大业务，需追加筹资 300 万元，其中筹资方式有：

（1）全部发行普通股：增发 6 万股，每股面值 50 元；

（2）全部筹措长期债务：债务利率为 12%，年利息 36 万元。

公司的变动成本率为 60%，固定成本为 180 万元，所得税率 33%。

计算：

$$\frac{(Q-0.6Q-180-24)\cdot(1-33\%)}{10+6}$$

$$=\frac{(Q-0.6Q-180-24-36)\cdot(1-33\%)}{10}$$

$$Q=750\text{（万元）}$$

此时的每股收益额为：

$$\frac{(750-750\times0.6-180-24)\cdot(1-33\%)}{16}=4.02(\text{元})$$

从图 4—1 中可以看出，当销售额高于 750 万元时，运用负债筹资可获得较高的每股收益；当销售额低于 750 万元时，运用权益筹资可获得较高的每股收益。

2. 公司价值分析法

以每股收益的高低作为评价筹资方案优劣的标准，只考虑了普通股股东收

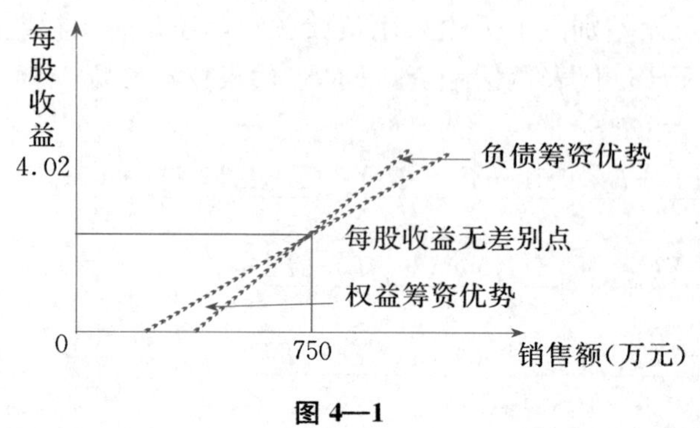

图 4—1

益的高低，却忽略了风险因素。一般来说，在公司进行任何财务决策的过程中，都要以实现公司的最优理财目标为标准。当忽略风险因素或假定风险不变的前提下，每股收益的增长才会导致股票价格的上升，从而导致公司价值提高。但事实上，随着每股收益的增长，风险通常也会随之而增大。如果每股收益的增长不足以补偿因风险的增加所要求的报酬增加，则每股收益的增加也无法遏止因风险的增大所引起的股票价格下降的趋势。为此，在选择筹资方案时，应当使公司价值最大，而不是单纯追求每股收益最大。

公司的市场价值应当表现为股票价值和负债价值之和。为方便说明，假定负债的市场价值等于其面值。股票的市场价值可以由下式来决定：

（权益资本成本可以通过资本资产定价模型来计算）

【例 4.15】 某公司 2003 年息税前利润为 1 000 万元，资本全部由普通股资本组成，股票的账面价值为 4 000 万元，所得税税率为 33%。该公司认为目前的资本结构不够合理，准备采用发行债券购回部分股票的方法来予以调整。经分析调查，得出下列相关资料见表 4—7：

表 4—7　　不同债务水平对公司债务资本成本和权益资本成本的影响

债券市场价值（百万元）	税前债务资本成本（%）	股票的β值	无风险报酬率（%）	有价证券市场平均报酬率（%）	权益资本成本（%）
0		1.20	10	15	16.00%
2	8	1.25	10	15	16.25%
4	10	1.30	10	15	16.50%
6	12	1.40	10	15	17.00%
8	14	1.55	10	15	17.75%
10	16	2.10	10	15	21.50%

根据上述有关资料，计算出该公司在不同的债务资本规模下，资本成本和公司的价值见表 4—8。

表 4—8

债券市场价值（百万元）	税前债务资本成本（%）	权益资本成本（%）	股票市场价值（百万元）	公司市场价值（百万元）
0		16.00	41.875	41.875
2	8	16.25	40.571	48.571
4	10	16.50	38.982	48.982
6	12	17.00	36.574	48.574
8	14	17.75	33.519	47.519
10	16	21.50	26.177	42.177

从表 4—8 中可以看出，在没有债务的情况下，公司的总价值就是其原有股票的市场价值。当公司的资本结构发生变化时，即当公司通过发行债券获得债券资本来换取部分权益资本时，最初公司的总价值上升。在债务资本达到 400 万元时，公司总价值最高。债务资本超过 400 万元时，公司总价值下降。为此，债务资本为 400 万元时的资本结构是该公司的最佳资本结构。

3. 综合资本成本法

前面已经提及，最佳资本结构是公司在一定时期综合资本成本最低，同时公司价值最大的资本结构。在通常情况下，公司综合资本成本最低时可以使公司价值达到最大化。因此，确定最佳的资本结构可以衡量公司综合资本成本，即加权平均成本的高低。

在实际中，公司采用不同的筹资方式，采用测定不同资本结构的筹资方案的综合资本成本来进行对比择优。

【例 4.16】 某公司拟采用发行普通股、优先股股票和长期债券方式筹资，普通股资本成本 12%，优先股资本成本 10%，债券资本成本 13%。现有三种方案可供选择。

甲方案：普通股 50%，优先股 20%，债券 30%；

乙方案：普通股 30%，优先股 50%，债券 20%；

丙方案：普通股 20%，优先股 40%，债券 40%；

甲方案综合资本成本

$$(50\%\times12\%)+(20\%\times10\%)+(30\%\times13\%)=11.9\%$$

乙方案综合资本成本

$$(30\%\times12\%)+(50\%\times10\%)+(20\%\times13\%)=11.2\%$$

丙方案综合资本成本

$$(20\%\times12\%)+(40\%\times10\%)+(40\%\times13\%)=11.6\%$$

由此可见，乙方案综合资本成本最低（11.2%），可以认为乙方案的资本结构已达到最优。

4. 追加筹资方案决策

前述我们讨论资本成本时，是基于资本总额不变的假设。但随着公司生产经营的发展，有时需要追加筹集新资。因为追加筹资以及筹资环境的变化，公司原有的资本结构也会随之变化。以下我们着重研究如何在追加筹资中选择最佳资本结构，保持资本结构最优化。

一般而言，按照最佳资本结构的要求，选择追加筹资方案可有两种方法：一种方法是直接测算比较各备选追加筹资方案的边际资本成本，从中选择最优筹资方案；另一种方法是将备选追加筹资方案与原有最优资本结构汇总，测算各追加筹资条件下汇总资本结构的综合资本成本，比较确定最优追加筹资方案。下面举例说明。

【例 4.17】 某公司现有两个追加筹资方案可供选择，有关资料经测算整理后列入表 4—9。

表 4—9 单位金额：万元

筹资方式	追加筹资方案Ⅰ		追加筹资方案Ⅱ	
	筹资额	资本成本（%）	筹资额	资本成本（%）
长期借款	40	7	60	7.5
普通股	60	16	40	16.0
合　计	100	—	100	—

追加筹资方案的边际资本成本也按加权平均法来计算，根据表中资料，两个追加筹资方案的边际资本成本计算如下：

方案Ⅰ：$\frac{40}{100}\times7\%+\frac{60}{100}\times16\%=12.4\%$

方案Ⅱ：$\frac{60}{100}\times7.5\%+\frac{40}{100}\times16\%=10.9\%$

两个追加筹资方案相比，方案 Ⅱ 的边际资本成本低于方案 Ⅰ ，因此，追加筹资方案Ⅱ 优于方案Ⅰ 。若该公司原有的资本结构为：长期借款 50 万元，债券 150 万元，优先股 100 万元，普通股（含留存利润）200 万元，资本总额 500 万元，将其与追加筹资汇总列入表 4—10。

表 4—10 单位金额：万元

筹资方式	原资本结构		追加筹资方案Ⅰ		追加筹资方案Ⅱ		追加筹资后资金总规模	
	筹资额	资本成本	筹资额	资本成本	筹资额	资本成本	方案一	方案二
长期借款	50	6.5	40	7.0	60	7.5	90	110
债　券	150	8	—	—	—	—	150	150
优先股	100	12	—	—	—	—	100	100
普通股	200	15	60	16	40	16	260	240
合　计	500	41.5	100	12.4	100	10.9	600	600

下面我们再用选择最优追加筹资方案的第二种方法，对第一种方法的选择结果作一个验证。

（1）若采用方案Ⅰ追加筹资后的综合资本成本计算为：

$$\frac{50+40}{600}\times\frac{50\times6.5\%+40\times7\%}{100}+\frac{150}{600}\times8\%+\frac{100}{600}\times12\%$$
$$+\frac{200+60}{600}\times16\%$$
$$=11.84\%$$

（2）若采用方案Ⅱ 追加筹资后的综合资本成本计算为：

$$\frac{50+60}{600}\times\frac{50\times6.5\%+60\times7.5\%}{110}+\frac{150}{600}\times8\%+\frac{100}{600}\times12\%$$
$$+\frac{200+40}{600}\times16\%$$
$$=11.69\%$$

以上计算中，根据同股同权、同股同酬原则，原有普通股应按新普通股的资本成本计算其加权平均成本。这里假定股票的成本与报酬等价。

（3）比较两个方案追加筹资后两个新的资本结构下的综合资本成本，结果是方案Ⅱ追加筹资后的综合资本成本低于方案Ⅰ追加筹资后的综合资本成本，因此，追加筹资方案Ⅱ优于方案Ⅰ。

由此可见，该公司追加筹资后，虽然改变了资本结构，但经过科学的测算，作出正确的筹资决策，公司仍可保持其资本结构的最优化。

【本章小结】

资本成本是企业为取得和使用资金所付出的代价，是企业选择筹资渠道、拟定筹资方案、制定资本结构首要考虑的是项目和依据，也是评价企业资金使用效果的最低尺度。筹资方式的不同，各种资本成本的高低也有所差异，只有在掌握个别资本成本计算方法的基础上，才能有效地测定出企业综合资本成本和边际资本成本，为资本结构的制定，降低资本成本提供可靠的依据。

资本结构是指在企业的总资本中各种资本来源的数额及其所占的比重，其中主要研究的是债务资本和权益资本之间的比例关系。由于企业理财目标的不同，要求企业在制定合理的资本结构时不仅要考虑降低资本成本的要求，还要全面考虑影响企业资本结构的各种因素，从而在有效地利用财务杠杆的前提下制定出有利于实现企业理财目标的最佳资本结构。

【复习题】

1. 简述杠杆原理的内容。
2. 阐述经营杠杆、财务杠杆和复合杠杆三者之间的关系。
3. 简述影响企业资本结构的因素。
4. 某公司欲筹资 500 万元，半年前拟定的筹资方案的成本代价为 16.20%；通过市场调查，提出一项新的筹资方案，具体资料如表 4—11 所示：

表 4—11

筹资方式	筹资额（万元）	利率或股利	筹资费率	补偿性余额
长期借款	100	8%	2%	20%
长期债券	100	12%	3%	
优先股	150	12.5%	5%	
普通股	150	d0=2 元	8%	

其中：企业所得税适用税率 33%，普通股的固定增长率为 6%，每股市价为 20 元，要求：确定是否放弃原有的筹资方案。

5. 某企业有关的财务状况和经营成果为：资金总规模 500 万元，其中债务资金占 40%，息税前利润为 80 万元，债务利息率为 6%，此时的普通股每股收益为 5 元，则该企业的财务杠杆系数为多少？若预计将来企业的息税前利润会上升 2%，请利用财务杠杆预计每股收益会上升到多少？

6. 某企业 2003 年资产平均余额为 1 000 万元，总资产报酬率为 24%，权益乘数为 5，负债年利息率为 10%，全年固定成本总额为 132 万元（含债务利息），所得税适用税率为 33%。要求：计算该企业的经营杠杆系数、财务杠杆系数和复合杠杆系数。

【讨论及思考题】

1. 在不同的理财目标下，应如何制定资本结构？
2. 如何利用杠杆效应有效地实现企业的理财目标？

第五章 项目投资

【本章引言】

企业项目投资是创造价值的最终源泉，在财务管理活动中处于重要的地位。企业项目投资决策就是要根据客观经济规律的要求，对企业项目投资过程进行科学的规划和安排，以合理地组织实施投资活动，实现投资效益的最大化。在项目投资决策中，现金流量的确定是最基础和关键的环节。

第一节 项目投资概述

一、项目投资的相关概念

（一）项目投资决策

投资即投资者将货币或实物预先投放于生产经营过程中，形成某种资产，并借以获得未来预期收益的经济活动。投资的基本目的，是实现投资主体的利益追求，取得某种预期的未来收益。项目是企业作为投资主体进行的投资，是企业为其生存和发展的目的形成企业资本，从而形成或扩大生产能力或使用功能的经济活动。

决策是人们为实现预期的目标，采用一定的科学理论、方法和手段，对若干个可行性的行动方案进行研究论证，从中选出最满意方案的过程。企业项目投资决策就是在企业实施投资之前，编制投资规划方案，并对投资项目的各种可行性方案进行分析对比，从中确定出多（盈利多）、快（回收快）、好（质量好）、省（资金成本低）的有利于企业发展的最优方案的过程。

企业项目投资决策的根本任务，就是要根据客观经济规律的要求，对企业项目投资过程进行科学的规划和安排，以合理地组织实施投资活动，实现投资效益的最大化。现代社会是个高度复杂的巨大系统，各个方面纵横交织，相互联系，彼此制约，形成了一个“牵一发而动全身”的局面，这就给企业投资决策增加了相当大的难度，企业投资决策中微小的失误，可能会给企业带来很大的损失。如何在企业项目投资决策过程中科学地确定企业投资方向、合理选择投资内容、确定最佳投资规模、分析企业投资布局、合理分析和规避投资风险及时筹集投资所需的低成本资金等都是企业投资决策中要研究和确定的问题。

（二）项目投资决策的原则

企业项目投资决策的原则是企业投资决策者在对项目进行分析、论证、评价、抉择、判断等决策行为时必须遵循的原则，是保证投资决策有效进行的条件之一。这些原则是：

1. 科学性原则

即进行项目投资决策，必须掌握投资活动的规律性，采用科学的决策理论、程序和方法对项目进行科学的预测、分析和论证，为最终决策提供科学的依据。

2. 政策性原则

企业项目投资决策必须以国家的经济建设方针和宏观经济政策为指导，不违背宏观投资政策要求，自觉地使其投资行为与宏观经济及投资政策的要求保持相一致。以国家、社会和公众的根本利益作为投资决策的最高衡量标准。

3. 效益性原则

进行项目投资决策必须讲究总体效益最优化，即在达到同样投资目标的前提下，选择单位投资成本最节省的方案，使投入的活劳动和物化劳动最少，以最小的代价获得最大的收益。

4. 可行性原则

决策必须有相应的资源作保证，要充分考虑到人力、资金、设备、原材料、动力、技术、市场、管理能力等方面的条件。只有这些条件得到满足和落实，决策才有实现的可能，不能把决策建立在无根据的盲目自信和一厢情愿、主观臆断的基础上。

5. 信息全面准确原则

任何一个优化的项目投资决策都需要有准确而全面的信息为基础。信息的失真将导致判断不准，进而导致决策的失误给企业带来损失。

6. 超前预测原则

即根据投资信息调查进行事前预测，把握未来的总的发展方向和变化趋势，研究项目投资的后果。

(三) 项目投资决策的程序

有句话叫做“眉头一皱，计上心来”。这句话道出了凭经验决策的简单快捷，这样的决策虽然没有按照什么“决策程序”来进行，但事实也常常证明其正确性。所以，有人认为靠决策者的经验和聪明才智就可作出正确的决策，不必非按什么决策程序来进行不可，这种观点是片面的。不可否认，一些决策者仅凭经验和自己的聪明才智曾在某些重大问题上作出过正确的决策，但他们解决的更多的是一般性决策问题，而这些决策问题常以相同或基本相同的形式重复出现，因此，凭经验作出正确决策是不难的。然而，现代社会的决策者所面临的环境是错综复杂的，决策的问题具有很大的偶然性和随机性，缺乏准确可靠的统计数据和情报资料，解决这类非规范性决策问题仅靠决策者本人所具有的丰富经验、渊博的知识、敏锐的洞察力和活跃的逻辑思维是不够的，还必须依靠一套行之有效的决策体制和严格的科学决策程序，并充分利用一系列现代化的决策方法和技术才能保证决策的科学性和正确性。

一个投资项目，它的决策程序可以分为五个阶段，即：投资立项阶段、可行性研究阶段、项目评估决策阶段、项目监测反馈阶段和项目后评价阶段。

第一阶段是投资立项阶段。其实质是确定投资目标，是整个决策过程的出发点和归宿。此阶段要尽可能使投资目标明确、具体，并具有可操作性。

第二阶段是可行性研究阶段。该阶段可分为信息处理和拟订方案两个方面。信息处理就是要认真弄清各方面的实际情况，广泛调查并进行科学预测分析，针对已确立的目标，提出若干个实现预定目标的备选方案，拟订的方案要力求做到经济上合理，技术上先进。

第三阶段是项目评估决策阶段。主要是对投资方案进行综合性的评定和估算，确定项目评估的一系列参数，然后，对各个方案实现目标的可能性和各个方案的费用和效益做出客观的评价，提出方案的取舍意见，再由决策机构作出最后抉择。投资决策中用现代预测方法和决策方法来对不同的方案进行综合分析、权衡，对比各方案的利弊，并按各方案优先顺序排队，最后，确定最优投资方案并付诸实施。这是决策程序中最为关键的环节。

第四阶段是项目监测和反馈阶段。在项目的建设实施过程中需要对项目进行监测，若发现方案有问题，要及时进行信息反馈，对原方案提出修正意见。该阶段的主要目的就是进行反馈控制，使项目沿着预定方向发展。

第五阶段是投资项目的评价阶段。它包括在项目建成投产进行生产运营一段时间后，在项目各方面情况较为明朗的情况下，对投资项目进行的全面分析评价。其主要目的在于对投资项目决策的结果进行监察与反思，总结投资决策的经验教训。

固定资产投资的决策程序一般分为以下几个步骤：

（1）估算出投资方案的预期现金流量。

（2）估算出预期现金流量的风险。

（3）确定资金成本的一般水平。

（4）确定投资方案的收入现值。

（5）通过收入现值与所需的资本支出的比较，决定拒绝或实施投资方案。

估计投资项目的预计现金流量是投资决策的首要环节，也是分析投资方案时最重要、最困难的步骤。

二、项目投资的特点

（一）项目投资方向的选择

项目投资方向是指企业围绕其投资动因，使其投资要素进入特定的生产或服务领域。企业投资方向决策是一个市场选择问题，它既可以围绕着扩大原有生产经营规模的目的，循着既有的生产方向进行增量投资或存量投资；也可以在本行业内甚至跨出本行业进行新生产内容的投资，不同的投资方向选择，对企业投资效益的影响可能大不相同。从企业的发展来说，科学地选择投资方向具有十分重要的意义。企业要在产业选择上下功夫，根据自身优势和发展潜力确立产业进入方向，企业投资方向选择得当，不但能保证投资建设顺利进行，而且能够促使企业的内部资源组合配置优化，使企业具备更强的竞争力和发展活力，获得更高的经济效益；反之，投资方向选择不当，不但无助于满足企业在竞争中求得生存和发展的需要，而且会使企业进一步背上沉重的包袱，甚至由于大量资源、资本的无效垫付而损及企业现有生产经营活动，危及其目前的生存。投资项目在建设前，必须对其所面临的国内外市场、近期与长远市场需求情况进行调查分析，以免造成投资决策的严重失误。

生产活动是一定技术成果的运用过程，含有一定的技术内容，而这种技术内容又是由投资决定的。在较多的情况下，企业投资的直接目标就是为了采用新的生产技术。投资项目技术内容的选择是否合理，直接关系着项目投产后的劳动生产率与经济效益的高低。企业在进行资本投资时既要千方百计地筹措必要的资金，又不能见钱就用，应该把有限的资金用于新产品的开发和技术改造等方面走集约化经营的道路，而不是盲目铺摊子、追求高速度。

现代科学技术突飞猛进、日新月异，企业项目投资技术含量的先进与否，愈来愈关系到企业项目投资的成败及企业的生存与发展。国际资本市场和金融机构对一个项目的评估，首先从技术角度进行考察与分析，投资者或资金提供者最关注的是投资项目所选择技术的适用性和适用期限，即技术的适用性和周期与项目的营运要求及市场周期不应有明显不相符，严格提防“技术风险陷阱”。项目技术在项目运转之初尚可适用，但实际上它已存在着被提前淘汰的风险。

（二）项目投资规模的确定

项目投资规模是指企业在一定时期内以货币表现的用于固定资产再生产的人力和物力总和。投资规模的确定是投资决策的基本内容之一。一个企业投资项目规模的确定是否合理，对企业健康发展有较大影响，规模太小，不能充分发挥企业优势，影响其市场竞争力；规模太大，容易造成资产闲置、资源浪费。企业的投资活动必然会引起原有生产规模的变动，而原有的生产规模的变动，又必然引起经济效益的变动，这是因为规模与效益存在着密切的相关性，规模选择失当，可能无法实现投资的经济效益要求，甚至导致负效益。正是由于有些产业对投资进入存在规模经济壁垒，因此，如果投资进入达到了规模经济要求，就会使项目生产成本较低，从而降低投资收益的风险；反之，达不到规模经济要求，就会使项目成本过高，导致投资收益的降低。企业要发展规模经营、资产重组和产业联合，不可盲目追求企业的大型化，跨行业、跨地区、跨国经营并不是大多数企业发展的必由道路，企业应在社会化专业分工的基础上确立自己的投资和生产规模。

(三) 项目投资的具体特点

1. 项目投资的对象性

投资总是将资金投放在某一对象上，通过这个对象，货币资金才能转化为项目投资，这个对象往往是固定资产和其他资产的有机组合。

2. 投资额大

项目投资不同于营运资金投资，绝大多数是固定资产投资，因此，投资金额往往非常大，对企业的筹资能力要求很高。

3. 不经常发生

项目投资不同于企业的正常生产经营活动，只有当投资时机到来时才能进行投资，因此，是不经常发生的。

4. 变现能力差

项目投资因为多数是固定资产投资，因而转化为现金的能力要弱于流动资产，其变现能力较差。

5. 时间长

项目投资涉及的时间短则三五年，长则十几年，甚至几十年，因此，投资影响的时间也很长，对企业经营活动影响很大，需要企业慎重进行决策。

第二节　现金流量

一、现金流量的含义

现金流量是指一个项目引起的企业现金支出和现金收入增加的数量。

此处的现金，不仅包括各种货币资金，还包括项目需要投入的企业所拥有的非货币资源的变现价值。例如，一个项目需要使用原有的厂房、设备和材料等，则相关的现金流量是指它们的变现价值，而不是其账面成本。

现金流量也可归集为初始期现金流量、营业期现金流量、终结期现金流量三类。

二、现金流量的内容

（一）现金流出量

购置一条生产线，现金流出量通常包括：

（1）购置生产线价款。

（2）垫支流动资金。

（二）现金流入量

购置一条生产线，现金流入量通常包括：

（1）营业现金流入。由于生产能力的扩大，使企业销售收入增加，扣除有关的付现成本增量后的余额，是该生产线引起的一项现金流入。如果从每年现金流动的结果看，增加的现金流入来自两部分：利润形成的货币增值和以货币形式收回的折旧。

营业现金流入＝销售收入－付现成本

＝销售收入－（成本－折旧）＝利润＋折旧

（2）该生产线出售（报废）时的残值收入。

（3）收回的流动资金。生产线报废后，企业可以将用于该生产线的流动资金收回，作为现金流入。

（三）现金净流量

现金净流量是指一定期间现金流入量和现金流出量的差额。这里所说的“一定期间”，有时是指1年内，有时是指投资项目持续的整个期限内。流入量大于流出量时，现金净流量为正值；反之，现金净流量为负值。

三、净现金流量的确定

确定现金流量必须遵循如下基本原则：一是相关性。即必须是投资项目直接相关的现金流入和流出量，或者说是将随投资项目取舍而增减的现金流量。沉没成本不能包含于其中。二是应考虑机会成本。机会成本尽管并未构成实际的现金流出，但它减少了收益的机会，因此，亦是项目的相关成本（流出）。

现金流量的测算主要包括以下几个方面：

（1）初始投资的发生金额及其发生时间的测算；

（2）营业现金流量的测算；

（3）终结现金流量的测算。根据财会部门的净残值率及对项目相关的垫支流动资金预算进行估计。

确定投资方案所需的资本支出，以及每年能产生的现金净流量，会涉及很多的变量。在进行现金流量的估计时，各部门职责如下：

（1）销售部门负责预测售价和销量，涉及产品价格弹性、广告效果和竞争者动向等。

（2）产品开发和技术部门负责估计投资方案的资本支出，涉及研制费用、设备购置和厂房建筑等。

（3）生产和成本部门负责估计制造成本，涉及原材料的采购价格、生产工艺安排和产品成本等。

现金流量的确定应遵循的最基本的原则是：只有增量现金流量才是与项目相关的现金流量。所谓增量现金流量是指接受或拒绝某个投资方案后，企业总现金流量因此发生的变动。

为正确计算投资方案的增量现金流量，需判断哪些支出会引起企业总现金流量的变动，哪些不会引起企业总现金流量的变动。在进行这些判断时，要注意以下四个问题：

1. 区分相关成本和非相关成本

相关成本是与特定决策有关的，在分析评价时必须加以考虑的成本。例如：差额成本、未来成本、重置成本和机会成本等都属于相关成本。

非相关成本是与特定决策无关的，在分析评价时不必加以考虑的成本。例如：沉没成本、过去成本、账面成本等往往是非相关成本。

如果将非相关成本纳入投资方案的总成本，则一个有利的方案可能因此变得不利，一个较好的方案可能变得较差，从而造成决策的失误。

2. 不要忽视机会成本

如新建车间占用的土地，出售可净得20万元，不管当初此块土地的价值如何，都应以现行市价20万元作为这块土地的机会成本。

机会成本不是我们通常意义上的成本，它不是一种支出或费用，而是一种失去的收益，是在多个投资方案中，选择了其中一个，而放弃了其他投资机会所丧失的收益。这种收益不是实际发生的而是潜在的。机会成本总是针对具体的方案，离开被放弃的方案就无从计量其成本。

3. 要考虑投资方案对公司其他部门的影响

采纳一个新项目后，该项目对公司其他部门的影响可能是有利的，也可能是不利的。因此，公司在进行投资分析时，不应将新的投资收入作为增量收入来处理，而应扣除其他部门因此减少的收入，或加上其他部门因此而增加的收入，这主要看新项目和原来部门是竞争关系还是互补关系。

4. 对净营运资金的影响

所谓净营运资金的需要，指增加的流动资产与增加的流动负债之间的差额。

当投资方案的寿命周期快要结束时，公司将项目有关的存货出售、应收账款变为现金、应付账款和应付费用也随之偿付，净营运资金恢复到原有水平。通常，在投资分析时的假设条件是：开始投资时筹措的净营运资金，在项目结束时收回。

四、净现金流量的计算举例

【例 5.1】 某个项目投资总额为 1 000 万元，分 5 年支付工程款，3 年后开始投产，经营期限 5 年。投产时垫付流动资金 200 万元，项目结束时收回。每年销售收入为 1 000 万元，付现成本为 700 万元。见表 5—1。

表 5—1

年份	1	2	3	4	5	6	7	8	合计
投资	(200)	(200)	(200)	(200)	(200)				(1 000)
销售收入				1 000	1 000	1 000	1 000	1 000	5 000
直线折旧法									
付现成本				(700)	(700)	(700)	(700)	(700)	(3 500)
折旧				200	200	200	200	200	1 000
利润				100	100	100	100	100	500
快速折旧法									
付现成本				(700)	(700)	(700)	(700)	(700)	(3 500)
折旧				300	250	200	150	100	1 000
利润				0	50	100	150	200	500
营业现金流量				300	300	300	300	300	1 500
流动资金				(200)				200	0
现金净流量	(200)	(200)	(200)	100	100	300	300	500	700

（注：括号内的数字代表负值）

从这个例子中可以看出：

(1) 在整个投资有效年限内，利润总计与现金流量总计是相等的；

（2）利润在各年的分布受折旧计算方法等人为因素的影响，现金流量在各年的分布不受影响；

（3）分析现金流量状况比分析盈亏更加重要。

五、项目投资决策中使用现金流量的原因

利润是根据权责发生制确定的，现金净流量是根据收付实现制确定的，两者既有联系又有区别。在投资决策中，研究的重点是现金流量，而把利润的研究放在次要位置。其原因是：

（1）整个投资有效年限内，利润总计与现金净流量总计是相等的，所以现金净流量可以代替利润作为评价净收益的指标。

（2）利润在各年的分布受折旧方法等人为因素的影响，而现金流量的分布不受这些人为因素的影响，可以保证评价的客观性。人为因素还有存货计价方法、间接费用的分配方法、成本计算方法等。在考虑资金时间价值的情况下，早期收益与晚期的收益有明显区别；收益的分布应当具有客观性，不受人为选择的影响，现金流量分布可以满足这种要求。

（3）投资分析中现金流量状况比盈亏状况更重要。有利润的年份不一定能产生多余的现金来进行其他项目的再投资。一个项目能否维持下去，不取决于一定期间是否有盈利，而取决于有没有现金用于各种支付。

（4）采用现金流量有利于科学地考虑资金的时间价值因素。

（5）采用现金流量考虑了项目投资的逐步回收问题。

第三节　投资决策评价指标

一、投资决策评价指标及其类型

投资项目评价的指标可以分为两类：一类是贴现指标，又称动态指标，考虑资金时间价值的影响，包括净现值、现值指数和内含报酬率等；另一类是非

贴现指标，又称静态指标，不考虑资金时间价值影响，包括投资回收期和会计收益率等。

二、非贴现现金流量指标

非贴现的分析评价方法也叫静态分析法，即把不同时间的货币收支看成等效的。这些方法在选择投资方案时起辅助作用。

1. 投资回收期法

投资回收期是指用投资的现金流入累计额回收投资额所需的时间。代表收回投资需要的年限，年限越短，方案越有利。设一次投入，等量回收时：

$$投资回收期=\frac{原始投资额}{每年现金净流入量}$$

如现金流入量每年不等，或原始投资是分几年投入的，则回收期 n 如下：

$$原始投资额 = \sum_{t=1}^{n} t\ 年现金流量$$

公式中 n 为投资回收期，t 为投资年份。

运用此法进行投资方案决策时，首先要将投资方案的回收期与投资者主观上既定的期望回收期相比较：

投资方案回收期≤期望回收期，接受投资方案，

投资方案回收期>期望回收期，拒绝投资方案。

投资回收期法计算简便，且容易被决策人正确理解。缺点是不仅忽视资金时间价值，而且没有考虑投资回收期以后的收益。事实上，有战略意义的长期投资往往早期收益较低，而中后期收益较高。投资回收期法优先考虑急功近利的项目，可能导致放弃长期投资成功的方案。

2. 会计收益率法

根据项目的会计收益率进行判断项目优劣。

$$会计收益率=\frac{年平均净收益}{原始投资额}$$

有人主张分母采用平均投资额，计算的结果可能会提高一倍。但不改变方案的优先次序。计算“年平均净收益”时，如果使用不包括“建设期”的“经营期”年数，其最终结果称为“经营期会计收益率”。

三、贴现现金流量指标

贴现的分析评价方法，也叫动态评价方法，是指考虑货币时间价值的分析评价方法，亦被称为贴现现金流量分析技术。

1. 净现值法

这种方法使用净现值作为评价方案优劣的指标。净现值是指特定方案未来现金流入的现值与未来现金流出的现值之间的差额。按照这种方法，所有未来现金流入和流出都要按预定贴现率折算为现值，然后再计算它们的差额。如净现值为正数，即贴现后现金流入大于贴现后现金流出，该投资项目的报酬率大于预定的贴现率；如净现值为负值，即贴现后现金流入小于贴现后现金流出，该投资项目的报酬率小于预定的贴现率。

$$净现值=\sum_{k=0}^{n}\frac{I_k}{(1+i)^k}-\sum_{k=0}^{n}\frac{O_k}{(1+i)^k}$$

公式中：n——投资涉及的年限

I_k——第 k 年的现金流入量

O_k——第 k 年的现金流出量

i——预定的贴现率

净现值所依据的原理是：假设预计的现金流入在年末肯定可以实现，并把原始投资看成是按预定贴现率借入的。如果投资方案的净现值为正数，说明该方案的报酬率超过贴现率，在偿还本息后该项目仍有剩余收益。

净现值的经济意义是投资方案贴现后的净收益。

【例 5.2】 设贴现率为 10％，有三项投资机会，有关数据如表 5—2：

表 5—2

时间	A 方案		B 方案		C 方案	
	净收益	现金净流量	净收益	现金净流量	净收益	现金净流量
0		(20 000)		(9 000)		(12 000)
1	1 800	11 800	(1 800)	1 200	600	4 600
2	3 240	13 240	3 000	6 000	600	4 600
3			3 000	6 000	600	4 600
合计	5 040	5 040	4 200	4 200	1 800	1 800

$$净现值(A)=(11\ 800\times0.909\ 1+13\ 240\times0.826\ 4)-20\ 000$$
$$=1\ 669(元)$$

净现值(B)＝(1 200×0.909 1＋6 000×0.826 4＋6 000×0.751 3)－9 000

＝10 557－9 000＝1 557(元)

净现值(C)＝4 600×2.487－12 000

＝11 440－12 000＝－560(元)

A、B两项投资的净现值为正数，说明该方案的报酬率超过10%。如果企业的资金成本率或要求的投资报酬率是10%，这两个方案是有利的，因而是可以接受的。C方案净现值为负数，说明该方案的报酬率达不到10%，因而应予放弃。A和B相比，A方案更好些。

净现值法是假设预计的现金流入在年末肯定可以实现，并把原始投资看成是按预定折现率借入的，当净现值大于零时，说明用投资产生的收益偿还借入资金后仍然有余额。当净现值为负数时，说明投资产生的现金流量不足偿还借款本息。

仍然以上例数据为例，A方案和C方案的还本付息表见表5—3，表5—4。

表5—3　　A方案还本付息表

年份	年初借款	年利息10%	年末借款余额	偿还现金	借款余额
1	20 000	2 000	22 000	11 800	10 200
2	10 200	1 020	11 220	13 240	－2 020

说明A方案在第2年偿还本息后，还有2 020元的剩余，折合成现值为1 669元，为A方案的净现值。A方案在偿还本息后仍然有节余，即说明投资报酬率高于利率10%。

表5—4　　C方案还本付息表

年份	年初借款	年利息10%	年末借款余额	偿还现金	借款余额
1	12 000	1 200	13 200	4 600	8 600
2	8 600	860	9 460	4 600	4 860
3	4 860	486	5 346	4 600	746

C方案在最后一年偿还本息后，仍然有746元没有还清，折合现值为560元，为该方案的净现值。说明C方案的投资报酬率低于10%。

在投资项目可行性评价中，折现率有两种选择：必要投资报酬率或资本成本。项目必要投资报酬率是投资者决定对一个项目进行投资，至少要求该项目的收益率满足其最低收益期望即必要投资报酬率。必要投资报酬率由货币时间价值、风险报酬和通货膨胀补贴三部分内容构成。

净现值法具有广泛的适用性，在理论上也比其他方法更完善。其主要问题是贴现率的确定，一种办法是根据资金成本来确定，另一种办法是根据企业要求的最低资金利润率来确定。前一种办法，由于计算资金成本比较困难，故限制了其应用范围。后一种办法根据资金的机会成本，即一般情况下可以获得的报酬来确定，比较容易解决。

2. 现值指数法

现值指数是未来现金流入现值与现金流出现值的比率，亦称现值比率、获利指数、贴现后收益——成本比率等。

计算现值指数的公式：

$$现值指数=\frac{\sum_{k=0}^{n}\frac{I_k}{(1+i)^k}}{\sum_{k=0}^{n}\frac{O_k}{(1+i)^k}}$$

接上例，可以算出：

现值指数（A）＝21 669/20 000＝1.08

现值指数（B）＝10 557/9 000＝1.17

现值指数（C）＝11 440/12 000＝0.95

现值指数大于1，说明投资报酬率超过折现率，反之说明低于折现率。

该方法的主要优点是：可以进行独立投资机会获利能力的比较，是一个相对指标，反映投资的效率（一元原始投资可望获得的现值净收益）；而净现值指标是绝对数指标，反映投资的效益。

如果两方案是互斥的，净现值大的应优先考虑。如两方案是独立的，则现值指数大的优先考虑。

3. 内含报酬率法

内含报酬率是指能够使未来现金流入量现值等于未来现金流出量现值的贴现率，是净现值为零时的贴现率。

净现值法和现值指数法虽然考虑了资金时间价值，可以说明投资方案高于或低于某一特定的投资报酬率，但没有揭示方案本身的报酬率是多少。

内含报酬率的测算通常需要“逐步测试法”。首先估计一个贴现率，用它来计算方案的净现值；如果净现值为正数，说明方案本身的报酬率超过估计的贴现率，应提高贴现率后进一步测试；如果净现值为负数，说明方案本身的报酬率低于估计的贴现率，应降低贴现率后进一步测试。经过多次测试，寻找出使净现值接近于零的贴现率，即为方案本身的内含报酬率。

计算出各方案的内含报酬率以后，可以根据企业的资金成本或要求的最低投资报酬率对方案进行取舍。

内含报酬率是方案本身的收益能力，反映其内在的获利水平。如果按内含报酬率作为贷款利率，通过借款来投资本项目，那么付息后将一无所获。

内含报酬率法和现值指数法有相似之处，都是根据相对比率来评价方案。如果两方案互斥，只能选择其中一个，选择净现值大的有利。如果两方案相互独立，互不排斥，就不能根据净现值来排定优先次序，而应该根据内含报酬率的高低，并结合资金状况确定。

上例中，已知 A 的净现值为正值，说明内含报酬率大于 10%，应该提高折现率进行测试。假设以 18%为折现率进行测试，结果净现值为－499 元。应该降低折现率，假设取 16%为折现率，结果净现值为 9 元，接近于 0，则 A 的内含报酬率大约为 16%。按此法可以测试出 B 方案内含报酬率为 18%。具体计算过程见表 5—5，5—6。

表 5—5　　A 方案内含报酬率的测试

年份	现金净流量	贴现率＝18%		贴现率＝16%	
		贴现系数	现值	贴现系数	现值
0	(20 000)	1	(20 000)	1	(20 000)
1	11 800	0.847	9 995	0.862	10 172
2	13 240	0.718	9 506	0.743	9 837
净现值			(499)		9

表 5—6　　B 方案内含报酬率的测试

年份	现金净流量	贴现率＝18%		贴现率＝16%	
		贴现系数	现值	贴现系数	现值
0	(9 000)	1	(9 000)	1	(9 000)
1	1 200	0.847	1 016	0.862	1 034
2	6 000	0.718	4 308	0.743	4 458
3	6 000	0.609	3 654	0.641	3 846
净现值			(22)		338

为了详细计算方案的内含报酬率，可以运用插值法进行内含报酬率的详细求解。

$$\text{A方案的内含报酬率}=16\%+\frac{9-0}{9+499}\times(18\%-16\%)=16.04\%$$

$$\text{B方案的内含报酬率}=16\%+\frac{338-0}{338+22}\times(18\%-16\%)=17.88\%$$

C方案：

1 200＝4 600×（P/A，i，3）　　则（P/A，i，3）＝2.609

分别取7%和8%作为折现率，

折现率为7%时的净现值为2.624；

折现率为8%时的净现值为2.577。

$$\text{C方案的内含报酬率}=7\%+\frac{2.624-2.609}{2.624-2.577}\times(8\%-7\%)=7.32\%$$

内含报酬率法和现值指数法的不同之处：在计算内含报酬率时不必事先选择贴现率，根据内含报酬率本身就可以排定独立投资的优先次序，只是最后需要一个切合实际的资金成本或最低报酬率来判定方案是否可行。现值指数法需要一个适合的贴现率，以便将现金流量折算为现值。贴现率高低将会影响方案的优先次序。

第四节　投资决策评价指标的运用

一、固定资产更新决策

固定资产更新是对技术上或经济上不宜继续使用的旧资产，用新的资产更换或用先进的技术对原有设备进行局部改进。固定资产更新决策主要研究两个问题：一个是决定是否更新，即继续使用旧资产还是更换新资产；另一个是决定选择什么样的资产来更新。实际上，这两个问题经常是结合在一起考虑的。

（一）更新决策的现金流量分析

由于设备更新不改变企业的生产能力，不增加企业的现金流入，只有现金流出，因此无法运用贴现法进行分析。

【例5.3】　某企业有一旧设备，工程技术人员提出更新要求，有关数据见表5—7：该企业的最低报酬率为15%。

表 5—7

	旧设备	新设备
原值	2 200	2 400
预计使用年限	10	10
已经使用年限	4	0
最终残值	200	300
变现价值	600	2 400
年运行成本	700	400

由于没有现金流入，无法运用净现值和内含报酬率来进行比较。

同时由于两设备使用年限不同，无法使用差额分析法比较。

惟一可行的分析方法是比较继续使用和更新的年成本，以其较低的作为可选方案。

固定资产的年平均成本是指该资产引起的现金流出的年平均值。如果不考虑货币的时间价值，它是未来使用年限内的现金流出总额与使用年限的比值。如果考虑货币的时间价值，它是未来使用年限内的现金流出总现值与年金现值系数的比值，即平均每年的现金流出。

如果考虑货币的时间价值，有三种计算方法：

（1）计算现金流出的总现值，然后分摊给每一年。

（2）由于各年已经有相等的运行成本，只要将原始投资和残值摊销到每年，然后求和，亦可得到每年平均的现金流出量。

年平均成本＝原始投资摊销＋运行成本－残值摊销

（3）将残值在原始投资中扣除，视同每年承担相应的利息，然后与净投资摊销及运行成本总计，求出每年平均成本。

接上例，

（1）不考虑货币时间价值时：

$$\text{旧设备年平均成本}=\frac{600+700\times 6-200}{6}=\frac{4\,600}{6}=767\text{（元）}$$

$$\text{新设备年平均成本}=\frac{2\,400+400\times 10-300}{10}=\frac{6\,100}{10}=610\text{（元）}$$

则新设备的年平均成本低，应该更换设备。

（2）考虑货币时间价值时：

计算现金流出的总现值，然后分摊到每一年。

$$\text{旧设备年平均成本}=\frac{600+700\times(P/A,15\%,6)-200\times(P/S,15\%,6)}{(P/A,15\%,6)}$$

$$=\frac{600+700\times3.784-200\times0.432}{3.784}=83\dot{6}\text{(元)}$$

$$\text{新设备平均年成本}=\frac{2\,400+400\times(P/A,15\%,10)-300\times(p/S,15\%,10)}{(P/A,15\%,10)}$$

$$=\frac{2\,400+400\times5.019-300\times0.247}{5.019}=863\text{(元)}$$

则旧设备的年平均成本低，应该继续使用旧设备。

使用年平均成本法时要注意两点：

（1）是把继续使用旧设备和购置新设备看成是互斥方案，不是一个更换设备的特定方案。从局外人的角度来考察，不能将旧设备的变现价值作为购置新设备的一项现金流入。实际现金流量分析的净现值法和内含报酬率法不用于年限不同的设备更新决策。假设前提是将来设备更换时，可以按原来的年平均成本找到可替代的设备。

（2）由于未来数据的估计有很大的主观性，时间越长越靠不住。因此，年平均成本法通常以旧设备尚可以使用年限作为比较期，而不以新设备可用年限为比较期。另一种替代方法，是预计当前拟更换新设备 6 年后的变现价值，计算其 6 年的年平均成本，与旧设备的年平均成本进行比较。不过预计 6 年后的变现价值也是很困难的，其实际意义不大。

（二）固定资产的经济寿命

固定资产的使用初期运行费用较低，以后随着设备逐渐陈旧，性能变差，维护、修理、能源消耗等会逐渐增加。与此同时，固定资产的价值逐渐减少，资产占用的资金应计利息会逐渐减少。运行成本与持有成本呈反方向变化关系，总成本呈马鞍形，必然存在一个最经济的使用年限。

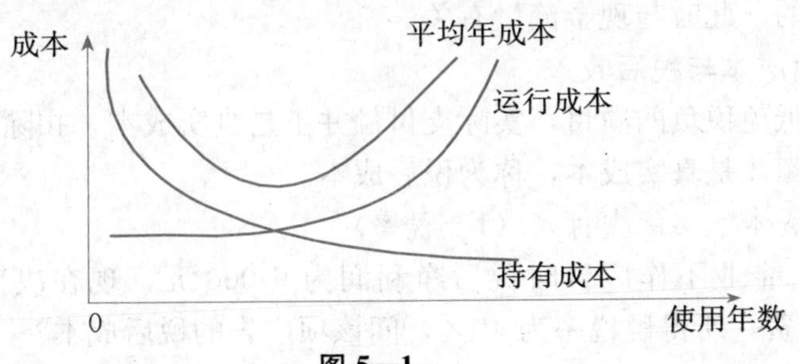

图 5—1

【例 5.4】 某台设备价值 1 400 元，运行成本逐渐增加，固定资产余额逐渐减少，具体见表 5—8 所示；

表 5—8

更新年限	原值 (1)	余额 (2)	折现系数 $i=8\%$ (3)	余额现值(4)=(2)×(3)	运行成本 (5)	运行成本现值 (6)=(5)×(3)	更新时运行成本现值 (7)=∑(6)	总成本现值(8)=(1)−(4)+(7)	年金现值系数 $i=8\%$ (9)	平均年成本 (10)=(8)÷(9)
1	1 400	1 000	0.926	926	200	185	185	659	0.926	712
2	1 400	760	0.857	651	220	188	373	1 122	1.783	629
3	1 400	600	0.794	476	250	198	571	1 495	2.577	580
4	1 400	460	0.735	338	290	213	784	1 846	3.312	557
5	1 400	340	0.681	232	340	231	1 015	2 183	3.993	547
6	1 400	240	0.630	151	400	252	1 267	2 516	4.623	544
7	1 400	160	0.583	93	450	262	1 529	2 836	5.206	545
8	1 400	100	0.541	54	500	271	1 800	3 146	5.749	547

可以看出，固定资产经过 6 年后更新，每年的平均成本是 544 元，低于其他更新年份，因此，6 年是其经济寿命。

二、所得税与折旧对投资的影响

在企业中，所得税作为一项现金流出，数额大小由利润决定。

在无税收的情况下，折旧与现金流量无关。折旧对投资决策产生的影响，是所得税引起的，此时与现金流量有关。

（一）税后成本与税后收入

凡是可以抵免税负的项目，实际支付额并不是真实成本，扣除所得税的影响后的费用净额才是真实成本，称为税后成本。

税后成本＝实际支付×（1－税率）

【例 5.5】 企业不作广告时税后净利润为 6 000 元，现在决定每月支付 2 000元的广告费，所得税税率为 40%，问该项广告的税后成本？

见表 5—9。

表 5—9

项目	目前	做广告
销售收入	15 000	15 000
成本费用	5 000	5 000
新增广告费	0	2 000
利润总额	10 000	8 000
所得税 40%	4 000	3 200
税后净利润	6 000	4 800
新增广告税后成本		1 200

税后成本＝2 000×（1－40%）＝1 200（元）

同样：

税后收益＝收入金额×（1－税率）

这里的收入是应税收入，不包括项目结束时收回垫支资金等现金流入。

（二）折旧的抵税作用

折旧加大成本，使利润减少，从而所得税减少。折旧可以起到减少税负的作用，这种作用称之为“折旧抵税”或“税收挡板”。

【例 5.6】 甲乙两个公司，全年销售收入、付现费用相同，所得税税率为 40%。区别：甲公司有一项固定资产可提折旧。

见表 5—10。

表 5—10　　　　现金流量表

项目	甲公司	乙公司
销售收入	20 000	20 000
费用：		
付现营业费用	10 000	10 000
折旧	3 000	0
费用合计	13 000	10 000
利润总额	7 000	10 000
所得税税率 40%	2 800	4 000
税后净利润	4 200	6 000
营业现金流入		
净利润	4 200	6 000
折旧	3 000	0
合计	7 200	6 000
甲公司比乙公司多拥有现金	1 200	

（三）税后现金流量

在加入税收因素后，现金流量的计算有三种方法。

1. 根据现金流量的定义来计算

营业现金流量＝销售收入－付现成本－所得税　　（公式 1）

2. 根据年末的营业结果来计算

营业现金流量＝税后净利＋折旧　　（公式 2）

公式 2 可以根据公式 1 推导出。

3. 根据所得税对收入和折旧的影响来计算

由于税收的影响，现金流量并不等于项目实际的收支金额，现金流量应按下列公式计算：

$$\begin{aligned}\text{营业现金流量}&=\text{税后收益}-\text{税后成本}+\text{税负减少}\\&=\begin{matrix}\text{收入}\\\text{金额}\end{matrix}\times(1-\text{税率})-\begin{matrix}\text{实际}\\\text{支付}\end{matrix}\times(1-\text{税率})+\text{折旧}\times\text{税率}\end{aligned}$$

（公式 3）

公式 3 可以根据公式 2 推导出。上述 3 个公式，最常用的是公式 3。

因为所得税是按总利润计算的，在决定是否投资时，我们往往使用差额分析法确定现金流量，并不知道利润及有关的所得税，这样就妨碍了公式 1 和 2 的使用。尤其在有关固定资产更新的决策中，我们没有办法计量某项资产给我们带来的收入和利润，以至于无法运用公式 1 和公式 2。

三、资本限量决策

在财务实践中，企业往往同时面临多种投资机会，但是由于投资能力的限制，不可能投资于所有可接受的项目，而应比较所有在资本限量内的项目组合，从中选出若干项目作为投资对象。

当有两个或两个以上方案可供选择时，如果选择其一而无需舍弃其他方案（即可以同时选择多个方案），这种决策称为相容选择的决策。

1. 使用获利指数法的步骤

第一步：计算所有项目的获利指数，不能略掉任何项目，并列出每一个项目的初始投资。

第二步：接受 $PI\geqslant1$ 的项目，如果所有可接受的项目都有足够的资金，则说明资本没有限量，这一过程即可完成。

第三步：如果资金不能满足所有 $PI\geqslant1$ 的项目，则需对第二步进行修正。

修正过程为：对所有项目在资本限量内进行各种可能的组合，然后计算出各种组合的加权平均获利指数。

第四步：选择加权平均获利指数最大的组合为投资方案。

2. 使用净现值法的步骤

第一步：计算所有项目的净现值，并列出项目的初始投资。

第二步：接受 $NPV\geqslant 0$ 的项目，如果所有可接受的项目都有足够的资金，则说明资本没有限量，这一过程即可完成。

第三步：如果资金不能满足所有的 $NPV\geqslant 0$ 的投资项目，则需对第二步进行修正，修正过程为：对所有的项目都在资本限量内进行各种可能的组合，然后，计算出各种组合的净现值总额。

第四步：接受净现值的合计数最大的组合。

3. 资本限量决策举例

【例 5.7】 假设某公司有五个可供选择的项目 A、B、C、D、E，其中 B 和 C，D 和 E 是互相排斥项目，某公司资本的最大限量是 400 000 元，各项目资料如表 5—11：

表 5—11 （单位：元）

投资项目	初始投资	获利指数 *PI*	净现值 *NPV*
A	120 000 元	1.56	67 200 元
B	150 000 元	1.53	79 500 元
C	300 000 元	1.37	111 000 元
D	125 000 元	1.17	21 250 元
E	100 000 元	1.18	18 000 元

为了选出最优的项目组合，必须列出在资本限量内的所有可能的项目组合。所有可能的项目组合的加权平均获利指数和净现值合计数如表 5—12（假设各组合没有用完的资金投资于有价证券，获利指数设定为 1。）。

表 5—12

项目组合	初始投资	加权平均获利指数	净现值合计
A+B+D	395 000	1.420	167 950
A+B+E	370 000	1.412	164 700
A+B	270 000	1.367	146 700
A+D	245 000	1.221	88 450
A+E	220 000	1.213	85 200
B+D	275 000	1.252	100 750
C+E	400 000	1.322	129 000

由表可知，某公司应选用A、B和D三个项目组成的投资组合，其净现值为167 950元。

四、投资开发时机决策

【例5.8】 某公司拥有一稀有矿藏，这种矿产品的价格在不断上升。根据预测，6年后价格将一次性上升30%，因此，公司要研究现在开发还是6年后开发的问题。不论现在开发还是6年后开发，初始投资均相同，建设期均为1年，从第2年开始投产，投产后5年就把矿藏全部开采完。详细资料如表5—13：

表5—13

固定资产投资	80万元
年产销量	2 000吨
营运资金垫支	10万元
现投资开发每吨售价	0.1万元
固定资产残值	0
6年后投资开发每吨售价	0.13万元

资本成本为10%，经营期内每年付现成本60万元，固定资产按直线法提取折旧，所得税税率40%。

(一) 计算现在开发的净现值

1. 计算现在开发的营业现金流量

见表5—14。

折旧：80÷5=16（万元）　　2 000×0.1=200（万元）

表5—14　　（单位：万元）

项目	第2年～第6年
销售收入（1）	200万元
付现成本（2）	60万元
折旧（3）	16万元
税前利润（4）＝（1）－（2）－（3）	124万元
所得税（5）＝（4）×40%	50万元
税后利润（6）＝（4）－（5）	74万元
营业现金流量(7)=(1)-(2)-(5)=(3)+(6)	90万元

2. 根据营业现金流量、初始投资和终结现金流量编制现金流量表

见表5—15。

表5—15 （单位：万元）

项目	第0年	第1年	第2年～第5年	第6年
固定资产投资	−80			
营运资金垫支	−10			
营业现金流量		0	90	90
营运资金回收				10
现金流量	−90	0	90	100

3. 计算现在开发的净现值

$$NPV=90\times(P/A,10\%,4)\times(P/F,10\%,1)+100\times(P/F,10\%,6)-90=90\times3.170\times0.909+100\times0.564-90=226\text{(万元)}$$

（二）计算6年后开发的净现值

1. 计算6年后开发的营业现金流量

见表5—16。

2 000×0.13＝260（万元）

表5—16 （单位：万元）

项目	第2年～第6年
销售收入（1）	260
付现成本（2）	60
折旧（3）	16
税前利润（4）＝（1）－（2）－（3）	184
所得税（5）＝（4）×40%	74
税后利润（6）＝（4）－（5）	110
营业现金流量(7)＝(1)－(2)－(5)＝(3)＋(6)	126

2. 计算6年后开发的现金流量

见表5—17。

表5—17 （单位：万元）

项目	第0年	第1年	第2年～第5年	第6年
固定资产投资	−80			
营运资金垫支	−10			
营业现金流量		0	126	126
营运资金回收				10
现金流量	−90	0	126	136

3. 计算 6 年后开发的净现值

$$NPV = 126\times(P/A,10\%,4)\times(P/F,10\%,1) + 136\times(P/F,10\%,6) - 90$$
$$= 126\times3.170\times0.909 + 136\times0.564 - 90 = 350(\text{万元})$$

4. 将 6 年后开发的净现值折算为立即开发的现值

$$6\text{年后开发的净现值的现值} = 350\times(P/F,10\%,6)$$
$$= 350\times0.564 = 197(\text{万元})$$

现在开发的净现值为 226 万元，6 年后开发的净现值为 197 万元，因此，应立即开发。

五、投资期决策

从开始投资至投资结束投入生产所需要的时间，称为投资期。

在投资期决策中，最常用的分析方法是差量分析法，根据缩短投资期与正常投资期相比的Δ现金流量计算Δ净现值，如果Δ净现值为正，说明缩短投资期比较有利；如果Δ净现值为负，说明缩短投资期得不偿失。采用差量分析法比较简单，但反映的情况不十分详细。

【例 5.9】 某公司进行一项投资，正常投资期为 3 年，每年投资为 200 万元，3 年共需投资 600 万元。第 4 年～第 13 年每年现金净流量为 210 万元。如果把投资期缩短为 2 年，每年需投资 320 万元，2 年共投资 640 万元，竣工投产后的项目寿命和每年现金净流量不变。资本成本为 20%，假设寿命终结时无残值，不用垫支营运资金。试分析判断应否缩短投资期。

1. 用差量分析法进行分析

(1) 计算缩短投资期与正常投资期相比的Δ现金流量。见表 5—18。

表 5—18 （单位：万元）

项目	第 0 年	第 1 年	第 2 年	第 3 年	第 4 年～第 12 年	第 13 年
缩短投资期的现金流量	−320	−320	0	210	210	0
正常投资期的现金流量	−200	−200	−200	0	210	210
缩短投资期的Δ现金流量	−120	−120	200	210	0	−210

(2) 计算Δ净现值。

$$\text{缩短投资期}\ \Delta\text{净现值} = -120 - 120\times(P/F,20\%,1) + 200\times(P/F,20\%,2)$$

$$+210\times(P/F, 20\%, 3)-210\times(P/F, 20\%, 13)$$

$$=-120-120\times0.833+200\times0.694+210\times0.579-210\times0.093$$

$$=20.9(万元)$$

（3）得出结论为：缩短投资期可增加净现值 20.9 万元，故应采纳缩短投资期的方案。

2. 不用差量分析法进行分析

（1）计算正常投资期的净现值。

$$正常投资期的净现值=-200-200\times(P/A, 20\%, 2)+210\times(P/A, 20\%, 10)\times(P/F, 20\%, 3)$$

$$=-200-200\times1.528+210\times4.192\times0.579$$

$$=4.1(万元)$$

（2）计算缩短投资期的净现值。

$$缩短投资期的净现值=-320-320\times(P/F, 20\%, 1)+210\times(P/A, 20\%, 10)\times(P/F, 20\%, 2)$$

$$=-320-320\times0.833+210\times4.192\times0.694$$

$$=24.38(万元)$$

24.38－4.1＝20.28（万元）

（3）得出结论为：缩短投资期能增加 20.28 万元的净现值，故应采用缩短投资期的方案

第五节　无形资产投资

无形资产作为以知识形态存在的重要经济资源在企业经营中的作用越来越大，而且起着关键的作用。无形资产投资在企业投资中的比重日益增大，无形资产损耗价值在商品价值中的比重日益增大，无形资产所创效益在企业整个经济效益中的比重越来越大。无形资产是 21 世纪人类社会主要的生产力要素，对其进行投资管理十分必要。

一、无形资产的特点

一般地说，无形资产是指由特定主体控制的，不具有独立实体，而对生产经营长期持续发挥作用并能带来经济收益的经济资源。无形资产的特点表现在以下几个方面：

1. 非实体性

无形资产没有物质实体形态，是隐形存在的资产。一方面无形资产没有人们感官可感触的物质形态，人们只能从观念上感觉到它，它或者表现为人们心目中的一种形象，或者以特权的形式表现为社会关系范畴。另一方面，它在使用过程中没有有形损耗，报废时也无残值。无形资产虽不具有独立实体，但其使用价值必须依托一定的实体才能实现。例如，土地使用权依托于土地，商誉内含于企业整体资产组合之中。

2. 垄断性

无形资产往往是由特定主体垄断占有，凡不能垄断或者不需要任何代价即能获得的，都不是无形资产。无形资产的这种垄断性有的是通过企业自身保护；有的则是以适当公开其内容作为代价来取得广泛而普遍的法律保护；有的则是借助法律保护并以长期生产经营服务中的信誉取得社会的公认；还有些无形资产不能与企业整体相分离，除非整个企业产权转让，否则别人无法获得，如商誉等。

3. 高效性

并非任何无形的事物都是无形资产，成为无形资产的前提是其必须能够以一定的方式，直接或间接地为投资者创造效益，而且必须能够在较长时期内持续产生经济收益。无形资产能给企业带来远远高于其成本的经济利益。企业的无形资产越丰富，则其获利能力越强，反之，企业的无形资产短缺，则其获利能力就弱，市场竞争能力也就越差。

4. 附着性

附着性是指无形资产往往附着于有形资产而发挥其固有功能。例如，制造某产品的专有技术要体现在专用机械生产线或工艺设计上，各种知识性的资产一般都要物化在一定的实体之中。因而，有形的资产往往成为无形资产的载体，前者渗透无形资产的范围越广泛，无形资产就越能在更大的规模上发挥作用，从而无形资产具有伴随作为载体的有形资产而发挥作用的因变性，在无形资产转让和投资的评估中，要充分考虑无形资产用于“武装”有形资产的范围。例如购买无形资产的企业是用它装备一条生产线还是只是用其武装同类技术装备的一部分。无形资产物化于有形资产的广度，从根本上决定着无形资产作用的范围。

5. 共益性

无形资产区别于有形资产的一个重要特点是，它可以作为共同财富，由不同的主体同时共享。一项先进技术可以使一系列企业提高产品质量，降低产品成本；一项技术专利在一个企业使用的同时，并不影响转让给其他企业使用。但是，由于市场的有限性和竞争性，在知识产品可以共益的同时，也由于市场竞争主体追求自身利益的需要，各市场竞争主体对无形资产的使用还具有互斥性。

6. 可比性差

无形资产的交换价值横向比较的难度很大。一方面，有些无形资产，如以科技成果为主体的技术知识产权，其生产是创新的、单一的，在市场上很难找到替代品，因而没有市场价值可供比照；另一方面，有些无形资产仅对特定的企业才有意义，使得其转让和变现能力极差，这就更加剧了它们在价值上横向比较的困难，如商誉。

二、各种主要的无形资产

无形资产是指企业长期使用但是没有实物形态的资产，包括专利权、商标权、著作权（版权）、专营权、土地使用权、专有技术（非专利技术）、商誉等，其中专利权、商标权、版权、专有技术都属于国际上通称的知识产权。现分析如下：

（一）专利权

专利，是专利权的简称。它是指一项发明创造，即发明、实用新型或外观设计向国家专利局提出的专利申请，经依法审查合格后，向专利申请人授予的在规定的时间内对该发明创造享有的专有权。

专利权是一种产权或财产权，这种产权的所有人原则上可以使用和处理其财产，他人未经其许可而使用其财产是不合法的。财产可以分为动产、不动产和知识性财产三种。知识性财产又称为知识产权。知识产权是无形财产，包括著作权和工业产权两个主要部分。著作权是文学、艺术、科学技术作品的原创作者，依法对其作品所享有的一种民事权利；工业产权是指人们在生产经营活动中对其取得的创造性的脑力劳动成果依法取得的权利。专利权是工业产权中最主要的组成部分。除专利权外，工业产权还包括商标、服务标记、厂商名称、货源标记或者原产地名称等产权。专利权的特点如下：

1. 专有性

专有性也称独占性，是指专利权人对其发明创造所享有的独占性的制造、使用、销售和进口的权利。

2. 地域性

地域性是指一个国家依照其本国专利法授予的专利权，仅在该国法律管辖的范围内有效，对其他国家没有任何约束力，外国对其专利权不承担保护的义务。如果一项发明创造只在中国取得专利权，那么专利权人只在中国享有专有权。

3. 时间性

时间性是指专利权人对其发明创造所拥有法律赋予的专有权只在法律规定的时间内有效，期限届满后，专利权人对其发明创造就不再享有制造、使用、销售和出口的专有权。至此，原来受法律保护的发明创造就成了社会的公共财富，任何单位和个人都可以无偿地使用。

我国专利的种类包括发明、实用新型和外观设计 3 种。《中华人民共和国专利法》授予专利申请者在一定期限内享有独占权或专利权。任何人如果要利用该项专利进行生产或出售使用该项专利制造的产品，需事先获得专利权所有人的许可，并付给专利权人一定报酬。

（二）专有技术（非专利技术）

专有技术的一般含义是指为制造某一特定产品或使用某一特点的工艺所需要的一切知识、经验和技能，它包括各种工艺流程、加工工艺、产品设计、图纸、技术资料、配方和技术规范等秘密的技术知识，有时还包括有关管理、商业、财务等方面的内容。

专有技术的表现形式，既可以是有形的，如图纸、配方、公式、操作指南、技术记录和实验报告等，也可以是无形的，如技术人员所掌握的、不形成书面的各种经验、知识和技巧。无论哪一种形式体现的专有技术，其内容一般都是秘密的，而且对生产具有一定的实用价值。

专有技术常常通过《合同法》及《反不正当竞争法》以及《刑法》中的有

关规定，实施间接保护。

（三）商标权

商标是指任何能够将自然人、法人或者其他组织的商品与他人的商品相区别开的可视性标志，包括文字、图形、字母、数字、三维标志和颜色组合，以及上述要素的组合等构成的，用于商品，以区别不同商品生产者或经营者所生产或经营的同一种或类似商品的显著标记。

由于商标具有显著特征，使一般消费者能够通过商标来识别商品，选择购买商品。商标是经过人的设计，有意识地附置于商品或商品包装上的标记。它必须使用在特定的对象之上，才具有显示区别其来源的意义。附置商标的方式主要有：使用商标标签，将商标印在商品上等等。

商标权指的是商标注册人对其注册商标所享有的权利。它是由国家商标管理机关依照法律规定的程序赋予注册商标所有人的一种法定权利。我国《商标法》规定：经商标局核准注册的商标为注册商标，包括商品商标、服务商标和集体商标、证明商标；商标注册人享有商标专用权，受法律保护。由此可见，在我国，商标所有人享有的商标权，是按照注册原则，即经过国家商标管理机关核准注册而取得的。对于注册商标，他人一旦实施了侵权行为，商标权人有权请求有关机关给予保护，追究侵权人的法律责任。而对于未注册商标，只要不是禁止用作商标的标志，都允许使用，但使用者不享有商标权，得不到商标法的保护。

商标权作为一种知识财产权，它是商标所有人的财富。商标权同其他商品一样，具有使用价值和价值，既可以作价转让，也可以有偿地许可他人使用，商标权的价值是由使用商标的商品质量、商品信誉、商品的获利能力、商标设计、注册、宣传以及保护商标等支付的费用多种因素决定的。

（四）著作权

著作权又称版权，是指对正式出版的某一本著作或创作的某一艺术品给予的专属权利。未经作者和出版商（社）的共同授权，著作或艺术品不得私自翻印或复制。

《中华人民共和国民法通则》第九十四条规定：公民、法人享有著作权（版权），依法有署名、发表、出版、获得报酬等权利。全国人大常委会于1990年9月7日通过的《中华人民共和国著作权法》第十条规定：著作权包括下列人身权和财产权：（1）发表权，即决定作品是否公之于众的权利；（2）署名权，即表明作者身份，在作品上署名的权利；（3）修改权，即修改或者授权他人修改作品的权利；(4) 保护作品完整权，即保护作品不受歪曲、篡改的权利；(5) 使用权和获得报酬权，即以复制、表演、播放、展览、发行、摄制电影、电视、录像或者改编、翻译、注释、编辑等方式使用作品的权利；以及许可他人以上述方式使用作品，并由此获得报酬的权利。

(五) 专营权

专营权有如下两种：一种是指政府特许企业使用国有财产，或在一定区域享有经营某种业务的独占权，比如公共交通、电力、电信、煤气、自来水等；另一种专营权指一个企业依照合同，永久或有期限地使用另一个企业的商标、专利、专有技术等的权利。

(六) 租赁权

这是指出租人在承租人给予一定报酬的条件下，授予承租人在约定期限内占有和使用租赁材料（包括房地产、机器设备等）的权利。租赁权是通过双方签订并经公证有效的租约而取得的。租赁具有所有权与使用权分离的特点，即所有权归出租人，使用权归承租人。通常承租人负有维修、保养，使之处于良好状态的义务，并按租约规定数额和具体付款办法向出租人分期交付租金。

(七) 土地使用权

在我国，城镇土地所有权归国家，任何企业或个人对土地仅有使用权而无所有权。

水利工程建设占地和水库淹没的土地，如果是采用划拨方式取得（即无偿取得）土地使用权，没有向政府交付土地使用权出让金，根据国家颁布的土地有偿使用的法规和条例，此时水利工程管理单位无权将土地自行转让、出租和抵押，并没有取得完全的土地使用权，不能作为无形资产。至于因占用土地而支付的淹没处理补偿费、青苗赔偿费、拆迁移民费等，应计入水利工程固定资产投资中。

(八) 商誉

商誉是指企业在供销、财务收支、服务态度及其他经营管理方面与同行业其他企业相比，具有较好的优势，在同等条件下获得高于同行业一般利润水平的能力。换句话说，商誉是企业在一定量有形资产情况下，能够获得高于正常投资报酬率所形成的价值。这是由于企业所处的地理位置的优势，或者由于信誉卓著，或由于经营出色，或由于生产效率高、历史悠久、经验丰富、技术先进等原因，其销售额大增，在同行业企业条件相同的情况下，能获取超额利润形成了价值。

商誉具有如下特性：

整体性：不能离开企业整体而单独存在。

总体估价特性：形成商誉的各项个别因素不能单独计价，而只能以商誉总体加以确定。商誉的未来利润与成本无直接关系。商誉的存在反映了企业整体资产的价值已超过了个别资产价值的总和。商誉是企业长期积累起来的，是企业一种未计入账面价值的无形资产。

无形资产种类很多，为便于评估和管理，应对其进行合理的分类。

(1) 按企业取得无形资产的渠道，可分为企业自创的或自身拥有的无形资产和外购的无形资产。前者是由企业自己研制创造获得的以及由于客观原因形成的，如自创的专利、专有技术、商标、商誉等，后者则是企业以一定代价从其他单位购入的，如外购专利权、商标权等。

(2) 按有无法律保护可分为法定无形资产和收益性无形资产。专利权、土地使用权、商标权等均受国家有关法律保护，称为法定无形资产；专用技术等无法律保护的无形资产称为收益性无形资产。

(3) 按是否可确指可分为可确指无形资产和不可确指无形资产。凡是那些具有专门名称，可单独地取得、转让或出售的无形资产，称为可确指无形资产，如专利权、专用技术等。那些不可特别辨认、不可单独取得，离开企业不复存在的无形资产，称为不可确指的无形资产，如商誉等。

(4) 无形资产按是否有固定的生效期可分为可摊销无形资产和不可摊销无形资产。可摊销无形资产有规定的生效期，企业必须在其生效期内，将资产价值分期摊入各期费用。这类无形资产有专利权、特许权、版权、租赁权、专有技术等。不可摊销无形资产指没有固定的生效期，因而称为不可摊销无形资产。这类无形资产有商誉、商标。

三、无形资产投资管理

无形资产投资管理就是对无形资产资源进行计划、组织、控制，使之发挥最佳经济效益。

实现无形资产管理主要由三个方面的内容组成：无形资产管理人员和机构、无形资产管理制度和无形资产管理工具，这三方面是缺一不可的。无形资产机构和专门的无形资产管理人员根据公司总的发展战略制定和执行无形资产管理制度，对无形资产资源进行专门的管理，为了有效的管理还要利用先进有效的管理工具——无形资产信息管理系统。

随着无形资产在企业投资中日益增大，无形资产数量日益增加，无形资产种类多样化，无形资产收益金额日益增多，并且来源渠道多元化，对这种特殊资源的强化管理显得更加必要。无形资产的要素从其设计、产生、发育、繁衍、投资、转让、收益涉及内部和外部诸多环节。仅以公司内部为例，一项无形资产的产生要涉及计划、技术、质量、财务、审计、销售等部门。哪一个部门都与无形资产有关，但因其各自的工作性质和职能又不能完全对其进行全面管理。另外，虽然同是知识形态的无形资产，其内部的每一独立要素，如专利权、商标权、技术秘密等因其各自的特征，在企业生产经营中的功能、作用及管理要求各不相同。

现代企业中有必要建立专门的无形资产综合管理机构，对无形资产这种资源进行全面、综合、系统的管理，使之以最小的投入，取得最大的效益。企业无形资产管理机构的主要职能包括：对企业所有无形资产的开发、引进、投资进行总的控制；根据无形资产在企业生产经营管理中的实施的客观要求，协调企业内部其他各有关的职能部门的关系；协调与企业外部国家有关专业管理机构的关系；协调企业与其他企业的关系；维护企业无形资产资源安全完整；考核无形资产的投入产出状况和经济效益情况。

一个公司的无形资产制度一般涉及技术开发管理、市场营销、工商管理、财务管理（含会计核算）、对外经济技术合作、情报信息管理和质量管理等若干领域。

无形资产管理制度一般应包括：无形资产开发方面的管理制度，无形资产权益（权益取得、维护、保护）方面的管理制度，无形资产对外许可、转让、合作管理制度，无形资产档案管理制度，无形资产奖惩管理制度，无形资产投入产出考核制度，无形资产融资管理制度，无形资产评估管理制度，无形资产监控制度，无形资产审计管理制度，无形资产国际权益管理制度，无形资产投资管理制度和无形资产信息管理制度等。

无形资产投资首先要讲求投入产出分析，讲求投资收益，其次无形资产投资是要获得为企业创造效益的无形资产资源。在无形资产投资过程中，无论是技术开发还是商标设计、计算机软件开发都要注意以下几个方面的管理与监控。

1. 加强市场调查和情报信息工作

收集和研究专利情报是技术开发的关键环节，通过专利情报资料的查询，掌握国内及国际的专利动态，避免专利纠纷，杜绝重复开发的盲目性，减少投资和赔偿的风险。

2. 加强无形资产投资过程中的保密和开发档案管理

在无形资产开发过程中，尚未向国家有关部门申请权益前一定要加强保密工作。如技术开发过程中，防止开发人员擅自以论文的形式对外公布成果，而使专利丧失“新颖性”，同时也应防止不正当的商业竞争造成失密。

对于图纸等技术资料一定要严格控制，避免流失。现实中一些企业在技术开发过程中，没有实施切实可行的监控制度，漏洞百出，图纸资料流失，给人以可乘之机，侵权事件屡有发生。

3. 订立无形资产投资协议

无形资产的投资不仅需要资金，也需要技术和知识，而且投资的形式趋于多样化，通过投资协议明确无形资产投资各方的权、责、利。

4. 申请权益要及时

及时申请权益（专利权、商标权、计算机软件著作权），除了获得法律保护以外，还有更广泛的用途，融资时可以无形资产作为质押的凭证、对外投资创建新的经济实体可以无形资产投资而拥有股权。

5. 加强无形资产开发投入产出的记录和考核

从专利技术的开发阶段就要对其所消耗的各种费用，以价值的形式反映出来，对每一个开发项目进行独立管理与核算，为将来无形资产原始价值的核算打下可靠的基础，为核算专利的经济效益及奖励开发人员提供依据。

【本章小结】

本章对企业项目投资的类型、特点、评价指标及其应用进行了分析，介绍了项目投资的基本分析方法，特别是对项目投资的动态评价指标即净现值、内含报酬率和现值指数进行了分析和计算，这些指标对项目评价和选择具有重要的决策意义。

无形资产投资是企业投资的一个重要方面，主要包括专利权、商标权、著作权（版权）、专营权、土地使用权、专有技术（非专利技术）和商誉等，这些投资和项目投资相结合就能够给企业创造更多的经济效益。

【讨论及思考题】

1. 项目投资决策有哪些特点?
2. 项目投资决策的程序是什么?
3. 简要介绍项目投资决策中使用现金流量的原因。
4. 项目投资决策有哪些非贴现现金流量指标和贴现现金流量指标?
5. 无形资产投资有哪些种类?
6. 无形资产投资应该注意哪些问题?

第六章
证券投资管理

【本章引言】

证券投资是指企业通过购买有价证券的形式所进行的投资，它是企业对外投资的重要组成部分。科学合理的选择投资对象，组建投资组合，可以充分地利用企业闲置的资金，增加企业投资收益，降低经营风险，有利于企业理财目标的实现。按投资对象所体现的经济内容不同，可以将有价证券投资分为债券投资、股票投资和基金投资。本章重点介绍债券投资和股票投资。

第一节　债券投资

一、我国债券发行的特点

债券是某一社会经济主体为筹措资金而发行的，承诺按一定利率定期支付利息，并到期偿还本金的债权债务凭证。债券一般包括票面价值、票面利率、债券的到期日以及发行主体的名称、发行时间等基本要素。其中：债券面值是指发行债券时设定的票面金额，它代表债券发行方借入的并承诺在将来某一特定日期偿付给债券持有人的金额。票面利率是指债券发行方预计在一年内向投资者支付的利息占票面金额的比率。（这里需要注意的是票面利率不同于实际利率，实际利率是指按复利计算的一年期利率。由于债券的计息和付息方式有很多种，可能使用单利或复利计息，利息的支付时间间隔可能是半年一次、一年一次或到期一次性支付，这将会导致债券的票面利率不等于实际利率。）债券的到期日是指偿还本金的日期，债券在发行时一般都规定到期日以便到期偿还本金。

由于我国经济发展的特殊性，使得许多债券都带有明显不同于西方国家债券的特点，企业财务人员必须对此深入了解后才能有效地做好债券的投资工作。

（1）国债占绝对比重。从1981年起，我国开始发行国库券，此后又陆续发行国家重点建设债券、财政债券、特种国债和保值公债等。每年发行的债券中，国家债券所占的比例均在60%以上。

（2）发行价格、计息方式单一。债券多为平价发行，单利计息，到期一次性还本付息。国家债券和国家代理机构发行的债券多数按照以上方式发行；企业债券只有少数附有息票，每年支付一次，其余均为利随本清的存单式债券，投资者可选择的余地较少。

（3）有的企业发行的债券是以非现金资产的方式偿付本息。有的企业债券虽然利率很低，但带有企业的产品配额，实际上是以平价能源、原材料或产品来还本和付息，使企业投资者能获得债券利息以外的投资收益。

二、债券投资的收益评价

1. 债券投资价值的计算

购买债券作为一种长期投资，要对其未来投资收益进行评价。购买债券的实际支出，即债券买价是现金流出，未来到期或中途出售的债券本息回收，是投资的现金流入。要确定债券的投资价值，首先要计算债券未来现金流入量的现值，只有债券未来现金流入量的现值大于债券投资的现行买价，并达到期望报酬率时，这种债券才值得购买。债券未来现金流入量的现值，有时也简称为债券价值或债券投资价值。

一般债券都规定在一定期限内有固定利率，于到期日归还本金。债券价值等于债券利息收入的年金现值与该债券到期收到本金现值之和。债券价值的基本模型为：

$$V=\sum_{t=1}^{n}\frac{I}{(1+i)^t}+\frac{M}{(1+i)^n}$$

式中：V—— 债券价值

I—— 每年利息收入

M—— 到期本金收入

i —— 债券利率，在评价时也可用市场利率或投资期望报酬率

n—— 债券到期的年限

【例 6.1】 某企业于 2004 年 1 月 1 日，购买面值为 1 000 元的债券，其票面利率为 8%，期限为 5 年，每年付息一次。当时的市场利率为 10%，债券的市价为 920 元。应否投资于此债券？

此时只要计算一下该债券 5 年收回的本息是否大于投资价格：

$$V=\sum_{t=1}^{5}\frac{1\,000\times 8\%}{(1+10\%)^t}+\frac{1\,000}{(1+10\%)^5}$$
$$=80\times 3.490\,8+1\,000\times 0.620\,9=900(\text{元})$$

计算结果表明，此债券的价值大于现行市价，如果不考虑其他风险，则可以投资于该债券。因为它可以使企业获取略大于 10%的市场平均利率水平的收益。

如果企业要求的期望报酬率为 12%，那么此债券是否是其投资的理想对象呢？可按此公式重新计算如下：

$$V = \sum_{i=1}^{5} \frac{80}{(1+12\%)^t} + \frac{1\,000}{(1+12\%)^5}$$
$$= 80 \times 3.6048 + 1\,000 \times 0.567\,4 = 859(\text{元})$$

计算可知，如果按 12%的贴现率计算，该债券的价值则明显低于现行市价。如投资者期望报酬率为 12%，那么这种债券便没有投资价值，应寻找其他投资对象。

如果此债券不是一年付息一次，而是 5 年后一次还本付息，那么上述计算公式便可变化如下：

$$V=\frac{I\times n+M}{(1+i)^n}$$

使用上述举例说明：

$$V=\frac{1\,000\times 8\%\times 5+1\,000}{(1+10\%)^5}=1\,400\times 0.620\,9=869\ (\text{元})$$

在上述计算中，若把票面利率作为贴现率，则债券价值会明显低于面值。

例如：$V=\frac{1\,000\times 8\%\times 5+1\,000}{(1+8\%)^5}=1\,400\times 0.680\,6=953$（元）

如果其市价为 920 元，对于投资者来说，虽有收益但其收益较低，会明显低于市场平均利率水平。同时可以发现，每年支付利息的债券，如果以票面利率作为贴现率，来计算债券价值，债券价值等于面值。如果债券是到期一次还本付息的，那么以债券票面利率作为贴现率来计算债券价值，债券价值必然低于面值。使投资者实际不能获得票面利率规定的报酬率水平，这主要是由于债券利息收入的现金流入量滞后，造成折算现值金额下降引起的。

2. 债券实际收益率的计算

债券投资的实际收益率，并非是债券的设定利率。由于债券可能溢价或折价发行，债券利息支付方式多种多样，投资者实际获取的收益率水平也各不相同。债券实际收益率的本质是使未来投资收入的现金流入量现值等于债券购入价格的折现率。可以用债券估价模型测定债券实际收益率。

【例 6.2】 债券面值为 1 000 元，票面利率 8%，购入价格为 920 元，期限为 5 年。债券估价模型为：

$$V(\text{现行价格}) = \sum_{t=1}^{n} \frac{I}{(1+i)^t} + \frac{M}{(1+i)^n}$$

但此公式的运用不是计算 V，而是要计算 i。

如果该债券按面值发行，并且一年付息一次，那么投资者所获实际报酬率，就是票面利率。

$$1\ 000=\sum_{t=1}^{5}\frac{80}{(1+i)^t}+\frac{1\ 000}{(1+i)^5}$$

如果用8%的利率作为贴现率代入上式，则

$$80\times3.993+1\ 000\times0.681=1\ 000\text{（元）}$$

与其现行购买价格一致，说明实际报酬率为8%。

如按920元购买，则

$$920=\sum_{t=1}^{5}\frac{80}{(1+i)^t}+\frac{1\ 000}{(1+i)^5}$$

要计算i为多少时，未来现金流入量的现值为920元。这时便要测算，假定先用10%利率测算，得：

$$\begin{aligned}\sum_{t=1}^{5}\frac{80}{(1+10\%)^t}+\frac{1\ 000}{(1+10\%)^5}&=80\times3.790\ 8+1\ 000\times0.620\ 9\\&=924\text{(元)}\end{aligned}$$

这个金额已非常接近920元，只相差4元，一般便可以此作为投资者的实际报酬率。但如果要进一步精确计算，或大于920元许多，则要继续测算。由于用10%测算的现值大于920元，说明投资者的实际报酬率大于10%，故可提高报酬率继续测算。如再用11%，但由于一般现值系数表中没有11%，查不出系数。故可直接用12%来测算，代入上述公式得：

$$\begin{aligned}\sum_{t=1}^{5}\frac{80}{(1+12\%)^t}+\frac{1\ 000}{(1+12\%)^5}&=80\times3.604\ 8+1\ 000\times0.567\ 4\\&=856\text{(元)}\end{aligned}$$

明显小于债券现行市价，说明投资者的实际报酬率在10%到12%之间。这时便可用"内插"法计算：

$$\text{债券投资实际报酬率}=10\%+2\%\times\frac{924-920}{924-856}=10.12\%$$

从上述分析中可知，债券投资的实际报酬率大于票面利率，并略大于市场利率，有一定的投资价值。

如上例中，债券现行市价为1 100元。其实际报酬率必然低于8%，如用6%测算：

得：$\sum_{t=1}^{5}\frac{80}{(1+6\%)^t}+\frac{1\ 000}{(1+6\%)^5}=80\times4.212+1\ 000\times0.747$

$$= 1\,084(\text{元})$$

计算结果小于现行价值，故可再降低到 5%测算：

得：$$\sum_{t=1}^{5}\frac{80}{(1+5\%)^t}+\frac{1\,000}{(1+5\%)^5}=80\times 4.329\,5+1\,000\times 0.783\,5$$

$$= 1\,130(\text{元})$$

说明投资实际报酬率在 5%到 6%之间，再用内插法计算：

$$\text{债券投资实际报酬率}=5\%+1\%\times\frac{1\,130-1\,100}{1\,130-1\,084}=5.65\%$$

在此方案中，其投资效益低，没有投资价值。

上述用先测算、后插入的方法来计算债券投资的实际报酬率，虽较精确，但却比较麻烦。在对其精确性并不要求十分高的情况下，也可用下述公式来计算其近似值。

$$\text{债券投资实际报酬率}=\frac{I+(M-P)/N}{(M+P)/2}$$

其中：I 表示债券年利息

M 表示债券面值

P 表示债券发行价

N 表示债券期限

如债券现行价格为 920 元，票面利率 8%时，其债券投资实际报酬率等于：

$$\frac{80+\dfrac{1\,000-920}{5}}{\dfrac{1\,000+920}{2}}\times 100\%=\frac{96}{960}\times 100\%=10\%$$

如果债券价格为 1 100 时，其债券投资实际报酬率等于：

$$\frac{80+\dfrac{1\,000-1\,100}{5}}{\dfrac{1\,000+1\,100}{2}}\times 100\%=\frac{60}{1\,050}\times 100\%=5.71\%$$

如果上例中债券利息改为五年后一次性支付，其实际报酬率如下：

$$920=\frac{1\,000+1\,000\times 8\%\times 5}{(1+i)^5}$$

$$\frac{1}{(1+i)^5}=\frac{920}{1\,400}=0.657\,1$$

查复利现值系数表，5 年期 8%的复利现值系数为 0.680 6；9%的复利现值系数为 0.649 9，说明债券投资的实际报酬率在 8%～9%之间，用内插法可计算实际报酬率：

$$债券投资实际报酬率=8\%+1\%\times\frac{0.680\ 6-0.657\ 1}{0.680\ 6-0.649\ 9}=8.77\%$$

可见，该债券如在 5 年后一次性付息，则其实际报酬率并没有 10.12%，而只有 8.77%，这对投资决策有重要影响。

三、影响债券市场价格的因素

尽管企业在进行债券投资前可以使用上述所介绍的方法对债券进行估价，但是，其结果很难保证绝对准确无误。因为在整个估价模型中，对债券价值产生影响的不仅是债券投资预期未来可获得的现金流量，还有在估价过程中所使用的折现率。该折现率数值的大小，直接受市场上各种因素的影响并不断发生变化。因而利用债券估价模型所得到的债券价值在投资时仅能起到一定参考作用，企业还应全面考虑影响债券市场价格的各种客观因素，主要有以下四个方面：

1. 宏观经济因素

宏观经济形势对证券市场有着重要而深远的影响，它的影响力波及整个市场，影响期比较长。通常对债券市场价格产生重要影响的宏观经济因素有：

(1) 经济增长与经济周期。债券市场的发展与经济增长和经济周期的变化基本上保持同步。在经济繁荣时，由于经济持续增长，公众收入增加，商品需求旺盛，企业的经营环境良好，盈利能力增强，资金比较充沛，债券风险较小，因而对债券的需求不断增大，从而使债券价格上升；同时，由于经济的持续增长，企业为扩大生产经营规模需要筹措大量资金，其中可能有部分资金靠发行债券来筹集，为此而加大了证券市场上债券的供给量促使债券价格回落。上述两方面变动相互作用，决定了债券市场价格的变化方向和变化程度。在经济衰退时，由于企业经营环境恶化，企业债券的投资风险增加，债券投资需求减少，从而使债券价格下降。

(2) 通货膨胀。通货膨胀对经济发展的影响作用比其他因素的影响作用要相对复杂。通货紧缩时，对经济发展没有好处；而过度的通货膨胀对经济发展更会产生破坏性作用。一般来讲，在温和的通货膨胀下，投资者可能会通过投资于债券来达到资金保值目的，进而扩大了市场上对债券的需求，导致债券的市场价格上升；同时因受到债券本身利率以及市场利率的反向影响，这种上升的趋势和空间都是有限的。在严重通货膨胀时期，任何证券市场上的投资行为都不会起到保值的作用，投资者就会转而将资金投放于实物资产上以求实现保值，此时因供需失衡将会导致债券市场价格下降。

(3) 利率水平。证券市场利率水平的变动对证券市场上交易的所有证券产生影响，其中，对债券市场价格的影响是最直接且程度最大的。市场利率水平的变化必然导致债券投资者要求的投资报酬率产生变化，当证券市场利率上升时，债券投资者要求的投资报酬率也会随之而上升，债券票面利息率却是固定不变的，这种变化将会导致债券价格下降；反之，当证券市场利率下降时，投资者要求的投资报酬率也将随之下降，在票面利率不变的前提下，这种变化将导致债券价格上升。

2. 宏观经济政策因素

通常对债券市场价格存在重大影响的经济政策主要有：

(1) 货币政策。货币政策是中央银行对国民经济进行宏观调控的重要手段之一。在市场经济条件下，货币政策直接影响到经济结构、经济发展速度、企业经济效益、公众的收入水平、市场利率以及市场运行等众多方面，这些影响自然会作用于证券市场上，特别是会对债券的价格产生影响。一般而言，紧缩的货币政策会减少证券市场上的货币供给量，从而造成企业资金紧张、公众收入水平下降，使企业的经济效益下降，增大企业风险，因而导致债券价格下跌；反之，较为宽松的货币政策，往往会使债券市场价格上升。

(2) 财政政策。财政政策是政府进行宏观调控的重要手段之一。但是财政政策对证券市场的影响却不像货币政策那样直接。财政政策可以通过增加或减少财政收支规模、提高或降低税率、发行国债等方式来影响经济增长、公众收入、社会就业以及经济运行等。这些政策必然会导致证券市场上货币供给量发生变化，从而影响债券的市场价格。

(3) 产业政策。产业政策是政府调节国民经济结构的重要手段之一。国家对重点发展产业一般会给予特殊优惠政策，而对一些限制发展的产业往往会增加种种限制性措施。在此意义上，产业政策也会具体地影响到企业的风险与收益，从而影响到债券的市场价格。

3. 企业财务状况因素

企业的资本结构、偿债能力大小、盈利能力高低、盈利质量好坏等财务状况和经营成果直接影响到企业运营风险和收益。当企业财务状况良好、偿债能力较强、获利能力强、盈利质量高时，企业信用等级自然会较高，投资者投资于该债券的风险会相对较小，使其市场价格上升。反之，则会下降。

4. 期限因素

债券期限也是影响债券市场价格的重要因素。在投资必要报酬率水平一定的前提下，随着债券到期日的临近，其市场价格将会向债券的面值回归。

四、债券投资风险

1. 传统债券投资风险

传统债券是相对于20世纪80年代以后出现并发行的带有附加条款的金融创新债券而言的。我国目前发行流通的债券大多数仍为传统债券。传统债券的特点是：有确切的到期日和确定的利息额，现金流量的分布较为固定。例如：传统意义上的附息票债券通常按面值发行，并于债券到期之前定日定量的偿付债券利息，于债券到期时按债券面值偿还本金；传统意义上的贴现债券通常按低于债券面值的价格折价发行，于债券到期时按债券面值偿还本金，实质上该债券发行价格低于债券面值的差额即为投资于该债券所获得的利息收益额。投资者投资于这种传统意义上的债券其所承担的风险主要包括：违约风险、利率风险、购买力风险、变现力风险和再投资风险。

(1) 违约风险。违约风险是指债券发行方无法按期偿付债券本息而给投资者带来的风险。

财政部发行的国库券由于有政府作担保，所以不存在违约风险。除中央政府以外的地方政府或公司发行的债券都或多或少的带有一些违约风险。因此，评估机构要对发行方进行资信评价，以反映其违约风险的大小。必要时，投资者也可以对发行方的偿债能力进行直接分析。降低违约风险的方法是投资于信用等级高，质量好的债券。

(2) 利率风险。利率风险是指由于市场利率变动而使投资者遭受损失的风险。由于债券价格会随市场利率的变动而变动，当市场利率上升时债券价格将会下降；当市场利率下降时债券价格将会上升。不同期限的债券，利率风险的程度各不相同，债券到期时间越长，利率风险越大，为此，长期债券的票面利率一般高于短期债券的票面利率。正因为债券价格受市场利率的变动影响，所以即使债券利息收益额固定不变，由于市场交易价格的波动也会使债券投资收益发生变动。降低利率风险的方法是选择投资对象时尽可能分散债券的到期日。

（3）购买力风险。购买力风险是指由于通货膨胀的存在使债券到期或出售时，投资者收回的货币购买力下降的风险。在通货膨胀比较严重的时期，购买力风险对于投资者而言相当重要。这是因为投资者投资于债券只能得到一笔金额固定的利息收益，由于货币贬值使得这笔货币收入的购买力下降，并由此给投资者造成一定的损失。一般来讲，在通货膨胀比较严重的情况下，预期报酬率会上升的资产其购买力风险会低于报酬率固定的资产。例如：房地产、短期债券、股票等投资工具受通货膨胀的影响较小，相对的收益固定的长期债券受通货膨胀的影响较大，前者可以作为降低购买力风险的投资工具。

（4）变现力风险。变现力风险是指当投资者急需资金要将债券尽快出售时，无法在短期内将债券以目前合理的市场价格出售而给投资者带来的风险。该风险大小反映了债券流动性的强弱，故变现力风险又称为“流动性风险”。如果某债券能在较短时间内按照现实市价大量抛售，说明其流动性很强，投资者投资于该债券所承担的变现力风险较小；相反，如果该债券按现实市价出售很难，说明其流动性较差，投资者投资于该债券所承担的变现力风险较大。债券变现力风险的大小不仅受自身信用等级的影响，而且受市场上投资者投资心态的影响。一般来说，政府债券和一些著名大公司发行的公司债券流动性较高；不为人知的小公司发行的公司债券流动性相对较差。

债券变现力风险的大小可以借助于现实市场的易手价格进行衡量，债券的买卖价差较大，表明此时债券的变现力风险较大、市场上积极的参与者较少，称这种行情为“有行无市”；反之，市场上该债券的买卖价差较小，表明积极参与的投资者较多，债券的流动性较强，变现力风险较低。降低投资变现力风险的最有效方法是在市场活跃时投资于信用等级高的债券。

（5）再投资风险。再投资风险是指投资者投资于短期债券后，因市场利率的降低导致短期债券到期时无法找到与原报酬率水平相当的证券进行投资而给投资者带来的损失。例如：投资者在进行投资时有两种债券可供选择，一种是长期债券利率为10%；另一种为短期债券利率为13%。投资者进行了一系列分析后，选择了短期债券进行投资。此后市场利率不断下降，短期债券到期时，市场利率降低到8%。此时投资者再次进行投资机会的选择时将只能获得8%左右的投资报酬水平。

2. 带有附加条款的债券投资风险

20 世纪 80 年代以后，随着金融创新意识的增强，新的金融产品不断涌现，使得债券市场也随之迸发出蓬勃的生机。债券发行人或投资银行为吸引投资者、降低筹资成本，改变了传统债券的现金流动模式，在传统债券上增加了一些带有期权色彩的附加条款，以此来增强债券投资或融资的灵活性，提高债券的变现力。债券的创新品种一般是在传统债券的基础上，根据需要增加如下条款所形成的：提前赎回条款、偿债基金条款、提前售回条款和可转换条款等，实质上是传统债券与期权的衍生物。

（1）提前赎回条款。提前赎回条款是给债券发行方一种选择权，它赋予债券发行方在债券发行一段时间后按照约定的价格于债券到期前全部或部分偿还债券的权利。因此，提前赎回条款实际上是给予了债券发行方一种买进期权。当债券发行方赎回债券时一般要支付一个高于债券面值的价格，称其为“赎回价格”。“赎回价格”与债券面值的差额称为“赎回溢价”。

提前赎回条款的附加使债券的发行方与债券的投资方处于不对等地位。换言之提前赎回条款对债券发行方有利，对债券投资方不利。正因为债券发行方由此获得在债券到期前赎回债券的权利，使债券发行方能够根据市场利率的变化选择是否提前赎回债券来降低企业的筹资成本。当市场利率降低时，债券发行方就乐意并能够行使提前赎回债券的权利，偿还以前发行的相对利率较高的债券，而后按照目前较低的市场利率借入资金，进而达到降低筹资成本的目的；当市场利率上升时，债券发行方就会放弃提前赎回的权利，但并未使企业由此额外付出代价。同时，投资者在购买附有提前赎回条款的债券时，必须清楚地认识到可能要面临的再投资限制，或者在发行方提前赎回债券后，只能再投资于收益率较低的有价证券。为此，带有提前赎回条款的债券比不带提前赎回条款的债券利率高，这是因为投资者投资时所冒风险的加大而给予的风险补偿。其利率可用下式加以描述：

$$R_c = R_n + R_o$$

上式中，R_c——代表带有提前赎回条款的债券利率

R_n——代表不带有提前赎回条款的债券利率

R_o——代表提前赎回条款的风险补偿

提前赎回条款的风险补偿大小主要取决于债券发行方提前赎回债券的可能性大小。一般来说，利率降低或预期利率降低、利率波动增大、债券期限延长、债券可赎回日提前等因素都会导致风险补偿的加大。

（2）偿债基金条款。偿债基金条款是规定债券发行方必须在规定的日期

后，逐年按规定提前偿还一定比例债券。按照偿债基金条款的规定，债券发行方在发行债券后，每年都要购回部分债券，否则，就构成违约。但是，发行方购回债券的价格有两种选择：一种是按照债券面值来赎回固定比例的债券，并以抽签的方式来决定应赎回的债券；另一种是在市场上按照债券的市场价格购回固定比例的债券。偿债基金条款制定的主要目的是为了保护债权人利益，使债券有秩序的收回，可以降低违约风险，增加债券的流动性，这对债券投资者有利。但是，因为偿债基金条款赋予了债券发行方有选择的赎回债券价格的权利，这对债券发行方有利。此时，当市场利率上升，债券价格下降，发行方就可以按照市场价格赎回债券；反之，当市场利率下降，债券价格上升，发行方就可以按照债券面值赎回债券。因为，偿债基金条款的制定主要目的是为了保护债权人的利益，所以附加有偿债基金条款的债券利率一般会低于不附带偿债基金条款的债券利率。

(3) 提前售回条款。提前售回条款赋予了投资者在一定时期后按约定的价格将所持有的债券提前卖还给债券发行方的权利。很明显，这一附加条款的制定对投资者有利，对债券发行方不利。这一条款的附加意味着给予投资者一种卖出期权，当债券未来收益水平低于提前售出债券的收益水平时，或者债券投资者急需资金时，就会选择行使提前售回权。正因为提前售回条款的制定加大了发行方的筹资风险，因此，一般带有提前售回条款的债券利率会低于无提前售回条款的债券利率。

(4) 可转换条款。可转换条款是指赋予债券投资者在一定期限内按照固定的价格将一定数量的债券转换成公司普通股股票的权利。同样，该条款的制定对债券投资方有利，当公司股票市价上升到较高水平时，债券持有者便可以行使转换权利，将债券按事先约定的较低固定转换价格转换成公司普通股股票，从而获取较高收益。因为可转换条款对投资方有利，所以一般附有可转换条款的债券的利率会相对较低。

五、债券投资的选择

可以作为债券投资依据的有：债券信用等级；债券投资价值和收益率；债券到期日；债券的流动性等。其中，最重要的是债券信用等级。

投资者在购买债券前一般要对债券发行方进行考评进而确定其信用等级。

通常由专业的证券评估机构来进行评估，在评估时重点考虑的因素有：违约的可能性；债券的性质和有关的附加条款；在破产清算时债权人的相对地位等，企业可以此作为债券投资选择的出发点。债券的信用等级能够直接反映出债券发行方的经济实力、财务支付能力、盈利能力、偿债能力以及诚信程度等，是一个综合、客观的评价指标。目前国际上通用的标准为三等九级，分别用英文字母 ABC 加以区别，具体内涵如下：

（1）AAA——信用极好，偿债能力最强，投资者安全程度最高。

（2）AA——信用优良，仅次于 AAA 级，大多数情况下投资者的安全程度与 AAA 级情况基本相同。

（3）A——信用较好，具有相当的投资吸引力，安全性比较好，但无法完全避免不利影响。

（4）BBB——信用一般，中等资信水平，正常情况下比较安全，在经济不景气时可能受到较大的影响。

（5）BB——信用欠佳，中下等资信水平，投资吸引力较弱，在严重不利因素下，可能产生偿付危机。

（6）B——信用较差，具有一定的投机性，潜在风险大，一遇到不利影响便可能无法偿付本息。

（7）CCC——信用很差，下等资信水平，是一种投机性债券，很可能发生偿付危机。

（8）CC——信用太差，是绝对投机性债券，可能以收益为主，而利息很少。

（9）C——没有信用，是专指不付利息的收益债券。

在上述九个等级中，只有前四个等级被允许上市发行，由于其债券质量比较高，大多数投资者都可以接受，因而被称为“投资等级”；后五个等级质量较差，大多数投资者均不愿购买，被称为“投机等级”。

六、债券投资的优缺点

由于债券投资方与发行方之间形成的是债权债务关系，而非所有权性质上的投资和受资关系，所以投资方只能拥有定额的债权，享有按期收回本息的权利。故此，债券投资的优缺点集中的表现为：

1. 债券投资的优点

(1) 本金安全性高。与股票投资相比，债券投资风险较小。政府债券有国家财政资金作后盾，其本金安全性非常高，通常被视为无风险证券（严格意义上讲，是没有违约风险的证券）。企业债券的持有者，作为企业的债权人拥有优先求偿权，即当企业破产清算时其清偿顺序位于优先股股东和普通股股东之前，相对于二者其本金损失的概率较小。

(2) 收入稳定性强。债券发行方应按照债券面值和票面利率按时支付利息。因此，在正常情况下，投资者能按时获得较为稳定的收入。

(3) 流动性好。政府及信用等级较高的企业发行的债券一般能够在金融市场上迅速出售，流动性很好。

2. 债券投资的缺点

(1) 购买力风险较大。债券的面值和票面利率一般在发行时就已经确定，如果投资期间通货膨胀率较高，本金和利息的购买力将会受到不同程度的侵蚀。甚至当通货膨胀率非常高时，导致投资者名义上收回本息取得投资收益，但实际收益率为负值。

(2) 没有经营管理权。债券的投资者仅有权按期获得本息的偿付，无权参与发行方的经营管理，不能对发行方施加影响和控制。

第二节　股票投资

一、股票投资评价

1. 股票估价模型

股票价值的评价指股票内在价值的评价。股票价值评价的主要方法是计算其内在价值，然后和股票市价比较，视其低于、高于或等于市价，决定买入、卖出或继续持有。

(1) 股票评价的基本模型。股票内在价值是股票预期未来现金流入的现值。现金流入包括两部分：出售股票时的资本利得和股利收入。

1) 一年期股票投资价值评价。如果投资者持有股票的时间预计为一年，则投资价值比较容易评价。其评价公式如下：

$$V=\frac{D_1+P_1}{1+R_S}$$

式中：V——表示股票投资价值

R_S——表示投资者期望报酬率

D_1——表示预期一年内的股利

P_1——表示一年后的股票市价

【例 6.3】 某企业以 60 元购入某种股票若干股，预计每股年股利为 4 元，年底售价 65 元，投资者的期望报酬率为 12%，计算该股票的投资价值如下：

$$V=\frac{4+65}{1+12\%}=61.61\text{元}$$

投资者在以 61.61 元或小于此价格购入此种股票，便能确保 12%的期望报酬率，如果价格高于 61.61 元，那便不能进行投资。当然上述公式中也可用现行股票价格来代替股票价值，然后求出预期报酬率 R，看其是否大于 12%，如大于或等于则可以投资，小于则不能投资。公式为：$R_S=\frac{D_1+P_1}{V}-1$

【例 6.4】 现行股价 60 元，其他条件不变，则预期报酬率计算如下：

$$R=\left(\frac{4+65}{60}-1\right)\times 100\%=15\%$$

15%的预期报酬率大于投资者的期望报酬率 12%，可以投资。

2）股票估价基本模型。如果投资者持有股票并不是一年，而是长期持有许多年，那么股票投资价值为：

$$V=\sum_{t=1}^{n}\frac{D_t}{(1+R_S)^t}+\frac{P_n}{(1+R_S)^n}$$

式中：D_t——表示预期第 t 年每股股利收入

P_n——表示预期 n 年后的股票市价

t——表示预计投资年份

如果投资人准备长期持有该股票，

那么 $n\to\infty$，则 $\frac{P_n}{(1+R_S)^n}\to 0$，故长期持有股票的投资价值，应为：

$$V=\sum\frac{D_t}{(1+R_S)^t}$$

此公式便是股票投资价值的基本模型，无论是永久持有，还是限期持有，该公式都是通用的。在实际运用中，最主要的问题是如何确定每股股利和投资者期望报酬率。

股利的多少，取决于每股盈利和股利支付率两个因素。对其估计的方法是历史资料的统计分析，例如回归分析，时间序列趋势分析等。股票评价的基本模型要求无限期地预计历年的股利（D_t），实际上不可能做到。因此，应用的模型都是各种简化方法，如每年股利相同或股利按固定比率增长等。

期望报酬率的主要作用是把所有未来不同时间的现金流入折算为现在的价值。折算价值的比率应当是投资者所要求的收益率。那么投资者要求的收益率应当是多少呢？一种方法是根据股票历史上长期的平均收益率来确定。有人计算过，美国普通股历史上长期收益率为 8%—9%。这种方法的缺点是：过去的情况未必符合未来的发展；历史上不同时期的收益率高低不同，不好判断哪一个更适用。另一种方法是参照债券的收益率，加上一定的风险报酬来确定。还有一种更常见的方法是直接使用市场利率。因为投资者要求的收益率一般不低于市场利率，市场利率是投资股票的机会成本，可以当作投资者的期望报酬率。

【例 6.5】 投资于某股票，10 年内预计年平均股利收入 10 元，市场利率为 10%，股票的投资价值计算如下：

$$V = \sum_{t=1}^{10} \frac{10}{(1+10\%)^{10}} = 10 \times 6.1446 = 61.45(\text{元})$$

（2）零成长的股票投资价值。零成长的股票指预期股利不会增长，即预期股利金额每年是固定不变的。由于这种股票的未来股利每年都相同，即 $D_1 = D_2 = D_3 = D_4 = \cdots\cdots = D_n$，所以这种股票的股利收益可以视为一种永续年金，该股票可视为没有到期日、只有定额利息的永续年金债券。由于任何永续年金债券的价值都由其利息除以贴现率来决定。故该种股票的投资价值为：

$$V=\frac{D_1}{R_S}$$

【例 6.6】 某种股票每年股利为 3 元，投资者期望报酬率为 12%，则其投资价值为：

$$V=\frac{3}{12\%}=25\ (\text{元})$$

就是说，这种每股股利 3 元的股票，在期望报酬率为 12%时，当股票市价为 25 元或低于 25 元便可投资。如当时市场上该种股票市价为 24 元，投资者购入，便能获得高于12%的实际报酬率，计算如下：

$$R=\frac{3}{24}\times 100\%=12.5\%$$

可见，当市价低于股票投资价值时，股票投资价值越大，其实际报酬率高于投资者的期望报酬率。

要注意的是，此种零成长的股票投资模型，除了普通股之外，也同样适用于优先股，优先股每年股利固定，相当于一种零成长的普通股票。

（3）固定成长股票的投资价值。在稳定增长的股利政策下，企业的股利可能会按一定稳定的比例上升。如果企业股利不断稳定增长，并假设每年股利增长率为 g，目前的股利为 D_0，那么第 t 年的股利应为：

$$D_t=D_0\times (1+g)^t$$

【例 6.7】 若 $D_0=3$ 元，g=5%，则 10 年后的股利：

$$D_{10}=3\times (1+5\%)^{10}=3\times 1.6289=4.89\text{（元）}$$

固定成长股票投资价值的计算公式如下：

$$V=\sum_{t=1}^{n}\frac{D_0\times (1+g)^t}{(1+R_S)^t}$$

由于 g 是固定的，当 $n\to\infty$ 时，上述公式可简化为：

$$V=\frac{D_0\times (1+g)}{R_S-g}=\frac{D_1}{R_S-g}$$

如果计算预期报酬率，则只要求出上述中的 R_S 便可：

$$R_S=\frac{D_1}{V}+g$$

【例 6.8】 某企业股票，$D_0=3$，$g=5\%$，期望报酬率 $R_S=12\%$，则股票的投资价值为：

$$V=\frac{3\times (1+5\%)}{12\%-5\%}=\frac{3.15}{7\%}=45\text{（元）}$$

若按此价格购入股票，则下年度预计报酬率为：

$$R=3.15/45\times 100\%+5\%=12\%$$

由于盈利水平和股利政策的不同，各公司的股利增长率各不相同。但就整个股票股利增长的平均值来说应等于国民生产总值的成长率，或者说是真实的国民生产总值增长率加通货膨胀率。

（4）非固定成长股票的投资价值。其实，任何企业的股利都不可能是绝对固定的，而可能在一段时间内成长较快，而在另一段时间内成长较慢，甚至固定不变。在这种情况下，要计算股票的投资价值，只能分段计算，才能确定此种股票的投资价值。所以非固定成长股票投资价值的计算，其实是固定成长股票投资价值计算的分段运用。

【例 6.9】 某股票投资的期望报酬率为 16%，估计前 3 年股利是高速成长，后 3 年股利是缓速成长，$g_{1-3}=30\%$，$g_{4-6}=16\%$，$D_0=1.82$ 元

（1）计算前三年的股利现值见表 6—1。

表 6—1

年份	D_t	现值系数（10%）	现值（PVD_t）
1	1.82×1.3	0.862 1	2.040
2	1.82×1.3^2	0.743 2	2.286
3	1.82×1.3^3	0.640 7	2.562
前三年快速成长股利之和			6.888（元）

（2）计算第三年年底的股票价值：

$$V_3=\frac{D_4}{R_S-g}=\frac{D_3\times(1+g_{4-6})}{R_S-g}=\frac{1.82\times1.3^3\times1.1}{16\%-10\%}=73.31\text{（元）}$$

（3）计算第三年年底股票价值的现值：

$$PVV_3=73.31\times\frac{1}{(1+16\%)^3}=73.31\times0.604\,7=46.97\text{（元）}$$

（4）将上述两阶段的现值加总，便能计算出目前该股票的投资价值：

$V=6.89+46.97=53.86$（元）

计算结果表明，要保证该股票投资的期望报酬率达到 16%，目前购入的股票价格必须在 53.86 元以下。

当然，上述研究的股票预期股价和报酬率，可能会与日后实际情况有所差异。这是因为我们所使用的数据都是预计的，不可能十分精确。同时，股市还受各种变动因素的影响。但要认识到，此种方法在股票投资决策中具有其重要意义。因为它是根据股票投资价值的差别来进行决策的，预测的误差只会影响绝对值，并不会影响其股票投资的优先次序。不可预见的和被忽略的因素对所有股票都产生影响，而不是针对个别股票。所以，此类方法对于股票投资的选择决策具有相当高的参考价值。

2. 市盈率分析

上述股票价值的计算方法，理论上比较健全，计算的结果使用也方便，但未来股利的预计很复杂并且准确度要求比较高。一般投资者往往很难办到。有

一种粗略衡量股票价值的方法，就是市盈率分析。它易于掌握，被许多投资者使用。

(1) 用市盈率估计股价高低。市盈率是股票市价与每股盈利之比，以股价相当于每股盈利的倍数来表示。市盈率可以粗略反映股价高低，表明投资人愿用相当于盈利多少倍的货币来购买这种股票，是市场对该股票的评价。

因为：市盈率＝股票市价/每股盈利

所以：股票价格＝该股票市盈率×该股票每股盈利

股票价值＝行业平均市盈率×该股票每股盈利

根据证券机构或刊物提供的同类股票过去若干年的平均市盈率，乘以当前的每股盈利，可以得出股票的公平价值。用它和当前市价比较，可以看出所付价格是否合理。

【例 6.10】 某公司的股票每股盈利是 3 元，市盈率是 10，行业类似股票的平均市盈率是 11，则

股票价值＝3×11＝33 元

股票价格＝3×10＝30 元

说明市场对该股票的评价略低，股价基本正常，有一定吸引力。

(2) 用市盈率估计股票风险。一般认为，股票的市盈率比较高，表明投资者对公司的未来充满信任，愿意为每 1 元盈利多付买价，这种股票的风险比较小。但是，股市受到不正常因素干扰时，某些股票市价被哄抬到不应有的高位，市盈率会很高。通常认为，超过 20 的市盈率是不正常的，很可能是股价下跌的前兆，风险相当大。

股票的市盈率比较低，表明投资者对公司的未来缺乏信心，不愿意为每一元盈利多付买价，这种股票的风险比较大。通常认为，市盈率在 5 以下的股票，其前景比较悲观。

过高或过低的市盈率都不是好兆头，平均的市盈率在 10～11 之间，市盈率在 5～20 之间是比较正常的。应研究拟投资股票市盈率的长期变化，估计其正常值，作为分析的基础。各行业的正常值有区别，预期将发生通货膨胀或提高利率时市盈率会普遍下降，预期公司利润增长时市盈率会上升，债务所占比重过大的公司市盈率较低。

二、影响股票投资的因素

从理论上讲，股票的市场价格一般应当反映股票的投资价值，股票的投资价值是投资者对股票未来收益的预期，是未来现金流量的现值。但是随着市场上各种因素的变化，投资者对未来收益的预期也会发生变化，进而导致股价产生波动。影响股票投资的因素，既有基本因素，又有外部市场行为因素。可以归纳为以下七个方面：

1. 宏观经济形势

人们常把股票市场比喻为“经济晴雨表”，它能够提前反映经济发展周期。当经济增长刚刚启动时，敏感的投资者就会将资金注入到证券市场，投放于发展前景看好的股票上，使股价上升；在经济发展步入繁荣阶段时，更多的投资者都会看好此时的经济发展趋势，大量的资金流入证券市场，“大牛市”随之而来；当经济发展到达高峰期，并转而开始步入衰退期时，明智的投资者会将资金撤出证券市场，导致股价下降。可以看出，股票市场一方面能预先反映出经济发展的周期性变化，另一方面又受经济周期的影响。

2. 通货膨胀

通货膨胀对股市的影响非常复杂，通货膨胀的程度不同，对股市的影响和作用各不相同。一般地说，温和的通货膨胀不会对经济发展产生破坏作用，对证券市场的发展还会起到一定的推动和促进作用。但是，严重的通货膨胀必然会导致经济环境的恶化，对整个国民经济的发展产生极大的破坏作用，阻碍经济发展，对证券市场也将产生不利影响。

3. 利率和汇率的变动

资本市场上利率的变化会对股价产生一定的影响。一般情况下，当市场利率上升时会增加公司的筹资成本，从而减少公司利润，加大投资者所承担的风险，进而提高投资者要求的期望报酬率，最终导致股价降低；反之，当市场利率下降时会降低公司的筹资成本，从而增加公司利润，降低投资者承担的投资风险，进而降低了投资者要求的期望报酬率，最终使股价升高。同理，汇率的变动也会对股价产生一定的影响，但是其作用机理在于通过汇率的变动调节证券市场上的货币供给量，若本国货币贬值，会导致资本大量流出，从而减少股市上的资金供给量，进而降低股价。但是汇率的变化对各国股市的影响程度各不相同，随各国经济国际化程度高低的不同而有所差异。国际化程度低的国家，汇率的变动对其证券市场的影响较小；相反，国际化程度高的国家，汇率的变动对其证券市场的影响相对较大。

4. 宏观经济政策

宏观经济政策中对股市影响较大的有货币政策、财政政策和产业政策。其中，货币政策和财政政策都是宏观经济的重要调控手段。货币政策的松紧直接影响股市上的货币供给量。一般而言，紧缩的货币政策会导致货币供给量下降，从而使股价下跌；宽松的货币政策会使股市上的货币供给量相对增多，从而使股价上升。财政政策的具体内容会对公司的经营业绩产生直接影响，例如可以通过增减政府收支规模、调整部分税率等来调控经济发展速度。当政府降低税率、增加财政支出时，会刺激经济发展，企业利润上升，社会就业率提高，公众收入增加，从而最终导致股市上的货币供给量增加，使股价上升。另外，政府制定的产业政策对各个行业也会产生不同程度的影响，优先扶植的行业，企业发展前景较好，利润有望大幅度增加，则其股票市价也会上升。

5. 公司内部原因

公司内部原因包括公司所处行业的发展前景、市场占有率、经营状况、财务状况、盈利能力和股利发放政策等因素。这些因素往往会对公司的股票价格产生直接影响。对公司状况的了解，可以通过公司定期对外提供的财务报告来实现。不仅要了解本期的有关信息，而且更要进行横向和纵向的两方面比较，以反映发展趋势和所处的优势与劣势。

6. 市场因素

市场因素的影响是指股票市场本身的组织、运作及市场参与者的活动对股市的影响。市场因素一般包括证券监管机构对证券市场的干预程度、市场的成熟程度、市场的投机操作行为、投资者的素质、市场效率等。

7. 政治因素

股票的市场价格除受经济、政策等因素影响外，还受政治因素的影响。如国内外政治形势的变化、国家重要领导人的更迭、国家法律与政策的变化、国际关系的改变等。政治因素对股市的影响是全局性的、敏感的，有时会使股市暴涨暴跌，这在国内外的股市上不乏其例。

三、股票投资的选择

企业在进行股票投资时，首先要确定选择何种股票。这将关系到企业在后续投资过程中所能获得的股利以及处置时所能获得的买卖价差。如果投资对象选择不当，不仅会使企业蒙受损失甚至还会影响到企业生存与发展。在选择股票时，常见的有两种分析方法：基本分析和技术分析。

1. 基本分析

基本分析是指对影响股票价格的各种基本因素进行分析。基本分析对股票投资决策的影响重大，因为股票价格的未来走势取决于公司未来的发展前景，而公司未来的发展前景取决于这些基本因素，因而做好基本分析是进行股票投资的前提条件。基本分析包括对宏观经济形势的分析和对公司基本状况的分析。宏观经济形势对整个股市都会产生影响，特别是它将影响股票市场的基本走势，研判股票市场的基本走势是投资者预测股票价格变化的重要手段。因此对宏观经济形势的基本面进行分析，有利于从战略上把握股票投资方向。在宏观经济形势既定的前提下，对公司的基本分析就显得尤为重要。对公司所进行的基本分析主要是指对公司的财务状况和经营状况进行分析。分析公司的财务状况时，主要是运用公司定期提供的财务报告来进行的。其目的是了解公司的偿债能力、营运能力、盈利能力以及收益质量方面的信息。这在本教材第十章中会作详细的介绍，这里就不再赘述。对公司经营状况的分析主要是为了了解公司内部管理是否有效，公司提供的商品和劳务的市场需求状况，市场占有率，公司所处的市场竞争地位、产品的寿命周期、公司的投资计划和发展规划、公司未来技术创新能力、公司未来的利润增长点以及公司的发展前景等。

2. 技术分析

技术分析是指运用特定的数学和逻辑分析方法，对证券市场过去和现在的市场行为所进行的分析，从而预测证券市场未来变化趋势。技术分析是在证券市场上广泛使用的一种分析工具，它是长期以来证券投资者进行证券投资时的经验总结。常用的技术分析方法主要有：技术指标分析法、*K* 线分析法、切线分析法、形态分析法和波浪理论等。

四、股票投资的优缺点

1. 股票投资的优点

股票投资由于其收益和风险一般高于债券投资，所以常被看成是一种高风险投资。股票投资的优点主要包括：

(1) 投资收益高。普通股股票的市价虽然变动频繁，但从长期发展趋势上看优质股票的价格总是上升的概率大，只要投资者选择合适的股票进行投资都能获得丰厚的投资回报。

(2) 购买力风险相对较低。普通股股利通常是变动的，与债券固定的利息相比，在通货膨胀率较高的时期由于物价普遍上涨会使大部分股份公司从中获利，随着公司盈利上升支付给普通股股东的股利也会增加。在此意义上，普通股股票能够降低投资者的购买力风险。

(3) 拥有经营控制权。普通股股东属于股份公司的所有者，有权参与企业的生产经营管理，有权监督和控制企业的生产经营活动。因此，进行股票投资成为一些公司对其他公司实施影响和控制的有效手段，进而实现其扩张战略。

2. 股票投资的缺点

与债券投资相比，股票投资缺点集中表现在投资风险大，具体是指：

(1) 股票价格波动性大。股票的市场价格受多种因素的影响，波动性极大，个别公司的股票价格暴涨暴跌的例子屡见不鲜。正是这一特点使得股票市场成为极具投机性质的市场，投资者既可以在股市上获取高额利润，也可能发生惨重损失，甚至血本无归。为此，在投资者选择股票作为投资对象时应慎重，要视自身的风险承受能力来选择投资对象和投资数量。

(2) 投资收益不稳定。投资者进行股票投资时，其投资收益主要来源于公司发放的股利和进行股票转让时所获得的买卖价差。因公司发放的股利数额不固定，股票的价格不断的变动，所以股票投资的收益也是不稳定的。股份公司发放的股利高低取决于公司的经营状况以及公司的股利发放政策，当公司盈利多、股利发放比率高时，股东就可能获得较高的股利；当公司盈利较低、股利发放比率较低时，股东所获得的股利就可能较少或没有股利。当股票市场行情看涨时，出售股票可能获得较高的价差收益；当股市行情看跌或股市低迷时，出售股票可能不仅得不到价差收益反而会遭受损失。但从长远发展态势上看，大多数股票的投资收益都高于债券投资收益。

(3) 投资安全性差。投资者认购股票后，不能要求股份公司偿还投资本金，为收回投资只能在证券市场上将股票转让出去。此时进行股票投资的收益将主要取决于股票市价的涨跌。而股票的市场价格取决于发行公司的经营状况和股票市场行情。若公司经营状况好、盈利能力强则股价会上升，投资者转让股票时所能收回的资金就多，投资收益高；若公司的经营状况不佳、市场不景气则股价会下降，投资者收回投资时所能收回的资金就少，投资发生损失。如果公司解散，由于股东的求偿权位于债权人之后，因而股东可能部分或全部投资本金无法收回，特别是当公司进入破产清算程序后股东可能血本无归。

第三节　证券投资组合

一、证券投资组合的意义

在实务中，投资者对证券进行投资时，通常不会孤注一掷地将资金全部投资于某一种证券，而是同时持有多种证券。这是进行投资活动的一条黄金法则，即“不要把鸡蛋放到同一个篮子里”。这种将资金同时投资于多种证券的投资方式称为证券的投资组合，简称为证券组合或投资组合。投资者进行投资的目的是为了分散风险，即追求在一定的收益水平上伴随最小的风险，或者在一定的风险水平下获取最大的收益。

二、证券投资组合的风险与收益率

1. 证券投资组合风险的分类

投资多样化所形成的证券组合的总风险按照风险产生的原因及风险自身的特点可分为两部分，即系统性风险和非系统性风险。系统性风险，一般是由整个经济的变动而造成的市场风险，其影响是全面性的，不可避免的，所有公司都会同时、共同受到这些因素的有利或不利影响，因而不能通过投资的多样化来冲减和分散，也称不可分散风险；非系统性风险，是公司特有风险，是指由股票发行公司内部事项所引起的风险，例如公司涉及的未决诉讼、罢工事件、成功或失败的营销活动、赢得或失去重大交易合同等。这些事项只是对本公司所发行股票的收益水平、市场交易价格产生影响，不会影响市场上的其他股票价格。一家公司可能失败，但另外一家公司有可能成功。因而投资者可以通过投资多样化来相对冲减或分散风险，也称可分散风险。这两类风险可用图6—1来表示。

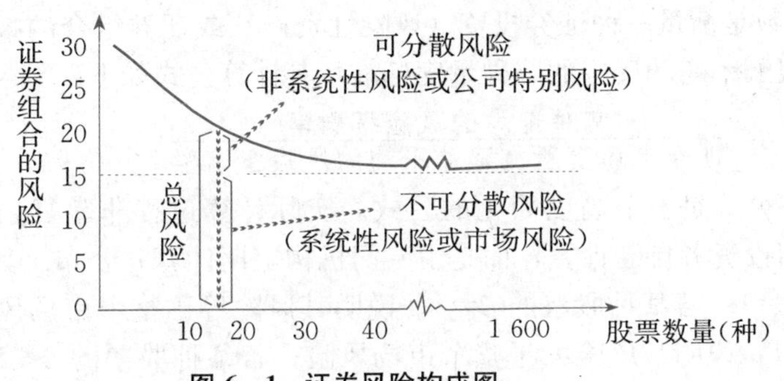

图 6—1 证券风险构成图

从图 6—1 中可以看到，可分散风险随证券组合中股票数量的增加而逐渐减少。根据纽约股票交易所 20 世纪 80 年代的有关资料，平均一种股票的标准差 δ_1 大约为 28%，由证券交易所上市交易的所有股票组成的证券组合即所谓的市场证券组合，其标准差为 15.1%，即 $\delta_m=15.1\%$。经验证实，如果一个包含有大约 40 种股票而又比较合理的证券组合，大部分可分散风险都能被消除。

可分散风险的抵消程度，要取决于组合中证券间的相关系数 r。关于证券组合的相关系数，大致有以下四种情况：

(1) 当相关系数 $r=+1.0$ 时，为完全正相关，投资组合不发挥作用。两个完全正相关的股票，投资报酬将一起上升或下降，这样的组合不能冲减或抵消可分散风险。

(2) 当相关系数 $r=0$ 时，为两者不相关，此时投资多样化能起到降低风险的作用，但其效果远不如 $r=-1.0$ 时。

(3) 当相关系数 $r=-1.0$ 时，为完全负相关，可分散风险正好完全抵消。这样的两种股票组成的证券组合是最佳组合，能够组成一个完全无风险的证券组合，这是因为他们的报酬正好相反，即当 A 股票报酬上升时，B 股票报酬正好下降，升降的幅度正好相互抵消。事实上，在现实生活中完全负相关的两种证券几乎不存在，绝大多数的情况是正相关。

(4) 当相关系数 $r=+0.6$ 时，为最常见的情况，绝大多数两种股票组合的相关系数，都居于正相关的 0.5～0.7 之间。

不可分散风险对投资者来说是无法消除的，但是这种风险对不同企业的影响程度存在差别，对于这种风险的计量，可通过 β 系数来衡量。

2. 证券投资组合风险的计量

β系数是衡量一种证券投资（风险性资产）或证券组合的报酬率对整个资本市场报酬率变动反应的一种量度标准，其计算公式如下：

$$\beta=\frac{\text{某种证券的风险报酬率}}{\text{证券市场上所有证券平均的风险报酬率}}$$

上述公式是一个高度简化的公式，实际计算过程非常复杂，在实际工作中，不用投资者自己计算，而是由专门机构定期计算并公布。其中，整个股票市场的$\beta=1$；若某种股票的$\beta=1$，说明其风险等于整个市场风险；若某种股票的$\beta>1$，说明其风险大于整个市场风险；若某种股票的$\beta<1$，说明其风险小于整个市场风险。

上述公式是对单个股票β系数的计算方法，证券组合的β系数是单个证券β系数的加权平均。权数为各种股票在证券组合中所占的比重，其计算公式如下：

$$\beta_P=\sum_{i=1}^{n}\omega_i\beta_i$$

式中，β_P——证券组合的β系数

ω_i——证券组合中第i种股票所占的比重

β_i——第i种股票的β系数

n——证券组合中股票的数量

【例6.11】 若H、A、L三种证券投资总额为10万元，其中证券H为2万元，$\beta=2$；证券A为5万元，$\beta=1$；证券L为3万元，$\beta=0.5$，则证券组合的β系数

$$\beta_P=\frac{2}{10}\times 2.0+\frac{5}{10}\times 1+\frac{3}{10}\times 0.5=1.05$$

通过以上分析可得出结论：证券投资的总风险由可分散风险和不可分散风险两部分组成；可分散风险可通过证券组合来消减，消减程度取决于相关系数r；不可分散风险不能通过证券组合来消减，但是能通过β系数来测量。

3. 证券投资组合的收益

证券投资组合的收益是指投资者因承担不可分散风险而要求的、超过货币时间价值的那部分额外报酬。在现实生活中，证券组合投资与单项投资一样，都要求对其承担的风险进行补偿，股票的风险越大，要求的报酬率越高。证券组合风险报酬的计算公式如下：

$$R_P=\beta_P\cdot(K_m-R_F)$$

式中，Km——所有股票的平均报酬率，简称市场报酬率

R_F——无风险报酬率，一般可用国库券的利息率来衡量

【例 6.12】 某公司持有价值为 150 万元的股票，是由甲、乙、丙三种股票构成的证券组合，它们的 β 系数分别为 2.0、1.0、0.5，它们在证券组合中所占的比重分别为 70%、20%和 10%，股票的市场报酬率为 15%，无风险报酬率为 10%，求这种组合的风险报酬率、风险报酬额和总投资报酬额。

（1）确定证券组合的 β 系数

$\beta_P=70\%\times2.0+20\%\times1.0+10\%\times0.5=1.65$

（2）计算证券组合的风险报酬率

$R_P=1.65\times(15\%-10\%)=8.25\%$

（3）计算证券组合的风险报酬额

$R_R=150\times8.25\%=12.38$（万元）

（4）计算投资总报酬额

$K=150\times(10\%+8.25\%)=27.38$（万元）

在其他因素不变的条件下，风险报酬率和风险报酬额的大小，取决于证券组合中的 β 系数。若 β 系数越大，风险报酬率就越大，风险报酬额也就越大；反之，就越小。此种情况可通过下面的例子加以说明。

【例 6.13】 若该公司重新调整证券组合，卖出部分甲股票，买进部分丙股票，使证券组合的比重变为：甲 20%、乙 20%、丙 60%，求此时的风险报酬率、风险报酬额和投资报酬额。

$\beta_p=20\%\times2.0+20\%\times1.0+60\%\times0.5=0.9$

$R_P=0.9\times(15\%-10\%)=4.5\%$

$P_R=150\times4.5\%=6.75$（万元）

$K=150\times(10\%+4.5\%)=21.75$（万元）

由此可见，调整了甲、乙、丙三种股票在证券组合中的比重，缩小了 β 较大的甲股票所占比重，扩大了 β 较小的丙股票所占比重，使得组合 β 系数缩小，从而在降低组合风险的同时也降低了风险报酬和投资报酬。因此，在证券组合中，β 系数对测定和描述组合投资风险水平的高低起到关键性作用。

4. 资本资产定价模型

由前边的讨论可知，证券组合的风险一般要小于该组合中各项证券的平均风险，这一现象对于研究风险和报酬率之间的关系有重要的意义。在西方经济学和财务管理学中，有多种模型论及风险和报酬之间的关系，其中应用范围最

广的是资本资产定价模型（Capital Asset Pricing Model，简写为 CAPM）。资本资产定价模型是 1990 年美国斯坦福大学威廉·夏普教授创建的，威廉·夏普教授也因其对金融资产价格形成理论所做的贡献而获得了诺贝尔经济学奖。资本资产定价模型是运用一般均衡模型描述所有投资者的集体行为，来揭示在资本市场均衡状态下证券投资风险与报酬之间的经济关系。

资本资产定价模型阐述的是投资者冒风险进行投资时，所冒风险的大小与要求的最低投资报酬率之间的关系。最初的资本资产定价模型是建立在以下前提假设的基础之上的：

（1）所有投资者都追求当期财富的期望效用最大化，而作为投资组合选择依据的是预期收益和投资风险（即标准差）。

（2）所有投资者都可以无风险利率，无金额限制的借入或贷出资金，并且在任何资产上都没有卖空限制。

（3）所有投资者都是在信息对称的条件下进行投资的，也就是说所有投资者对全部投资项目的主观估计都是相同的，包括对投资项目预期收益的评价，对投资项目的投资风险的衡量（方差，协方差等）。

（4）所有资产均可被完全细分，即所有的资产都具有很强的流动性，且没有交易成本。

（5）不考虑税金。

（6）所有投资者均为价格的接受者，即市场价格不受任何一个投资者交易行为的影响。

（7）所有资产的数量都是既定不变的。

资本资产定价模型在最初制定时有上述前提假设，而后又对每一个假设逐步放开，并在新的基础上进行研究。资本资产定价模型对经济理论界最大的贡献在于提出了 β 系数是衡量一种证券（风险资产）或证券组合的报酬率对整个资本市场报酬率变动反应的一种量度标准，其计算公式如下：

$$\beta=\frac{\text{某种证券的风险报酬率}}{\text{证券市场上所有证券平均的风险报酬率}}$$

此外，也可以将 β 系数理解为证券对投资者投资心态的敏感程度。β 系数用图形表示的资本资产定价模型，称为证券市场线（简称 SML），它说明了必要报酬率 K 与不可分散风险 β 系数之间的关系，如图 6—2。

图 6—2 中纵轴代表投资者要求的必要报酬率，横轴代表风险程度（β），证券市场线的起点为无风险报酬率，即 β 为 0 的报酬率，从此点向右上方延

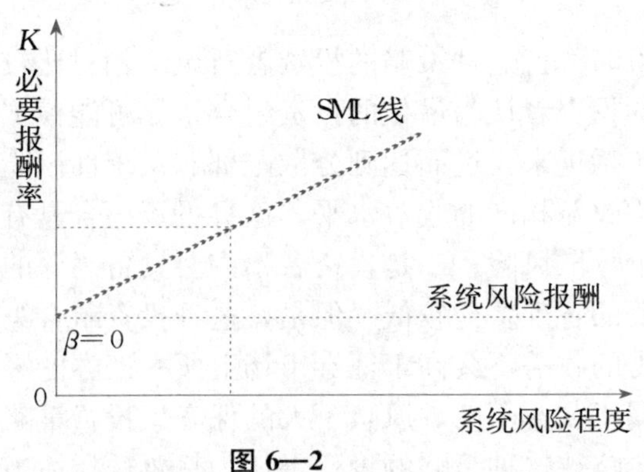

图 6—2

伸，报酬率随着风险程度的增加而增加，形成一个倾斜向上的直线，即为证券市场线，反映报酬与风险之间的均衡关系。沿着证券市场线的报酬率，是补偿投资者持有证券承担一定风险所要求的报酬率，所以称为“必要报酬率”。SML线表明在系统风险一定的前提下，必要报酬率在市场上的变动趋势，平行线所示为无风险报酬率，当风险增加时，报酬增加，必要报酬率也相应提高。资本资产定价模型的公式如下：

$$K_i = R_F + \beta_i\ (K_m - R_F)$$

式中，K_i——第 i 种证券或第 i 种投资组合的必要报酬率

R_F——无风险报酬率

β_i——第 i 种证券或第 i 种投资组合的 β 系数

K_m——所有证券的平均报酬率

【例 6.14】 若现行国库券的利率为 7%，市场平均报酬率为 16%，某种投资组合的 β 系数为 1.5，求该投资组合的必要报酬率。

$$K_i = 7\% + 1.5 \times\ (16\% - 7\%)\ = 20.5\%$$

计算结果表明，只有该组合的报酬率达到或超过 20.5%，投资者才能进行投资。

三、证券投资组合的策略与方法

1. 证券投资组合的策略

按照投资者投资时对风险的偏好不同，可以将投资组合的策略分成以下

三种：

(1) 保守型策略。持这种策略的投资者对风险相对比较厌恶，不愿承担高风险。这种策略的投资者认为最佳的投资组合是尽可能模拟证券市场现状，将尽可能多的证券包括进来，进而达到分散全部非系统性风险的目的，并得到与市场所有证券平均收益相同的收益水平。这种投资组合具有以下三个优点：一是能分散掉全部可分散风险；二是投资者不需要具备高深的证券投资的专业知识；三是证券投资的管理费比较低。但是，这种投资组合策略的显著缺点在于投资组合所能获得的收益不会高于证券市场上所有证券的平均收益。因此，这种投资组合策略属于收益不高，风险不大的保守型投资策略。

(2) 冒险型策略。这种策略的投资者认为只要选择适当的投资组合，就能击败市场或超越市场，从而取得远远高于市场平均收益水平的投资收益。在这种投资组合中，往往含有较多的成长型股票，而那些风险水平较低，收益水平不高的证券含量不多。此外，组合的随意性较强，变动频繁，投资者对组合中的投资对象不断地进行调整。采用这种策略的投资者都希望通过承担较高的风险来博取较高的投资收益，投资风险较高，因而称为冒险型投资策略。

(3) 适中型策略。这种策略的投资者认为有价证券的价格特别是股票的价格主要受特定公司的经营业绩影响。股票市场价格的一时涨跌并不重要，只要公司的经营业绩好，该公司股票的市场价格一定会上升到应有的价格水平。采用这种策略的投资者一般比较善于对证券进行基本面分析，并通过选择高质量的债券和股票进行投资，形成投资组合。适中型投资策略如果做得好，投资组合选择理想便能获得较高的收益而又不承担较高的风险。但是，要求采用这种投资策略的投资者必须具备丰富的投资经验，拥有进行证券投资的各种专业知识。这种投资策略风险不大，收益却相对较高，因而是一种最常见的投资组合策略。各种金融机构、投资基金和企事业单位在进行证券投资时一般都采用这种投资策略。

2. 证券投资组合的方法

证券投资组合的选择方法有很多种，常见的有以下几种：

(1) 选择足够数量的证券进行投资。这是一种最常见、最简单的证券投资组合的方法。采用这种方法时，不是进行有目的的组合，而是随机的选择证券，随着组合中证券数量的增加，非系统性风险会逐步减少，当投资组合中证券数量足够多时，大部分非系统性风险都能够被分散掉。根据投资专家们的估计，在我国证券市场上，因证券的种类不太多，同时投资于 10 种股票就能达到分散风险的目的。

（2）三分法投资。是指在投资组合中风险高、风险适中、风险低的证券各占投资组合的1/3。即将全部资金等分成三份：一份投资于风险高的证券；一份投资于风险适中的证券；一份投资于风险低的证券。一般而言，风险大的证券对经济形势的波动比较敏感。当经济形势处于繁荣期时，风险大的证券将会获得高额收益；当经济衰退时，风险大的证券将会遭到巨额损失；相反，风险小的证券对经济形势的波动不太敏感，一般能够获得相对较为稳定的收益，同时也不会遭受巨大损失。因而，这种投资组合的选择方法是一种进可攻、退可守的组合方法，虽然不会获得太高的投资收益，但也不会承担太大的风险。

（3）尽可能地将投资收益负相关的证券组合在一起进行投资。把收益水平负相关的证券组合在一起，能够有效地分散非系统性风险，只要选择得当，这种投资组合对降低风险有着极为重要的意义。

四、应用证券投资组合的限制条件

利用证券投资组合是一种很有效地分散风险的投资方式，但是证券投资组合的应用必须具备一定前提条件，当这些前提条件不具备时，证券投资组合将无法发挥最佳作用。一般来说，证券投资组合有效应用的前提条件主要包括以下几个方面：

1. 资本市场是有效的

资本市场的有效性是指在证券市场上证券的价格可以迅速、准确地反映所有相关信息，这样的市场被称为“有效市场”或“市场是有效的”。当投资者运用有效资本市场理论来描述相关信息对证券价格的影响时，首先必须明确这些相关信息所指代的含义，即这些相关信息是历史信息（过去的信息）、现实信息（当前信息）还是未公开的信息（未来信息）。为此，根据证券价格中所反映出的信息指代含义的不同，市场有效性可以分为三种不同程度的有效：弱式有效、半强式有效和强式有效。其中，弱式有效是指证券价格反映了所有与该证券价格有关的历史信息。半强式有效是指证券价格反映了所有公众获得的相关信息，即指所有公开的信息，包括历史信息和现实信息。强式有效市场是指证券价格反映了所有公开和未公开的信息。本章中所谈的市场有效性指代的是半强式有效，即在证券市场上，每个投资者都能无条件的获得与证券有关的信息，并且一旦信息在证券市场上公开，就会立即反映在证券的市场价格上，即要求证券市场是公开、及时的、无滞后的。

2. 资本市场是非垄断的

资本市场的非垄断是指任何单个的投资者不能人为的操纵一种或几种证券的市场价格。这一点是任何成熟的证券市场都具有的特性。市场的非垄断性要求在证券市场上有完备、健全的法律规范，没有健全法律法规约束的市场就容易出现操纵市场价格的行为，从而导致证券投资组合的失效。

3. 投资者具备较好的专业素质

在以上两个条件都具备的情况下，投资者还必须具有较好的投资专业素质和投资经验。否则，就无法很好地运用证券投资组合理论进行投资组合的选择。

目前，我国的证券市场尚不能称之为“成熟的证券市场”，尚不具备上述所有的前提条件。从大环境讲，我国的证券市场发展较晚，法律法规尚不健全，信息流通的渠道还不完善，证券市场规模相对较小，很容易出现内幕交易、操纵市场价格的现象。同时，目前我国投资者队伍的专业素质还不高，并且市场结构基本上是中小投资者占主体，他们缺乏专业投资的有关知识、丰富的投资经验，不善于进行投资决策，不能灵活的运用证券投资组合理论。但是，随着我国证券市场的不断成熟、规范，运用证券投资组合的条件日益完备，投资者相应的注意提高自身投资专业素质，从而熟练掌握并运用证券投资组合的理论和方法进行有效的证券组合投资。

【本章小结】

企业进行有价证券投资是为了提高资金的使用效率、实现对外扩张，降低经营风险、获取更多的投资收益。有价证券投资决策的制定应当全面考虑有价证券投资的收益水平、风险程度、投资成本、投资环境以及企业的资金实力、投资对象的流动性等众多因素。

债券投资收益与股票投资收益之间存在很大差别。首先，收益的构成项目不同。债券投资收益绝大部分来源于债券利息和转让收益；股票投资收益来源于股利、买卖价差。前者的利息收益是固定的；后者的股利收益、买卖价差收益均主要依赖于公司的经营状况和证券市场发展状况。其次，收益率高低的影响因素不同，所承担的风险内容各不相同。

有价证券投资的高盈利性吸引了大量投资者，但是证券投资的风险性又令许多投资者为之担忧，在证券市场边缘徘徊。为有效地分散投资风险，企业可以借助于证券投资组合。证券投资组合的最显著意义便是协助投资者全面捕捉获利机会，降低投资风险。常用的选择证券投资组合的决策技术是利用资本资产定价模型，分析证券投资组合的收益和风险水平，根据企业的投资策略和风险承受能力选择适合于本企业财务状况的证券投资组合进行有效证券投资。

【复习题】

1. 债券投资收益的计算原理是什么，如何计算？

2. 股票投资收益的构成内容是什么？

3. 进行证券投资组合的意义是什么？

4. 证券投资组合的收益、风险如何计算？

5. 某公司于 1999 年 1 月 1 日购买一张面值为 5 000 元，五年期的公司债券，票面利率为 10%，每年年末付息一次。请计算分别在市场利率为 8%、10%、12%三种情况下的债券价值。若债券溢价发行，发行价格为 5 250 元，请计算该债券的到期收益率。

6. 某公司购入 K 公司的股票，每股面值 100 元，企业要求的投资报酬率为 20%，预计 K 公司未来 3 年股利零增长，每期股利 20 元，预计从第 4 年开始转为正常增长，增长率为 10%，请计算该股票的价值。

7. ABC 公司持有甲、乙、丙三家公司的股票所组成的投资组合，他们的 β 系数分别为 2.0、1.3、0.7，他们的投资额分别为 60 万元、30 万元和 10 万元。股票市场的平均报酬率为 12%，无风险报酬率为 7%。请计算该投资组合的预期收益率。

8. 某公司在 2000 年 1 月 1 日平价购买 5 年期债券，每张面值 1 000 元，票面利率 15%，每年 12 月 31 日付息（计算结果保留小数点后两位）。

要求：

（1）确定 2005 年 1 月 1 日的到期收益率。

（2）若 2003 年市场利率下降到 10%，求该债券的投资价值。

（3）若 2002 年 1 月 1 日的市价为 940 元，求债券到期收益率。

（4）若 2001 年 1 月 1 日的市场收益率为 10%，债券市价 980 元，你是否愿意购买该债券？

【讨论及思考题】

1. 债券投资决策应考虑的有关因素。
2. 股票投资决策应考虑的有关因素。
3. 证券投资组合的决策方法。

第七章
营运资金管理

【本章引言】

财务上的营运资金管理着重于投资，即企业在流动资产上的投资额。营运资金管理是对企业流动资产的管理，因为企业流动资产所占用的资金有很多来自于企业的流动负债，因此，有时也把流动资产的融资，即资金筹措的管理纳入营运资金管理的范畴。本章只讲述流动资产的投资管理，也就是资金运用的管理。

第一节　营运资金管理策略

一、营运资金的概念和分类

流动资产是指在一年内或超过一年的一个营业周期内变现或运用的资产，

是企业经营性资产的主要组成部分，是企业进行再生产活动不可缺少的重要经济资源。所谓“一年或超过一年的一个营业周期”是指流动资产占用区别于固定资产占用的时间，一个营业周期是指企业从垫支货币资金、购入原材料开始，经过生产过程，到产成品售出，实现销售收入，收回货币资金所需要的时间。

相对而言，固定资产使用期限长、单位价值高，并在使用过程中保持其原有的实物形态，且流动性很差；而流动资产周转期较短、流动性大，在使用过程中不断改变其占用的具体形态。

营运资金一般包括现金、银行存款等货币资金和短期投资、应收及预付款项，以及原材料、低值易耗品、包装物、在产品和产成品等存货。不同的营运资金，其流动性不同，管理要求也不相同，企业应根据营运资金的不同特点，采用相适应的管理方法，合理有效地利用营运资金，加速营运资金周转，努力以较少的资金占用完成更多的生产经营活动。

二、营运资金的特点

流动资产价值的货币表现就是企业的营运资金。企业从投资者和债权人那里取得货币资金，然后，用筹集到的货币资金购买原材料、辅助材料等，企业的货币资金就转化为储备资金。随着原材料、辅助材料等投入企业的生产经营过程，流动资金又从储备资金形态转化为生产资金形态，这其中支付生产工人工资和生产部门其它费用的货币资金也同时转化为生产资金形态；当在产品生产完成并验收入库后，这部分流动资金就从生产资金形态转化为产成品资金形态。企业实现产品销售后，取得货款，产成品资金便又转化为货币资金。

企业的流动资金随着再生产过程的不断进行，其占用形态发生持续、有序的转换，一般从货币资金形态开始，经过供、产、销三个或供、销两个阶段，顺序地表现为储备资金、生产资金、产成品资金和结算资金，最后，又回到货币资金形态，这就是流动资金的循环。流动资金周而复始的循环，称为流动资金的周转。在流动资金周转过程中，如果企业有货币资金的闲置，也可能被用于短期债权或股权投资；当货币资金缺乏时，再把企业的短期投资变现，以弥补企业货币资金的不足。

营运资金周转的特点主要有三个方面：

1. 占用形态上的流动性

营运资金在企业再生产过程中循环往复，在时间上具有继起性，在空间上具有并存性。也就是说营运资金的不同占用形态同时并存于企业再生产过程的不同阶段，而营运资金的每一具体占用形态又在持续地依次从一种占用形态转化为另一种占用形态。这就要求企业在营运资金管理过程中，要按合理的结构和比例关系，将营运资金投放在不同的占用形态上，同时对每种占用形态的资金都进行有效管理，以保证企业营运资金的正常周转。

2. 占用数量上的波动性

企业的营运资金受生产经营活动的影响，占用数量时高时低。因此，企业在生产经营活动中要充分考虑这一点，在保持营运资金占用基本稳定的前提下，充分考虑营运资金的提前期和保险储备量，从而保证企业营运资金的平衡。

3. 价值形态上的综合性

企业的营运资金周转以价值形态综合反映了企业整个生产经营的全过程，涉及企业的所有生产经营环节和所有层次的经营管理活动。因此，企业可以通过合理组织营运资金循环，实现营运资金的快速周转，努力提高营运资金的利用效率。

三、营运资金的管理政策

一般而言，流动资产的盈利能力低于固定资产，短期投资的盈利能力低于长期投资。如工业企业运用劳动资料（厂房、机器设备等）对劳动对象进行加工，生产一定数量的产品，通过销售转化为应收账款或货币资金，最终可为企业带来利润。因此，通常将固定资产称为盈利性资产。与此相比，流动资产虽然也是生产经营中不可缺少的一部分，但除有价证券外，现金、应收账款、存货等流动资产只是为企业再生产活动正常进行提供必要的条件，它们本身并不具有直接的盈利性。

把企业在货币资金、短期证券投资、应收账款和存货等流动资产上的投资尽量降低到最低限度，可以减少基本无报酬的货币资金和报酬较低的短期有价证券，将这些资金用于报酬较高的长期投资，以增加企业的收益；同时，减少存货可使企业成本费用下降；减少应收账款可降低应收账款费用以及坏账损失。由于降低了企业在流动资产上的投资，就可以使企业减少营运资金占用，加速资金周转，降低成本费用，从而可以增加企业盈利。

从风险的角度来看，企业固定资产投资的风险大于流动资产。由于流动资产比固定资产更易于变现，其潜在亏损的可能性或风险就小于固定资产。当然，固定资产也可通过在市场上出售将其变为现金，但固定资产为企业的主要生产手段，如将其出售，则企业可能将不复存在。因此，除了不需用固定资产出售转让外，企业生产经营中的固定资产未到迫不得已时（如面临破产）是不会出售的。所以，企业固定资产的变现能力较低。企业在一定时期持有的流动资产越多，承担的风险相对就越小；反之，企业持有的流动资产越少，所承担的风险也就越大。

企业营运资金管理的目的是加速营运资金周转，以较少的资金占用，完成较多的生产经营活动，提高流动资金的利用效果。企业应该充分挖掘内部潜力，合理组织营运资金的平衡，降低营运资金的占用，加速营运资金周转。加速营运资金周转的关键是增加营业收入和降低营运资金的平均占用额。营运资金周转次数在一定时期内越多越好，营运资金周转天数在一定时期内越少越好。

第二节　现金管理

现金是指在企业生产经营过程中以货币形态存在的资金，包括库存现金、银行存款和其他货币资金等。现金是企业营运资金的原始形态，是企业再生产过程中的桥梁和纽带。

一、持有现金的动机

企业的正常生产经营活动要求企业持有一定数额的现金，主要用于满足企业的经营性需要、预防性需要和投机性需要。

1. 经营性需要

企业持有一定数额的现金以应付日常生产经营活动中现金支付的需要，如购买原材料、支付工资、税金、利息和股息等。企业在日常生产经营活动中，每天发生的现金流入量与现金流出量在数量上通常都存在一定的差额，如果企业不持有一定数额的现金，企业的日常交易活动就会受到影响，经营活动就难以正常地进行下去，企业可能因此蒙受损失。如：丧失现金折扣的损失、延迟付款造成信用损失等。

2. 预防性需要

这是指企业持有一定数量的现金以应付意外事件对现金的需要。为了保证企业经营的安全性，对于一些可能发生的意外事件而增加的现金支出，应保持一定的现金储备。在实践中，企业一般持有流通性较强的短期证券来保证资产的变现性。企业虽然可以按月编制现金预算表，但企业现金的收支情况很难被准确地预测出来，也可能出现预算外的意外现金需要，如企业的订货价格上涨，客户没有按期付款等，都会使企业对现金需要量增大。企业如果不采取预防性措施，持有一定数额的现金储备，就会因此陷入窘境，甚至破产。企业现金收支情况的不确定性越大，则所需的预防性现金就越多；反之，则越少。另外，如果企业能够很容易地取得银行短期贷款，也可以减少预防性现金储备；相反，则应提高预防性现金储备。

3. 投机性需要

投机性需要是指出于投机获利的目的而持有现金，如当证券市场上证券价格剧烈波动时进行证券投机所需要的现金和为了能随时购买到偶然出现的廉价原材料或资产而准备的现金等。投机是为了获利，同时也会承担较大的风险，所以企业应当在正常的现金需要量基础上追加一定数量的投机性现金余额，不能用企业正常的交易活动所需的现金进行投机活动。投机性现金的持有量主要取决于企业对待投机的态度以及企业在市场上的投机机会大小。对投机性需要，在现代金融市场的条件下，企业可以通过保持借贷能力和持有短期证券等方式来满足，并不一定需要真正的现金库存。

总的来说，现金的经营性需要可以说是企业最基本也是最重要的内部资金需要。预防性需要实质上是对经营性需要的补充，目的也是保证企业生产经营活动的正常进行。企业现金的经营性需要一般可以根据企业生产经营活动中的若干较为确定的因素来预测，而预防性需要只能针对企业可能遇到的不确定的因素来估计。多数企业不会将获取投机性收益作为主要经营目标，即使遇到特别的购买机会，也常通过临时筹集现金来解决。

二、现金管理的基本目标

现金具有最大的可接受性，作为企业重要的支付手段，它可随时有效地被用来购买商品，支付有关费用和偿还债务。现金是企业流动性最强的资产，是企业流动资产的重要组成部分，也是其他流动资产转化的最终对象。

企业因为持有一定数量的现金而发生的费用或者当现金发生短缺时可能承担的代价或损失被称为现金成本。主要包括：

1. 现金的持有成本

现金的持有成本是指企业因持有现金而可能丧失的投资收益，也称现金的机会成本。这种机会成本与现金的持有量成正比，持有量越大，机会成本就越高。通常可以用有价证券的利息率来衡量现金的机会成本大小。

2. 现金的管理成本

现金的管理成本是指企业因持有一定数量的现金而发生的管理费用，如出纳人员的工资和企业保管现金发生的安全费用等。现金的管理成本一般具有固定性，在一定的现金余额范围内与现金的持有量关系不大。

3. 现金的转换成本

现金的转换成本是指企业用现金购买有价证券或者将有价证券转换为现金所发生的交易费用，如买卖证券支付的佣金、手续费和进行证券交易支付的税金等。现金的转换成本可以分为两类：一类是与转换金额相关的费用，如买卖证券的手续费和证券交易的印花税等，这种费用一般按成交金额的一定比例支付，与转换的次数关系不大，属于变动转换成本；二是与转换金额无关，只与转换次数有关的费用，如过户费等，这种费用按照交易的次数支付，每次交易支付的费用金额是相同的，属于固定转换成本。如果假定每次现金与有价证券转换的金额是相等的，则每次所发生的变动转换成本也是相等的，所以每次的转换成本总额是固定的，这样现金的转换成本就与现金的转换次数成正比，转换的次数越多，发生的转换成本就越多。

4. 现金的短缺成本

现金的短缺成本是指企业在发生现金短缺的情况下可能造成的损失，如在现金短缺时，因为不能按时缴纳税金而支付的滞纳金和因为不能按时偿还贷款而支付的罚息等。现金的短缺成本与现金的持有量成反比，现金持有量越大，短缺成本就会越小。如果企业不允许现金发生短缺，则企业就不会有现金短缺成本。

现金是企业重要的流动资产，企业缺少现金，日常的交易活动就会受到影响，但是在企业所有的资产中，现金的收益率最低，企业如果持有过量的现金，虽然可以降低财务风险，但也会降低企业的收益。所以，企业现金管理的目的就是在保证生产经营活动所需现金的同时，在资产的流动性和盈利性之间做抉择，以获取最大的长期利润。企业要尽可能地节约现金，减少现金的持有量，将闲置的现金用于投资以获取更多的投资收益。这样，既能满足企业日常的现金需求，降低企业的财务风险，又能充分利用闲置现金，增加企业的收益。现金管理就是要在降低企业风险与增加收益之间寻求一个平衡点，确定最佳现金持有量，提高资金的收益率。

三、现金管理的内容

企业现金管理的内容主要包括以下三个方面：

(1) 编制现金预算。现金预算是现金管理的一个重要方法，企业应当在合理预计未来现金流量的基础上，编制现金预算，提高现金的利用效率。

(2) 确定最佳现金持有量。在理论上，现金存在一个最佳持有量，企业为了充分利用现金，降低现金的成本，应当根据企业自身情况，确定一个目标现金持有量。

(3) 现金日常管理。现金日常管理的主要内容是现金的日常收支管理，在企业日常生产经营活动中，企业要尽快收回应收款项，增加现金流入量，同时在允许的情况下，尽可能多地使用各种信用工具，延迟现金流出。

四、最佳现金持有量的确定

企业现金管理的目标是尽可能地降低现金占用，在实践中企业财务管理人员确定本企业的最佳现金余额是非常重要和必要的。由于企业必要的现金余额会受各种突发事件的影响，所以企业寻求的最佳现金余额实质上是努力保持的一个目标现金余额。最佳现金持有量是指既能节约资金，减少资金占用成本，又能满足生产经营需要，保持企业正常支付能力的货币资金占用量。确定最佳现金持有量的方法，主要有现金周转模式、因素分析模式和存货模式等。

1. 现金周转模式

现金周转模式是根据企业现金周转期来确定最佳现金持有量的一种方法。现金周转期是指企业从购买原材料而支付应付账款的货币资金流出时起，至产成品销售而收回应收账款的货币资金流入时止这段时间。在企业的全年现金需求总量一定的情况下，现金周转期越短，则企业的现金持有量就越小。

现金周转期的计算公式为：

现金周转期＝应收账款周转期－应付账款周转期＋存货周转期

应收账款周转期是指从应收账款发生到收回所需要的时间；应付账款周转期是指从收到尚未付款的材料开始到偿还货款所需要的时间；存货周转期是指从生产投入材料开始到产成品出售所需要的时间。

因此，现金周转期就是现金周转一次所需要的天数。根据现金周转期可以计算出现金周转率，即现金在一年中周转的次数。

计算公式为：

$$现金周转率=\frac{360\text{ 天}}{现金周转期}$$

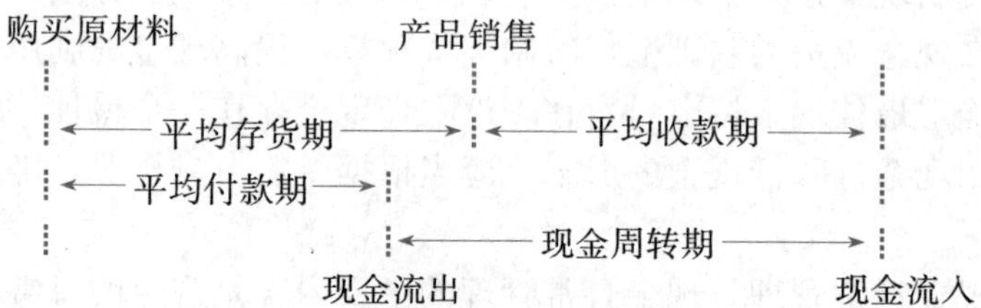

图 7—1　现金周转期图

【例 7.1】 某企业的原材料采购和产品销售都采用信用方式，其应收账款的平均收款天数为 30 天，应付账款的平均付款天数为 40 天，平均存货期为 50 天。预计该企业某年的现金需求总量为 7 200 万元，采用现金周转模式确定该企业该年的最佳现金持有量。

该企业的现金周转期为：

现金周转期＝30－40＋50＝40（天）

现金周转率＝360/40＝9（次）

该企业的最佳现金持有量＝7 200/9＝800（万元）

一般情况下现金周转模式在以下假设的基础上才能够成立：

（1）现金流出的时间发生在应付账款支付的时间。

（2）现金流入量等于现金流出量，即不存在资金过剩或不足。

（3）企业的供—产—销过程持续稳定进行。

（4）企业的货币资金需求不存在不确定性因素。

因此，如果以上四个假设条件不存在的话，按此计算的企业最佳现金持有量将发生偏差，但现金周转模式确定现金最佳持有量的方法简单清晰，在企业的生产经营活动稳定的情况下，用此方法计算出的最佳现金持有量还是有一定参考价值的。

2. 因素分析模式

因素分析模式是根据企业上年现金实际占用额以及本年有关因素的变动情况，并对可能的不合理的现金占用进行调整，来确定最佳现金持有量的方法。这种方法在实际工作中具有较强的实用性，同时也比较简便易行。一般来说，企业现金持有量与企业的营业收入成近似正比例关系，企业营业收入增加，企业的现金需要量就会相应增加。因此，因素分析模式的计算公式可以表示如下：

$$\begin{array}{c}\text{最佳现金}\\\text{持有量}\end{array}=\left(\begin{array}{c}\text{企业上年现金}\\\text{平均占用额}\end{array}-\begin{array}{c}\text{不合理}\\\text{占用额}\end{array}\right)\times\left(1\pm\begin{array}{c}\text{预计营业收}\\\text{入变动的\%}\end{array}\right)$$

【例 7.2】 某企业 2003 年的现金实际平均占用额为 2 000 万元，经分析其中不合理的现金占用额为 120 万元。2004 年企业预计营业收入比上年增长 10%。利用因素分析模式计算该企业 2004 年的最佳现金持有量。

计算过程：

$$(2\,000-120)\times(1+10\%)=2\,068\text{（万元）}$$

3. 存货模式

存货模式是根据存货的经济批量模型来确定最佳现金持有量的方法。存货的经济批量模型由美国财务学家 William · J · Baumol 于 1952 年提出的，故又称 Baumol 模型，该模型是分析现金管理问题的传统方法，描述了影响现金余额的各个因素，其原理可运用于各种流动资产的管理。根据这种模式，企业的现金持有量非常类似于存货，因此，存货的经济订货批量模型可以用来确定最佳现金持有量。

利用存货模式确定最佳现金持有量，必须假定以下基本前提：

（1）企业的现金流入量稳定并可预测，也就是说企业一定时期内的现金收入是均匀发生的，并能预测其数量。

（2）企业的现金流出量稳定并可预测，即现金支出也是均匀发生的，并能可靠预测其数量。

(3) 在预测期内，企业如发生现金短缺可以通过出售有价证券的方式来补充。

(4) 短期有价证券投资的收益率可知，企业每次出售有价证券的费用已知，并且是固定的。

在具备了上述四个假设条件的情况下，企业在每期期初应保持一个必要的现金库存 N，当现金在期末耗尽时，企业将补充现金至 N，这时企业的现金余额变动情况如图 7—2 所示：

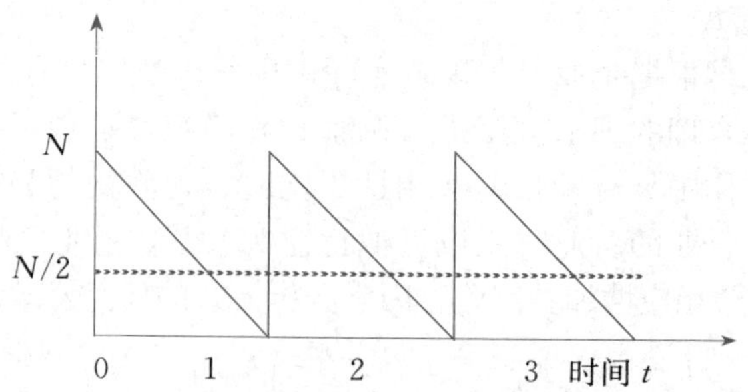

图 7—2 确定最佳现金持有量的存货模式

企业的平均现金余额等于 $N/2$，应用存货模式确定最佳现金持有量就是求出持有现金成本最低的 N 值。企业持有现金发生两方面的成本（见图 7—3）：

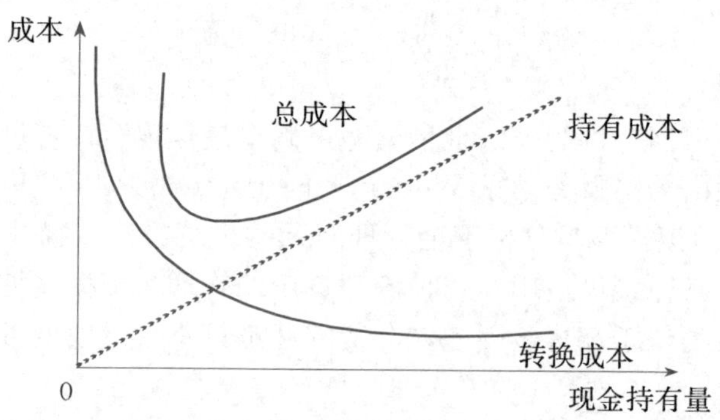

图 7—3 存货模式现金持有量成本图

(1) 持有现金的机会成本即持有现金所放弃的报酬，这种成本通常表现为有价证券的利息率，与现金余额成正比例变化。

(2) 现金的转换成本即现金与有价证券之间进行转换的固定成本，如过户费、经纪人费用以及其他管理成本等，这种成本一般只与交易次数有关，而与持有现金的数额无关。

在一定时期内，企业持有货币资金，会丧失将这些资金投资于有价证券可得到的收益或增加借款的利息。根据上面的假设，它们为平均货币资金余额与有价证券收益率的乘积，这是企业持有货币资金的持有成本。用 N 代表企业货币资金余额即每次出售有价证券或借款所得的货币资金数额，i 代表有价证券的收益率，则持有成本为 $Ni/2$。

企业出售有价证券所花费的交易费用，则为出售有价证券的次数与每次出售有价证券的固定交易费用的乘积，这就是转换成本。用 T 代表在一定时期内现金需求总量，TC 代表持有现金的总成本；b 代表现金与有价证券的转换成本；则持有现金的总成本可用如下公式来表示：

$$TC=i\times N/2+Tb/N$$

可以看出，现金的持有成本与现金的持有量成正比，持有量越大，现金的持有成本就越高，而现金的转换成本则与现金和有价证券的转换次数密切相关，在全年现金需求总量一定的情况下，现金的持有量越大，现金与有价证券转换次数就越少，所以，现金的转换成本与转换次数成正比，与现金持有量成反比。这样，现金的持有成本与转换成本就呈反方向变化。在现金需求总量一定的情况下，现金持有量越高，其持有成本就越大，而转换成本则越小。因此，两种成本之和最低时的现金持有量就是企业的最佳现金持有量。

对 TC 求导，即 TC'（N）$=i/2-Tb/N^2$

令 $TC'=0$，则：$N=2\sqrt{2Tb/i}$

此即为企业的最佳现金持有量。

存货模式确定最佳现金持有量的缺陷主要是：

（1）有价证券的收益率可以比较容易求得，但交易成本由各种直接和间接费用所构成，比较难以确定。

（2）企业现金支出均匀分布假设对多数企业是不现实的，因为企业总有一些现金支出具有突发性质。因此，企业一般应该保持有一定的最低现金余额即预防性余额，而不是等到现金余额降至为零时再出售有价证券。

（3）没有考虑企业生产经营活动的季节性变化。

总的来说，企业运用上述各种方法得到的企业最佳现金持有量只是理论上的近似，在实际工作中还要考虑到企业经营波动性余额和预防性余额的需要，要考虑到贷款银行要求的补偿性存款余额的需要等。企业应该根据生产经营实际情况，对理论计算出来的企业最佳现金持有量进行经验校正，实现企业的现金管理目标。

五、现金的日常管理

（一）现金预算管理

现金预算是企业财务预算的一个重要组成部分，是企业现金管理的一个重要方法。现金预算应当在对企业现金流量进行合理预测的基础上编制。通过现金预算的编制，使企业在现金收支的数量上尽量能够平衡，在现金收支的时间上尽量能够衔接，对于确实无法避免的现金余裕和不足要采取措施合理安排，在保证企业生产经营活动正常进行的前提下，提高现金的使用效率。现金预算是企业进行现金计划、控制和考核的重要工具。

现金预算是企业的一种综合性的预算，其编制一般从销售预测开始，由企业每个职能部门分别编制出相应的分项预算，这些分项预算包括销售预算、生产预算、直接原材料费用预算、直接人工费用预算、间接费用预算、销售费用和管理费用预算等，最终由财务管理部门汇总各分项预算，编制出现金预算表。在编制各分项预算工作中，企业财务管理部门的主要职责是为销售、生产和采购等部门的分项预算建立共同的基本假设，如物价水平、基准贴现率、可供资源的限制条件等，参与协调分项预算工作的各部门人员，使之能够相互衔接与配合，防止各个职能部门和人员因部门利益或个人偏好而高估或低估现金的收支。

现金预算的编制方法主要有现金收支法和调整净收益法两种。这里主要介绍现金收支法。现金收支法实际上就是编制各个月份的现金收支计划，以确定各月份的现金余缺。

利用现金收支法编制现金预算的主要步骤是：

1. 预测企业的现金流入量

企业应根据销售预算和生产经营情况等因素，预测各个月份的现金流入量。现金流入量主要包括经营活动的现金流入量和其他现金流入量。

2. 预测企业的现金流出量

企业要根据生产经营的目标要求，预测为实现既定的经营目标所需要购入的资产、支付的费用等所要发生的现金流出量。现金流出量包括经营活动的现金流出量和其他现金流出量。

3. 确定现金余缺

根据预测的现金流入量与现金流出量，计算出净现金流量，然后，在考虑期初现金余额和本期最佳现金余额的因素下，计算出本期的现金余缺。

下面表 7—1 是按月编制的某企业现金预算的基本格式。

表 7—1 **现金预算表**

现金收支项目	上月实际数	本月计划数
一、现金流入量		
1. 经营活动现金流入量		
商品现销现金收入		
应收账款收回现金收入		
劳务提供现金收入		
经营活动现金流入量合计		
2. 其他现金流入量		
租金收入		
利息收入		
股利收入		
其他收入		
其他现金流入量合计		
3. 现金流入量合计		
二、现金流出量		
1. 经营活动现金流出量		
材料采购支出		
工资支出		
间接生产费用现金支出		
管理费用现金支出		
营业费用现金支出		
财务费用现金支出		
经营活动现金流出量合计		
2. 其他现金流出量		
固定资产投资支出		
证券投资支出		
偿还债务支出		
股利支出		
其他支出		
其他现金流出量合计		
3. 现金流出量合计		
三、现金净流量		
四、现金余缺		
期初现金余额		
现金净流量		
期末现金余额		
最佳现金持有量现金余缺		

现金收支法是使用最广泛的现金预算编制方法，用这种方法编制出来的现

金预算能直接与现金收支的实际情况进行比较，便于企业控制和分析现金预算的执行情况。

根据现金预算，企业财务管理人员既要积极组织现金收入来保证生产经营需要，又要对现金预算上最后反映出来的预算期内的现金余缺进行具体分析，作出合理的财务安排。对于现金余裕，需要确定是属于短期现金余裕还是长期现金余裕，然后作出现金余裕的正确处置决策。一般情况下，短期现金余裕多用来购买有价证券作短期投资，既可获得高于银行利息的收益，又可随时转换成现金，以保持资产的流动性。长期现金余裕可用来购置扩大生产经营活动所需的设备、存货等；也可用于购回发行流通在外的普通股股票，增加库藏股股票；还可用于购买有价证券作长期投资等。对于货币资金紧缺，应选择合理方式筹集资金，以解决企业现金不足问题。

由于存在着企业无法预见的突发事件，如材料供应价格改变、新产品开发计划失败等，都可能影响企业的现金预算，这时企业可以考虑改变现金预算；有些企业为了应付不稳定因素的影响，也可以编制两套现金预算，一套是在最有利情况下的现金预算，另一套是在最不利情况下的现金预算。当然，企业也可能只为现金控制较为重要的月份编制现金预算，在其他月份中预计资产负债表和预计损益表可能已经提供足够的信息。现金严重不足的企业可能需要每周甚至每天编制现金预算。

（二）现金收支管理

企业编制了现金预算后，更重要的是要认真地执行现金预算，加强对现金的日常管理，提高现金的使用效率。一方面要尽可能地缩短现金的收入时间，加速回款；另一方面，在不损害企业信用地位的前提下，尽可能地延缓现金的支出时间，释放出一部分结算中的现金，使在一定时期内可供企业支配使用的现金数额达到最大。

现金日常收支管理方法主要有以下几种：

1. 集中银行法

集中银行法就是企业设立一些收款中心，指定一个主要收款中心的开户银行作为集中银行，企业客户的货款交到距其最近的收款中心，收款中心将每天收到的货款存入当地收款中心的开户银行。收款中心开户银行再将扣除补偿性存款余额后的货币资金解缴到企业指定的集中银行，供企业集中使用。

2. 缩短银行之间结算时间

银行之间结算时间是由银行之间结算客户付给企业的支票所需要的时间。

由于不同银行之间的结算时间长于同一银行内部的结算时间，企业可以根据客户付款的银行在该银行开设账户，从而缩短银行结算时间，或在各主要银行开设账户，然后按客户银行的性质，指定客户将货款汇入同一银行的该企业账户中去。

3. 使用现金浮游量

现金浮游量是指企业账户上的现金余额与银行账户上所显示的企业存款余额之间的差额。现金浮游量是由于企业提高收款效率和延迟付款时间所产生的结果。如果企业本身办理收款的效率高于接受其支票的企业的收款效率，就会产生现金浮游量，使企业账户上的现金余额小于其银行存款账户上所显示的存款余额，有时，企业账簿上的现金余额已经是零或者负数，而其银行账簿上企业的存款余额还有许多。企业可充分利用这部分现金浮游量，大大地节约现金，等于使用了一笔无息贷款。

一般来说，企业所能使用的现金浮游量多少主要取决于两个因素：(1) 企业收到客户交来票据后，加快收款的能力；(2) 企业在开出票据后，延迟付款的能力。有效率的企业会尽可能加快票据的兑现，并在允许的情况下，尽量延缓所开出的票据的兑现时间。

在使用现金浮游量时，一定要控制使用时间，否则会发生银行存款的透支。随着结算系统的计算机化，结算速度越来越快，利用现金浮游量将越来越困难。

4. 推迟应付账款的支付

企业在不影响自己信用地位的前提下，充分利用供货方提供的信用条件，尽可能地推迟应付账款的支付。如果有现金折扣，企业应在现金折扣有效期的最后一天支付货款，即享用客户所给予的现金折扣优惠，不提前付款也不拖欠。如果企业急需货币资金，甚至可以放弃现金折扣优惠将付款期延至信用期的最后一天。当然这要衡量现金折扣与急需现金的利弊得失而定。

第三节　应收账款的管理

应收账款是指企业因对外销售产品或提供劳务等所形成的尚未收回的销售

款项。应收账款是企业流动资产的重要组成部分。一般来说，企业都愿意采用现销方式销售产品或劳务，这样可以立刻收回现金，提高流动资金的周转速度。但是，企业在激烈的市场竞争中，为了增加销售收入，经常要采用信用销售方式，即将产品赊销给客户，这时，就产生了应收账款。作为企业的一项债权，应收账款将在短期内转化成货币资金，因此，它是企业现金收入的重要来源之一。信用销售是企业为了扩大销售而采用的一种销售政策，由此而产生的应收账款也可以看做是企业的一种短期投资。

应收账款与应付账款反映了企业商业信用的两个方面。在商品交易中当卖方采用赊销的方式出售商品时，允许交易后一定时期内买方可以延迟付款，即是给买方以商业信用。在买方延迟付款期间，卖方垫付的这笔资金，实际上是卖方以“应收账款”形式给予买方的无息贷款，也是买方享受了卖方提供的商业信用。

一、应收账款的管理目标

应收账款一般具有以下功能：

1. 促进销售的功能

在激烈竞争的市场经济中，如果企业采用赊销方式销售商品，在同等的商品价格、类似的质量水平、一样的售后服务条件下，为客户提供商业信用，可以扩大商品销售规模，提高产品的市场占有率。通常企业为客户提供的商业信用是不收利息的，那么对于接受商业信用的客户来说，实际上等于得到了一笔无息短期贷款，这对客户具有很大的吸引力。与现销方式相比，客户一般更愿意赊购商品。

2. 减少存货的功能

赊销促进了产品销售，相应减少了企业库存产品的数量，加快了企业存货的周转速度。一般来说，企业的应收账款所发生的管理费用一般较少，而存货则需要仓储、保管等，所发生的管理费用一般高于应收账款。因此，企业通过赊销的方式，将产品销售出去，资产由存货形态转化为应收账款形态，可以在一定程度上节约企业的费用开支。

企业对应收账款的投资虽然可以增加企业的销售收入，进而获取更多的收益，但是这种投资是有一定成本和风险的。企业不能随意进行应收账款投资，因为不同的信用政策会导致不同的应收账款投资结果，给企业所带来的影响也不相同。

企业对应收账款的管理，就是要对其在应收账款上的投资进行成本收益及风险分析，将采用不同信用政策所产生的收益和所花费的成本进行比较，只有当应收账款所增加的盈利超过所增加的成本时，才应当实施应收账款赊销；如果应收账款赊销有着良好的盈利前景，就应当放宽信用条件增加赊销量。企业要相应地制定出最佳的信用政策，并对信用政策的实施进行控制，实现企业财富最大化的经营目标。

二、应收账款的成本

（一）应收账款的机会成本（持有成本）

这是指企业的资金因占用在应收账款上而可能丧失的投资收益，如投资于有价证券的利息收益等。机会成本的大小与企业应收账款占用资金的数量正相关，占用的资金数量越大，机会成本就越高。这种机会成本一般按照有价证券的利息率来计算。其计算公式为：

$$\text{应收账款机会成本}=\text{应收账款平均资金占用额}\times\text{资金成本率}$$

$$\text{应收账款平均资金占用额}=\frac{\text{赊销收入净额}}{\text{应收账款周转率}}$$

公式中，应收账款平均资金占用额也就是应收账款的投资额，应收账款周转率是指一定时期内应收账款的周转次数，应收账款的年周转次数＝360 天/应收账款的平均收账期。

（二）应收账款的管理成本

是指企业对应收账款进行管理所发生的各项成本费用支出。主要包括：

（1）对客户进行信用品质调查的费用；

（2）收集各种相关信息的费用；

（3）应收账款账簿记录的费用；

（4）催收到期账款发生的费用；

（5）其他用于应收账款的管理费用。

（三）应收账款的坏账成本

是指企业无法收回的应收账款，由于发生坏账而产生的损失。企业只要存在应收账款，就存在发生坏账的可能性。

坏账成本是使企业的应收账款投资受到限制的核心问题。信用期越长、信用额越大、信用标准越低，客户的信用品质就越差，坏账损失率和坏账成本就越高。这种成本一般与企业的信用政策有关，与应收账款的数量成正向关系。一般来说，企业实行严格的信用政策，发生坏账的概率就较小，宽松的信用政策则比较容易产生坏账。如果企业的信用标准比较严格，只对信誉较好的客户提供商业信用，可以相应地减少坏账损失，降低应收账款的机会成本和管理成本，但是也会减少企业的销售收入；如果企业的信用标准比较宽松，虽然会增加销售收入，但是也会相应地增加坏账损失、应收账款的机会成本和管理成本。因此，企业应该在扩大销售与增加应收账款成本之间权衡利弊，制定一个比较合理的信用政策。

三、信用政策

企业进行应收账款投资，能给企业带来一定的收益，但进行应收账款投资也会发生一些成本费用。因此，企业在制定信用政策时，应该对影响应收账款投资决策的相关因素进行分析，如销售额、现金折扣、应收账款成本和管理者的风险偏好等。

一般来说，企业采用信用政策，销售额将会增加，进而增加了企业利润；企业给客户以现金折扣（客户提前付款享受的一种优惠），就可以缩短收款时间，减少资金占用，加速企业的流动资金周转；但是只要企业提供信用，就会发生应收账款成本。敢于冒险的企业管理者愿意冒较大风险来获取高收益，他们乐于利用较宽松的信用政策获取投资收益；而厌恶风险的企业管理者就不愿意冒较大风险来获取投资收益，喜欢采取保守策略，一般十分谨慎地利用应收账款投资，不期望获取高风险的投资收益。企业管理人员应在收益和风险之间进行权衡，制定合适的信用政策，获取一定的投资收益。

由于信用政策在企业中的重要地位，信用政策一般由企业财务管理部门的负责人和其他有关部门的负责人共同制订。最佳的信用政策，也就是说最佳的应收账款投资水平，取决于企业自身的生产经营状况和外部环境。信用政策包括信用标准、信用期限、现金折扣和收账政策四方面内容。

1. 信用标准

信用标准是企业同意向客户提供商业信用而提出的基本要求，通常以预期的坏账损失率作为判别标准。如果客户达不到企业的信用标准，则不能享受企业的商业信用或只能享受带有附加条件（如提供第三方担保等）的信用。

企业要根据自身条件和市场竞争的具体情况，选择适当的信用标准。信用标准订的高，一方面，许多客户的信用品质将达不到所订标准而被拒之门外，企业的市场竞争能力将降低，影响企业的利润水平，特别是在市场竞争对手的信用标准较低，不断放宽信用政策的情况下，信用标准过高对市场销售更加不利；但另一方面，也会因为享受商业信用客户的信用品质高，违约和延迟付款问题少，收账费用和资金成本降低，产生的应收账款成本也较少。信用标准定得低，享受商业信用客户的信用品质低，其结果则与上述情况相反。因此，企业必须确定合理的信用标准。

2. 信用期限

信用期限是指企业提供给客户从购买货物到支付货款的限定时间长度。客户必须在信用期限内支付货款，超过信用期限就属于违约。信用期限是企业信用政策的一项重要内容，对企业的产品销售量及应收账款的资金占用额都会产生影响。如果延长信用期限，可以在一定程度上扩大产品销售量，但是也会相应地延长应收账款的平均收账期，增加了应收账款的资金占用额，引起应收账款成本的增加；反之，如果缩短信用期限，虽然可以加快应收账款的回收速度，减少应收账款的资金占用，从而减少应收账款成本，但是也会在一定程度上引起销售收入的下降。企业必须权衡利弊，确定合理的信用期限。一般来说，如果企业延长信用期限所增加的边际收入大于增加的边际成本，就可以采用延长信用期限的信用条件，否则，就不应当延长信用期限。

3. 现金折扣

企业为了尽快收回货款，加速资金周转，减少应收账款成本，可以在信用期限内再规定一个优惠期限，如果客户在优惠期限内支付货款，则可以享受一定比率的折扣，这种折扣就是现金折扣，优惠期限就是折扣期限。企业采用现金折扣的目的是为了鼓励客户尽快支付货款。这种措施可以大大地缩短应收账款的平均收账期，减少应收账款成本，提高资金周转速度。但是现金折扣减少了企业的销售收入，因此，企业是否给客户提供现金折扣以及提供现金折扣的比率是多少，直接关系到企业的收益大小。企业提供的现金折扣的比率越大，就越能促进产品销售，就越能加快应收账款的收款速度，但是付出的现金折扣成本也越高。企业在确定现金折扣时，应当比较提供现金折扣的成本与加速收款带来的收益，如果提供现金折扣的成本小于加速收款带来的收益，提供的现金折扣就是合理的，反之如果提供现金折扣的成本大于加速收款带来的收益，提供的现金折扣就是不合理的。

信用期限和现金折扣这两个要素构成了企业的信用条件。信用条件一般如何表示呢？例如："(1/10，n/30)"，其含义就是10天内付款，可以享受1%的现金折扣，如果客户放弃现金折扣，全部款项则必须在30天内付清。该信用条件的含义是：30天为信用期限，10天为折扣期限，1%为现金折扣。

企业通常针对不同的商品在不同的市场上制定出不同的信用条件，而不同的信用条件又会对企业的财务状况产生不同的影响，企业只有在某种特定的信用条件下，相对收益大于相对费用时，信用条件才可行；反之，则为不可行。

4. 收账政策

收账政策是指当企业的信用条件被违反时，企业应采取的收账策略。在企业决定向客户提供商业信用时，实际上已经承担了客户违反信用条件、拖欠货款的风险。因此，企业在制定信用政策时，就应当考虑到当客户违反规定的信用条件，拖欠货款时的收账方针。收账政策是企业信用政策的最后一个组成要素，它涉及对企业现有应收账款的监控和对逾期货款的追索措施。

为及时了解企业应收账款的管理效率和回收情况，一个主要的监控指标是应收账款周转期。一般来说，如果企业信用政策没有发生变化，而应收账款周转期出现延长，就说明客户违约拖欠货款数额增加，从而坏账比率也将增加。对应收账款进行监控的第二个重要工具是应收账款账龄表，账龄表就是对在不同时间发生的应收账款进行账龄分类，对企业全部应收账款回收情况进行分析的一种方法。一般享受信用的大多数客户都能按规定的信用条件执行，但也总有少数客户超过信用期付款，甚至发生不支付部分货款或全部货款的情况。为此，企业必须制订相应的收账政策，如对过期较短的客户，为了避免将来失去这部分客户而不予过多地打扰；对过期稍长的客户，可措词委婉地写信催款；对过期较长的客户，应频繁地信函催款及电话催询；对过期很长的客户，可在信函中措词严厉地催款或派人上门催款，必要时提请有关部门仲裁或向法院提起诉讼等。

通过收账政策的制定与实施，企业得以维持信用标准的水平和维护信用条件的执行，减少坏账损失。但企业一般不采用诉讼方式收账，因为用诉讼方式收账一方面会不利于维护企业与客户之间的关系；另一方面可能会使客户破产，通过客户破产清偿债务的方式可能不能足额回收债权。采用法律行为主要是针对个别不讲信誉、故意拖欠、试图赖账的客户。客户违反信用条件，拖欠货款的原因一般有两种：一是客户本身的信用品质较差，没有偿还能力；二是客户具有良好的信用品质，但是发生临时的财务困难而拖欠货款。第一种情况往往是企业在提供商业信用时，对客户审查不细、不严所致。如果发生这种情况，企业应当采取积极的收账政策，尽力追回货款。对于第二种情况，企业可以采取双方协商的方法解决，适当地延长客户的信用期限，彼此达成谅解，稳定与客户的业务关系。一般无论是何种原因，只要客户违反了信用条件，发生了拖欠货款的情况，企业都应当对客户的信用品质进行重新调查与评估，对于信用品质较差的客户应当从企业的信用名单中予以剔除。

宽严程度不同的收账政策给企业所带来的收益和成本也不同。企业投入收账的费用越大，收账措施越有力，可收回的应收账款就越多，坏账损失就越小。但收账费用和坏账损失之间也不是线性关系，少量的收账费用不会使坏账损失减少许多，随着收账费用的逐渐增加，它对坏账损失减少的作用越来越大，当达到某种限度时，收账费用的追加对进一步减少坏账损失的作用逐渐减小。收账费用和坏账损失之间的关系可用图 7—4 表示。

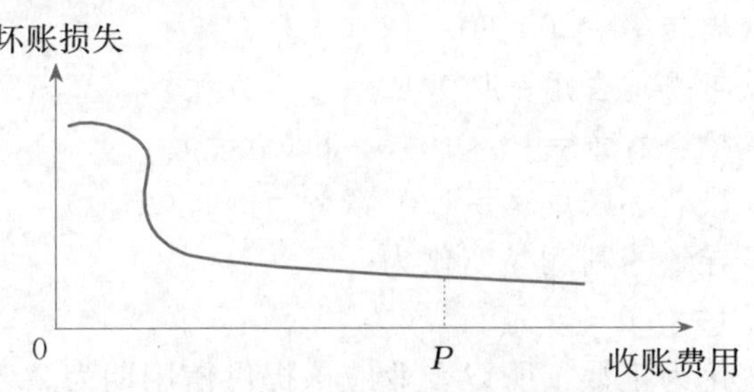

图 7—4 收账费用与坏账损失的关系

从图 7—4 可以看出，当收账费用增加时，坏账损失就随之减少，但是，随着收账费用增加到一定程度时，坏账损失减少的速度开始下降。如图中，当收账费用增加到 P 点时，坏账损失减少的数量就不明显了，这一点 P 称为饱和点。这说明在市场经济中，发生一定数量的坏账损失是不可避免的，企业在制定收账政策时，应当考虑到饱和点问题，大量地增加收账费用，有时是得不偿失的。

一般情况下，企业如果采用较低的信用标准、延长信用期、提高现金折扣或实施更宽松的收账政策等放宽其信用政策的方法，企业的销售收入就会增加。然而，企业的应收账款持有成本、坏账损失及现金折扣费用也会增加。企业通常采用增量分析方法来制定企业新的信用政策。增量分析方法的核心就是确定企业在现有信用政策基础上，实行更松的或更紧的信用政策时销售收入和成本的变化情况。如果利润变化量为正值，并足以补偿其所包含的风险，企业则应改变其现有信用政策而采用新的信用政策。

【例 7.3】 改变信用期限。假设某企业目前只有现销而没有赊销业务，因而没有应收账款。现在企业期望通过提供信用期为 20 天的赊销业务来提高企业的销售收入。目前每年的销售收入为 100 万元，变动成本为销售收入的 80%，企业生产能力有剩余，通过赊销扩大销售收入不会增加企业的固定成本。企业应收账款的机会成本为 10%。该企业估计，如果提供信用期为 20 天的赊销业务，其销售额（假设全部变为赊销）会增加到每年 120 万元，坏账损失占其全部销售额的 2%，平均收账期为 30 天。试计算该企业是否应改变信用政策。

其销售额增加带来的利润增量为：

（120－100）×（1－80%）＝4（万元）

企业应收账款机会成本增加为：

应收账款周转率＝360/30＝12（次）

应收账款年平均占用＝120/12＝10（万元）

应收账款机会成本＝10×10%＝1（万元）

企业应收账款坏账成本＝120×2%＝2.4（万元）

改变信用政策导致的利润净变化为：

4－1－2.4＝0.6（万元）

由于利润净变化为正数，所以企业应该提供信用期为 20 天的赊销业务。

【例 7.4】 改变现金折扣。假设这个企业采用信用期限为 20 天的信用政策后，再考虑为 10 天内付款者提供 2%的现金折扣。现估计新的销售额（假定全部赊销）可达到 150 万元，新的平均收账期为 25 天，50%的客户在 10 天付款，享受了 2%的现金折扣；其余 48%的客户 30 天内付款，还有 2%的销售收入作为坏账处理。其他条件不变，问是否应该提供现金折扣。

其提供现金折扣后销售额增加带来的利润变化量为：

（150－120）×（1－80%）＝6（万元）

企业应收账款机会成本增加为：

应收账款平均周转率＝360/25＝14.4（次）

应收账款年平均占用＝150/14.4＝10.42（万元）

应收账款机会成本增加＝（10.42－10）×10%＝0.042（万元）

企业应收账款坏账成本增加＝（150－120）×2%＝0.6（万元）

提供现金折扣后导致的利润净变化为：

6－0.042－0.6＝5.358（万元）

由于利润净变化量为正数，所以企业可以考虑提供现金折扣给客户。

在以上的分析中，仅仅只考虑在某一时间内，信用政策的一个因素变化产生的影响。企业也可以同时改变几个因素甚至整个信用政策，这需要企业对信用政策中的各个可变因素进行有效判断。

四、应收账款的管理和监督

（一）企业的信用调查与信用评估

企业在制定了信用规定之后，就应当将其贯彻到企业的经营活动中去。在实际销售活动中，就要决定是否给客户提供商业信用，要对客户的信用状况进行调查和评估。

1. 对客户的信用调查

企业的信用调查就是企业对客户的信用品质、偿债能力、财务状况、担保情况以及经营情况等进行调查，搜集客户的信用记录。信用调查是决定是否赊销给客户产品的准备工作，也是企业做出赊销决策的关键。

（1）直接调查法。直接调查法是企业的信用调查人员与客户直接接触，通过当面采访、询问、观察、记录等方式获取客户的信用资料。这种方法及时性强，但准确性往往不够，客户的缺点和不足容易被客户隐瞒。

（2）间接调查法。间接调查法是以客户或者其他单位保存的有关客户的各种原始记录和核算资料为基础，通过加工整理获取客户信用资料的方法。采用间接调查法的信用资料主要包括以下几个方面，首先是客户的财务报表。这是客户最重要的信用资料，是企业判断客户信用的一个重要依据，企业应当详细审查和分析；其次是来自与客户有往来的银行及供应商等方面的信用资料，银行是企业信用资料的一个重要来源，银行在向客户提供贷款时，一般都要严格审查客户的信用情况；最后是其他方面的信用资料，如来源于企业的上级主管部门、工商管理部门、税务机构和消费者协会等的信息。

2. 对客户的信用评估

企业应收账款投资的信用标准确定以后，要对客户进行信用品质的评估，也就是客户赖账可能性的评估，对符合企业所订信用标准要求的客户给予信用，对低于信用标准要求的客户不给予信用或给予带有条件的信用。

(1) 五C评估法。这是西方国家常用的信用评估方法，是以综合影响客户信用状况的五个要素来评估客户信誉度的方法，亦称为五C法。五要素是：品质（character)、能力（capacity)、资本（capital)、担保品（collateral)、条件（conditions)。

1) 品质，是指客户愿意履行其偿债义务的可能性。它是评估客户信用时需要考虑的首要因素。客户是否愿意努力偿还债务，直接关系到企业的货款能否收回以及收回的速度。

2) 能力，是指客户偿还欠款的能力。主要是根据客户的经营状况、过去的偿债记录和经营现金流量等情况来判断。

3) 资本，是指客户的财务状况，如注册资本数额、资产总额、主要的财务比率等。

4) 担保品，是指客户为获得企业的商业信用而提供给企业作为担保的资产。客户如果提供担保品，可以减少企业的风险。

5) 条件，是指对客户的偿债能力可能产生影响的外部经济情况。如客户所处的行业风险、市场环境和国家经济政策等。

通过对以上五个要素的综合分析，基本上可对客户的信用状况做出判断，从而决定对其信用销售的数量和信用期限的长度。

(2) 信用评分法。信用评分法是以某一客户的信用调查资料为基础，对该客户做出信用评分，以决定是否对其进行信用销售。信用评分法的依据可以是上述决定客户信誉度的五个要素，也可以是客户的各项财务比率。通常可对各个要素或各项财务比率设定一个分级，一般从 10 分（最差）至 100 分（最佳)，对每个要素或每项财务比率分别打分，最后将各要素或各比率的评分相加，得出该客户的总信用分。企业可根据具体客户的总分决定对它的信用政策。一般情况下，企业可根据历史经验判断分数在 80 分以上的，说明企业信用状况良好；分数在 60 分～80 分之间的，说明信用状况一般；分数在 60 分以下的，说明信用状况较差。

例如某客户有关财务比率和信用品质的资料如表 7—2 所示。

表 7—2　　　　　　　　　　某客户信用评分

项　目	情　况	折合信用分数	权　数	得　分
流动比率	2.0	100	0.20	20.00
资产负债率	50%	100	0.15	15.00
总资产周转率	3	75	0.10	7.50
营业利润率	15%	75	0.10	7.50
信用评估等级	AA	90	0.20	18.00
还款历史情况	良好	85	0.20	17.00
未来经营前景	良好	80	0.05	4.00
合　计	—	—	1.00	89.00

本例信用评估要素及权数的确定均来自历史经验及主观判断，对该客户的信用评分为 89 分，说明其信用状况良好，企业承担的信用风险较小，企业可以给予该客户以商业信用。

（二）应收账款的日常管理和监督

企业在制定了信用政策后，为客户提供了商业信用，就会产生大量的应收账款。应收账款是企业流动资产的重要组成部分，企业必须加强对应收账款的日常管理和监督。

1. 应收账款投资总额的控制

企业为客户提供商业信用是为了扩大销售量，增加企业的收益，应收账款实际上是企业为了获得更大收益而进行的一项投资。但是应收账款要占用大量的资金，企业是要付出代价的。因此，企业必须将应收账款投资总额控制在一个合理的范围内。应收账款的投资额主要取决于两个因素：一是企业的赊销数额；二是应收账款的平均收账期。应收账款投资额可以用如下公式计算：

应收账款投资额＝每日平均赊销数额×应收账款平均收账期

应收账款投资额实际上就是前述的应收账款平均资金占用额。企业的赊销数额取决于企业的销售能力和信用政策，应收账款的平均收账期则主要取决于企业的信用政策。一般来说，当企业的生产能力已经得到充分利用，没有剩余生产能力，企业的边际利润已经很低时，就应该适当地限制信用销售，将应收账款控制在较低的水平；当企业还有过剩的生产能力，通过扩大销售依然可以获得边际贡献毛益时，就可以考虑采用比较宽松的信用政策，增加应收账款投资总额，扩大销售量，从而增加企业的利润。

2. 信用额度管理

企业对不同的客户制定有不同的信用额度，这个信用额度是企业控制某个客户在一定时期内应收账款数额的最高限度，是企业愿意对某个客户承担的最大风险。信用额度的大小与收款期限长短、预计坏账损失率和收账费用的多少有关，企业要在可能获得的收益与可能发生的费用之间进行权衡确定。只要客户应收账款金额不超过该额度，企业就可以接受该客户的订单，办理赊销业务。如果应收账款金额达到了信用额度，企业要么停止对该客户的赊销业务，要么修改提高对该客户的信用额度。因为客户信用品质可能发生变化，因此每隔一段时间企业就要对客户的信用额度重新进行评定，定期或不定期地审核和修改信用额度。

3. 平均收账期和应收账款账龄分析

平均收账期是指企业从商品销售日算起到收到货款日之间的间隔天数。平均收账期是反映企业收到赊销商品货款平均期限的重要指标。如果企业的平均收账期超过了预计的信用期限，说明客户付款存在拖欠行为；如果超过的天数较多，那么发生坏账损失的可能性就很大。平均收账期超过信用期还说明企业催收应收账款力度不够，资金超计划呆滞在应收账款上，可能影响企业资金的正常周转。企业还要经常把自己的平均收账期与行业平均收账期相比较，也要把企业不同时期的平均收账期相比较，发现差距，改进应收账款管理工作。

企业为了进一步了解客户的付款情况，还可以进一步编制应收账款账龄分析表。该表按照每一笔应收账款发生天数（账龄）分组，反映各账龄组的金额和占应收账款总额的比重，具体数据来源于企业的应收账款明细分类账。利用应收账款账龄分析表，企业可以了解以下情况：

（1）有多少欠款尚在信用期内。这些货款还没有超过信用期，欠款是正常的；但到期能否收回还不确定，因此，对这些应收账款进行监督也是必要的。

（2）有多少欠款超过了信用期，超过时间长短不同的欠款各占多少，有多少欠款会因拖欠时间太久而可能成为坏账。

对拖欠时间长短不同的货款，企业根据制定的收账政策，采取不同的收账方法；对可能发生的坏账损失，则应提前做出准备，充分估计这一因素对投资收益的影响。

4. 坏账损失的管理

在市场经济条件下，只要企业采用信用销售方式，就难免会发生坏账损失。因而企业也要加强对坏账的管理。坏账管理的主要内容是如何确认坏账损失以及建立坏账准备金制度。

（1）坏账损失的确认。坏账损失的确认是有一定标准的，确认坏账损失的标准一般有以下两条：一是债务人破产或者死亡，依法清偿后，确实无法收回的应收账款，应当确认为坏账损失；二是债务人逾期未履行偿债义务，账龄超过一定年限，有明显的证据证明无法收回的应收账款，应当确认为坏账损失。

企业的应收账款只要符合其中的一个条件，就应当作为坏账损失处理，计入当期损益。但是，企业的应收账款作为坏账损失处理后，并不意味着企业就放弃了对该应收账款的追索权。如果债务人的财务状况好转，偿还了货款或者企业通过法律诉讼追回了该项应收账款，就应当冲销已经确认的坏账损失。

(2) 建立坏账准备金制度。坏账准备金制度是指企业按照事先确定的比例估计坏账损失计提坏账准备金，待发生坏账时再冲减坏账准备金。建立坏账准备金制度的关键是合理地确定计提坏账准备的比例。计提比例的确定是建立在历史经验数据的基础之上的。企业可以根据以往应收账款发生坏账的比例和当前信用政策的实际情况来估计计提坏账准备金的比例。通常，计提坏账准备金的方法主要有三种：一是销货百分比法，即按赊销货款的一定比率计提坏账准备金；二是账龄分析法，即按照账龄长短分别确定不同的计提比例，账龄短的计提比例小，账龄越长，计提比例越大；三是应收账款余额百分比法，即按应收账款期末余额的一定比率计提坏账准备金。

第四节　存货管理

存货是指企业在生产经营过程中为了销售或者耗用而储存的商品和货物，是所有权属于企业的各种货物的总称，是企业流动资产的重要组成部分，一般在一年内或超过一年的一个营业周期内被耗用或者经出售而转换成现金，它的金额在流动资产中所占的比重较大，同时它也是流动资产中流动性最差的部分。加强存货管理对满足企业生产经营需要，充分发挥存货的效能，节约资金占用，加速资金周转和提高经济效益，都具有重要意义。

一、储存存货的原因和成本

企业的存货数量和种类很多，对存货进行科学的分类，有利于存货的管理。存货可以按照不同的标准进行分类，主要有以下几种。

(1) 按存货的经济内容可以分为商品存货、产成品存货、自制半成品存货、在产品存货、材料存货、包装物存货和低值易耗品存货等。

(2) 按存货的经济用途可以分为销售用存货和生产用存货。

(3) 按存货的存放地点可以分为库存存货、在途存货和委托加工存货等。

(4) 按存货的来源可以分为外购存货和自制存货两种。

由于存货在流动资产中所占的比重较大，因此，存货管理在流动资产管理中占有非常重要的地位。存货管理的主要目的是要合理地控制存货水平，充分发挥存货在企业生产经营中的作用，就是既要保证生产经营活动的正常进行，又要尽可能地降低存货资金占用和各项开支，以最低的总成本提供维持企业生产经营活动所需的存货。一般来说，企业的存货管理应当符合以下基本要求。

(1) 保证企业正常生产的需要。必要的原材料、在产品、自制半成品是企业正常生产的前提和保障。一旦发生原材料短缺，造成企业停产，就可能会给企业带来经济损失。为了生产活动能够顺利进行，防止停工待料情况的发生，企业必须要储存一定数量的原材料物资。

(2) 满足市场销售的需要。必要的产成品和库存商品的储备，有利于满足销售的需求。在现实经济生活中，经常会出现这种情况，某种商品突然热销，但是由于企业没有一定数量的商品储备，从而影响了销售。因此，必要的存货储备可以增强企业产品销售的灵活性，更能适应市场的变化。

(3) 实现降低成本的目的。存货的成本对企业的收益有一定的影响，企业存货的成本过高，必然会降低企业的利润水平，影响企业的经济效益。所以，存货管理的一个重要目标就是要尽可能降低存货成本。存货成本的发生涉及到采购、储存、生产等多个经营环节，企业要降低存货成本，应该加强每个经营环节的管理，提高企业的整体管理水平。

(4) 满足企业保险储备的要求。企业经营环境存在着许多不确定性因素，如市场上原材料供应紧张、通货膨胀等，这些不确定性因素，增加了企业生产经营方面的风险。为了防止意外事件的发生而影响企业的正常生产经营活动，企业应当在存货储备上留有余地。

另外，由于存货存在于企业整个生产经营过程的始终，所以存货管理涉及企业的很多职能部门，这些职能部门包括财务部门、采购部门、生产部门、销售部门等。这些职能部门从自身的工作职责出发，站在不同的立场上，对存货有着不同的管理要求。

企业财务部门的主要职责是为企业生产经营活动提供资金并保证资金全面有效地得到使用。财务部门一般十分关注存货的积压，期望在不影响企业正常生产经营活动所需存货的前提下，尽可能地降低存货占用，使在存货上占用的资金处于合理的水平。

企业采购部门的主要职责是保证生产过程中所需原材料的供应。采购部门希望能大批量采购原材料，既可以节约采购费用和取得价格的折扣优惠，还可以防止原材料供应短缺；此外，采购部门还期望及早采购原材料，以避免或减少由于紧急采购而造成的额外支出。

企业生产部门的主要职责是保证产品按期按量生产。生产部门希望企业有较高的原材料和半成品存货水平，以避免不必要的生产延误。

企业销售部门的主要职责是满足市场对产品的需求。销售部门期望企业持有大量的产成品存货，这样不仅可以避免由于存货发生短缺而造成的销售收入损失，而且现货交易也有利于增加企业的销售额。此外，他们还期望产成品存货品种齐全或能根据顾客要求及时改换品种，从而更好地满足顾客的需求。

存货管理的关键是存货成本的管理，财务部门直接从事成本管理工作，可以由财务部门牵头负责，同其他各有关职能部门管理人员组成一个专门的存货管理机构，统一负责存货管理工作，对企业存货持有水平以及存货成本项目的控制做出统一安排。

企业维持正常生产经营活动，必须要储备一定数量的存货，但是采购、储存存货可能要发生各种费用支出，这些费用支出就构成了企业存货的成本。一般来说，存货成本主要包括持有成本和短缺成本两个方面：

存货的持有成本包括以下几个组成部分：

（1）存货储存与管理成本，是指企业为储存存货而发生的各种费用支出，如仓储费、保管费、搬运费等。存货的储存成本也分为变动性储存成本和固定性储存成本。变动性储存成本与储存存货的数量成正比，储存的存货数量越多，变动性储存成本就越高，如存货的保险费等；固定性储存成本与存货的储存数量无关，如仓库的折旧费、仓库保管人员的固定月工资等。

（2）投资于存货的资金机会成本。

存货的短缺成本是指因为存货缺乏而引起的费用支出与损失，具体来说包括以下两个部分：

（1）再储存成本，也称订货成本，是指企业为组织订购存货而发生各种费用支出，如为订货而发生的差旅费、邮资、通讯费、专设采购机构的经费等。

订货成本分为变动性订货成本和固定性订货成本，变动性订货成本与订货次数成正比，而与每次订货数量关系不大，订货次数越多，变动性订货成本越高，如通讯费等；固定性订货成本与订货次数无关，如专设采购机构的经费支出等。

（2）与安全储备相关的成本，是指由于存货储备不足而给企业造成的经济损失，如由于原材料储备不足造成的停工损失、由于商品储备不足造成销售中断的损失等。存货的短缺成本与存货的储备数量呈反向变化，储存存货的数量越多，发生缺货的可能性就越小，短缺成本当然就越小。

存货的持有成本随着存货数量的上升而上升，而存货的短缺成本则随存货上升而下降，因此，企业对这两种成本必须进行很好的权衡。存货管理的基本目标就是使这两种成本之和达到最小。

二、最佳订货量的确定

存货成本主要包括持有成本和短缺成本，其中与存货采购次数和采购批量相关的成本主要是存货储存与管理成本和订货成本。如果在一定时期内，企业需求的存货总量是固定的，那么存货的每次订购批量越大，储存的存货就越多，储存和管理成本就会越高，但由于订货次数的减少，则会使订货成本降低；反之，减少存货的每次订购批量，会使存货的储存和管理成本随之减少，但由于订货次数的增加，订货成本就会上升。由此可见，存货的订货成本和储存、管理成本一般与存货的采购批量呈反方向变动。存货管理的目的就是要降低存货成本，能使订货成本与储存和管理成本之和最低的采购批量叫做经济批量，也就是经济订购批量。存货的经济订购批量可以用图 7—5 表示。

（一）存货基本数学模型

数学模型的建立必须假设存在以下基本前提：

（1）企业在一定时期内存货的总需求量可以准确地预测；

（2）存货的耗用是均衡的，即按一个确定的比例逐渐耗用的；

（3）不可能出现缺货情况；

（4）存货的价格稳定，不存在数量折扣；

（5）存货的订购数量和订购日期由企业决定，当存货数量降为零时，下一批存货能马上到位；

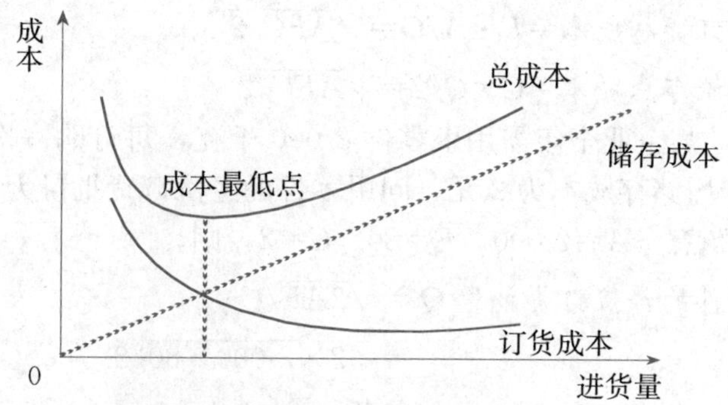

图 7—5　存货经济订购批量

在这种情况下，企业的存货变动情况如图 7—6 所示：

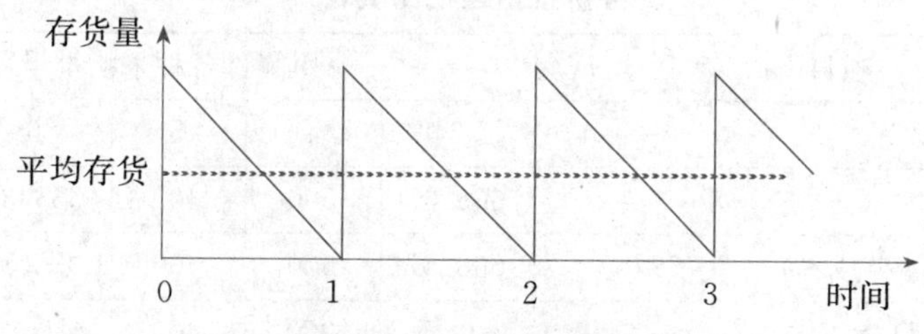

图 7—6　存货变动基本模式

设 T 为全年存货总成本，A 为全年存货总需要量；Q 为每批存货订货量，F 为每批存货订货成本；C 为每单位存货的年平均储存成本，

则有：

存货订购批数 $=A/Q$

存货平均库存量 $=Q/2$

全年订货总成本 $=F\cdot A/Q$

全年储存总成本 $=C\cdot Q/2$

全年存货总成本 $T=C\cdot Q/2+F\cdot A/Q$

根据上面的公式，为了确定存货经济订货批量，可求 T 对 Q 的导数，有：

$T'=C/2-AF/Q^2$

令 $T'=0$，

则，$Q=\sqrt{2AF/C}$，此即为存货经济订货批量。

由此可以计算出，

存货经济订购批数 $=A/Q=\sqrt{AC/2F}$

全年订货总成本$=F\cdot A/Q=\sqrt{AFC/2}$

全年储存总成本$=C\cdot Q/2=\sqrt{AFC/2}$

【例 7.5】 某企业全年需用甲零件 2 000 千克，每订购一次的订货成本为 80 元，每件年均储存成本为 2 元，问甲零件的经济订货批量为多少？

答：根据题意，$A=2\ 000$，$F=80$，$C=2$，则，

$$\text{甲零件的经济订货批量 } Q=\sqrt{2AF/C}=\sqrt{2\times 2\ 000\times 80/2}=400\text{（千克）}$$

存货经济订货批量也可以通过逐批测试法求得，如表 7—3 所示。

表 7—3　　经济批量逐批测试表

项目	甲零件各种采购批量				
A/Q（订购批数）	3	4	5	6	7
Q（可购批量）	666.67	500	400	333.33	285.71
$C\cdot Q/2$（年储存成本）	666.67	500	400	333.33	285.71
$F\cdot A/Q$（年订货成本）	240	320	400	480	560
T（年总成本合计）$=C\cdot\frac{Q}{2}+F\cdot\frac{A}{Q}$	906.67	820	800	813.33	845.71

从以上成本项目的计算和图形可以很清楚地看出，当订货批量为 400 公斤时，与批量有关的总成本最低；小于或超过这一批量，都是不合算的。

（二）存货基本数学模型的扩展

存货经济订货批量的基本模型是在前述各假设条件下建立的，但现实生活中能够满足这些假设条件的情况是不存在的。为了使模型更接近于实际情况，具有较高的可用性，需要逐步放宽假设条件，进行模型改进。

1. 订货提前期

一般情况下，企业的存货不能做到随用随时补充，因此不能等到存货全用完后再去订货，而需要在没有用完前就提前订货。在提前订货的情况下，当企业再次发出订货单时，也即当订购下一批存货时本批存货的储存量称为再订货点，用 R 来表示。它的数量等于交货时间（L）和每日平均存货需用量（d）的乘积，即

$$R=L\cdot d$$

续前例，假设企业订货日至到货日的时间为 10 天，每日甲零件平均需要量为 2 000/360＝5.56 公斤，则：

$$R=L\cdot d=10\times 5.56=55.6\text{（公斤）}$$

即企业在尚存 55.6 公斤甲零件时，就应当再次订货；等到下批订货到达时（即发出再次订货单 10 天后），原有库存恰好用完。有订货提前期的存货变动模式如图 7—7 所示。

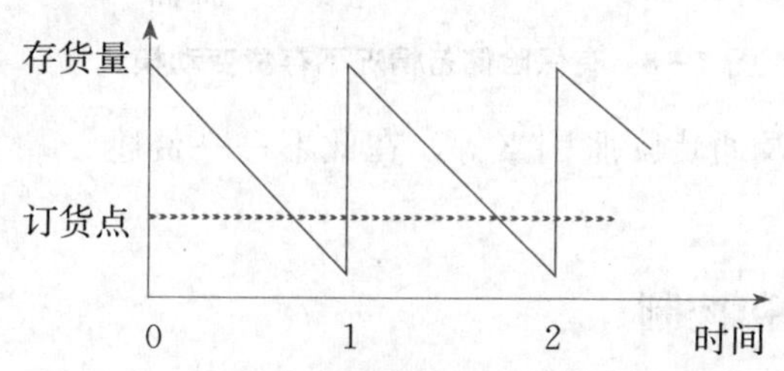

图 7—7　订货提前期情况下存货变动模式

订货提前期对经济订货批量没有影响，仍可按基本模型情况下的 400 公斤为经济订货批量，但需在达到再订货点时（库存 55.6 公斤）发出下批甲零件订货单。

2. 保险储备

前述模型都假定存货的供需稳定，即存货的每日需求量不变，交货时间也不变。但实际上，存货每日需求量可能发生变化，存货交货时间也可能改变。按照存货经济订货批量和再订货点发出订单后，如遇需求增大或送货延迟，就会发生缺货。为了防止由此造成的损失，就需要多储备一些存货，为防止存货耗用量突然增加或交货误期等进行的储备，称为保险储备（安全存量），用 s 来表示。

设：m——存货可能发生的日最大消耗量；

n——存货每日平均消耗量；

t——订货间隔期或订货提前期（从发出订单到货物验收完毕所用时间）；那么，保险储备可用下式计算：$s=(m-n)\times t$

订货点 R 可用下式计算：$R=nt+s=mt$

有保险储备情况下存货变动模式如图 7—8 所示。

在实际工作中，无论是订货点还是订货提前期，哪个先碰到，都要立即发出订单购货。正常情况下两者往往是同时出现。

影响存货订购数量的因素还有存货陆续供应问题、存货数量折扣问题、存

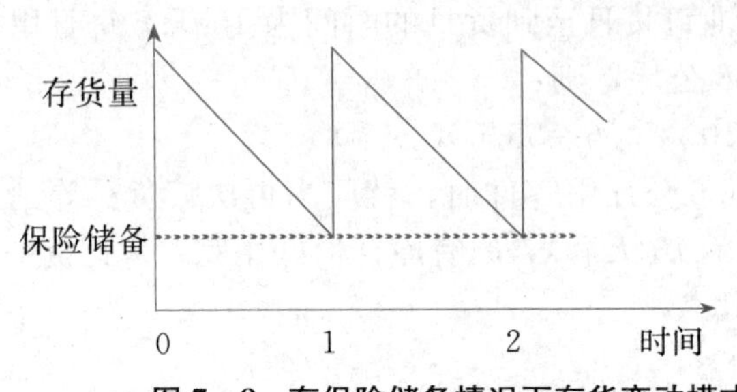

图 7—8　有保险储备情况下存货变动模式

货季节性供应问题以及通货膨胀因素等，在此不一一赘述。

三、存货日常管理和控制

存货日常管理和控制是指在企业的生产经营过程中，制定存货资金计划，并按照存货资金计划的要求，对存货的采购、使用和销售情况进行实时组织和控制。加强对存货的日常管理，对于改善企业生产经营活动，提高资金利用效率具有重要的作用。

(一) 存货资金计划管理

企业根据生产经营的需要，持有一定金额的存货，也就占用一定金额的资金，这个资金被称为存货资金占用额，也叫存货资金定额。主要包括占用在原材料上的生产储备资金、占用在产品上的生产资金和占用在完工产品上的产成品资金等三项。存货在企业的流动资产中所占的比重较大，因此，存货资金定额的核定是非常重要的。如果存货占用的资金过多，就会增加存货成本，影响企业的收益；反之，如果存货资金不足，又可能会影响企业的正常生产经营活动。企业核定存货资金定额的方法有周转期计算法、因素分析法、比例计算法等。

1. 周转期计算法

又称定额日数法，是根据各种存货平均每天的周转额和其资金周转日数来确定资金数额的一种方法，其计算公式为：

存货资金定额＝平均每日周转额×资金周转日数

公式中，平均每日周转额就是每日存货平均资金占用额，资金周转日数是指存货资金完成一次资金循环所需要的天数。定额日数法是核定存货资金定额的基本方法，通常适用于原材料及各种辅助材料、包装物、低值易耗品、在产品、产成品和外购商品等存货资金定额的核定。

2. 因素分析法

是以上一年度存货资金实际占用额为基础，分析计划年度各项因素变动情况，加以调整后核定资金数额的方法。其计算公式为：

$$\text{资金数额}=\left(\text{上年资金实际平均占用额}-\text{不合理资金占用额}\right)\times\left(1\pm\text{计划年度营业额增减百分比}\right)\times\left(1-\text{计划年度资金加速周转百分比}\right)$$

这种方法主要适用于品种繁多、规格复杂和价格较低的原料和物资。采用这种方法核定存货资金定额，首先应当在上年度存货资金实际平均占用额的基础上，剔除其中呆滞积压不合理占用的部分和超定额储备物资所占用的资金，然后根据计划年度的生产任务和加速资金周转的要求确定。

3. 比例计算法

是根据影响存货资金占用额的相关指标的变动情况，按比例计算出存货资金定额的一种方法。其计算原理基本与因素分析法是一致的。这种方法过去主要适用于辅助材料、燃料、修理备用件和低值易耗品等存货项目。其计算公式为：

$$\text{存货资金占用额}=\text{计划年度销售收入总额}\times\text{计划销售收入存货资金率}$$

$$\text{计划销售收入存货资金率}=\frac{\text{上年存货资金平均占用额}-\text{不合理占用额}}{\text{上年实际销售收入总额}}\times100\%\times\left(1-\text{计划年度资金周转加速率}\right)$$

4. 余额计算法

余额计算法是根据计划期初余额、计划期发生额和计划期摊销额来确定存货资金定额的一种方法。其计算公式为：

$$\text{存货资金定额}=\text{计划期初余额}+\text{计划期发生额}-\text{计划期摊销额}$$

这种计算方法简便，但计算出来的资金定额准确度差，一般只适用于需要摊销项目的存货资金定额确定。

（二）存货归口分级管理

存货归口分级管理是企业实行存货资金管理责任制的一个重要方法。企业的存货以各种实物形态分布在企业生产经营的每个环节，由从事生产经营活动的各有关职能部门和生产部门掌握和使用，只有每个职能部门的参与，才能真正管理好企业的存货。企业的存货管理，应当在财务部门牵头进行集中管理的前提下，实行存货的归口分级管理。实行存货归口分级管理，有利于调动各职能部门、各级单位和员工管好用好存货的积极性和主动性，把存货管理同企业的生产经营活动结合起来，贯彻责权利相结合的原则。

存货归口分级管理的基本做法是在企业总经理的领导下，财务部门对企业的存货资金实行集中统一管理，财务部门应该掌握整个企业存货资金的占用、耗费和周转情况，实现企业资金使用的综合平衡，加速资金周转。

财务部门集中管理存货资金，应当负责以下具体工作：

(1) 根据企业财务通则、财务制度的规定和企业的具体情况，统一制定并组织执行企业存货管理制度。

(2) 核定并平衡各项存货资金定额，编制存货资金计划。

(3) 将各项存货资金计划指标进行分解，并分配落实到各有关职能部门。

(4) 统筹调度各项存货资金的使用，实现资金收支平衡，保证生产经营所需要的资金。

(5) 统一办理企业对外结算，加速企业存货资金周转。

(6) 对各单位的资金运用情况进行检查和分析，统一考核资金的使用情况。

实行存货资金的归口管理要根据使用资金与管理资金相结合、物资管理和资金管理相结合的原则，将存货管理落实到各个部门。每项存货资金由哪个部门使用，就归口给哪个部门负责管理。各项资金归口管理的分工如下：

(1) 原材料、辅助材料、燃料、包装物等占用的资金归供应部门管理。

(2) 工具、器具等低值易耗品占用的资金归工具部门管理。

(3) 修理用备件占用的资金归设备动力部门管理。

(4) 办公用品等占用的资金归行政部门管理。

(5) 在产品和自制半成品资金归生产部门管理。

(6) 产成品和外购商品归销售部门管理。

实行存货资金的分级管理就是各归口管理部门应根据本部门的具体情况，将存货资金定额分配给所属单位或者个人，实行资金的分级管理。分级管理应当遵循责权利相结合的原则，明确各个单位或者人员管理和使用资金的权限与责任，并作为其业绩考核的一个重要指标。

(三) ABC 分类管理

企业的存货种类繁多，有的存货品种数量少，但价值很高，有的存货品种数量繁多，但价值较小。因此，对存货的管理不必事无巨细，面面俱到，而应当分清主次，对于价值昂贵，占用资金较多的存货进行重点管理，对于价值较低，占用资金不多的存货，可以不作为重点管理，实行一般控制即可。ABC 分类管理正是基于这一考虑而提出的突出重点的一种存货管理方法。

ABC 分类管理法，亦称 ABC 控制法，是十九世纪意大利经济学家巴勒特引入经济管理领域的，以后在生产经营实践中，被广泛应用到物资管理、成本管理和生产管理等多方面。存货的 ABC 分类管理就是按照一定的标准，将企业的存货划分为 A、B、C 三类，最重要的存货为 A 类，一般存货为 B 类，不重要的存货为 C 类。通常分类的标准主要有两个：一是金额标准；二是品种数量标准。其中金额标准是最基本的标准，品种数量标准只是作为参考。所以，A 类存货一般是种类少，但资金占用较多的存货；C 类存货通常是种类繁多，但资金占用不多的存货；B 类存货是介于 A 类和 C 类之间的存货。对于 A 类存货要进行重点规划和控制，对于 B 类存货作为次重点管理，对于 C 类存货只进行一般管理。

ABC 三类存货的具体划分标准可参见表 7—4：

表 7—4

项目	该类物资品种所占比重	该类物资资金所占比重
A 类物资	5%～15%	60%～70%
B 类物资	20%～30%	20%～30%
C 类物资	60%～85%	10%～20%

ABC 控制法的具体步骤是：

(1) 将企业所要控制的全部物资，按照耗用总量，计算每一种物资的资金占用额。例如，某企业共有原材料存货 10 种，其全年耗用总数量和资金总额如表 7—5 所示。

表 7—5　　企业年耗用存货情况表

原材料项目	年需要量（千克）	单位成本	总金额
A	500	20	10 000
B	20 000	100	2 000 000
C	600	200	120 000

续前表

原材料项目	年需要量（千克）	单位成本	总金额
D	2 000	50	100 000
E	1 500	4	6 000
F	90 000	2	180 000
G	10 000	90	900 000
H	5 000	70	350 000
I	60	300	18 000
J	90	150	13 500
合　计	129 750	—	3 697 500

（2）计算每一项原材料存货数量百分比和金额百分比，判断编制 ABC 分类表如表 7—6 所示。

表 7—6　　原材料 ABC 分类表

原材料项目	数量百分比	金额百分比	类别确定
A	0.385%	0.270%	C
B	15.414%	54.091%	A
C	0.462%	3.245%	C
D	1.541%	2.705%	C
E	1.156%	0.162%	C
F	69.364%	4.868%	C
G	7.707%	24.341%	B
H	3.853%	9.466%	B
I	0.046%	0.487%	C
J	0.072%	0.365%	C
合　计	100%	100%	—

（3）编制 ABC 分析表如表 7—7。

表 7—7　　ABC 分析表

类　别	品种数	品种百分比	原材料金额	金额百分比
A	1	10%	2 000 000	54.091%
B	2	20%	1 250 000	33.807%
C	7	70%	447 500	12.102%
合　计	10	100%	3 697 500	100%

（4）采取措施对 ABC 三类物资进行控制。A 类物资品种少，金额多是控

制的重点，应分品种定量控制，即在保证生产经营需要的前提下，分品种控制采购批量、最高储备量、最低储备量和订购点的储备量。B类物资品种和金额均较少，一般采用总量控制措施，即分大类控制最高储备量、最低储备量，并按品种控制采购批量。C类物资品种多，金额少，不作为控制重点，一般以不积压为原则，可根据需要扩大进货量、减少订货次数，节约采购费用，即采用总额控制措施。

【本章小结】

财务上的营运资金管理着重于投资，即企业在流动资产上的投资额。营运资金一般包括现金、银行存款等货币资金和短期投资、应收及预付款项以及原材料、低值易耗品、包装物、在产品和产成品等存货。不同的营运资金，其流动性不同，管理要求也不同，企业应根据营运资金的不同特点，采用相适应的管理方法，合理有效地利用营运资金，加速营运资金周转，努力以较少的资金占用，完成更多的生产经营活动。

企业现金管理的目标就是在保证企业正常生产经营的前提下，尽可能地降低现金占用，减少现金成本，快速收取和延迟支付现金，并及时将剩余现金进行短期证券投资等。

企业对应收账款的管理，就是要对其在应收账款上的投资进行成本收益及风险的分析，制定出最佳的信用政策，并对信用政策的实施进行控制，实现企业股东财富最大化的经营目标。

存货管理的主要目的是要合理地控制存货水平，充分发挥存货在企业生产经营中的作用，就是既要保证生产经营活动的正常进行，又要尽可能地降低存货资金占用和各项开支，以最低的总成本提供维持企业正常生产经营活动所需的存货。

【复习题】

1. 流动资金的概念及其周转特点是什么？

2. 简述加速流动资金周转的途径。
3. 现金管理的要求是什么？
4. 如何确定最佳现金持有量？
5. 企业应该如何进行信用决策？
6. 企业信用政策包括哪些内容？
7. 存货管理的基本方法有哪些？
8. 试述存货资金的控制方法。

【讨论及思考题】

1. 现金管理和应收账款管理存在哪些内在的必然联系？
2. 试分析存货的成本构成。

第八章
利润规划及分配

【本章引言】

利润规划是关系到企业理财目标能否实现的重要环节之一，是安排筹资活动和投资活动的最终目的。在企业实务工作中，为了能够制定出积极、可行的目标利润，应综合考虑财务上、技术上的可行性。

利润分配是财务活动的重要一环，它不仅关系到企业筹资决策和投资决策的成本和效益，而且涉及企业与国家、企业之间、投资者、债权人、内部职工之间经济利益关系的协调和处理，因而必须慎重对待。

第一节　利润总额的构成

企业实现的利润总额是劳动者所创造剩余产品的一部分。利润总额是企业一定时期内实现盈利的总额，集中反映了企业生产经营的最终效益，反映出企业一定时期内的经营成果，企业的利润总额包括营业利润、投资净收益及营业外收支净额三部分。利润总额包括了企业一定时期内经营活动、非经营活动和投资活动所取得的全部净收益。利润总额的计算可用下列公式来表示：

利润总额＝营业利润＋投资净收益＋营业外收支净额

一、营业利润

营业利润是指企业一定时期内从事生产经营活动所获取的利润，它构成了企业利润总额的主要来源。从内容上营业利润由两部分构成，即主营业务利润和其他业务利润。具体来讲，营业利润等于主营业务利润加上其他业务利润减去有关的期间费用后的余额。用公式表示为：

营业利润＝主营业务利润＋其他业务利润－营业费用－管理费用－财务费用

其中，营业费用是指企业在销售产品的过程中所发生的各项费用；管理费用是指企业行政管理部门为了组织和管理企业经营活动而发生的各项费用；财务费用是指企业为了筹集资金而发生的各项费用，其主要包括生产经营活动期间发生的利息费用，支付给金融机构的手续费和汇兑损益等。

上述营业利润的计算公式中，主营业务利润可用下列公式来表示：

主营业务利润＝主营业务收入－主营业务成本－主营业务税金及附加

在上面的营业利润计算公式中，其他业务利润的计算可用下面公式来表示：

其他业务利润＝其他业务收入－其他业务支出

二、投资净收益

企业投资净收益是企业对外投资所获取的净利润。它的计算公式如下：

投资净收益＝对外投资收益－对外投资损失

企业投资净收益，是由企业股票投资、债券投资、联营投资和其他投资的净收益所组成的，它是企业利润总额的组成部分。企业投资收益包括对外投资分得利润、股利、债券利息、投资到期收回收益或者中途转让有价证券而获取的高于账面价值的差额收入、以及按照权益法核算的股权投资在被投资企业中按投资比例增加的净资产数额等。企业投资损失包括对外投资到期收回或者中途转让有价证券取得款项低于账面价值的差额，以及按照权益法核算的股权投资在被投资企业中按投资比例减少的净资产数额等。

三、营业外收支净额

营业外收支净额是指与企业生产经营活动没有直接关系的各种营业外收入减去各种营业外支出后的差额。

营业外收入是相对营业收入（销售收入）而言的，虽然它与企业生产经营活动没有直接联系，但却是与企业整体经营有联系的收入，故也应成为企业利润总额的组成部分之一。营业外收入主要包括固定资产盘盈和出售的净收入、罚款收入、教育费附加返还款、物资及现金的溢余等。

营业外支出是相对经营性耗费支出而言的，同样，它虽然与企业生产经营活动没有直接联系，但却是与企业整体经营有联系的支出，是企业利润总额的扣减部分。营业外支出主要包括固定资产盘亏、报废、毁损和出售等的净损失，企业非大修理期间的停工损失，各种自然灾害等原因造成的非常损失，公益性、救济性的捐赠支出和因企业未履行经济合同、协议而向其他单位支付的赔偿金、违约的罚款等。

综上所述，企业的利润总额是一项综合反映企业在一定时期内全部财务成果的重要指标。利润总额的计算结果表现为企业一定时期全部收入抵偿全部支出后的余额。利润总额不但能反映出企业最终的财务成果，而且也是评价企业经济效益水平和经营管理质量的重要依据，也是企业进行盈利分配的基础。

四、财务利润与会计利润的比较

（1）概念范畴不同。会计利润是指按照配比原则，某项经济业务的收入和为取得该收入所发生的费用支出相比较的差额。是按照经济业务的性质进行不同层次划分得到的。财务利润一般是相对具体的经济业务内容，具体的投资融资等财务决策而言的。

（2）计算口径不同。会计利润建立在权责发生制的会计核算原则下，财务利润的分析主要针对项目运行后产生的现金流量，是建立在收付实现制的会计核算原则前提下。在进行财务利润分析时，应用的是净增效益原则，不仅考虑该具体单一项目的事实所付出的真实会计成本，更要考虑与之相关的机会成本、重置成本。会计利润是按照账面成本进行核算的。

（3）时间范畴不同。财务利润的分析时间与决策制定涉及的有效寿命期一致，往往包含多个会计年度；会计利润的计算期间与会计分期一致，即包括年度会计利润、中期会计利润、季度会计利润、每月会计利润和累计会计利润等。

（4）用途不同。会计利润用来评价不同业务层次的业务以及整个企业经营业绩；财务利润仅针对个别具体项目的财务可行性进行分析。

第二节　目标利润规划

一、制定目标利润应考虑的因素及程序

目标利润是指企业所要达到的利润目标，反映企业在一定时期内财务状况、经营成果和经济效益的预期目的。确定目标利润，是实施以目标利润为导向的企业预算管理的一项至关重要的工作，目标利润一旦被确定就成为管理导向，并对执行预算的全过程产生制约作用。目标利润制定的合适与否直接关系到目标的实施效果，目标利润制定得过低，难以激发企业潜力，容易给企业带来大量无效成本，企业不能创造出最佳的经济效益；而目标利润制定得过高，又会使执行者觉得高不可攀，望而却步，失去实现目标利润的信心。因此，确定合理的目标利润是实施以目标利润为导向的企业预算管理的一个关键环节。企业确定目标利润时，应对企业所处的市场环境及自身的战略能力进行分析，明确企业在市场中的定位，合理地预测出预算期内的销售额以及与确定目标利润相关项目的目标利润率，如销售利润率、资本净利率、成本利润率等。企业有了这些预测数据，就可以确定目标利润。需要注意的是，降低成本和费用是企业管理的经常性工作，目标利润的实现也不单纯是执行销售预算和生产预算，管理上的改善能使企业的管理成本趋于最小。对预算来说，管理成本的降

低使企业利润增加，企业应该通过技术创新、管理创新等途径来降低管理成本。此外，在市场竞争条件下，企业还应积极寻求、把握一些潜在的投资机会，利用扩大企业规模、改善经营结构、开发新的产品、进行资本运营及引进先进技术等手段，将企业引向新的领域，降低生产成本，使企业创造出更多的利润。综上所述，企业在制定目标利润时应考虑的因素有：政治因素、社会因素、经济因素、技术因素、过去经验与成果、确定的信息、长短期计划、市场预测。其中，市场因素占主导地位。而技术因素、过去的经验与成果是目标利润能否顺利实现的客观保障。

企业制定目标利润的程序是：

（1）考察上期利润计划的完成情况，分析影响下期利润因素的变动；

（2）确定初步的目标利润；

（3）根据企业的技术潜力、成本控制能力等各项指标对目标利润进一步调整；

（4）通过综合平衡，确定最终的目标利润。

二、制定目标利润的方法

1. 销售利润率法

即利用销售利润与销售收入之间的比例关系来进行预测利润的方法。在其他条件不变的情况下，销售利润数额多少完全取决于销售收入的高低，二者之间成正比例变化关系。因此，可以在上期实际销售利润率（或前几期平均销售利润率）的基础上，进行目标利润的预测。其计算公式为：

目标利润＝预计销售收入×预计的销售利润率

【例 8.1】 某企业生产机电产品，上年度销售收入 8 500 万元，盈利 780 万元。下年度预计销售收入增加 450 万元，销售利润率水平与上年相当。

该企业的目标利润为：

$$\frac{780}{8\ 500}\times(8\ 500+450)=821.3\text{（万元）}$$

2. 成本利润率法

即利用销售利润与销售成本之间的比例关系来进行预测利润的方法。其计算公式如下：

目标利润＝预计营业成本×核定的成本利润率

上式中，预测期预计营业成本是按成本预测资料加以确定的，而核定的成本利润率则应按同行业平均水平的原则确定。

【例 8.2】 某企业上年营业成本总额 850 万元，利润 98 万元。计划年度预计产品销售成本 920 万元，由于采取各种有效措施降低成本，增加盈利，预计成本利润率将提高了 12%。则该企业的目标利润为：

$$\frac{98}{850}\times(1+12\%)\times 920=118.8\text{（万元）}$$

3. 资金利润率法

即根据企业资金占用总量和本企业预定的资金利润率或同行业先进的资金利润率，来确定企业未来一定期间目标利润的一种方法。其计算公式如下：

目标利润＝预计资金占用总额×预定的资金利润率

【例 8.3】 某企业上年实际占用资金总额 3 800 万元，计划年度为扩大产品销售，追加 200 万元营运资金，企业预定资金利润率为 16%。则该企业的目标利润为：

$$(3\,800+200)\times 16\%=640\text{（万元）}$$

4. 利润增长率法

利润增长率法是根据有关产品上一期间实际获得的利润额和过去连续若干期间的平均利润增长幅度（百分率），并全面考虑影响利润的有关因素的预期变动而确定企业目标利润的一种方法。其计算公式是：

目标利润＝上期实际利润总额×（1＋利润增长率）

5. 留存倒挤法

即企业根据自身发展、自我积累、内部融资以及努力提高股东分红水平等的需要，匡算企业应实现的净收益，倒挤出利润总额（目标利润）的方法。

企业留存收益＝盈余公积金＋公益金＋未分配利润

盈余公积金＝利润总额×盈余公积金的提取比例

公益金＝利润总额×公益金的提取比例

$$\text{目标净利润}=\frac{\text{向投资者分配的利润}+\text{未分配利润}}{1-\text{盈余公积金和公益金的提取比例}}$$

$$\text{目标利润}=\frac{\text{目标净利润}}{1-\text{所得税税率}}$$

【例 8.4】 某企业法定盈余公积金和公益金的提取率分别为净利润的 10% 与 5%，下一年度计划按照企业的实收资本额的 12%向投资者分配利润，并安排 60 万元的未分配利润留存在企业中供以后年度分配使用。企业的实收资本额是 8 000 万元，所得税税率 33%。试测算目标利润额。

解：目标利润分配额＝8 000×12%＝960（万元）

$$净利润=\frac{960+60}{1-10\%-5\%}=1\ 200（万元）$$

$$目标利润=\frac{1\ 200}{1-33\%}=1\ 791.05（万元）$$

三、利润规划

利润规划是企业为实现目标利润而综合规划其经营活动规模和水平，它是编制财务预算的基础和前提。利润规划通过本量利分析法把企业生存发展需要的资金与可能取得的收益及为之将要发生的成本费用紧密联系起来，通过对三者之间数量关系的分析和合理的规划，来实现企业的目标利润。下面主要讨论怎样通过本量利分析法进行利润规划。

1. 本量利之间的关系

“本量利”是指成本、业务量和利润。本量利之间量化关系的研究，是以成本习性即成本的变动与业务量之间的依存关系为基础进行的。这里的业务量指的是企业生产经营活动水平的标志量，它可以是生产量，也可以是销售量，可以使用实物量单位表示，也可以使用价值量单位表示。随着业务量水平的变化，成本表现出不同的习性。按成本对业务量的依存关系，通常可把成本分为固定成本、变动成本和半变动成本（混合成本）。固定成本是指其发生额不受业务量变动影响的成本；变动成本是指其发生额随业务量增减成正比例增减的成本；半变动成本是指其发生额虽然受业务量变动的影响，但变动的幅度同业务量变动不成正比例的成本，它实际上属于混合成本，同时包含了固定成本和变动成本两种因素，故而可以将其分解为“固定”和“变动”两个组成部分。这样全部成本都可以分为固定成本和变动成本两种成本类别，在此基础上，本量利三者之间的关系就可以通过下面的数学方程式加以表述：

（1）损益方程式，是指以一定期间的收入减去相应的成本来确定利润的等式。

1）基本的损益方程式：

销售收入＝单价×销售量　①

总成本＝变动成本＋固定成本

=单位变动成本×生产量+固定成本 ②

由于企业的生产预算是在销售预算的基础上编制的。所以，为方便分析，假定企业生产的产品全部都能实现销售，即：销售量=生产量，将二者间的关系代入上式则有：

利润=销售收入-总成本

=单价×销售量-单位变动成本×销售量-固定成本 ③

这是反映本量利之间关系的最基本损益方程式。它含有五个经济变量，只要任意给定其中的四个经济变量，就可以通过这一基本损益方程式的变形求出另一个经济变量的值。但在利润规划时，通常只有目标利润和销售量两个自由变量，其他的三个经济变量均视为常量。那么，在给定销售量时，可直接利用基本损益方程式计算出利润额；在给定目标利润时，可利用基本损益方程式的变形来测算出应达到的销售量水平：即

$$\text{销售量}=\frac{\text{固定成本}+\text{目标利润}}{\text{单价}-\text{单位变动成本}} \qquad ④$$

【例 8.5】 某产品单价 8 元，单位变动成本 6 元，固定成本总额 10 000 元，预计年销售量可达到 20 000 件，则预期利润水平是多少？若拟实现目标利润 32 000 元，则应销售多少件产品？

利润=8×20 000-6×20 000-10 000=30 000（元）

即预期利润是 30 000 元

$$\text{销售量}=\frac{10\ 000+32\ 000}{8-6}=21\ 000\text{（件）}$$

即，为完成目标利润，企业的销售量应该达到 21 000 件。

2）包含期间费用的损益方程式。为适合多步式损益表的需要，要将营业费用及管理费用也分解为“固定”和“变动”两部分，分解后损益方程式为：

$$\text{利润总额}=\text{销售收入}-(\text{变动成本}+\text{固定成本})-(\text{变动营业及管理费用}+\text{固定营业及管理费用})$$

$$=\text{单价}\times\text{销售量}-(\text{单位变动成本}+\text{单位变动营业及管理费用})\times\text{销售量}-(\text{固定成本}+\text{固定营业及管理费用})$$

【例 8.6】 某产品单价 8 元，单位变动成本 6 元，单位变动管理费用 0.5 元，单位变动营业费用 0.5 元，固定成本 10 000 元，固定营业费用 1 500 元，固定管理费用 1 500 元，预计年销售量可达到 20 000 件，则预计利润额为多少？

$$利润=8\times20\ 000-(6+0.5+0.5)\times20\ 000-(10\ 000+1\ 500+1\ 500)=7\ 000(元)$$

即，在上述前提条件下，企业的预计利润额可达到 7 000 元。

3）税后利润的损益方程式：

$$\begin{aligned}税后利润&=利润总额-所得税\\&=利润总额-利润总额\times所得税税率\\&=利润总额\times(1-所得税税率)\\&=(单价\times销售量-单位变动成本\times销售量-固定成本)\times(1-所得税税率)\end{aligned}$$

如果用来计算实现目标利润所需的销售量，则可变换为下式：

$$销售量=\frac{固定成本+\dfrac{税后目标利润}{1-所得税税率}}{单价-单位变动成本}$$

接前例，若该企业所得税适用税率为 40%，预计销售量 28 000 件，则预期利润是多少？若拟实现目标净利润 18 000 元，则应销售多少件产品？

$$\begin{aligned}税后利润&=[8\times28\ 000-(6+0.5+0.5)\times28\ 000-(10\ 000+1\ 500+1\ 500)]\times(1-40\%)\\&=9\ 000元\end{aligned}$$

若预计销售量能达到 28 000 件，此时税后利润将达到 9 000 元。

$$\begin{aligned}销售量&=\frac{(10\ 000+1\ 500+1\ 500)+\dfrac{18\ 000}{1-40\%}}{8-(6+0.5+0.5)}\\&=\frac{13\ 000+30\ 000}{8-7}=43\ 000(件)\end{aligned}$$

根据上述分析，为实现税后 18 000 元的目标利润，企业的预期销售量必须达到 43 000 件。

2. 贡献毛益方程式

（1）贡献毛益和贡献毛益率：

1）贡献毛益，是指销售收入扣减变动成本后的余额。即：

$$\begin{aligned}贡献毛益&=销售收入-变动成本\\&=单价\times销售量-单位变动成本\times销售量\end{aligned}$$

如果用单位产品表示，则为：

单位贡献毛益＝单价－单位变动成本

某产品单价 8 元，单位变动成本 6 元，销量 10 000 件，则

贡献毛益＝8×10 000－6×10 000＝20 000（元）

单位贡献毛益＝8－6＝2（元）

此外，由于

利润＝销售收入－变动成本－固定成本

移项则有：

销售收入－变动成本＝固定成本＋利润

因此，贡献毛益可以用下式表示：

贡献毛益＝固定成本＋利润

显然，贡献毛益首先用来弥补固定成本，如果还有剩余，则为利润，否则就会发生亏损。

2）贡献毛益率。贡献毛益与销售收入的百分比就是贡献毛益率，它反映产品给企业作出贡献的能力。

$$\begin{aligned}\text{贡献毛益率}&=\frac{\text{贡献毛益}}{\text{销售收入}}\times 100\%\\&=\frac{\text{单价}\times\text{销售量}-\text{单位变动成本}\times\text{销售量}}{\text{单价}\times\text{销售量}}\times 100\%\\&=\frac{\text{单价}-\text{单位变动成本}}{\text{单价}}\times 100\%\\&=\frac{\text{单位贡献毛益}}{\text{单价}}\times 100\%\end{aligned}$$

按上例，$\text{贡献毛益率}=\frac{8-6}{8}=\frac{2}{8}=25\%$

3）变动成本率。变动成本率是指变动成本在销售收入中所占的比例。即，

$$\begin{aligned}\text{变动成本率}&=\frac{\text{变动成本}}{\text{销售收入}}\times 100\%\\&=\frac{\text{单位变动成本}\times\text{销售量}}{\text{单价}\times\text{销售量}}\times 100\%\\&=\frac{\text{单位变动成本}}{\text{单价}}\times 100\%\end{aligned}$$

仍以上例计算：

$$\text{变动成本率}=\frac{6}{8}\times 100\%=75\%$$

因为

销售收入－变动成本－固定成本＝利润

销售收入＝变动成本＋（固定成本＋利润）

＝变动成本＋贡献毛益

所以销售收入由变动成本和贡献毛益两部分组成，变动成本反映产品自身的消耗，贡献毛益为产品对企业的贡献，上式两边同时除以销售收入，有：

变动成本率＋贡献毛益率＝1

按上例计算：

变动成本率＋贡献毛益率＝75％＋25％＝1

（2）贡献毛益方程式。贡献毛益方程式也是由损益方程式演变而来，它可以表达本量利之间的关系。

利润＝销售收入－变动成本－固定成本

＝贡献毛益－固定成本

＝单位贡献毛益×销售量－固定成本

【例 8.7】 某产品单价 8 元，单位变动成本 6 元，固定成本总额 10 000 元，销售量 15 000 件。则，

利润＝（8－6）×15 000－10 000＝20 000（元）

由此方程式又可推出：

$$销售量=\frac{固定成本+目标利润}{单位贡献毛益}$$

上述贡献毛益方程式也可以用贡献毛益率来表达：

由于 $$贡献毛益率=\frac{贡献毛益}{销售收入}$$

贡献毛益＝销售收入×贡献毛益率

所以 利润＝贡献毛益－固定成本

＝销售收入×贡献毛益率－固定成本

由此方程式可推出：

$$销售收入=\frac{固定成本+目标利润}{贡献毛益率}$$

如果企业生产多种产品，则可以将加权平均贡献毛益率代入公式加以计算，加权平均贡献毛益率可以通过两种方法求得：

$$加权平均贡献毛益率=\frac{\sum 各种产品贡献毛益}{\sum 各产品销售收入}$$

或 $$\text{加权平均贡献毛益率}=\sum(\text{各种产品贡献毛益率}\times\text{各产品占销售收入比重})$$

3. 盈亏临界点分析

盈亏临界点分析是本量利分析的一项基本内容，亦称保本点分析，它主要分析盈亏临界点的确定和有关因素变动对盈亏临界点的影响等问题。

盈亏临界点是指企业利润等于零的业务量，即贡献毛益刚好等于固定成本时企业不盈不亏的状态。它可以用销售量表示，也可用销售额表示。

(1) 用销售量表示的盈亏临界点。盈亏临界点用销售量表示为盈亏临界点销售量。由于利润＝单价×销售量－单位变动成本×销售量－固定成本＝0 时的销售量为盈亏临界点的销售量，所以有

$$\text{盈亏临界点销售量}=\frac{\text{固定成本}}{\text{单价}-\text{单位变动成本}}=\frac{\text{固定成本}}{\text{单位贡献毛益}}$$

【例 8.8】 某产品每件单价 5 元，每件单位变动成本 3 元，全年固定成本 10 000 元，则有：

$$\text{盈亏临界点销量}=\frac{10\,000}{5-3}=5\,000\ (\text{件})$$

实务中通常用盈亏临界点销售量反映单一品种产品的盈亏临界点。

(2) 用金额表示的盈亏临界点。用金额表示盈亏临界点为盈亏临界点的销售额。

由于利润＝销售收入×贡献毛益率－固定成本＝0 时的销售收入为盈亏临界点销售额，于是有：

$$\text{盈亏临界点销售额}=\frac{\text{固定成本}}{\text{贡献毛益率}}$$

据上例计算

$$\text{盈亏临界点销售额}=\frac{10\,000}{5-3}\times 5=\frac{10\,000}{40\%}=25\,000\ (\text{元})$$

(3) 盈亏临界点作业率。盈亏临界点作业率是指盈亏临界点占正常开工完成销售量的百分比，即：

$$\text{盈亏临界点作业率}=\frac{\text{盈亏临界点销售量}}{\text{正常销售量}}\times 100\%$$

它反映企业在保本状态下，生产经营能力的利用程度。

上例盈亏临界点销售量为 5 000 件，如企业正常销售量为 8 000 件，则：

$$\text{盈亏临界点作业率}=\frac{5\,000}{8\,000}\times 100\%=62.5\%$$

计算表明，该企业要获得利润，作业率必须达到62.5%以上，否则就会发生亏损。

(4) 安全边际和安全边际率。安全边际是同盈亏临界点相联系的又一指标，它是现有销售量（或销售额）超过盈亏临界点销售量（或销售额）的差额，说明现有销售量（或销售额）再降多少企业才会发生亏损，差额越大，亏损的可能性越小，企业就越安全。

安全边际＝现有销售量（或销售额）－盈亏临界点销售量（销售额）

安全边际除以现有销售量（或销售额）的比率就为安全边际率，即，

$$安全边际率=\frac{安全边际}{安全销售量（或销售额）}\times 100\%$$

它可以反映企业生产经营的安全程度，安全边际率越大，就越安全。

【例 8.9】 资料见上例：安全边际＝8 000－5 000＝3 000（件）

$$安全边际率=\frac{3\ 000}{8\ 000}\times 100\%=37.5\%$$

因为：安全边际＝现有销售量－盈亏临界点销售量

于是有：现有销售量＝盈亏临界点销售量＋安全边际

即盈亏临界点把现有销售量分为两部分，盈亏临界点销售量和安全边际。

上述公式两边同时除以现有销售量（一般现有销售量也为正常销售量）可得出盈亏临界点作业率和安全边际率的关系式：

盈亏临界点作业率＋安全边际率＝1

据上例有关数据计算：

盈亏临界点作业率＋安全边际率＝62.5%＋37.5%＝1

此外，因为盈亏临界点的销售额已为企业收回全部固定成本，则它以上的销售额即安全边际扣除自身变动成本后就是企业利润，即安全边际的贡献毛益就是利润。这个结论可由此推导得出：

利润＝贡献毛益－固定成本
　　＝销售收入×贡献毛益率－盈亏临界点销售额×贡献毛益率
　　＝（销售收入－盈亏临界点销售额）×贡献毛益率
　　＝安全边际×贡献毛益率

【例 8.10】 仍按上例，某产品单价5元，单位变动成本3元，全年固定成本10 000元，盈亏临界点销售额25 000元，正常销售额为40 000(＝8 000×

5)元则：

$$贡献毛益率=\frac{5-3}{5}=40\%$$

安全边际＝40 000－25 000＝15 000（元）

利润＝15 000×40％＝6 000（元）

如果按损益方程式也会得出同样结果：

利润＝销售收入－变动成本－固定成本

＝ 40 000－8 000×3－10 000

＝6 000（元）

将公式两边同时除以销售收入可得销售利润率的新公式：

$$\frac{利润}{销售收入}=\frac{安全边际}{销售收入}\times 贡献毛益率$$

销售利润率＝安全边际率×贡献毛益率

据上例

销售利润率＝37.5％×40％＝15％

利用有关数字直接计算，也会得出同样结果：

$$销售利润率=\frac{利润}{销售收入}=\frac{6\ 000}{40\ 000}=15\%$$

4. 盈亏临界图

盈亏临界图，是以盈亏临界点为中心，将本量利的关系集中反映在直角坐标系中，因此又称本量利图。通过它，可以清楚地看到有关因素变动对利润产生的影响。对企业进行利润规划，提高经营管理工作的预见性，有很大帮助。盈亏临界图的具体绘制方法如下：

（1）以横轴表示销售量，以纵轴表示成本和销售收入；

（2）在纵轴上找出固定成本的数值，以此为起点绘制一条与横轴平行的固定成本线 F；

（3）以原点和固定成本与纵轴交点为起点，以单价和单位变动成本为斜率，分别绘制销售收入线 S 和销售总成本线 V 两条向右上方倾斜的直线，二者的交点 P 为盈亏临界点。

根据上例的数据，可绘制盈亏临界图 8—1。

通过图 8—1 可以看出，在盈亏临界点 P 处销售收入等于成本，企业既无利润也无亏损，如果销售量和销售收入低于此点，即收入小于总成本，则形成亏损，进入亏损区；销售量和销售收入高于此点，即收入大于总成本，则有利

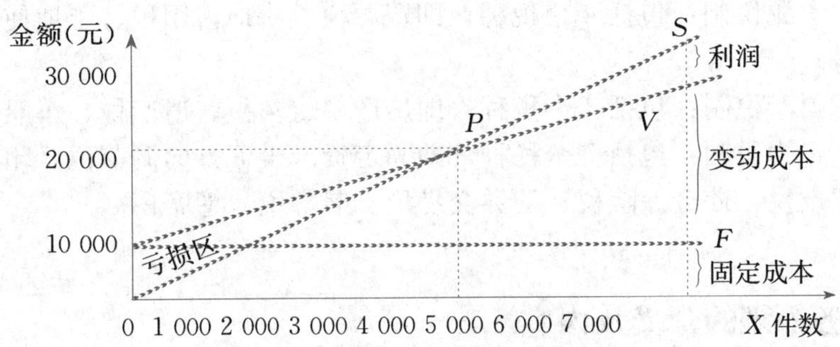

图 8—1 盈亏临界图

润，进入利润区。

第三节 税务筹划

一、中国现行税制的概述

中国现行税制基本上是 1994 年税制改革确立的税制框架的延续，是建立和发展社会主义市场经济的重大举措，通过对我国现行税制的完善将会初步建立起适合社会主义市场经济的税制体系和税制结构。

1. 我国现行税制体系

我国现行税制体系已经由 1979 年的单一税制转换为多税种、多环节、多层次发挥作用的复合税制体系。我国现行税制体系包括 22 个税种，对社会再生产的各个环节进行有效的调节；在维护社会主义市场经济秩序的基础上实现资本的积累和规模的扩张；对个人财产和收入进行有效调节以缩小收入差距。

2. 我国现行税制结构

我国现行税制结构从 1979 年以流转税为主转变成现在以流转税和所得税并重其他税种配合发挥作用的税制体系。

我国现行税制体系的基本框架如下：

（1）流转税制：包括 4 个税种，即增值税、消费税、营业税、关税；

（2）所得税制：包括 3 个税种，即企业所得税、个人所得税、农业税；

（3）资源税制：包括4个税种，即资源税、耕地占用税、土地使用税、土地增值税；

（4）财产税制：包括4个税种，即房产税、契税、遗产税、车船使用税；

（5）行为税制：包括7个税种，即固定资产投资方向调节税、印花税、城市维护建设税、社会保险税、证券交易税、屠宰税、筵席税。

二、税务筹划的含义及内容

1. 税务规划的含义

税务规划又称为“税收筹划”，是指按照税法的有关规定，尽可能地减少当前需要缴纳的税款，而将其推迟到纳税税率较低的时候缴纳；同时也尽可能增加课税减免额，减少不必要的税款。有效的税务规划不同于逃税，逃税属于隐瞒纳税收入，是违法行为。税务规划是理财计划的一部分，应在企业全年甚至长期的财务规划中实施和运作。

随着我国税制改革的深入，特别是税收征管改革的全面进行，企业纳税已由原来税务部门包办，改为纳税人主动上门申报，这进一步分清了纳税的法律责任，纳税人纳税的风险越来越大。企业迫切需要及时了解税收政策信息，了解税收政策背景，做好税收政策预测，即税务规划。税收筹划在客观上可以起到完善税法的作用。有的国家还对第一个发现税法漏洞的纳税人给予重奖。在我国也经历了这样一个过程，税收筹划逐渐从地下走到地上，从幕后走向前台，直到目前可以在“阳光下操作”。

2. 税务规划的内容

税务规划由于其依据不同，采用的方法和手段也不尽相同，主要包括以下内容：

（1）避税规划，即纳税人采用非违法手段，获取税收利益的策划。避税规划的主要特征有以下几点：非违法性；有规则性；前期策划性和后期的低风险性；有利于促进税收立法质量的提高；避税性。

（2）节税规划，即纳税人采用合法手段，利用税收优惠和税收惩罚等倾斜调控政策，获取税收利益的策划。节税规划的主要特点有：合法性；有规则性；经营的调整性与后期无风险性；有利于促进税收政策的统一和调控效率的提高；倡导性。

(3) 转嫁规划，即纳税人采用纯经济的手段，利用价格杠杆，将税负转嫁给消费者或供应商及自我消转的筹划。转嫁规划的主要特点如下：纯经济行为；以价格为主要手段；不影响财政收入；促进企业改善经营管理，改进技术。

(4) 零风险规划，即通过归整纳税人账目，实现涉税零风险。

三、税务规划的意义

(1) 有利于纳税人利益最大化。税务规划通过税收方案的比较，选择纳税较轻的方案，减少纳税人的现金流出或者减少本期现金的流出，增加可支配资金，有利于纳税人的发展。税务规划从某个意义上可帮助纳税人避免缴纳“冤枉税”，无论是在发达或不发达国家，税法越来越复杂化，而很多纳税人对税法知之甚少，甚至一无所知，这样就非常容易多缴纳税款。我国社会主义市场经济的健全过程也是税法体系不断健全的过程，税法的健全伴随着税法的日益复杂，如果对税法研究得不透彻，就既有可能漏税，也有可能多缴税。

(2) 有利于更好地掌握和实施税收法律法规。纳税筹划人为了更好地帮助纳税人节减更多的税收，总是密切地注意着国家税制法规和最新税收政策的出台。一旦税法有变化，纳税筹划人就会从追求纳税人的最大财务利益出发，马上采取相应行动，趋利避害，把税收筹划的意图迅速融入纳税人企业的经营活动过程中。从这方面来说，税务规划在客观上起到了更快、更好地贯彻税收法律法规的作用。由于税务规划可以及时发现税法中不完善的地方，故其在利用税法漏洞谋取自身利益的同时，也在时刻提醒着征税机关要注意税法的缺陷，税务规划对税法的健全起着一定促进作用。

(3) 有利于资源优化配置。在市场经济比较成熟的国家，一般只有管理规范、规模较大的企业才配备有专门的纳税筹划专业人员，通过他们的筹划，在企业运营的整个过程中，充分考虑税收的影响，使纳税人财务利益及税后利润最大化。在市场经济条件下，利润的高低决定了资本的流向，而资本总是流向利润最大的行业或企业，所以资本的流动代表的是实物资产和劳动力的流动，实际上代表着资源在全社会的优化配置，资源向经营管理规范、规模大的企业流动，实现规模经济效益，达到全社会资源的最优配置。

四、税务规划的原则

税务规划可以采用不同的手段和方法，既可以减少纳税人纳税义务又可以贯彻国家税务规划应该遵循的原则，这些原则可以归纳为以下五个方面：

（1）合法原则。在税务规划中，首先必须要严格遵循税务规划的不违法性原则。偷逃税款也可以减轻纳税人的税收负担，但是违背了税收筹划的不违法性原则。

（2）企业价值最大化原则。企业税务规划的最主要目的，归根结底是要使企业的可支配经济利益最大化，即税后企业价值最大化。企业经济利益最大化除了要考虑节减税收外，还要考虑企业的综合经济利益最大化，不仅要考虑企业现在的经济利益，还要考虑企业未来的经济利益；不仅要考虑企业的短期利益，还要考虑企业的长期利益；不仅要考虑企业经营所得的增加，还要考虑企业资本的保值增值。即在实施税务规划过程中，要考虑资金时间价值因素和风险因素。

（3）稳健性原则。税务规划在追求企业价值最大化时，还必须注意税务规划的稳健性原则。一般来说，企业节税收益越大，风险也越大。各种节减税收的方式和方法都有一定的风险，节税收益与税制变化风险、市场风险、利率风险、债务风险、汇率风险及通货膨胀风险等是紧密联系在一起的。税务规划要尽量避免使风险最大化，要在税务规划收益与节税风险之间进行必要的权衡，以保证能够真正增加企业价值。

（4）社会效应原则。社会效应原则，也叫社会责任原则。纳税人不管是个人还是企业，都是社会成员，都应承担一定的社会经济责任。任何经营行为都会产生或多或少的外部效应，这种外部效应有时是正效应即“外部效益”，如增加社会就业机会，为社会提供更多的消费品，向政府提供更多的税收收入等，这时社会经济责任与其企业价值最大化目标总的来说是一致的，但经营行为的外部效应有时是负效应即“外部损害”，如污染环境，自然资源过度浪费等，此时社会责任与其追求的企业价值最大化目标之间存在着一定的矛盾。承担过多的社会责任要影响企业的短期经济效益。但是，企业在税务规划时，必须考虑作为一个社会成员的纳税人所应该承担的社会责任。在以社会责任为主导的前提下从事税务规划工作。

（5）成本效益原则。企业在进行税务规划时，应选择成本最低、最简单易操作的方法。企业可选择的节减税收的方式和方法很多，税务规划在选择各种节税方案时，选择的方案应是越容易操作的越好，越简单的越好。比如，凡是能够用简单方法的，不要用复杂方法；能够就近解决的，不要舍近求远等。税务规划的目的是使企业获得利益，但无论由自己内部规划，还是由外部规划，都要耗费一定的人力、物力和财力，比如，企业税务规划，不论是在企业内设立专门部门，还是聘请外部专业税务规划顾问，都要发生额外费用。税务规划要尽量使税务规划成本费用降低到最小程度，使纳税筹划收益达到最大程度。

五、税务规划的主要方法

虽然由于企业所处的行业组织形式、经营方式千差万别，各个企业进行合法节税的方法也各不相同，但企业制定税务规划减少纳税的手段，总的有三个方面：税率式税务规划、税基式税务规划、税额式税务规划。

（1）税基式税务规划是指纳税人通过缩小计税依据的方式来减轻纳税的规划方法。税基是计税的依据，是计税的数量化的东西，在税率一定的情况下，税基越小，纳税人缴纳的税款越少。

（2）税率式税务规划是指纳税人通过税务的规划，适用比较低的税率，总体上减轻税收负担的方法。

（3）税额式税务规划是指纳税人通过利用税法中减免税的规定来减轻纳税负担的方法。

上述这三种税务规划方式，在实际制定税务规划方案时往往不能截然分开，任何一种税务规划计划中都可能包括这三种基本方式中的一种或几种，即混合式的税务规划。

第四节　利润分配

一、利润分配的原则

在企业利润分配过程中，要正确处理好国家、企业、个人三者之间的经济利益关系，正确处理好责、权、利之间的关系。

企业在利润分配过程中必须遵循下列基本原则：

1. 确认利润总额的原则

确认利润总额的原则，要求进行利润分配的企业当年必须要有确认的利润总额，或者有历年未分配利润结余及留存收益。凡是在年终会计核算中没有确认利润总额的，或是没有留存收益的企业不得分配利润。确认利润总额是企业进行利润分配的前提，有利润并且必须有税后利润，企业才能进行利润分配。

2. 资本保全的原则

资本保全是保证投资者投入到企业的资本不受侵蚀，企业的净资产只有超过所需保全的资本部分，才能确认为收益。企业在扣除所有者出资后，期末净资产的财务金额必须大于期初净资产的财务金额，才算取得了盈利。企业的利润分配，是对投资者资本增值部分的分配，而不是对投资者资本金的返回，即决不能把资本金分配给投资者而减少资本总额。利润分配过程中决不允许企业在不盈利或亏损的情况下用资本金向投资者分配，如果出现这种情况，就已不属于利润分配行为，而应是企业一种清算行为。只有坚持资本保全原则，才能充分保护投资者的权益。

3. 遵守国家法律和财经纪律的原则

利润分配涉及国家、企业、个人等各种经济利益关系，是一项十分敏感的工作，因此，必须遵守国家的有关法律、法规和制度，确保国家的利益不受侵犯。第一，企业在进行利润分配之前，必须按税法的规定交纳所得税，对于影响国家税收的各种项目的计算，必须严格遵守国家规定的财务制度和有关法律法规要求，这样才能保证国家财政收入的稳定。计算出税后利润额后，才能进行税后利润的分配。第二，企业税后利润的分配必须遵守国家规定的税后利润分配顺序和确定的分配比例，按规定的比例提取法定盈余公积金和公益金等。

4. 保护债权人权益的原则

利润分配中要体现对债权人权益的充分保护，这就要求企业在利润分配之前，必须要先偿清债权人到期的债务，然后才能进行利润分配。如果故意拖欠债权人债务，而任意进行利润分配，是对债权人权益的侵害。企业在利润分配以后还应保持一定的偿债能力，不能因为利润分配而造成企业的现金枯竭，发生财务危机，损害债权人权益。

二、利润分配的内容及程序

企业实现的当期净利润需要在国家、企业所有者、企业法人和企业职工等利益相关者之间进行分配。利润分配有两个层面的含义，一个层面的利润分配包括企业税前利润的分配和税后利润的分配两部分；另一个层面的利润分配认为税收具有强制性和无偿性，企业无法对其施加影响，因此，利润分配仅指企业税后利润的分配即狭义上的利润分配。本书所述的利润分配是指狭义上的利润分配。企业利润分配应该按照一定的顺序进行，严格按照国家有关法律、法规的规定程序进行。除国家另有规定外，企业的利润分配顺序如下：

（一）计算可供分配的利润

在利润分配之前，首先要将企业的本年税后净利润与企业年初未分配利润（亏损）相合并，即得出本年可供分配的利润数额。若该数额为负数，则不能进行后续利润的分配。具体步骤分为两步：

1. 支付各种税收的滞纳金和罚款

企业因违反法律、法规而被没收的财务损失，因违反税法而向税务部门缴纳的滞纳金和罚款，只能从企业的税后净利中支付，而不能在税前列支。

2. 弥补企业以前年度的亏损

企业以前年度的亏损，若未能在亏损发生后的连续 5 个会计年度内用税前利润弥补完，剩余的部分需要用以后年度的税后净利弥补，而不能在税前继续弥补。以前年度亏损未弥补完之前，企业不能提取盈余公积金和公益金，也不能向投资者分配利润。

（二）提取法定盈余公积金

在本年的净利润抵减年初累计亏损后，按照该数额提取法定盈余公积金。法定盈余公积金的提取比例为 10%。主要用于弥补企业的亏损，扩大企业生产经营规模以及转增企业的资本金和分配现金股利或利润。当企业积累的法定盈余公积金达到本企业注册资本的 50%以后，企业可以根据自身的需要不再继续提取。企业用盈余公积金转增资本后，剩余的部分不得低于注册资本金的 25%。

（三）提取公益金

公益金的提取基数与法定盈余公积金的提取基数相同，提取比例为 5%至 10%。公益金专门用于职工集体福利设施的建设。

（四）提取任意盈余公积金

对任意盈余公积金的提取，企业有较大自主权。其主要是为企业的自身生产经营和生存发展服务的。在经过上述利润分配之后，企业可以根据自身情况、经营战略，按照企业权力机构如股东大会、董事会等的决议在剩余可供分配的利润中以任意比例提取。该公积金的用途与法定盈余公积金的用途基本相同。

（五）向所有者分配利润

在经过上述利润分配的过程之后，如果还有可供分配的利润即可向企业的所有者分配。向所有者分配利润的原则是：有利润则分，无利润不分。但是在亏损的年度，如果企业年初有较多未分配利润，并且已经弥补了亏损，为了维持企业形象和分配政策，企业仍然可以进行利润分配。

【本章小结】

目标利润的规划是利润管理的首要环节，它为利润管理提供了方向和依据，离开目标利润规划，也就谈不上利润管理。

正确合理地进行利润分配直接关系到与企业相关的各方面的经济利益关系。利润分配管理的目的，就是要寻找到在企业发展中与各方面有共同利益的基点，满足各方面的需要。所以，企业在进行利润分配时，要权衡各方面的利益期望，按照一定的分配原则，充分兼顾不同方面的利益，处理好国家与企业、企业与职工、投资者眼前利益与企业长远发展的关系，并要特别注意利润分配与企业内部筹资和投资的密切协调联系，确保利润分配决策与企业筹资、投资决策相互协调、统一，建立起良好的利润分配激励机制与约束机制，为企业长远发展和取得最佳的经济效益奠定基础。

【复习题】

1. 简述本—量—利之间的关系。
2. 企业利润分配政策的制定应考虑哪些因素？

【讨论及思考题】

1. 税收筹划对企业财务管理的意义是什么？
2. 企业的利润分配政策对企业财务管理总体目标实现的影响有哪些？

第九章
股利政策

【本章引言】

股利政策是现代公司理财活动的三大核心内容之一，也是企业融资决策不可分割的一部分。股利政策的核心问题就是决定企业利润在支付股利与留存收益之间的合理分配比例，即股利支付率问题，它是处理短期利益与长期利益、企业与股东等关系的关键。因此，公司管理当局应当在认真研究股利政策基本理论的基础上，确定公司的股利政策类型，分析影响公司股利政策的因素，从而制定出正确的股利分配方案。

第一节　股利政策的选择

一、股利政策的内容

股利政策是指企业管理当局对股利分配有关事项所作出的方针与政策。由于股利的发放既关系到股东的经济利益，又关系到企业的未来发展。而支付给股东的盈余与留在企业的盈余存在此消彼长的关系。所以股利分配既决定给股东分配多少红利，也决定有多少净利润留在企业，即股利支付比率是股利政策的核心。股利政策主要包括三项内容：

（一）股利宣告日、股权登记日、除息日及股利支付日的选择

股份有限公司向股东支付股利，前后有一个过程。主要经历股利宣告日、股权登记日、除息日和股利支付日。

1. 股利宣告日

股利宣告日，即公司董事会按股利发放的周期举行董事会会议，决定股利分配的预分方案，交由股东大会讨论通过后，由董事会将股利支付情况正式予以公告的日期。

2. 股权登记日

股权登记日，即有权领取本期股利的股东资格登记截止日期。只有在股权登记日前登记在公司名册上的股东，才有权分享本次股利，而在股权登记日之后，登记在册的股东即使在股利支付日之前买进股票，也无权分享本次股利。

3. 除息日

除息日，即指领取股利的权利与股票相互分离的日期。在除息日前，股利权从属于股票，持有股票者即享有领取股利的权利；除息日始，股利权与股票相分离，新购入股票的人不能分享股利。

4. 股利支付日

即向股东发放股利的日期。

（二）制定股利分配的具体政策

依据公司内外各种制约股利分配的因素，决定股利支付率的高低，股利是

否稳定以及股利支付的方式，制定股利分配的具体政策。

(三) 现金股利的资金筹集

如果公司决定采取现金股利支付方式，就必须有充足的货币资金。按道理，支付现金股利的资金应从营业收益中获得。但事实上，公司净收益额与货币资金净额常常并不一致，即使公司有盈余但在股利支付日并不一定有足够的货币资金用以支付现金股利，这就导致了支付现金股利常常产生融资的客观需求。如果预计在股利支付后不久有现金流入，可采用短期借款方式来筹集资金；如果目前现金不足，短期内又没有现金流入，则应采用长期融资；如果目前现金不足，外部筹资又受到限制，则应采用股票股利或财产股利代替现金股利的支付。当然，不排除支付股利之前有充足的现金情况，如果距股利支付日还有一段时间，可将其先用于有价证券投资。

二、股利政策的类型

在财务管理的实践中，股利政策主要有以下几种：剩余股利政策、定额股利政策、固定股利支付率政策、低正常股利加额外股利政策等。

(一) 剩余股利政策

剩余股利政策就是在公司有着良好的投资机会时（即投资机会的预期报酬率高于股东要求的必要报酬率时），根据目标资本结构测算出必需的股权资本与既有股权资本的差额，首先将税后利润用于满足投资所需的权益资本，然后将剩余的净利润再用于股利分配。其基本步骤为：

(1) 设定目标资本结构，即确定权益资本与债务资本的比率，在此资本结构下，加权平均资本成本将达到最低水平；

(2) 确定目标资本结构下投资所需的权益资本数额；

(3) 最大限度地使用税后利润以满足可接受投资项目所需的权益资本数额；

(4) 可接受投资项目所需权益资本已经满足后若还有剩余，再将其作为股利发放给股东。

企业选择剩余股利政策通常是基于下列原因的考虑：一是取得或保持一个合理的资本结构，实现企业价值的长期最大化；二是满足企业持续增长而社会融资难度较大情况下对资金的需要；三是在债务比率较高，利息负担及财务风险较大（不宜再增加债务融资）情况下，满足投资规模扩大对增加资金的需要，并同时减少社会融资的交易成本。不过，该政策也有几个明显的缺陷：一是可能会因股利发放的波动而给投资者造成企业经营状况不稳定的感觉，不利于树立企业良好的财务形象；二是会因股利发放率过低而影响股价上涨，导致企业市场价值被错误低估，为他人进行廉价收购创造可乘之机；三是不能满足希望取得稳定收入股东的需要。

剩余股利政策一般适用于公司初创阶段。

【例 9.1】 某公司 2003 年税后利润总额为 2 500 万元，按规定提取 10%的盈余公积金和 5%的公益金，2004 年的投资计划需要资金 2 100 万元，公司的目标资本结构是维持借入资金与自有资金的比例为 1∶2，按照剩余股利政策确定该公司 2003 年向投资者分红的数额。

解：投资方案所需资金总额＝2 100（万元）

目标资本结构为 1/3 负债，2/3 所有者权益

可供分配利润＝2 500×（1－10%－5%）＝2 125（万元）

投资所需增加的权益资本数额＝2 100×2/3＝1 400（万元）

向投资者分红数额＝2 125－1 400＝725（万元）

（二）定额股利政策

定额股利政策是将每年发放的股利固定在一定的水平上并在较长的时期内保持不变，只有当公司认为未来盈余将会显著地、不可逆转地增长时，才提高年度的股利发放额。在这种股利政策下，当公司收益发生一般变化时，并不影响股利的支付，股利始终保持在稳定的水平，向投资者传递的是公司经营业绩稳定、风险较小的信息。因此，那些收益比较稳定或正处于成长期、信誉一般的公司多采用这种股利政策。不过，在通货膨胀的情况下，大多数公司的盈余会随之提高，同时，迫于大多数投资者弥补资本与利润贬值需要的压力，企业也应适当提高股利的发放比例。

企业采用定额股利政策的目的在于：

（1）稳定的股利向市场传递着公司正常稳定发展的信息，有利于树立公司良好形象，增强投资者对公司的信心，稳定股票的价格。如果企业盈利一直趋于下降，即使稳定的股利政策也不会永远传递美好的未来前景。而且，如果一个企业处于盈利大幅波动的不稳定行业中，则定额股利政策也不会显示其稳定性。

（2）稳定的股利额有利于投资者安排股利收入和支出，特别是对股利有着

很强依赖性的股东更是如此。而股利忽高忽低的股票，则不会受这些股东的欢迎，股票价格也会因此而下降。

(3) 稳定股利可以消除投资者内心的不确定性，等于向投资者传递了公司经营业绩稳定或稳定增长的信息，从而使公司股票价格上升。

(4) 具有稳定股利的股票有利于机构投资者购买。在国外，政府对退休基金、信托基金和人寿保险企业等机构投资者的证券投资进行了法律上的限制。具有稳定股利记录的企业，其股票才能成为这些机构投资者投资的对象。

该股利政策的缺点在于股利的支付与盈余相脱节，造成投资的风险与投资的收益不对称。当净利润下降或现金紧张时，仍要保证股利的正常发放，容易引起公司资金短缺，导致财务状况恶化，使公司承担较大的财务压力。同时不能像剩余股利政策那样保持较低的资本成本。

(三) 固定股利支付率政策

固定股利支付率政策是企业确定一个股利占盈余的比率，并长期按此比率支付股利的政策。在这种股利政策下，由于公司的盈利能力是经常变动的，因此，当盈利状况好时，股东的股利也相应地增加；反之，当盈利状况不好时，股东的股利也相应地下降，即股利随盈利的变化而变化，始终保持股利与盈利之间的一定比例关系，使股利支付与公司的盈利能力紧密联系。因此，这实际上是一种变动的股利政策。

主张实行固定股利支付率的人认为，这样做能够使股利与企业盈余紧密结合，以体现多盈多分、少盈少分、不盈不分的原则，即风险投资与风险收益相对等。只有维持固定的股利支付率，企业才算公平地对待了每一位股东。同时不会加大公司的财务压力。但这种政策的不足之处在于，由于股利波动传递的是经营业绩不稳定的信息，容易使外界产生公司经营不稳定的印象，不利于股票价格的稳定与上涨，也不利于树立公司良好的财务形象。另外，确定合理的固定股利支付率难度很大。一个公司如果股利支付率确定低了，则不能满足投资者对现实股利的要求；反之，公司股利支付率确定高了，就会使大量资金因支付股利而流出，公司又会因资金缺乏而制约其发展。因此，这种股利政策为那些盈利相对比较稳定的公司所采用。

(四) 低正常股利加额外股利政策

低正常股利加额外股利政策是指企业每年按固定的、较低的数额向股东支付正常股利，当企业盈利有较大幅度增加时，再根据实际需要，向股东临时发放一些额外股利。这是一种介于固定股利政策与变动股利政策之间的折中股利政策，是对上述股利政策的综合，尤其是吸收了定额股利政策与固定股利支付率政策的优点，并在一定程度上克服了二者的缺点。

采用本政策的目的在于：

（1）给企业以较大的弹性。由于正常股利发放水平较低，当企业盈利较少或投资需要资金时，企业只要支付较少的股利就可以保持既定的股利发放水平，不会加大公司的财务压力，又能保证股东稳定的股利收入，可避免股价下跌的风险。当企业盈利增加或不需要投资时，企业就可以通过发放额外股利的方式，将其转移到股东的手中，同时也有利于股价的提高。

（2）向股东发放稳定的正常股利，可以增强股东对企业的信心，尤其吸引住那些依靠股利度日的股东。

总之，由于该股利政策既可以维持股利的一定稳定性，又有利于企业的资本结构达到目标资本结构，使灵活性与稳定性较好的结合，因而为许多企业所采用。

该股利政策的缺点在于股利派发仍然缺乏稳定性，额外股利随盈利的变化时有时无，给人漂浮不定的印象；如果公司较长时期一直发放额外股利，股东就会误认为这是正常股利，一旦取消，极易造成公司财务状况逆转的负面影响，股价下跌在所难免。如果公司的盈余和现金流量经常变动，且不易准确预测，采取这种股利政策不失为最佳选择。

除了上述介绍的几种股利政策之外，股利政策还有低定率加额外支付率的股利政策、随机的不规则股利政策以及浮动股利政策，甚至无股利政策等。定额股利政策、正常股利加额外股利政策为我国企业所普遍采用，并为广大的投资者所认可。企业在进行股利分配时，应结合自身的需要以及市场环境的影响，选择最适合自己的股利政策。

第二节　影响股利政策的因素

企业股利政策的形成受诸多因素的影响，主要有：法律因素、企业因素、股东因素、债务契约因素和其他因素。

一、法律因素

任何公司总是在一定的法律环境下从事经营活动。因此，法律会直接限制公司的股利政策，这些限制主要表现为以下几点。

（一）资本保全

资本保全是为了保护投资者的利益而作出的法律限制。任何导致资本减少或侵蚀资本的股利发放行为都是违法的，董事会应对此负责。法律所以作出这种限制就在于保证公司有完整的产权基础，并由此保护债权人的权益。公司只能用当期利润或留用利润来分配股利，不能用公司出售股票而募集的资本发放股利。在我国，当企业发生亏损时，为维护企业形象，可以用盈余公积发放不超过面值 6％的现金股利，发放后法定公积金不得低于注册资本的 25％，这是企业资本保全限制和净利润限制的一个例外。

（二）企业积累

企业积累的规定要求公司在向股东支付股利之前，必须按税后利润的一定比例提取法定盈余公积金，并鼓励公司提取任意盈余公积金。这一条款的目的，一是在于保证公司在盈利时有所积累，将来如果发生亏损，可用公司积累的公积金弥补，也可在用盈余公积金弥补亏损以后，经股东大会特别决议，在有关法律规定的限度内用盈余公积金分配股利；二是为企业实现内部资本扩张做准备。用公积金扩大公司生产经营，或者将公积金转为增加公司资本。如我国现行制度和法规明确规定：股份公司应按税后利润的 10％提取法定盈余公积金，按税后利润的 5％～10％提取法定公益金，并且鼓励企业在分配普通股股利之前提取任意盈余公积金，只有当盈余公积金累计数额已达到注册资本 50％时，才可以不再提取。

（三）净利润

净利润的规定要求公司只能从当年的净利润和以前年度未分配利润中支付股利。也就是说，公司股利的支付不能超过当年的净利润与以前年度未分配利润之和。

（四）偿债能力

偿债能力的规定要求公司必须有充分的偿债能力才能发放现金股利。如果公司已经无力偿付到期债务，或因支付现金股利将使其失去偿债能力，则公司不能支付现金股利。否则，属于违法行为。由于公司的偿债能力直接取决于其资产的变现能力，因此不允许公司在现金有限的情况下，为取悦于股东而支付现金股利，以免侵害债权人的利益。

（五）超额累积利润

由于股东接受现金股利交纳的所得税率高于其进行股票交易的资本利得税，于是很多国家规定企业不得超额累积利润，一旦企业的保留盈余超过法律许可的水平，将被加征额外税收。由于我国目前股东接受现金股利交纳的所得税率为20%，未开征股票交易的资本利得税，也未规定超额累积利润限制，故在我国企业的税后利润留成比例相当大。

二、企业因素

企业资金的灵活周转是企业生产经营得以正常进行的必要条件。就企业的生产经营需要来讲，也存在一些影响股利分配的因素。这些因素主要有：

（一）盈余的稳定性

企业是否能获得长期稳定的盈余是其股利决策的重要基础。盈余相对稳定的企业有可能支付较高的股利，而盈余不稳定的企业一般采用低股利政策。对于盈余不稳定的企业，低股利政策可以减少因盈余下降而造成的股利无法支付，股价急剧下降的风险，还可将更多的盈余用于再投资，以提高企业的权益资本比重，减少财务风险。

（二）现金流量

企业经营必须有充足的现金，否则就会发生支付手段不足的困难。因此，公司分配现金股利时，必须考虑公司的现金流量以及资产的流动性。如果现金股利分配过多就会减少公司的现金持有量，从而影响公司未来的支付能力，甚至导致公司的财务状况恶化。

（三）举债能力

在资本市场中，不同企业的举债能力存在一定的差异，因此，公司在分配现金股利时，应当考虑自身的举债能力。如果举债能力较强，则当公司缺乏资金时，就能够较容易地从资本市场上筹集到所需要的资金，那么，公司可采取较宽松的股利政策；如果举债能力较差，就应当采取较紧缩的股利政策，尽量少发放现金股利，保留较多盈余。

（四）投资机会

有着良好投资机会的企业需要有强大的资金支持，因而往往少发放现金股利，将大部分盈余留存下来进行再投资；缺乏良好投资机会的企业，保留大量盈余的结果必然是大量资金闲置，于是倾向于支付较高的现金股利。所以，处于成长中的企业多采取低股利政策，处于经营收缩期的企业多采取高股利政策。

（五）资本成本

与增发普通股相比，保留盈余不需花费筹资费用，其资本成本较低，是一种比较经济的筹资渠道。所以，从资本成本考虑，如果企业扩大规模，需要增加权益资本时，不妨采取低股利政策。

（六）偿债需要

具有较高债务偿还需要的企业，可以通过举借新债，发行新股筹集偿债需要的资金，也可以用保留盈余偿还债务。如果举借新债的资本成本高或受其他因素限制而难以进入资本市场时，企业也应当减少现金股利的发放。

（七）公司所处行业和股本规模

（1）上市公司所处的行业会影响其股利政策。如果公司处于朝阳行业，则因产业和公司的成长性好，可进行高比例的送股；如果公司处于夕阳产业，则会随着经济的高增长而萎缩，就难以进行大比例的分红派息；如果公司从事公用事业，往往现金充裕，但投资机会较少，所以发放现金股利的可能性较大。

（2）上市公司股本规模大小对股利政策有较大影响。当上市公司股本规模达到一定程度时，保持每股净利润的同步增长，需要公司有很高的成长性。因此，大盘股公司相对于小盘股公司扩张潜力更强。

三、股东因素

股东在税负、投资机会、股权稀释和稳定收入等方面的意愿也会对企业的股利政策产生影响。毫无疑问，企业不可能形成一种能使每位股东财富最大化的股利政策，企业制定股利政策的目的在于对绝大多数股东的财富产生有利影响。

（一）股东的税负

企业的股利政策受股东的所得税负的影响。在我国，由于现金股利收入的税率是20%，而股票交易尚未征收资本利得税，因此，多留少派的股利政策可以给股东带来更多的资本利得收入，从而达到少纳所得税的目的。在国外，由于现金股利收入已纳入股东的个人收入范围，按累进递增的比率缴纳个人所得税。如果一个企业拥有很大比例的富有股东，一般也倾向于多留少派；反之，如果一个企业绝大部分股东属于低收入阶层，其所适用的个人所得税率较低甚至未达到征收个人所得税的起征点，这些股东就会更注重当期的现金股利收入，宁愿获得没有风险的当期股利，而不愿冒风险去获得以后的资本利得。

（二）股东的投资机会

本着股东财富最大化的原则，如果企业将留成盈利用于再投资所得报酬低于股东个人单独将股利收入投资于其他机会所得的报酬，则该企业就不应多留盈利，而应多支付现金股利给股东，因为这样做，将对股东更为有利。尽管难以对每位股东的投资机会及其投资报酬率加以评估，企业至少应对风险相同的企业外部投资机会可获得的投资报酬率加以评估，如果评估显示，在企业外部有更好的投资机会，则企业应选择多支付现金股利，少留盈利的股利政策。相反，如果企业的投资机会可以获得比其外部投资机会更高的投资报酬率，则企业应选择低股利支付率的股利政策。由此可见，股东的企业外部投资机会的评估也是正确制定股利政策必须考虑的一个因素。

（三）股东的股权稀释

企业支付较高的现金股利，就会导致留成盈余的减少，这又意味着将来发行新股的可能性增大。在股东拿不出更多的资金购买新股，其所持股权必然受到稀释。如果股东对现有股利政策不满意，他们就会出售其所持股份，外部集团掌握企业控制权的可能性也就增大。

（四）股东的稳定收入

如果一个企业拥有很大比例的富有股东，这些股东多半不会依赖企业发放的现金股利维持生活，它们对定期支付现金股利的要求不会显得十分迫切。相反，如果一个企业绝大部分股东属于低收入阶层，他们生活来源的一部分甚至全部来自于现金股利收入，这部分股东将特别关注现金股利，特别是稳定的现金股利发放。

四、债务契约因素

债务契约是指债权人为了防止企业过多发放股利，影响其偿债能力，增加债务风险，而以契约的形式限制企业现金股利的发放，其限制的主要内容通常包括：

（1）规定每股股利的最高限额；

（2）规定未来股息只能用贷款协议签订以后的新增收益来支付，而不能动用签订协议之前的留存利润；

（3）规定企业的流动比率，利息保障倍数低于一定标准时不得分配现金股利等。

五、其他因素

（一）机构投资者的投资限制

机构投资者包括养老基金、储蓄银行、信托基金、保险企业和其他一些机构。政府对机构投资者所进行的投资限制往往与股利，特别是稳定股利的支付有关。如果某一企业想更多地吸引机构投资者，它一般应采用较高而且稳定的股利支付政策。

（二）重置实物资产的考虑

在通货膨胀的情况下，企业固定资产折旧的购买力水平下降，会导致没有足够的资金重置固定资产。这时较多的留成盈余就会当作弥补固定资产折旧购买力水平下降的资金，因此，在通货膨胀时期，企业股利政策往往偏紧。

由以上分析可见，股利分配要受到多种因素的制约。因此，企业在利润分配决策时，应全面把握各种限制条件，合理组织公司的股利分配。

第三节　股利形式

在介绍股利形式前，我们有必要弄清有关股利、股息和红利的概念。股利主要指公司的普通股股东从公司所取得的净利润，以股东投资额为分配标准，主要有现金股利和股票股利两种形式。实际工作中，人们常常将股利、股息和红利混用，严格来讲它们是有区别的。股息指优先股股东依照事先约定的比率定期提取的公司经营收益；红利则是指普通股股东在分派优先股股息之后从公司提取的不定期的收益，主要指获得的现金股利。股息和红利都是股东投资的收益，可统称为股利，但通常所说的股利主要是指普通股股东派得的那部分。

企业决定发放股利后，便要作出以何种形式发放股利的决策。常见的股利支付形式有以下几种。

一、现金股利

现金股利就是公司以现金支付的股利。现金股利是股利支付的最主要、最常见的方式。公司发放现金股利不仅要有累积盈余，还要有足够的现金。公司采用现金股利支付方式的决策因素，主要有股东的意愿和现金供应量两个方面。

（一）股东的意愿

股东作为公司的所有者，对公司的重大经营决策具有表决权，股利分配方案必须经股东大会表决通过。因此，股利的支付方式受股东的意愿所左右。有的股东并不依赖股利生活，即使是分配现金股利给他们，他们一般也是在缴纳个人所得税后将股利再投资出去，与其以现金股利的方式分得股利缴纳了个人所得税后再去投资，还不如直接以股票股利的方式将盈余转作再投资。这样，既能以较低税率的资本利得税取代较高税率的个人所得税，得到减轻税负的好处，又可以防止控制权的分散。但对于中小股东而言，他们更欢迎现金股利。因为他们不愿意将本已到手的投资收益再转作有风险的投资，宁可得到现实的现金股利而不愿等待未来不可靠的资本利得。公司董事会在决定股利支付方式时，必须充分考虑各类股东的意愿。

（二）现金供应量

现金股利的支付方式受公司现金供应量的限制。公司有可供分配的利润，并不等同于公司能以现金方式支付股利。在公司有可供分配的利润且股东愿意接受现金股利的情况下，能否采用现金股利支付方式，一是要看公司是否有足够的现金供应量，二是要视现金流出对公司资金周转产生的影响大小而定。

二、财产股利

财产股利是以现金以外的资产支付的股利。具体有：

（一）实物股利

发给股东实物资产，多用于额外股利的股利形式。这种方式不增加货币资金支出，多用于现金支付能力不足的情况，减少公司的资产净值，不经常采用。

（二）证券股利

最常见的财产股利是以其他公司的证券代替货币资金发放给股东的股息。由于证券的流动性较好，仅次于货币资金，股东愿意接受。对企业来说，把证券作为股利发给股东，既发放了股利，又保留了对其他公司的控股权，可谓一举两得。

三、负债股利

公司用自己的债权分发给股东作为投资报酬，股东成为公司的债权人。公司资产总额不变，负债增加，资产净值减少。发行公司债券和本公司开出票据，票据为带息的票据，并有一定的到期日。对股东来说，到期还本收到现金股利的时间要很长，但可获得额外的利息收入。对公司来说，增加了支付利息的财务压力。所以，它只是公司已宣布并必须立即发放股息而现金不足时采用的一种权宜之策。

财产股利和负债股利实际上是现金股利的替代，这两种股利支付方式目前在我国公司实务中很少使用，但非法律所禁止。

四、股票股利

（一）股票股利

股票股利是公司以增发的股票作为股利的支付方式。股票股利并不直接增加股东财富，不导致公司资产的流出或负债的增加，因而不是公司资金的使用，同时也并不因此而增加公司的财产，但会引起所有者权益各项目的结构发生变化。

【例 9.2】 某公司在发放股票股利时，股东权益情况如表 9—1 所示。

表 9—1

单位：元

普通股（面额 1 元，已发行 200 000 股）	200 000
资本公积	400 000
未分配利润	2 000 000
股东权益合计	2 600 000

假定该公司宣布发放 10%的股票股利，即增发 20 000 股普通股股票，并规定现有股东持 10 股可得 1 股增发的股票。若该股票当时市价 20 元，那么股票股利发放后，对公司股东权益会产生怎样的影响呢？

随着股票股利的发放，需从“未分配利润”项目划转出资金为：

20 元/股×200 000 股×10%＝400 000 元

由于股票面额（1 元）不变，增发 20 000 股普通股票，普通股只能增加“普通股”项目 20 000 元，其余 380 000 元（＝400 000－20 000）应作股票溢价转至“资本公积”项目，而公司股东权益总额保持不变。发放股票股利后，公司股东权益各项目如表 9—2 所示。

表 9—2

单位：元

普通股（面额 1 元，已发行 220 000 股）	220 000
资本公积（400 000＋380 000）	780 000
未分配利润（2 000 000－400 000）	1 600 000
股东权益合计	2 600 000

可见，发放股票股利，不会对公司股东权益总额产生影响，但发生了资金在各股东权益项目之间的再分配。

发放股票股利后，如果盈利总额不变，由于普通股股数增加而引起每股盈余和每股市价的下降；但又由于股东所持股份的比例不变，每位股东所持股票的市场价值总额仍保持不变。

【例 9.3】 假定上述公司本年盈利 440 000 元，某股东持有 20 000 股普通股票，那么，发放普通股股利对该股东的影响如表 9—3 所示。

表 9—3

单位：元

项　目	发　行　前	发　行　后
每股盈余	440 000/200 000＝2.2	440 000/220 000＝2
每股市价	20	20/（1＋10%）＝18.18
持股比例	20 000/200 000＝10%	22 000/220 000＝10%
所持股票总价值	20×20 000＝400 000	18.18×22 000＝400 000

发放股票股利对每股盈余和每股市价的影响，可通过对原每股盈余、每股市价的调整直接算出：

$$发放股票股利后的每股盈余=\frac{E_0}{1+D_s}$$

式中 E_0——发放股票股利前的每股盈余；

D_s——股票股利发放率。

$$发放股票股利后的每股市价=\frac{M}{1+D_s}$$

式中 M——股利分配权转移日的每股市价。

尽管股票股利不直接增加股东的财富，也不增加公司的价值，但对股东和公司都有特殊的意义。

对股东来说，股票股利的意义在于：

(1) 如果公司在发行股票股利后同时发放现金股利，股东会因所持股数的增加而得到更多的现金。

(2) 有些公司发行股票股利后股价并不成比例下降，可使股东得到股票价值相对上升的好处。

(3) 发放股票股利通常由成长中的公司所为，投资者往往认为发放股票股利预示着公司将会有较大发展，盈余将大幅度增加，足以抵消增发股票带来的消极影响。这种心理将稳住股价甚至会使股价略有上升。

(4) 在股东需要现金时，还可以将分得的股票股利出售，使得股东可以从中获得纳税上的好处（有些国家规定出售股票所需交纳的资本利得税率比收取现金股利所需交纳的所得税率低）。

对公司来说，股票股利的意义在于：

(1) 发放股票股利可使股东分享公司的盈余而无须支付现金，不会增加公司现金流出量。

(2) 在盈余和现金股利不变的情况下，发放股票股利可以降低每股价格，从而吸引更多的投资者。

(3) 当现金吃紧时，发放股票股利在感觉上有助于维持股利的稳定与企业的市场形象和市场价值。

(4) 增加了发行股票的数量，有利于股票流通性的调整。

不过股票股利也存在一定的缺陷，其中最主要的有三个：(1) 由于每股利润的摊薄而导致股票价格的下降；(2) 部分股东可能会认为企业之所以以股票股利替代现金股利，是因为缺乏现金支付能力即财务风险加大，而这种感觉或错觉肯定会对其投资的信心产生不利影响，以致纷纷抛售股票，导致企业股票市价被人为低估，给窥伺者制造了廉价收购企业的可乘之机；(3) 发放股票股利的费用比发放现金股利的费用大，会增加公司的负担。

(二) 股票分割

股票分割也叫股份拆细，是指将每股面额较高的股票换成若干股面额较低的股票的行为。股票分割不属于某种股利，但是所产生的效果与发放股票股利近似。

股票分割时，发行在外的股数增加，使得每股面额下降，每股盈余下降；但公司价值不变，股东权益总额、股东权益各项目的金额及其相互间的比例也不会改变。这与发放股票股利的情况既有相同之处，又有不同之处。就企业来说，实施股票分割的目的或动机主要在于：

(1) 降低股票市价，吸引更广泛的散户投资者。通过股票分割，股票的价格下降，企业发行在外的普通股票将广泛地分散到散户投资者中，有利于防止少数股东通过委托代理权，实现对企业的控制。

(2) 促使企业兼并与合并政策的实施。当一个企业兼并或合并另一个企业时，如果将自己企业的股票进行分割，将增加对被兼并方股东的吸引力。例如，假设甲企业准备通过股票交换实施对乙企业的兼并，设甲、乙企业的股票价格分别为 50 元和 5 元，如果以 1 股甲企业股票换取 10 股乙企业股票，可能会使乙企业的股东在心理上难以承受；相反，如果甲企业先按 5 股新股换取 1 股旧股的办法进行股票分割，然后用 1∶2 的比例换取乙企业股票，此时，乙企业的股东在心理上可能会更好受一些。这种心理上的差异，有利于企业兼并与企业合并。

(3) 传递盈利能力增强的先导信号。股票股利与股票分割通常出现在现金股利和盈利增加之前，在股票股利或股票分割的消息公布前后，股票价格将作出重大而积极的反应。市场把股票股利与股票分割是现金股利增加或盈利增加的先导信号。

(三) 股票合并

与股票分割相反，股票合并是企业将原来面额较小的若干股股票合并成为一股面额较大的新股票的行为。企业进行股票合并的直接原因主要是两个方面：一是尽管企业获利状况较好，但由于原发股票数量过多而影响每股收益从而影响市价的上涨，以致被错误低估；二是企业获利状况欠佳，每股收益过低，需要借助股份合并措施相对提高每股收益，以期刺激股票市价上涨。毫无疑问，如果股票合并的目的能够达到的话，必然对提高股东的经济收益以及对企业的市场价值产生积极影响。就投资者的经验来讲，采取股票合并式是企业承认自己处于财务困境的标志。投资者从这种经验判断的惯性出发，在多数情况下会对企业进行股票合并的举措做出不良反应。在现实生活中，这种方式很少采用。

五、股票回购

（一）股票回购的概念与类型

1. 股票回购的概念

股票回购是指上市公司从股票市场上购回本公司一定数额的发行在外股票。公司在股票回购完成后可以将所回购的股票注销，也可以将回购的股份作为“库藏股”保留，但不参与每股收益的计算和收益分配。库藏股日后可移作职工持股计划和发行可转换债券之用等，或在需要资金时将其出售。在我国，法律尚不允许上市公司在股票市场上购买本企业股票。

2. 股票回购类型

（1）股票回购按其目的分类，有以下两种基本类型：

1）红利替代型。红利替代型是指公司回购了部分普通股后发行在外的股数就相应减少，每股收益势必提高，从而导致企业股票市价上涨，由股价上涨所得的资本收益就可以代替股利收入，也被认为是支付股利的方式之一。与直接派发现金红利一样，股票回购所用资金通常来源于公司的经营现金盈余。

2）战略回购型。战略回购直接服务于公司的战略目标，不是简单的为了向股东发放股利的目的。战略回购的规模较大，在进行战略回购时，公司不仅需要动用现金储备，而且往往需要大规模举债，或出售部分资产用以筹集股票回购所需的现金，在短期内使公司资本结构发生实质性重整。

（2）股票回购按其实现方式分类，有以下四种类型：

1）公开市场收购。公开市场收购指公司在股票市场以等同于任何投资者的地位，按照公司股票当前市场价格回购。公司通常在股票市场整体表现欠佳时使用这种方式小规模回购本公司股票，用于特殊用途如股票期权、职工持股计划所需的股票。

2）现金要约回购。现金要约回购可分为固定价格要约回购和荷兰式拍卖回购。固定价格要约回购指公司在特定时间发出的以某一高出股票当前市场价格的价格水平，回购既定数量股票的要约。为了在短时间内回购数量相对较多的股票，公司可以宣布固定价格回购要约。与公开市场收购相比，固定价格要约回购通常被市场认为是更积极的信号，其原因可能是要约价格存在高出市场当前价格的溢价。荷兰式拍卖回购是在回购价格确定方面给予公司更大的灵活性。首先由公司指定回购价格的范围（通常较宽）和计划回购的股票数量（可以上下限的形式表示）；而后股东进行投标，说明愿意以某一特定价格水平（股东在公司指定的回购价格范围内任选）出售股票的数量；公司汇总所有股东提交的价格和数量，确定此次股票回购的"价格—数量曲线"，并根据实际回购数量确定最终的回购价格。

3）私下协议批量购买。通常作为公开市场收购方式的补充而非替代措施。批量购买的价格经常低于当前市场价格，尤其是在卖方首先提出的情况下。

4）交换要约。作为使用现金回购股票的替代方案，公司可以向股东发出债券或优先股的交换要约。

（二）股票回购的动因与效果

股票回购行为对于上市公司而言，其可能的动因主要在于：

1. 巩固既定控股权或转移公司控股权

许多股份公司的大股东为了保证其所代表股份公司的控股权不被改变，往往采取直接或间接的方式回购自己的股份，即指公司直接以自身名义或通过自己的关联公司购回自己的股份。有些股份公司的法定代表人并非是公司最大股东的代表者。在实际中，这些法定代表人为了保证不改变在公司中的地位，也为了能在公司中实现自己的意志，往往采取回购股份的方式分散或削弱原控股股东的控股权，以实现控股权的转移。

2. 提高每股收益

由于财务上的每股收益指标是以流通在外的股份数作为计算基础。不少股份公司基于自身形象、上市需求和投资人渴望高回报等原因，采取了股票回购方式来操纵每股收益指标，减少实际应支付红利的股份数量。

3. 稳定或提高公司股价

过低的股价，无疑将对公司经营造成严重影响。在这种情况下，公司回购本公司股票以支撑公司股价，有利于改善公司形象。股价在上升过程中，投资者重新关心公司的运营情况，消费者对公司产品的信任增加，公司也有了进一步配股融资的可能。因此，在股价过低时回购股票，是维护公司形象的有效途径。此外，在股票发行市场上，为使发行的新股顺利被投资者购买，上市公司也经常在二级市场进行股票回购，以稳定交易和提高股价。

4. 改善资本结构

当公司认为权益资本在资本结构中所占比例过高时,可以利用负债经营实现股票回购,减少公司资本。这是改善公司资本结构的一个较好、快捷的途径。

5. 抵御收购

股票回购在国外经常是作为一种重要的反收购手段而被运用。股票回购将提高本公司的股价，减少在外流通的股份，给收购方造成更大的收购难度。股票回购后，公司在外流通的股份少了，可以防止浮动股票落入进攻企业手中，不过由于回购的股票无表决权，股票回购后进攻企业持股比例也会有所上升，公司须将回购股票再卖给稳定股东，才能起到反收购的作用。例如某上市公司流通在外的普通股 6 000 万股，每股市价 14 元。公司计划用现金以每股 15 元的价格回购 1 000 万股。如果股票回购前后的市盈率均为 20，则股票回购后对剩余股东的收益影响如表 9—4 所示。

表 9—4

	股票回购前	股票回购后
公司净利润	4 200 万元	4 200 万元
流通在外普通股股数	6 000 万股	5 000 万股
每股收益	0.7 元	0.84 元
每股市价	14 元	16.8 元

如果公司用这笔现金 15×1 000＝15 000 万元支付股息,则每股可得到现金股息 15 000÷6 000＝2.5 元。其实,对于股东来说,两种方法得到的收益是相等的,如果用现金支付股息,股东得到的回报是 15 000 万元股息;如果用股票回购,股东收益既包括 1 000 万股库藏股的价差收益 1 000×(15－14)＝1 000 万元,也有 5 000 万股流通在外的股票溢价收益 5 000×(16.8－14)＝14 000 万元,总计也是 15 000 万元,只是前者是股利收益,后者称为资本利得。

股票回购对于股东有下列优点：

(1) 股票回购使股东获取的是资本利得，与现金股息相比在税率上具有明显优势；

（2）当公司实施股票回购时，股东有权决定是否要出售；但若是公司分配现金股利，股东必须接受，没有选择余地。

股票回购对于股东也有下列缺陷：

（1）一般认为现金股利的发放比股票回购可靠性强，这也是现金股利比股票回购将产生更大的股价上涨的原因；

（2）股东很难真实了解公司股票回购的真正目的，存在信息不对称问题；

（3）公司为避免损害未出售股票的股东利益，可能不会确定较高的回购价格。

股票回购也给公司操纵股票价格，进行内部交易提供可乘之机。纵观世界各国法律，各国从保护债权人利益和维护证券市场的正常交易秩序出发，大都对股票回购作出了较具体的限制性规定。这是因为股票回购存在如下弊端：

（1）公司回购其股票，除无偿收回以外，都无异于股东退股和公司资本的减少。而公司资本减少则从根本上动摇了公司的资本基础，削弱了对公司债权人的财产保障。

（2）股票回购致使公司持有自己的股票，也成为自己的股东，公司的法律地位与股东的法律地位出现统一，公司与股东之间的法律关系发生混淆，这背离了公司与股东原本具有的法律含义。

（3）上市公司回购本公司股票，易导致其利用内幕消息进行炒作，或对一系列财务报表指标进行人为的操纵，加剧公司行为的非规范化，使投资者蒙受损失。股票回购的负面作用是显而易见的，但也并不是不可避免的。如果对上市公司回购股份的条件作出严格规定，也可能抑制其负面作用，发挥其积极的作用。

第四节　股利理论

围绕股份公司股利政策对公司股价或公司价值有无影响问题的研究，形成了股利政策的基本理论。在西方学术界及实务界，对股利理论的研究存在不同的观点和理论，但主要有两种不同的股利理论。

一、股利无关论

股利无关论认为，公司的股利政策不会对公司的股票价值产生任何影响，该理论是由美国财务专家莫迪格莱尼（Franco Modigliani）和米勒（Merton Miller）在一篇关于股利政策的论文中首次提出的，因此，这一理论也被称为MM股利理论。

MM股利理论以下述四个基本假设为前提：（1）公司所有的股东均能准确地掌握公司的情况，对于将来的投资机会，投资者与管理者拥有相同的信息（即对称信息）。（2）不存在个人或公司所得税，对投资者来说，无论收到股利或是资本利得都是无差别的。（3）不存在任何股票发行或交易费用。（4）公司的资本投资决策独立于其股利政策。

在这些假设基础上，MM理论认为，投资者不会关心他们的收入是来自资本利得还是股利收入，即并不关心公司股利的分配情况，公司的股票价格完全由公司投资方案和获利能力所决定，而并非取决于公司的股利政策，股利政策只不过是公司的一种融资策略。MM股利理论认为，对外融资后的普通股每股现值加当期股利恰好等于当期股利支付前的普通股每股市价，即外部融资引起股权稀释所造成的普通股市价的下跌，恰好被当期股利所补偿了。公司对外发行股票，向投资者提供的是股利收入，而采取留存盈余的内部融资方式为投资者提供的是资本利得。两种收益的惟一区别只是性质不同，但数额相等。因此，支付股利实际上就如同一只手付出钱，而另一只手又把钱如数收回一样。所以投资者不会在乎收到的是股利还是留存收益，股利的支付不会影响企业的市场价值。在公司有较好的投资机会的情况下，如果股利分配较少，而留利较多，公司的股票价格也会上升，投资者可以通过出售股票来换取现金；如果股利分配较多，而留利较少，投资者获得现金后会寻求新的投资机会，而公司仍可以顺利地筹集到新的资金。所以，股票价格与公司的股利政策是无关的。

MM股利无关论的结论是：第一，企业的股票价格与其股利政策无关，即股利政策不影响股价；第二，企业的权益资本成本与股利政策无关。根据MM股利理论，股利支付是可有可无的，对公司及股东没有实质性影响。因此，企业无需花费大量的时间去思考对股东无所谓的股利政策问题。总的来说，MM股利理论成功地利用数学模型，揭示了股利政策与股票价值的正确关系。但其理论的前提条件过于脱离现实，以致使其结论与现实情况不相吻合。如股票的交易要付出交易成本；发行股票要支付发行费用；企业管理当局通常比外界投资者拥有更多的信息；政府对企业和个人都要征收所得税等。因此，关于股利无关的结论在现实条件下并不一定有效。

二、股利相关论

股利相关论认为，公司的股利政策会影响到公司股票的价格。其代表性的观点主要有：

(一)“一鸟在手”论

“一鸟在手”理论源于西方谚语“双鸟在林不如一鸟在手”。该理论认为，在股利收入与股票价格上涨产生的资本利得收益之间，投资者更倾向于前者。因为股利是现实的有把握的收益，而股票价格的上升与下跌具有较大的不确定性，与股利收入相比风险更大。好比在林之鸟，看上去多，却不一定能抓住。因此，投资者更愿意购买能支付较高股利的公司股票，这样，股利政策必然会对股票价格产生影响。

“一鸟在手”论可以说是流行最广泛和最持久的股利理论。归纳起来，其结论主要有两点：第一，股票价格与股利支付率成正比；第二，权益资本成本与股利支付率成反比。根据“一鸟在手”论，企业在制定股利政策时，必须采取高股利支付率政策，才能使企业价值最大化。“一鸟在手”论虽然流行时间很久，也广泛地被实际工作者所采纳，但这并不能掩盖它存在的缺陷。它很难解释投资者在收到现金股利后又购买公司新发行的普通股的现象，实际上它混淆了投资决策和股利决策对股票价格的影响。从长远来看，公司给予投资者的现金流的风险最终是由公司经营的现金流量风险所决定的，而不是股利政策。

(二) 投资者类别效应论

这种理论认为，投资者因其类别不同，对公司股利政策的偏好也是不同的。那些低收入阶层，比较偏好经常性的高额现金股利，因为较多的现金股利可以弥补其收入的不足，并可以减少不必要的交易费用。而那些高收入阶层，则比较偏好少分现金股利，多些留存收益用于再投资，这样既可以避免取得股利收入而进一步增加其按较高税率计算并支付的个人所得税，又可以为将来积累财富。所以，投资者会因自己的类别不同、偏好不同，选择股利政策不同的公司，低收入阶层会选择股利支付率较高的企业，高收入阶层则会选择股利支付率较低的企业，投资者各取所需，各得其所。

(三) 信息效应论

这种理论认为，MM 理论中关于投资者和企业管理当局可相同地获得关于未来投资机会的信息这一假设是不存在的。这是因为，投资者一般只能通过公司的财务报告来了解公司的经营状况和盈利能力，并据此来判断股票的价格是否合理。但财务报告在一定时期内可调整、可润色，甚至还有虚假的成分。因此投资者对未来发展和收益的了解远不如公司管理人员清楚，即存在某种信息不对称。在这种信息不对称的情形下，现金股利的分配就成了一个难得的信息传播渠道。股利政策因此就有了信息效应，即股利的分配给投资者传递了关于公司盈利能力的信息（对一个盈利能力不足的公司来说，是无法定期按量支付现金股利的），而这一信息自然会引起股票价格的变化。通常，增加现金股利的支付，向投资者传递的是公司经营状况良好，盈利能力强的信息，会导致股票价格的上升；反之，减少现金股利的支付，可能给投资者传递的是公司经营状况恶化、前途不甚乐观的信息，会导致股票价格的下跌。

(四) 税收效应论

这种理论认为，MM 理论中关于不存在个人和公司所得税这一假设也是不存在的。在现实生活中，不仅存在着个人和公司所得税，而且在西方国家，资本利得收入计征的所得税与股利收入计征的所得税的课税比率也是不同的。一般而言，资本利得所得税率较低，股利收入所得税率较高。另外，投资者不出售股票就不会获得资本利得，也就不要纳税，如果投资者一直将资金保留在公司中继续增值，直到出售股票获得资本利得时才需纳税，还具有推迟纳税的效果。企业的股利政策采取多留少分，有利于投资者减少交纳的所得税，使投资者获得更多的投资收益，这就是股利政策的所得税效应。那些能够利用留存收益进行有效投资，增加股东财富的公司，不发或少发股利对投资者更为有利。

【本章小结】

股利是公司对股东分配利润的支付方式，它们通常被看作是对股东的一种回报，是公司对当期或前期利润的一种分配。在股利分配中关键是公司对股利政策的选择。股利政策的内容主要包括：(1) 股利宣告日、股权登记日及股利支付日的选择；(2) 制定股利分配的具体政策；(3) 现金股利的资金筹集。股利政策主要可以归纳为剩余股利政策、定额股利政策、固定股利支付率政策、低正常股利加额外股利政策等四大基本类型。公司股利政策的形成受诸多因素的影响，主要有：法律因素、公司因素、股东因素、契约因素和其他因素。合适的股利支付方式主要是现金股利和股票股利两种。一般认为，股票股利尽管不能增加股东现实的财富，但对股东与公司而言，股票股利的支付均有重要意义。从股票回购的财务分析中，我们不难发现，投资者可能更喜欢直接支付股利。任何一种股利政策都是建立在一定股利政策基本理论基础上的，股利政策理论主要有股利无关论和股利相关论两种。

【复习题】

1. 股利政策主要有哪几种？各有哪些优缺点？其适用性如何？
2. 影响股利政策的因素有哪些？试分析说明。
3. 股票股利的特点和公司发放股票股利的动机是什么？
4. 什么是股票分割？有什么特点和作用？
5. 对公司而言，股票回购的动机有哪些？
6. MM股利理论的四个基本假设是什么？该理论的主要结论是什么？

【讨论及思考题】

1. 为什么公司的股利政策会导致公司有不同的股东构成？
2. 股票回购有哪些作用？它是如何影响股价的？你认为股票回购属于股利政策吗？
3. 为什么债权人经常在债务合同中限制股利发放的数额？
4. 股利政策是一种融资决策还是一种投资决策？请解释原因。
5. 如果我们希望提高股票价格，股票合并是一个好主意吗？请解释原因。

第十章 财务分析

【本章引言】

财务分析是以企业财务报告及其他有关财务资料为基础，对企业财务活动的过程和结果进行研究与评价的过程，其目的在于判断企业的偿债能力、营运能力、获利能力等在趋势、数量金额及其关系等方面的主要变化和其原因所在，为企业的投资者、债权人、经营者及其他关心企业的组织或个人了解企业的过去、评价企业的现状、预测企业的未来，做出正确决策提供准确的信息或依据。

第一节 财务分析概述

一、财务分析的意义

财务分析是以企业的财务报告及其他相关资料为基础，对企业的财务状况和经营成果进行分析、评价的一种方法，反映企业在运营过程中的利弊得失及发展趋势，从而为改进企业财务管理工作和优化经济决策提供重要的财务信息。财务分析既是对一定期间已完成的财务活动的总结，又是企业进行下一步财务预测、进行财务决策、完善财务活动运行程序的前提，在财务管理活动循环中起到承上启下的作用。做好财务分析工作对企业有以下重要意义：

（一）财务分析是评价企业财务状况，衡量企业经营业绩的重要依据

通过财务分析可以评价企业的偿债能力、营运能力、盈利能力和发展潜力等，便于企业管理当局和其他利益相关群体了解企业财务状况和经营成果。并通过分析将影响企业财务状况和经营成果的主观因素与客观因素、宏观因素与微观因素区分开来，以分清经济责任，合理评价经营者的工作业绩，并据此奖优罚劣，激励经营者不断改进工作，提高工作绩效。

（二）财务分析是提高企业经营管理效率，改善财务政策的重要手段

企业理财的根本目标是在确保企业生存、发展、获利的基础上努力实现股东财富最大化（企业价值最大化）。通过财务分析指标的计量，了解企业的经营管理状况，不断挖掘企业潜力，提高企业经营管理效率；查找经营管理中存在的问题和引发问题的原因及解决问题的有效途径等；改善现有的财务政策，使企业的各种生产经营活动按照企业的理财目标实现良性运行。

（三）财务分析是合理实施投资决策的重要步骤

通过财务分析可以了解企业的偿债能力、营运能力、获利能力和发展潜力等；了解企业投资后的收益水平和风险程度，为投资决策提供必要的财务信息。对实施中的投资决策进行事中监督、调控，考核实施的效果，并及时发现经济利益不佳的项目，针对其不利因素制定出下一步的投资决策。了解企业经营管理方面的优势和劣势及其在同行业中所处的地位，在发展比较优势的前提

下制定并实施最优投资决策。

二、财务分析的目的

财务分析以财务报告为基础，企业对外报送的财务报告是根据全部利益相关群体的一般要求而非个别利益相关群体的特殊要求设计的。为此，各个利益相关群体要从财务报告中选取各自所需要的信息，重新组合排列，研究财务数据的内在联系，进而满足其特定的财务分析需求，制定正确的决策。企业的利益相关群体按照其与企业间建立的财务关系的不同可以分为以下七种，它们各自分析的具体目的可以概括为：

（1）投资者及潜在的投资者：他们面临的决策问题有决定是否投资，投资多少，如何进行投资；是否转让股份；是否应调整以及如何调整财务政策等。为解决上述问题，投资者需要借助于财务分析掌握企业的资产规模、结构（包括经济资源的使用配置结构、经济资源的来源结构）、盈利能力、公司股价的波动情况、经营风险、财务风险和竞争实力及发展潜力。

（2）债权人：面临的决策问题有是否给企业提供贷款，提供多少贷款，提供多长时间的贷款；是否将债权转让，以什么价格进行转让。为解决上述问题，需借助于财务分析掌握企业的长期偿债能力和短期偿债能力（资产的变现能力）以及贷款可能获得的报酬与应承担的风险。

（3）各部门经理：面临的决策问题是如何改善现有的经营管理效率和财务政策方面的管理决策，实现股东财富最大化。为此，需要对各方面的财务信息进行广泛地分析，几乎包括所有利益相关群体所关心的所有的问题。

（4）供应商：面临的决策问题有是否应与本企业进行长期的合作以及如何进行合作。为解决上述问题，供应商需要通过财务分析了解企业的信用、还款能力和销售能力等。

（5）政府：需要了解企业的依法纳税情况；了解企业是否遵守政府的各项财经制度、法律法规及市场经济秩序；了解企业员工的收入水平和就业状况。所以，政府在进行财务分析时着重对企业的盈利能力和资金管理效率进行分析。

（6）雇员和工会：需要了解雇员的劳务报酬和福利待遇与企业的获利情况是否相适应。为此，在进行财务分析时着重对企业的盈利能力和收入分配等方面进行分析。

(7) 中介机构(注册会计师、管理咨询人员等):中介机构为顺利完成各自的工作,在财务分析时需要从不同的侧面进行分析。例如,注册会计师与企业间发生最频繁的业务是对企业编制的财务报告的审计,在进行财务报告的审计过程中,借助于财务报告分析可以快速地确定审计重点,以降低审计成本,提高审计效率和审计质量。

综上所述,财务分析的一般目的可以概括为:评价企业以往的经营业绩;衡量企业现在的财务状况和经营成果;预测企业未来的发展趋势。根据财务分析的目的,财务分析可以分为:偿债能力分析、营运能力分析、盈利能力分析和综合分析,以及为达到特定目的而进行的各专题分析等。

三、财务分析方法

财务分析方法主要有比较分析法和因素分析法两种。

(一) 比较分析法

比较分析法是所有分析方法中最基本的一种分析方法,是指通过对两个或两个以上的相关可比数据进行对比,从而揭示出被分析的经济现象中存在的差异和矛盾。比较分析法按照不同的分类标准可以进行不同的类别划分。

1. 按照比较对象不同分类(选定的比较基础——和谁比)

(1) 与本企业的历史资料进行比较。即与本企业不同的历史时期的财务数据进行比较,在比较过程中可以用本企业历史的平均数据、历史的最高水平、过去几年的财务资料等进行比较,也称为纵向比较分析。

(2) 与同行业的大多数企业或同类企业进行比较。即与同行业的平均水平(或先进水平)或重点竞争对手的财务情况进行比较,也称为横向比较分析。

(3) 与本企业事先拟定的计划或预算进行比较。即将实际的执行结果与计划指标进行比较,分析计划执行情况,寻找执行计划时存在的差异,也称为差异比较分析。

2. 按照比较的内容不同分类(比较的范围——比什么)

(1) 会计要素总量的比较。会计要素总量是指某个财务报表项目的总金额,例如:总资产、流动资产净额、股东权益总额、净利润等。总量比较主要用于对时间序列进行分析,如研究利润的逐年变化情况,考核其获利能力的变化趋势,进而揭示出企业的增长潜力。有时会计要素总量比较也可以应用在同行业的不同企业间，以此来说明本企业在同行业中所处的竞争地位，具有的竞争优势，为企业制定财务发展战略提供依据。

(2) 结构百分比的比较。将利润表、资产负债表、现金流量表中的报表数据转换成结构百分比数据，由此形成结构百分比报表。例如：将利润表中主营业务收入的金额视作 100%，同时其他项目的金额与主营业务收入的金额进行对比，计算其金额相当于主营业务收入的百分数，据此可以编制报表，研究利润表构成项目在主营业务收入中各自的份额有多少，以及各个项目的构成比例是否合理。同样也可以对资产负债表进行上述分析。

(3) 财务比率的比较。比率是两数相比所得的数值，在财务报表中任意两个具有重要联系的相关数字都可以构成比率，称之为财务比率（或财务分析指标）。利用财务比率（包括一个单独的或者一组相关的财务比率）进行分析，以表明某方面的业绩、状况或能力，称为财务比率分析法。财务比率分析法是最重要的分析方法，因为财务比率是以相对数的形式来表现财务数据间的内在联系，这抵消了经济规模不同产生的差异影响，使不同比较对象建立起可比性。利用一个或几个财务比率只能从某个侧面对经济现象进行揭示，其揭示信息的有效性具有相对局限性，在运用财务比率的同时还应结合其他有关资料和实际情况，这样才能做出正确的判断和评价，更好地为决策服务。因此，在财务分析时既要重视财务比率分析，又要与其他分析方法相结合，从不同的角度进行全面分析，以提高财务分析的效果。

(二) 因素分析法

因素分析法是指通过分析指标与影响因素的关系确定重要的影响因素，从数量上测定各因素对指标的影响程度，最终查明指标变动原因的一种分析方法。

企业的活动是一个有机的整体，受内外各因素的影响，表现为财务指标的数值呈现出高低不同的差异。从数量上测定了各因素对指标的影响程度，可以帮助财务分析人员抓住主要矛盾，或者更有说服力地评价企业的运营状况，从本质上揭示出财务状况和经营成果变动的原因。

常用的因素分析方法包括以下几种：

(1) 差额分析法：是利用各个因素的实际数与基准数或目标值之间的差额，来计算各个因素对总体指标变动的影响程度。

(2) 指标分解法：例如股东权益报酬率等于资产利润率和权益乘数的乘

积。分析股东权益报酬率的变化，可以分解为资产利润率的变化和权益乘数的变化两部分。

（3）连环替代法：依次用分析值替代标准值，测定各因素对财务指标的影响，常用在成本降低的因素分析上。

（4）定基替代法：分别用分析值代替标准值，测定各因素对财务指标的影响，对标准成本进行差异分析时常采用此种方法。

四、财务分析的局限性

（一）分析依据本身的局限性

财务分析的依据为财务报告及其相关资料，他们是会计核算的产物。会计核算是建立在特定的假设和核算原则基础上的，会计核算不仅要遵循统一的财经制度和会计核算准则，而且在一定的范围内按照会计核算制度的规定，企业可以有一定的自由度选择适合本企业的具体的会计核算程序和方法。故此，财务报告中的数据并不能绝对真实地揭示出企业的全部状况。

财务报告的局限性表现在：

（1）会计核算中对资产计价采用的是历史成本原则，按照历史成本报告资产的价值并不能反映其现行成本或真实的市场价值。虽然《企业会计制度》要求上市公司对期末资产计提跌价（减值）准备，但作为调整依据的市价是在不断变动的，不具有可验证性，而且财务分析时的市价与编制财务报告时可能不一致，这使得财务报告提供的数据不具有可比性。

（2）会计核算假定币值稳定，所以并没有按通货膨胀率或物价指数的变动对资产的账面价值进行调整，但通货膨胀、物价变动在世界各地都是普遍存在的。因此，资产的账面价值仅能反映取得时的历史成本，而不能反映其实际价值。

（3）会计核算中对收益和损失的确认采用谨慎性原则，对可能发生的费用损失合理估计并确认入账；对可能发生的或有收益只估计但不确认入账，这使得企业对不确定的会计事项进行核算时，有可能多计费用，少计收益和资产。

（4）财务报告一般按会计年度报告，只报送了历史信息，不能提供反映公司长期潜力的未来信息。

（二）分析依据本身的真实性问题

根据真实的财务报告进行分析才能够得出正确的分析结论。在进行财务分析时，通常假定财务报告是真实的。财务报告数据的真实性一方面靠注册会计师的审计工作来保证；另一方面财务分析人员在使用时也可以进行以下逻辑上的验证：

（1）财务报告是否规范；

（2）财务报告是否有遗漏；

（3）财务报告数据是否有反常现象；

（4）对财务报告进行审计的注册会计师的信誉及其所出具的审计报告的意见。

（三）企业所选定的会计核算方法和程序

对于同一会计事项的账务处理，企业会计制度和会计准则给予企业一定的自由度，允许企业根据自身的实际情况选择合适的账务处理方法和程序。例如，对发出存货的计价方法，可以采用加权平均法、移动加权平均法、个别计价法、先进先出法、后进先出法等；折旧的计提方法可以选择直线法、加速折旧法；对外投资损益的确认方法可以采用成本法或权益法等。虽然财务报告的附注中要求说明企业选择的会计处理方法和程序，但财务分析人员不一定具有完成财务分析可比性的调整工作。

（四）比较基础的差异

在进行比较分析时，必须选择比较基础，作为比较基础的财务数据可以是本企业的历史数据，同行业的相关数据，预算数据等。因分析意图不同，要选择适当的比较基础进行对比，选择的比较基础不同，得出的比较结论、分析结论自然各不相同。由此带来的分析结论上的差异并不能代表企业在经营管理上的变化或程度。

总之，财务分析得出的分析结论是建立在一定的前提条件上的，具有一定的局限性。只有对财务分析的结论准确地理解并在限定条件上使用，避免片面化、简单化和孤立绝对化，才能充分发挥财务分析的作用，使之更好地为企业经营管理服务。

第二节　企业偿债能力分析

偿债能力是指企业偿还各种到期债务的能力。偿债能力分析是企业财务分析的一个重要方面,可以在一定程度上反映企业财务风险的大小。按照债务到期时间的长短不同可以将偿债能力分为短期偿债能力分析和长期偿债能力分析。

一、短期偿债能力分析

短期偿债能力是指企业偿还流动负债的能力。在《企业会计制度》中给出的流动负债的定义为:将在一年或超过一年的一个营业周期内偿还的债务。制度中还规定在资产负债表中流动负债按实际发生额计量。一般情况下,正常营运周转的企业在偿还流动负债时所使用的资产总是流动资产(特别是其中的现金资产),所以在资产负债表中流动资产与流动负债便形成了一种对应关系。企业偿还流动负债对企业的资金周转影响较大,如果不能及时偿还流动负债不仅会影响到企业的信用等级,还可能会导致企业面临破产的危险。影响企业偿还流动负债能力的主要因素是企业流动资产的变现能力。故而也将反映短期偿债能力的指标称为变现能力比率。除此之外,经营活动创造现金的能力对企业短期偿债能力也有着不可忽视的作用(与之有关的财务分析指标将在现金流量分析中进行详细介绍)。常用来反映企业短期偿债能力的财务分析指标有:流动比率、速动比率、现金比率以及与现金流量有关的现金流量比率和到期债务本息偿付比率等。本节着重介绍流动比率、速动比率和现金比率。

(一)流动比率

流动比率是企业流动资产与流动负债的比率。反映的是企业流动资产是流动负债的多少倍。其计算公式为:

$$流动比率=\frac{流动资产}{流动负债}$$

其中流动资产包括资产负债表中的货币资金、短期投资、应收票据、应收账款、预付账款、其他应收款、存货、待摊费用和1年内到期的长期债券投资等,一般在计算流动比率时常用资产负债表中的期末流动资产总额;流动负债包括资产负债表中的短期借款、应付票据、应付账款、预收账款、其他应付款、应付工资、应付福利费、未交税金、未付利润、其他应交款、预提费用、代扣税金以及1年内到期的长期负债等,通常在计算流动比率时使用资产负债表中的期末流动负债总金额。

为了便于说明,本章中各项财务分析比率的计算主要应用ABC公司的财务报表作为实例,该公司的资产负债表、利润表、现金流量表及其补充资料列

举如下（见表10—1、表10—2、表10—3、表10—4）

表10—1 **现金负债表**

编制单位：ABC公司 2003年12月31日 单位：万元

资产	年初数	年末数	负债及股东权益	年初数	年末数
流动资产：			流动负债：		
货币资金	350	500	短期借款	470	580
短期投资	40	80	应付票据	50	80
应收票据	20	15	应付账款	200	200
应收账款	360	420	预收账款	30	10
其他应收款	15	5	其他应付款	15	20
预付账款	25	20	应付工资	1.8	1
存货	850	950	应付福利费	0.2	—
待摊费用	25	5	未交税金	60	50
一年内到期的			未付利润	10	10
长期债券投资	30	5	其他应交款	5	1
流动资产合计	1 715	2 000	预提费用	5	8
长期投资：			预计负债	—	—
长期股权投资	110	180	一年内到期的长期负债	70	40
长期债权投资	—	—	流动负债合计	917	1 000
长期投资合计	110	180	长期负债：		
固定资产：			长期借款	500	450
固定资产原价	2 600	3 000	应付债券	300	300
减：累计折旧	800	900	长期应付款	100	100
固定资产净值	1 800	2 100	其他长期负债	—	—
减：固定资产减值准备	100	100	长期负债合计	900	850
固定资产净额	1 700	2 000	负债合计	1 817	1 850
在建工程	300	200			
固定资产合计	2 000	2 200	股东权益：		
无形资产及其他资产：			股本	1 600	1 600
无形资产	30	40	资本公积	150	150
长期待摊费用	20	10	盈余公积	260	450
其他长期资产	—	—	其中：法定公益金	90	276
无形资产及其他资产合计	50	50	未分配利润	48	380
			股东权益合计	2 058	2 580
资产总计	3 875	4 430	负债及股东权益合计	3 875	4 430

表 10—2 利润表

编制单位：ABC 公司 2003 年度 单位：万元

项　　目	上年数（略）	本年累计数
一、主营业务收入		8 500
减：主营业务成本		4 200
主营业务税金及附加		680
二、主营业务利润		3 620
加：其他业务利润		900
减：营业费用		1 400
管理费用		1 080
财务费用		350
三、营业利润		1 690
加：投资收益		110
营业外收入		10
减：营业外支出		10
四、利润总额		1 800
减：所得税		558
五、净利润		1 242

表 10—3 现金流量表

编制单位：ABC 公司 2003 年度 单位：万元

项　　目	行次	金　额
一、经营活动产生的现金流量		
销售商品、提供劳务收到的现金		8 465
收到的税费返还		—
收到的其他与经营活动有关的现金		—
现金流入小计		8 465
购买商品、接受劳务支付的现金		4 000
支付给职工以及为职工支付的现金		871
支付的各项税费		1 247
支付的其他与经营活动有关的现金		—
现金流出小计		6 118
经营活动产生的现金流量净额		2 347
二、投资活动产生的现金流量		
收回投资所收到的现金		25
取得投资收益所收到的现金		110

续前表

项　　目	行次	金　额
处置固定资产、无形资产和其他长期资产所收到的现金		10
收到的其他与投资活动有关的现金		—
现金流入小计		145
购置固定资产、无形资产和其他长期资产所支付的现金		1 410
投资所支付的现金		70
支付的其他与投资活动有关的现金		—
现金支出小计		1 480
投资活动产生的现金流量净额		−1 335
三、筹资活动产生的现金流量		
吸收投资所收到的现金		—
借款所收到的现金		130
收到的其他与筹资活动有关的现金		—
现金流入小计		130
偿还债务所支付的现金		190
分配股利、利润或偿付利息所支付的现金		760
支付的其他与筹资活动有关的现金		42
现金流出小计		992
筹资活动产生的现金流量净额		−862
四、汇率变动对现金的影响		—
五、现金及现金等价物净增加额		150

表 10—4　　**现金流量表补充资料**

编制单位：ABC 公司　　2003 年 12 月 31 日　　单位：万元

补充资料	行次	金　额
1. 将净利润调解为经营活动现金流量		
净利润		1 242
加：计提的资产减值准备		132
固定资产折旧		700
无形资产摊销		120
长期待摊费用减少		10
待摊费用减少（减：增加）		20
预提费用增加（减：减少）		3
处置固定资产、无形资产和其他长期资产的损失（减：收益）		−10
固定资产报废损失		10

续前表

补充资料	行次	金 额
财务费用		350
投资损失（减：收益）		−110
递延税款贷项（减：借项）		—
存货的减少（减：增加）		−100
经营性应收项目的减少（减：增加）		−10
经营性应付项目的增加（减：减少）		−10
其他		—
经营活动产生的现金流量净额		2 347
2. 不涉及现金收支的投资和筹资活动：		
债务转为资本		—
一年内到期的可转换公司债券		—
融资租入固定资产		—
3. 现金及现金等价物净增加情况：		
现金的期末余额		500
减：现金的期初余额		350
加：现金等价物的期末余额		—
减：现金等价物的期初余额		—
现金及现金等价物净增加额		150

ABC公司2003年的资产负债表中年末流动资产合计为2 000万元，流动负债合计为1 000万元，则该公司的流动比率为：

$$流动比率=\frac{2\ 000}{1\ 000}=2$$

流动比率为2，说明该企业2003年年末流动资产是流动负债的2倍，当企业用流动资产偿还了流动负债后，还会剩余1 000万元的营运资金。说明企业不能偿还短期债务的风险较小。当分析企业短期偿债能力时，流动资产越多，流动负债越少则还款能力越强；但不能简单凭借营运资金绝对数量的多少对不同企业的短期偿债能力进行评价。若企业的经营规模差异较大，则营运资金的绝对量便不具有可比性。所以，运用流动资产与流动负债的比例关系——流动比率来衡量企业的短期偿债能力，排除了企业规模不同产生的绝对量上的影响，也适合于同一企业在不同的历史时期偿债能力的比较。

对企业来讲，流动比率的数值只有在与某种标准进行比较时才能说明企业短期偿债能力的高低。一般认为，以生产为主的企业合理的最低的流动比率是

2。这是因为在不影响企业正常生产经营的前提下，企业运用流动资产偿还流动负债时不应也不能使用流动资产中变现能力最弱的存货；从另一角度看，债权人也不愿意接受债务人作为抵债的变现能力较弱的存货。而正常情况下存货占流动资产的比重约为50%，只有当企业的流动资产扣除存货后的金额足以抵偿流动负债，才能说明企业有一定的还款能力。为此，要求企业的最低的流动比率不能低于2。

为了更恰当地评价企业短期偿债能力，还可以将本企业的流动比率与同行业平均流动比率、本企业历史最佳流动比率、本企业计划流动比率进行比较。由于选择的比较对象不同，分析结论的经济含义也各有不同。计算流动比率的数值并不是财务分析的最终目的，进行财务分析不仅要了解企业的偿债能力，而且还要了解导致偿债能力变化的原因。为此，还必须分析流动资产和流动负债所包含内容的变化以及生产经营中存在的问题。一般情况下，影响企业流动比率可信性的因素有：营业周期、流动资产中应收账款和存货占用资金量及其周转速度的快慢。

（二）速动比率

单纯利用流动比率分析评价企业的短期偿债能力存在一定的片面性。当企业为达到自己的某种目的而在年末对流动资产和流动负债进行临时性调整，很容易会人为地粉饰企业的流动比率。例如，为提高流动比率，在年末故意将某些流动负债还清，在下一个年度利用各种筹资方式筹集所需的流动负债资金。以ABC公司2003年的资产负债情况为例，该公司2003年末流动比率为2：1，若公司在年末偿还200万元的短期借款，则可以使年末的流动资产的数值调整到1 800万元，流动负债降低到800万元，此时的流动比率将会上升到2.25；若偿还400万元的短期借款，则会使流动比率上升到2.67；同样，为降低流动比率，提高企业的资产管理效率可能会在年末大量地赊购存货或是形成大量的流动负债等。

即使企业账面流动比率较高，也会因流动资产的流动性较差使企业真实的短期偿债能力减弱。在企业各项流动资产中，存货需要经过加工、销售和结算才能变成现金，如果存货滞销，则其变现能力减弱，所以，存货是流动资产中流动性相对较差的。为谨慎地揭示企业短期偿债能力，有必要将流动资产中变现能力较弱、无法或不能用以抵偿债务的项目剔除。因此，在评价企业偿债能力时，通常将存货从流动资产中扣除（其差额部分被称为速动资产）。以速动资产的金额与流动负债进行比较，研究速动资产与流动负债间的比例关系，此项财务分析指标称为速动比率，在西方也称为酸性测试比率。其计算公式为：

$$速动比率=\frac{速动资产}{流动负债}=\frac{流动资产-存货}{流动负债}$$

该比率反映了速动资产是流动负债的多少倍，比率越大说明企业的短期偿债能力越强，偿还流动负债的保障越大。例如：表10—1中的ABC公司2003年年末的速动比率为：

$$速动比率=\frac{流动资产-存货}{流动负债}=\frac{2\ 000-950}{1\ 000}=1.05$$

一般认为，速动比率为1∶1较为适宜。但是与流动比率相同的是在进行实际分析时，应根据企业的性质和其他因素综合评判，切不可以偏概全、一概而论。影响该指标可信度的主要原因是短期投资和应收账款的变现能力。目前，在资产负债表中应收账款项目的数据为：应收账款净额——即应收账款期末余额减计提的坏账准备金额。但其中企业在提取坏账准备时通常是按年末应收账款余额的一定比率计提的，而企业实际会发生坏账的金额往往与已计提的金额相差甚远，无法真实地反映应收账款的净值，也就不能反映企业真实的短期债务的偿还能力。不仅如此，企业也可以通过组织经营活动人为地控制速动比率的数值。例如，在期末企业采用大量的赊销行为或偿还部分流动负债会提高速动比率；但若采用大量的采购行为，则会降低速动比率。但是上述财务信息是无法被外界财务分析者所掌握的。

由于各利益相关群体在进行财务分析时对风险的厌恶程度不同，以及企业所处的行业不同，在计算速动比率时，厌恶风险的人不仅将存货剔除在外，还会将无法或很难产生现金流量的、不可用于抵偿债务的报表项目（待摊费用、预付账款等）剔除，以便进一步真实地反映企业流动资产的变现能力，并将由此而计算得到的速动比率改称为保守速动比率（或超速动比率）。其计算公式为：

$$保守速动比率=\frac{速动资产-待摊费用-预付账款}{流动负债}$$

$$=\frac{\begin{matrix}货币\\资金\end{matrix}+\begin{matrix}短期\\投资\end{matrix}+\begin{matrix}应收\\票据\end{matrix}+\begin{matrix}应收账\\款净额\end{matrix}+\begin{matrix}其他应\\收款\end{matrix}+\begin{matrix}一年内到\\期的长期\\债券投资\end{matrix}}{流动负债}$$

根据表10—1，ABC公司2003年年末的保守速动比率为：

$$保守速动比率=\frac{500+80+15+420+5+5}{1\ 000}=1.025$$

正因为不同的财务分析者对速动资产的理解不同，所以在借助于速动比率评价企业的短期偿债能力时，不仅要比较财务分析指标数值的大小，而且还应注意在计算该比率的过程中所使用的速动资产的指标口径。指标的计算口径不同，也会使速动比率的数值出现差异。

（三）现金比率

为了更加保守地分析企业的短期偿债能力，还可以使用现金比率，即现金资产与流动负债间的比例关系。现金资产包括企业的库存现金，随时可以用于支付的存款和现金等价物，即现金流量表中所定义的现金的范畴。其计算公式为：

$$现金比率=\frac{现金资产}{流动负债}=\frac{货币资金+短期投资}{流动负债}$$

上式中的短期投资是指可以随时变现的短期有价证券投资，具体包括短期股票投资和在三个月内到期的债券投资。

根据表 10—1，ABC 公司 2003 年年末的现金比率为：

$$现金比率=\frac{货币资金+短期投资}{流动负债}=\frac{500+80}{1\,000}=0.58$$

现金比率反映的是用现金资产可以偿还多大比重的流动负债。现金比率越高说明企业偿还流动负债时的现金支付能力越强。但是，从企业自身的经济利益角度考虑，现金比率并非越高越好，因为现金比率过高，表明企业的流动资产中过多的资金占用在获利能力较差的现金资产状态，企业的流动资产未能得到有效地运用，企业的资产管理效率较低。

二、长期偿债能力分析

长期偿债能力是指企业偿还长期负债的能力。企业承担的长期负债主要有：长期借款、应付债券、长期应付款等。从企业长远的发展趋势角度讲，企业债权人和所有者不仅关心企业的短期偿债能力，更关心长期偿债能力，以便于债权人和所有者通过分析全面了解企业的偿债能力和财务风险。制约企业长期偿债能力的决定性因素是企业的资本结构和企业经营活动的效率，即企业的财务政策和经营管理效率。分析企业的偿债能力实质上是分析企业偿还债务本金和支付债务利息的能力。在利用资产负债表和利润表的有关数据分析企业的偿债能力时，通常对比研究企业的资产、收益与企业的各种资金来源之间的比例关系，进而构建一系列的财务分析指标。用来反映企业长期偿债能力的指标有：资产负债率、权益乘数、债务权益比率、有形净值债务率和已获利息倍数等。

(一) 资产负债率

资产负债率是指企业的债务总额与资产总额间的比例关系，也称为“举债经营比率”或“负债比率”。反映企业所拥有或控制的经济资源中有多少是通过举借债务由债权人提供的。该比率也可以从另一方面反映企业在清算时用资产保障债权人利益的程度。其计算公式为：

$$资产负债率=\frac{负债总额}{资产总额}\times 100\%$$

该比值越小，说明企业偿债能力越强；反之，企业的偿债能力越差。公式中的资产是减除了八项准备和累计折旧后的金额。公式中的分子部分为债务资金总规模，不仅包括了长期负债，还包括短期负债。因为短期负债作为一个整体，有相当一部分被企业长期占用着。这部分短期负债的偿还期限虽然短，但从企业占用经济资源的角度来讲这部分被企业长期稳定占用的短期负债实质上是企业的一笔长期资金来源，可以视为企业长期资金来源的一部分。例如，一个应付账款明细科目是短期负债，但是从应付账款的总账上进行分析，企业总是稳定地保留有一定数额的应付账款，这部分应付账款可以成为企业长期资金来源的一部分。因此，将短期负债囊括在债务总额中分析企业的长期偿债能力是更加稳妥的。

例如：表 10—1 中，ABC 公司 2003 年年末的资产总额为 4 430 万元，负债总额为 1 850 万元，资产负债率为：

$$资产负债率=\frac{1\ 850}{4\ 430}\times 100\%=41.76\%$$

对于该比值，由于不同的利益相关群体的经济利益目标不同，所以他们对企业资产负债率的理解和要求也各不相同。下面分别从企业的债权人、股东（所有者）和经营者三方面进行分析：

(1) 从债权人角度看，他们最关心的问题是债权的安全性，企业的偿债能力的强弱，也就是自己贷出的本金和利息能否按期得到清偿、自己的债权受企业资产的保障程度如何。如果该比值过高，则说明企业的全部资产中由债权人提供的部分过多，由企业股东（所有者）提供的过少，此时企业的财务风险将主要由债权人所承担，这对债权人来讲是不利的。因此，债权人希望企业的负债比率越低越好，该比值越低说明企业偿债越有保障，债权人贷出的资金风险越小，债权越安全。

(2) 从股东（所有者）角度看，他们最关心的问题是投入资本所获得的收益水平以及资本的保值增值状况。虽然企业利用各种筹资方式所筹集到的资金在企业的经营过程中发挥着同等的作用。但是，当企业的资金利润率水平超过债务利息率时，利用财务杠杆作用可以使企业的股东（所有者）所能获得的利润加大。相反，则对股东（所有者）不利，因为当企业的资金利润率水平低于债务利息率时，借入资本的利息不仅要用该部分资金创造的利润来补偿，还要从应由股东分享的利润份额中划出一部分进行清偿。所以，股东（所有者）更关心的是企业的获利能力，要求决策层能够根据企业的获利水平制定出与企业战略发展目标相适应的资本结构，及债务资金和自有资金的比例关系。而资产负债率指标从另一侧面反映了企业经济资源来源的构成情况，是股东（所有者）用来衡量企业资本结构是否合理的分析指标。为此，从股东（所有者）角度看，当企业的资金利润率水平超过债务利息率时负债比率越高越好；反之，当企业的资金利润率水平低于债务利息率时负债比率越低越好。

(3) 从经营管理层角度看，他们关心的问题不仅包括企业的获利能力，还包括企业偿债能力的强弱。因为偿债能力太弱，无法偿还债务是企业终止、进入破产清算的一个重要的直接原因。此外，资产负债率从资本结构角度反映了企业所选取的财务政策，同时也反映出经营管理层的经营理念和风险意识，以及经营管理者对企业发展前景和获利能力的预期。如果企业不举债或负债比率过低，说明企业的决策层过于保守、畏缩不前，对企业的发展前景和获利能力信心不足，利用债权人资本进行经营活动的能力较差（风险意识差）。但如果举债比例过高，虽然能够反映出决策层风险承受能力较强，对未来的发展前景和获利能力有充分的自信；可对于债权人来说如果企业的举债比例过高，财务风险太大超出了他们的心理承受能力将会影响到企业日后的筹资能力。从财务管理角度讲，企业的决策层应当全面地对企业的获利能力和预期的风险进行充分的估计后，权衡收益与风险二者间的利弊得失，做出正确的资本结构决策。

(二) 权益乘数

权益乘数是指资产总额与股东权益的比值，表明资产总额是股东权益的多少倍。权益乘数越大，说明公司资产中股东投入所占比重越小，债务资金所占比重越大。其计算公式为：

$$权益乘数=\frac{资产总额}{股东权益总额}$$

从上述计算公式中可知，权益乘数的倒数与资产负债率之和为1。二者是从不同的侧面反映企业的财务状况以及企业长期偿债能力的。权益乘数越大，资产负债率越大，说明企业资本结构中债务资金所占比重越大，企业的财务风险越大，偿债能力越弱；反之，越强。根据表10—1的有关数据，ABC公司2003年年末的权益乘数为：

$$权益乘数=\frac{4\ 430}{2\ 580}=1.72$$

权益乘数也可以用平均资产总额除以平均股东权益总额计算出2003年ABC公司的平均权益乘数为：

$$平均权益乘数=\frac{(3\ 875+4\ 430)\ /2}{(2\ 058+2\ 580)\ /2}=1.791$$

（三）产权比率

产权比率是指负债总额与股东权益总额的比率，也称为“债务股权比率”。计算公式为：

$$产权比率=\frac{负债总额}{股东权益总额}\times 100\%$$

根据表10—1的有关数据，ABC公司2003年年末的产权比率为：

$$产权比率=\frac{1\ 850}{2\ 580}\times 100\%=71.71\%$$

该指标反映由债权人提供的资本与股东提供的资本的相对关系。一般来讲，股东投入的资本大于借入资本较好，但也不能一概而论。不同的利益相关群体，因其所处的经济利益的地位不同，分析的角度也不相同。从股东角度讲，在通货膨胀加剧时期，企业多举借债务资本可以把损失和风险转嫁给债权人；在经济繁荣时期，多举借债务资本可以使所有者获得额外的经济收益；在经济萎缩时期，少举借债务可以减少利息负担和财务风险。同时，产权比率也能从某一侧面反映企业的资本结构及其稳定性，产权比率高，是高风险、高报酬的财务结构；产权比率低，是低风险、低报酬的财务结构。从上述的计算结果中分析，该公司的债权人提供的资本是股东提供资本的71.71%。如果经济发展状况较好，则会因公司举债力度较弱而不能借助于财务杠杆获得额外的经济利益，属于低风险的资本结构；如果经济发展停滞或下滑，则会因负债比率较低而降低利息负担和财务风险。

此外，该指标同时也表明了债权人投入的资本受股东投入资本的保障程度，或表明当企业面临清算时对债权人利益的保障程度。国家规定债权人的求偿权在股东之前，如果债权人投入的资本小于股东投入资本，则在公司清算时，股东权益越大，债权人的权益受股东权益保障的程度越高。从本例中看，债权人权益因股东提供的资本在总资本中的比重较大而得到保障。

（四）有形净值债务率

有形净值债务率是指企业负债总额与有形净资产的比率。有形净资产是指股东权益减去无形资产后的净值，即股东具有所有权的有形资产的净值。计算公式为：

$$有形净值债务率=\frac{负债总额}{股东权益总额-无形资产净值}\times 100\%$$

例如，ABC 公司 2003 年年末无形资产净值为 40 万元，则该公司的有形净值债务率为：

$$有形净值债务率=\frac{1\ 850}{2\ 580-40}=72.83\%$$

有形净值债务率实质上是产权比率的延伸，它更加谨慎、保守地反映在企业清算时债权人投入的资本受股东权益保障的程度。从长期偿债能力来讲，该比率越低越好。

（五）已获利息倍数

已获利息倍数是指企业息税前利润与利息费用的比值，反映企业偿还借款利息的能力，也称为“利息保障倍数”。计算公式为：

$$已获利息倍数=\frac{息税前利润}{利息费用}$$

公式中的分子部分——息税前利润是指在利润表中没有扣除债务利息和所得税前的利润。息税前利润＝利润总额＋利息费用。目前，我国的利润表中没有单独列示利息费用，外部报表信息使用者用“利润总额＋财务费用”来进行估算。

公式中的分母部分——利息费用是指本期发生的全部应付利息，不仅包括财务费用中的利息费用，还包括计入固定资产成本的资本化利息。资本化利息虽然不能作为当期的费用在利润表中扣除，但是仍然需要公司动用资产进行偿还。已获利息倍数指标主要反映企业运用当期的收益偿还利息的能力，如果没有足够大的息税前利润，利息的支付将会面临困难。

例如：ABC 公司 2003 年利润总额为 1 800 万元，财务费用为 350 万元。

该公司已获利息倍数为：

$$已获利息倍数=\frac{1\ 800+350}{350}=6.14$$

已获利息倍数指标的数值反映了企业息税前利润相当于本期所要支付的债务利息的多少倍。只要企业已获利息倍数足够大，就具有足够的能力偿还利息，否则相反。而对于某一特定企业的这一指标与其他企业，特别是同行业中的平均水平进行比较，进而为本企业制定一个适宜的指标数值。另外，从稳健性角度出发，还可以将本企业历史上的最低指标数值作为标准进行比较，并保持不低于该标准。这是因为，无论企业的经营好坏，企业都需要偿还债务利息，而且当企业的资本结构相对稳定，债务资金来源变动不大时，各企业会计年度所要偿还的债务利息是大致相等的。

第三节　企业营运能力分析

企业的营运能力分析反映的是企业对相关资产的管理效率，因此，营运能力分析所使用的财务指标又称为“营运效率比率”或“资产管理比率”。企业资产管理效率的高低是通过有关资产在一年内的周转速度的快慢反映的。常用的反映企业营运能力方面的财务分析指标有：营业周期、存货周转率、应收账款周转率、流动资产周转率和总资产周转率。

一、营业周期

营业周期是指从取得存货开始到销售存货并收回现金为止所需的时间。企业营业周期的长短取决于存货周转天数和应收账款周转天数。营业周期的计算公式为：

$$营业周期=存货周转天数+应收账款周转天数$$

营业周期的经济含义是将企业的存货变为现金需要的时间。一般情况下，企业的营业周期越短，说明企业的资金周转速度越快，资产的管理效率越好；营业周期越长，说明企业的资产周转速度越慢，相应的资产的管理效率越差。

二、存货周转率

一般情况下，企业的流动资产中存货占的比重较大。存货周转速度的快慢，不仅影响到企业的资产管理效率，也影响企业流动资产的流动性，从而影响企业的流动比率及企业的短期偿债能力。故此，必须特别重视对存货的分析。在财务分析中，常用存货周转率和存货周转天数来反映存货的流动性。

存货周转率指标是衡量、评价企业购入存货，投入生产，销售收回等各环节管理状况的综合性指标。它是主营业务成本被平均存货所除而得到的比率，或叫存货的周转次数。用时间表示的存货周转率就是存货周转天数。计算公式为：

$$存货周转率=\frac{主营业务成本}{平均存货}$$

$$存货周转天数=\frac{360\text{ 天}}{存货周转率}=\frac{平均存货\times 360\text{ 天}}{主营业务成本}$$

公式中的主营业务成本数据来自利润表，平均存货来自资产负债表中的“期初存货”与“期末存货”的平均数。

例如，ABC公司2003年度产品主营业务成本为4 200万元，期初存货为850万元，期末存货为950万元。该公司存货周转率为：

$$存货周转率=\frac{4\ 200}{(850+950)\ /2}=4.67\text{（次）}$$

$$存货周转天数=\frac{360}{4.67}\approx 77\text{（天）}$$

一般来讲，存货周转速度越快，存货的占用水平越低，流动性越强，存货转换为现金或应收账款的速度越快。提高存货周转率可以提高企业的变现能力，而存货周转速度越慢则变现能力越差。

存货周转率（存货周转天数）指标的好坏反映存货管理水平，它不仅影响企业的短期偿债能力，也是整个企业管理的重要内容。企业管理者和有条件的外部报表使用者，除了分析批量因素、季节性生产的变化等情况外，还应对存货的结构以及影响存货周转速度的重要项目进行分析，如分别计算原材料周转率、在产品周转率或某种存货的周转率。计算公式如下：

原材料周转率＝耗用原材料成本÷平均原材料存货

在产品周转率＝制造成本÷平均在产品存货

存货周转分析的目的是从不同的角度和环节上找出存货管理中的问题，使存货管理在保证生产经营连续性的同时，尽可能少占用经营资金，提高资金的使用效率，增强企业短期偿债能力，促进企业管理水平的提高。

三、应收账款周转率

应收账款和存货一样，在流动资产中有着举足轻重的地位，及时收回应收账款，不仅可以增强企业的短期偿债能力，也反映出企业应收账款管理方面的效率。

反映应收账款周转速度的指标是应收账款周转率，也就是年度内应收账款转为现金的平均次数，它说明应收账款流动的速度。用时间表示的应收账款周转速度是应收账款周转天数，也叫平均应收账款回收期或平均收现期，它表示企业从取得应收账款的权利到收回款项，转换为现金所需要的时间。其计算公式为：

$$应收账款周转率=\frac{主营业务收入净额}{平均应收账款}$$

$$应收账款周转天数=\frac{360\text{ 天}}{应收账款周转率}=\frac{平均应收账款\times 360\text{ 天}}{主营业务收入净额}$$

公式中的“主营业务收入净额”数据来自利润表，是指扣除折扣和折让后的销售净额。“平均应收账款”是指未扣除坏账准备的应收账款金额，它是资产负债表中“期初应收账款余额”与“期末应收账款余额”的平均数。有人认为，“主营业务收入净额”应扣除“现金销售”部分，即使用“赊销净额”来计算。从道理上看，这样可以保持比率计算分母和分子口径的一致性。但是，不仅财务报表的外部使用人无法取得这项数据，而且财务报表的内部使用人也未必容易取得该数据，因此，把“现金销售”视为收账时间为零的赊销，也是可以的。只要保持历史的一贯性，使用主营业务收入净额来计算该指标一般不影响其分析和利用价值。因此，在实务上多采用“主营业务收入净额”来计算应收账款周转率。

例如，ABC 公司 2003 年度主营业务收入为 8 500 万元，年初应收账款余额为 360 万元；年末应收账款余额为 420 万元。依上式计算应收账款周转率为：

$$应收账款周转率=\frac{8\ 500}{(360+420)\ /2}=21.79\text{（次）}$$

$$应收账款周转天数=\frac{360}{21.79}=16.52（天）$$

一般来说，应收账款周转率越高，平均收账期越短，说明应收账款的收回越快。否则，企业的营运资金会过多地呆滞在应收账款上，影响正常的资金周转。影响该指标正确计算的因素有：第一，季节性经营的企业使用这个指标时不能反映实际情况；第二，大量使用分期付款结算方式；第三，大量地使用现金结算的销售；第四，年末大量销售或年末销售大幅度下降。这些因素都会对该指标计算结果产生较大的影响。财务报表的外部使用人可以将计算出的指标与该企业前期指标，与行业平均水平或其他类似企业的指标相比较，判断该指标的高低。但仅根据指标的高低分析不出上述各种原因。

上述指标是反映企业运用资产效果的最主要指标，此外，还有以下两个常见的资产管理比率。

四、流动资产周转率

流动资产周转率是主营业务收入净额与全部流动资产平均余额的比值。其计算公式为：

$$流动资产周转率=\frac{主营业务收入净额}{平均流动资产}$$

其中：平均流动资产=（年初流动资产+年末流动资产）÷2

例如，2003 年度 ABC 公司年初流动资产为 1 715 万元，年末流动资产为 2 000 万元。依上式计算流动资产周转率为：

$$流动资产周转率=\frac{8\ 500}{(1\ 715+2\ 000)\ /2}=4.58（次）$$

流动资产周转率反映流动资产的周转速度。周转速度快，会相对节约流动资产，等于相应扩大资产投入，增强企业盈利能力；而延缓周转速度，需要补充流动资产参加周转，形成资金浪费，降低企业盈利能力。

五、总资产周转率

总资产周转率是主营业务收入净额与平均资产总额的比值。其计算公式为：

$$总资产周转率=\frac{主营业务收入净额}{平均资产总额}$$

其中：平均资产总额=（年初资产总额+年末资产总额）÷2

续前例，ABC公司总资产周转率为：

$$总资产周转率=\frac{8\ 500}{(3\ 875+4\ 430)\ /2}=2.047（次）$$

该项指标反映资产总额的周转速度。周转越快，反映销售能力越强。企业可以通过薄利多销的办法，加速资产的周转，带来利润绝对额的增加。

总之，各项资产的周转指标用于衡量企业运用资产赚取收入的能力，经常和反映盈利能力的指标结合在一起使用，可全面评价企业的盈利能力。

第四节　企业盈利能力分析

盈利能力就是企业赚取利润的能力。不论是投资人、债权人还是企业经理人员，都日益重视和关心企业的盈利能力。

一般说来，企业的盈利能力只涉及正常的营业状况。非正常的营业状况，也会给企业带来收益或损失，但只是特殊状况下的个别结果，不能说明企业的盈利能力。因此，在分析企业盈利能力时，应当排除证券买卖等非正常项目、已经或将要停止的营业项目、重大事故或法律更改等特别项目，会计准则和企业财务制度变更带来的累积影响等因素。

反映企业盈利能力的指标很多，通常使用的主要有销售净利率、销售毛利率、资产净利率和股东权益报酬率。

一、销售净利率

销售净利率是指净利润与主营业务收入净额的百分比，其计算公式为：

$$销售净利率=\frac{净利润}{主营业务收入净额}\times 100\%$$

例如，ABC公司2003年度的净利润是1 242万元，主营业务收入是8 500

万元，则：

$$销售净利率=\frac{1\ 242}{8\ 500}\times 100\%=14.61\%$$

该指标反映每一元主营业务收入带来的净利润的多少，表示主营业务收入的收益水平。从销售净利率的指标关系看，净利润额与销售净利率成正比关系，而主营业务收入额与销售净利率成反比关系。企业在增加主营业务收入额的同时，必须相应地获得更多的净利润，才能使销售净利率保持不变或有所提高。通过分析销售净利率的升降变动，可以促使企业在扩大销售的同时，注意改进经营管理，提高盈利水平。

销售净利率能够分解成为销售毛利率、销售税金率、销售成本率和销售费用率等。

二、销售毛利率

销售毛利率是毛利占销售收入的百分比，其中毛利是主营业务收入净额与主营业务成本之差。其计算公式如下：

$$销售毛利率=\frac{主营业务收入净额-主营业务成本}{主营业务收入净额}\times 100\%$$

销售毛利率，表示每一元主营业务收入扣除主营业务成本后，有多少钱可以用于各项期间费用和形成盈利。销售毛利率是企业销售净利率的最初基础，没有足够大的毛利率便不能盈利。

三、资产净利率

资产净利率是企业净利润与平均资产总额的百分比。资产净利率计算公式为：

$$资产净利率=\frac{净利润}{平均资产总额}\times 100\%$$

$$平均资产总额=（期初资产总额+期末资产总额）\div 2$$

例如，ABC公司2003年度期初资产为3 875万元，期末资产为4 430万元，净利润为1 242万元。则：

$$资产净利率=\frac{1\ 242}{(3\ 875+4\ 430)\ /2}\times 100\%=29.91\%$$

把企业一定期间的净利与企业的资产相比较，表明企业资产利用的综合效果。指标越高，表明资产的利用效率越高，说明企业在增加收入和节约资金使用等方面取得了良好的效果，否则相反。

资产净利率是一个综合指标，企业的资产是由投资人投入或举债形成的。净利润的多少与企业资产的多少、资产的结构、经营管理水平有着密切的关系。为了正确评价企业经济效益的高低、挖掘提高利润水平的潜力，可以用该项指标与本企业前期、与计划、与本行业平均水平或与本行业内先进企业进行对比，分析形成差异的原因。影响资产净利率高低的因素主要有：产品的价格、单位成本的高低、产品的产量和销售的数量、资金占用量的大小等。

四、股东权益报酬率

股东权益报酬率是净利润与平均净资产的百分比，也叫净值报酬率或净资产报酬率。其计算公式为：

$$股东权益报酬率=\frac{净利润}{平均净资产}\times 100\%$$

其中：平均净资产＝（年初净资产＋年末净资产）÷2

例如，ABC公司2003年年初净资产为2 058万元，年末净资产为2 580万元，净利润为1 242万元，则：

$$股东权益报酬率=\frac{1\ 242}{(2\ 058+2\ 580)\ /2}=53.56\%$$

该公式的分母是“平均净资产”，也可以使用“年末净资产”。中国证监会发布的《公开发行股票公司信息披露的内容与格式标准第二号：年度报告的内容和格式》中规定的公式为：

$$股东权益报酬率=\frac{净利润}{年度末股东权益}\times 100\%$$

这是基于股份制企业的特殊性：在增加股份时新股东要超面值缴入资本并获得同股同权的地位，期末的股东对本年利润拥有同等权利。此外，这样计算也可以和每股收益、每股净资产等按“年末股份数”的计算保持一致。

股东权益报酬率反映公司所有者权益的投资报酬率，具有很强的综合性。其具体分析方法见本章第五节的“杜邦财务分析体系”。

第五节　综合分析

一、杜邦财务分析体系

杜邦财务分析体系（简称杜邦体系）是利用各财务指标间的内在关系，对企业综合经营理财及经济效益进行系统分析评价的方法。我们借助杜邦体系，以ABC公司为例，说明其主要内容。见图10—1。

从杜邦体系图中可以看出，股东权益报酬率是所有比率中综合性最强，最具有代表性的一个指标，是杜邦体系的核心。其他各项指标都是围绕这一核心，通过研究彼此间的依存制约关系，而揭示企业的获利能力及其前因后果。

因为：股东权益报酬率＝资产净利率×权益乘数

而且：资产净利率＝销售净利率×总资产周转率

所以：股东权益报酬率＝销售净利率×总资产周转率×权益乘数

从公式中看，决定股东权益报酬率高低的因素有三个方面：销售净利率、总资产周转率和权益乘数。这样分解之后，可以把股东权益报酬率这样一项综合性指标发生升降变化的原因具体化，比只用一项综合性指标更能说明问题。

权益乘数主要受资产负债比率的影响。负债比例大，权益乘数就高，说明企业有较高的负债，能给企业带来较大的财务杠杆利益，同时也给企业带来较大的财务风险。

对影响销售净利率高低的因素分析，需要我们从销售额和销售成本两个方面进行。这方面的分析可以参见有关盈利能力指标的分析。当然经理人员还可以根据企业的一系列内部报表和资料进行更详尽的分析，而企业外部财务报表使用人不具备这个条件。

总资产周转率是反映运用资产以产生销售收入能力的指标。对总资产周转率的分析，需要对影响资产周转的各因素进行分析，除了对资产的各构成部分从占用量上是否合理进行分析外，还要通过对流动资产周转率、存货周转率、

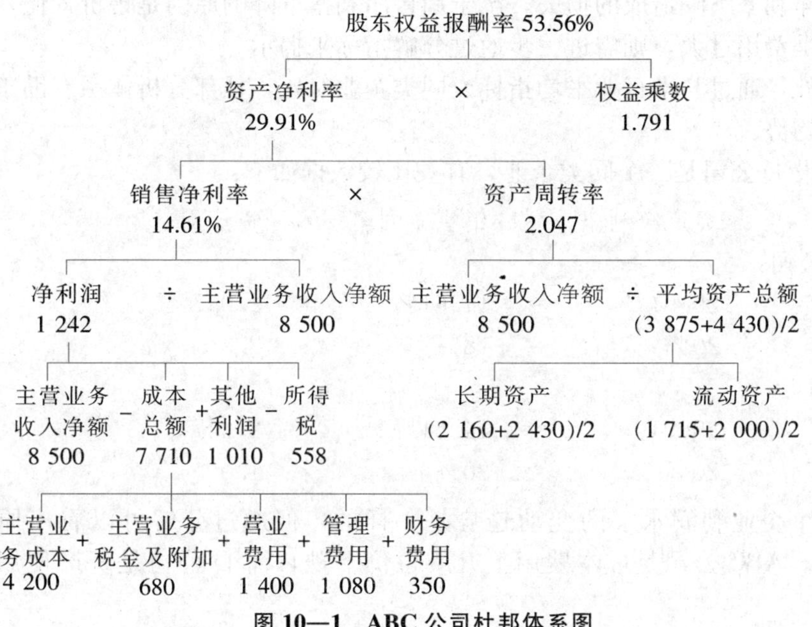

图 10—1　ABC 公司杜邦体系图

应收账款周转率等有关各资产组成部分使用效率进行分析，判明影响资产周转的主要问题出在哪里。

杜邦分析体系的作用是解释指标变动的原因和变动趋势，为采取措施指明方向。

假设 ABC 公司第二年股东权益报酬率下降了，有关数据如下：

	股东权益报酬率	=	资产净利率	×	权益乘数
第一年	53.56%	=	29.91%	×	1.791
第二年	35.82%	=	20%	×	1.791

通过分解可以看出，股东权益报酬率的下降不在于资本结构（权益乘数没变），而是资产利用或成本控制发生了问题，造成资产净利率下降。

这种分解可以在任何层次上进行，如何以对资产净利率进一步分解：

	资产净利率	=	销售净利率	×	总资产周转率
第一年	29.91%	=	14.61%	×	2.047
第二年	20%	=	8%	×	2.5

通过分解可以看出，资产的使用效率提高了，但由此带来的收益不足以弥

补销售净利率下降造成的损失。至于销售净利率下降的原因是售价太低，成本太高还是费用过大，则需进一步通过分解指标来揭示。

此外，通过与本行业平均指标或同类企业对比，杜邦分析体系有助于解释变动的趋势。

假设D公司是一个同类企业，有关比较数据如下：

	资产净利率	=	销售净利率	×	资产周转率
ABC公司：					
第一年	29.91%	=	14.61%	×	2.047
第二年	20%	=	8%	×	2.5
D公司：					
第一年	29.91%	=	14.61%	×	2.047
第二年	20%	=	20%	×	1.0

两个企业利润水平的变动趋势是一样的，但通过分解可以看出原因各不相同。ABC公司是成本费用上升或售价下跌，而D公司是资产使用效率下降。

应当指出，杜邦分析方法是一种分解财务比率的方法。而不是另外建立新的财务指标，它可以用于各种财务比率的分解。前面的举例，是通过资产净利率的分解来说明问题的，我们也可以通过分解利润总额和全部资产的比率来分析问题。为了显示正常的盈利能力，我们还可以使用非经常项目前的净利和总资产的比率的分解来说明问题，或者使用营业利润和营业资产的比率的分解来说明问题。总之，杜邦分析方法和其他财务分析方法一样，关键不在于指标的计算而在于对指标的理解和运用。

二、上市公司财务报告分析

（一）上市公司财务报告的类别

一个企业如果其股票上市交易，就要承担公开披露信息的义务。按照规定，上市公司信息披露的主要公告有四类：招股说明书、上市公告、定期报告和临时公告。这些报告虽然包括许多非财务信息，但是大部分信息具有财务性质或与财务有关，因而具有财务报告的性质，我们统称为上市公司财务报告。

1. 招股说明书

招股说明书是股票发行人向证监会申请公开发行的申报材料的必备部分，是向公众发布的旨在公开募集股份的书面文件。

招股说明书的主要财务信息包括：投资风险和对策；筹集资金的运用；股利分配政策；验资证明；经营业绩；股本；债务盈利预测以及主要的财务会计资料。

2. 上市公告

股票获准在证券交易所交易之后，上市公司应当公布上市公告书。上市公告书，包括了招股说明书的主要内容，此外还有以下内容：股票获准在证券交易所交易的日期和批准文号；股票发行情况；公司创立大会或者股东大会同意公司股票在交易所交易的决议；董事、监事和高级管理人员简历及其持有本公司证券的情况；公司近三年或者成立以来的经营业绩和财务状况以及下一年的盈利预测文件；证券交易所要求载明的其他事项。

3. 定期报告

定期报告分为年度报告和中期报告。

(1) 年度报告。年度报告内容包括公司简介、会计数据和业务数据摘要、董事长或总经理的业务报告、董事会报告、监事会报告、股东大会简介、财务报表、年度内发生的重大事件及其披露情况要览。

(2) 中期报告。中期报告内容包括财务报告、经营情况的回顾和展望、重大事件的说明、发行在外股票的变动和股权结构的变化、股东大会简介等。

4. 临时公告

临时公告包括重大事件公告和公司收购公告。

(1) 重大事件公告。所谓“重大”事件，是说这些事件的发生对上市公司原有的财务状况和经营成果已经或将要产生较大影响，并影响到上市公司的股票市价。对于这些重大事件，上市公司应立即报告证券交易所和证监会，并向社会公布说明事件的性质。

重大事件包括：公司的经营方针和经营范围的重大变化；公司订立重要合同，而该合同可能对公司的财务状况和经营成果产生重要影响；发生重大债务和未能清偿到期重大债务的违约情况；发生重大亏损或者遭受超过净资产10%以上的重大损失；减资、合并、分立、解散及申请破产；涉及公司的重大诉讼，以及法院依法撤销股东大会、董事会决议等。对于未做规定但确属可能对公司股票价格产生重大影响的事件也应当视为重大事件。

最常见的重大事件公告是“公司股份变动公告”和“配股说明书”。

(2) 公司收购公告。按现行法律规定，通过证券交易所的证券交易，投资者持有一个上市公司已发行的股份的5%时，应当向证监会和证券交易所作出书面报告，通过该上市公司，并予以公告。投资者在持有一个上市公司已发行股份的5%之后，通过证券交易所的证券交易，其持股比例每增减5%，应当再进行报告和公告。报告和公告的主要内容是持股人的名称、住所；所持股票的名称和数量；持股达到法定比例的日期。

通过交易所的证券交易，投资人在持有一个上市公司已发行股份的30%时，还要继续进行收购的，收购人要向证监会提出收购报告书，然后向该上市公司所有股东发出收购要约。收购报告和收购要约的主要内容包括收购目的、预定收购的股份数额、收购的期限和价格、收购所需资金额及资金保证以及开始收购时收购人所持有的股份比例。

(二) 上市公司的财务比率

上市公司公开披露的财务信息很多，投资人要想通过众多的信息正确把握企业的财务现状和未来，没有其他任何工具可以比正确使用财务比率更重要。

对于上市公司来说，最重要的财务指标是每股收益、每股净资产和股东权益报酬率。证券信息机构定期公布按照这三项指标高低排序的上市公司排行榜，可见其重要性。股东权益报酬率前面已经讨论过，下面主要介绍每股收益和每股净资产的计算与分析。

1. 每股收益

每股收益是指本年净收益与年末普通股份总数的比值。其计算公式为：

$$\text{每股收益}=\frac{\text{净收益}}{\text{年末普通股份总数}}$$

【例 10.1】 A公司是一家上市公司，本年利润分配和年末股东权益的有关资料见表10—5。

表 10—5 单位：万元

本年利润分配资料：	
净利润	1 500
加：年初未分配利润	600
可分配利润	2 100

续前表

减：提取法定盈余公积金	225
可供股东分配的利润	1 875
减：已分配优先股股利	0
提取任意盈余公积金	75
已分配普通股股利	1 000
未分配利润	800
年末股东权益资料：	
股本（每股面值 1 元、市价 6 元）	2 500
资本公积	2 600
盈余公积	1 400
未分配利润	800
所有者权益合计	7 300

该公司当年净利润 1 500 万元，发行在外的普通股为 2 500 万股。所以：

A 公司每股收益＝1 500÷2 500＝0.60（元/股）

(1) 计算每股收益时要注意的问题：

①合并报表问题：编制合并报表的公司，应以合并报表数据计算该指标。

②优先股问题：如果公司发行了不可转换优先股，则计算时要扣除优先股数及其分享的股利，以使每股收益反映普通股的收益状况：

$$每股收益=\frac{净利润-优先股股利}{年度末股份总数-年度末优先股数}$$

已作部分扣除的净利润，通常被称为“盈余”，扣除优先股股利后计算出的每股收益又称为“每股盈余”。

③年度中普通股增减问题：按照证监会的规定，公式中的分子是“本年度”的净利润，分母是“年末”的普通股份总数。该公式主要适用于本年普通股数未发生变化的情况。由于计算各种财务比率时要求分子和分母口径对称，本年净利润是整个年度内资本创造的，在普通股发生增减变化时该公式的分母应使用按月计算的“加权平均发行在外普通股股数”：

$$\begin{matrix}平均发行在外\\的普通股股数\end{matrix}=\sum\frac{发行在外普通股股数\times发行在外月份数}{12}$$

“发行在外月份数”是指发行已满一个月的月份数，例如，9月份当中发行时按3个月份计算。或者说，发行当月不计入“发行在外月份数”。

④复杂股权结构问题：有的公司具有复杂的股权结构，除普通股和不可转换的优先股以外，还有可转换优先股、可转换债券、认股权证等。可转换债券的持有者，可能通过转换使自己成为普通股东，从而造成公司普通股总数增加；认股权证持有者可以按预定价格购买普通股，也会使公司的普通股增加。普通股增加会使每股收益变小，称为“稀释”。计算这种转换和认购对每股收益的影响是比较复杂的，我国绝大多数上市公司属于简单股权结构，所以证监会目前未对复杂股权结构下每股收益计算的具体方法作出决定。按照证监会目前的规定，发行普通股以外的其他种类股票（如优先股等）的公司，应按国际惯例计算该指标，并说明计算方法和参照依据。

每股收益是衡量上市公司盈利能力最重要的财务指标。它反映普通股的获利水平。在分析时，可以进行公司间的比较，以评价该公司的相对盈利能力；可以进行不同时期的比较，了解该公司盈利能力的变化趋势；可以进行经营实绩和盈利预测的比较，掌握该公司的管理能力。

（2）使用每股收益分析盈利性要注意的问题：

①每股收益不反映股票所含有的风险。例如，假设A公司原来经营日用品的产销，最近转向房地产投资，公司的经营风险增大了许多，但每股收益可能不变或提高，并没有反映风险增加的不利变化。

②股票是一个“份额”概念，不同股票的每一股在经济上不等量，它们所含有的净资产和市价不同即换取每股收益的投入量不相同，限制了公司间每股收益的比较。

③每股收益多，不一定意味着多分红，还要看公司股利分配政策。

（3）每股收益的延伸分析。为了克服每股收益指标的局限性，可以延伸分析市盈率、每股股利、股利支付率、股利保障倍数和留存盈利比率等财务比率。

①市盈率。市盈率是指普通股每股市价对每股收益的倍数，其计算公式为：

$$\text{市盈率（倍数）}=\frac{\text{普通股每股市价}}{\text{普通股每股收益}}$$

续前例，A 公司的普通股每股收益为 0.60 元，每股市价为 6 元，依上式计算：

$$A\text{公司市盈率}=\frac{6}{0.60}=10\text{（倍）}$$

市盈率是人们普遍关注的指标，有关证券刊物几乎每天报道各类股票的市盈率。市盈率反映投资人对每元净利润所愿支付的价格，可以用来估计股票的投资报酬和风险。它是市场对公司的共同期望指标，市盈率越高，表明市场对公司的未来越看好。在市价确定的情况下，每股收益越高，市盈率越低，投资风险越小；反之亦然。在每股收益确定的情况下，市价越高，市盈率越高，风险越大；反之亦然。仅从市盈率高低的横向比较看，高市盈率说明公司能够获得社会依赖，具有良好的前景；反之亦然。

使用市盈率指标时应注意以下问题：该指标不能用于不同行业公司的比较，充满扩展机会的新兴行业市盈率普遍较高，而成熟工业的市盈率普遍较低，这并不说明后者的股票没有投资价值。在每股收益很小或亏损时，市价不会降至零，很高的市盈率往往不说明任何问题。市盈率高低受净利润的影响，而净利润受可选择的会计政策的影响，从而使得公司间比较受到限制。市盈率高低受市价的影响，市价变动的影响因素很多，包括投机炒作等，因此观察市盈率的长期趋势很重要。

企业界通常是在市盈率较低时，以收购股票的方式实现对其他公司的兼并，然后进行改造，待到市盈率升高时，再以出售股票的方式卖出公司，从中获利。

由于一般的期望报酬率为 5%～20%，所以正常的市盈率为 5～20 倍。

通常，投资者要结合其他有关信息，才能运用市盈率指标判断股票的价值。

②每股股利。这里只考虑普通股的情况。

每股股利是指股利总额与期末普通股股份总数之比。其计算公式为：

$$\text{每股股利}=\frac{\text{股利总额}}{\text{年末普通股股份总数}}$$

公式中的股利总额是指用于分配普通股现金股利的总额。

$$A\text{公司每股股利}=\frac{1\,000}{2\,500}=0.4\text{（元/股）}$$

③股票获利率。股票获利率是指每股股利与股票市价的比率，亦称市价股利比率。其计算公式为：

$$股票获利率=\frac{普通股每股股利}{普通股每股市价}\times 100\%$$

$$A公司的股票获利率=\frac{0.4}{6}\times 100\%=6.67\%$$

股票获利率反映股利和股价的比例关系。股票持有人取得收益的来源有两个：一是取得股利；二是取得股价上涨的收益。只有股票持有人认为股价将上升，才会接受较低的股票获利率。如果预期股价不能上升，股票获利率就成了衡量股票投资价值的主要依据。

使用该指标的限制因素在于公司采用非常稳健的股利政策，留存大量的净利润用以扩张。在这种情况下，股票获利率仅仅是股票投资价值非常保守的估计，分析股价的未来趋势成为评价股票投资价值的主要依据。

股票获利率主要应用于非上市公司的少数股权。在这种情况下，股东难以出售其股票，也没有能力影响股利分配政策。他们持有股票的主要动机在于获得稳定的股利收益。

④股利支付率。股利支付率是指净收益中股利所占的比重，它反映公司的股利分配政策和支付股利的能力。其计算公式为：

$$股利支付率=\frac{普通股每股股利}{普通股每股净收益}\times 100\%$$

$$A公司股利支付率=\frac{0.4}{0.60}\times 100\%=67\%$$

⑤股利保障倍数。股利支付率的倒数，称为股利保障倍数，倍数越大，支付股利的能力越强。其计算公式为：

$$股利保障倍数=\frac{普通股每股收益}{普通股每股股利}$$

$$A公司股利保障倍数=\frac{0.60}{0.40}=1.5\text{（倍）}$$

股利保障倍数是一种安全性指标，可以看出净利润减少到什么程度公司仍能按目前水平支付股利。

⑥留存盈利比率。留存盈利是指净利润减去全部股利（包括优先股利和普通股利）的余额。留存盈利与净利润的比率，称为留存盈利比率。

$$留存盈利比率=\frac{净利润-全部股利}{净利润}\times 100\%$$

$$A公司留存盈利比率=\frac{1\ 500-1\ 000}{1\ 500}\times 100\%=33\%$$

留存盈利比率的高低，反映企业的理财方针。如果企业认为有必要从内部积累资金，以便扩大经营规模，经股东大会同意可以采用较高的留存盈利比率。如果企业不需要资金或者可以用其他方式筹资，为满足股东取得现金股利的要求可降低留存盈利的比率。显然，提高留存盈利比率必然降低股利支付率。

2. 每股净资产

每股净资产是年度末净资产（即股东权益）与年度末普通股份总数的比值，也称为每股账面价值或每股权益。其计算公式为：

$$每股净资产=\frac{年度末股东权益}{年度末普通股数}$$

这里的“年度末股东权益”是指扣除优先股权益后的余额。

$$A公司每股净资产=\frac{7\ 300}{2\ 500}=2.92（元/股）$$

该指标反映发行在外的每股普通股所代表的净资产成本即账面权益。在投资分析时，只能有限地使用这个指标，因其是用历史成本计量的，既不反映净资产的变现价值，也不反映净资产的产出能力。例如，某公司的资产只有一块前几年购买的土地，并且没有负债，公司的净资产是土地的原始成本。现在土地的价格比过去翻了几番，引起股票价格上升，而其账面价值不变。这个账面价值既不说明土地现在可以卖多少钱，也不说明公司使用该土地能获得什么。

每股净资产在理论上提供了股票的最低价值。如果公司的股票价格低于净资产的成本，成本又接近变现价值，说明公司已无存在价值，清算是股东最好的选择。正因为如此，新建公司不允许股票折价发行；国有企业改组为股份制企业时，一般以评估确认后的净资产折为国有股的股本；如果不全部折股，则将折股方案、募股方案和预计发行价格一并考虑，折股比率（国有股股本/发行前国有净资产）不低于65%，股票发行溢价倍率（股票发行价/股票面值）应不低于折股倍数（发行前净资产/国有股股本）。

把每股净资产和每股市价联系起来，可以说明市场对公司资产质量的评价。反映每股市价和每股净资产关系的比率，称为市净率。其计算公式为：

$$市净率（倍数）=\frac{每股市价}{每股净资产}$$

$$A公司市净率=\frac{6}{2.92}=2.05（倍）$$

市净率可用于股资分析。每股净资产是股票的账面价值，它是用历史成本计量的；每股市价是这些资产的现在价值，它是证券市场上交易的结果。投资者认为，市价高于账面价值时企业资产的质量好，有发展潜力；反之则资产质量差，没有发展前景。优质股票的市价都超出每股净资产许多，一般说来市净率达到3倍可以树立较好的公司形象。市价低于每股净资产的股票，就像售价低于成本的商品一样，属于"处理品"。"处理品"也不是没有购买价值。问题在于该公司今后是否有转机，或者购入后经过资产重组能否提高获利能力。

三、现金流量分析

（一）现金流量分析的意义

近代理财学的一个重要结论是：资产的内在价值是其未来现金流量的现值。传统会计既不提供历史的现金流量信息，也不提供未来的现金流量信息，越来越不能满足投资人的信息需要。为改变这种局面，1987年，美国率先规定现金流量表为必须编制的报表，此后其他国家纷纷效仿。1994年，国际会计准则的《现金流量表准则》生效。1998年，我国的《企业会计准则——现金流量表》生效。

现金流量表的主要作用是：第一，提供本期现金流量的实际数据；第二，提供评价本期收益质量的信息；第三，有助于评价企业的财务弹性；第四，有助于评价企业的流动性；第五，用于预测企业的未来现金流量。

现金流量分析，是在现金流量表出现以后发展起来的，其方法体系并不完善，一致性也不充分。现金流量分析不仅依靠现金流量表。还要结合资产负债表和利润表。

（二）现金流量的结构分析

现金流量的结构分析包括流入结构、流出结构和流入流出比分析。

【例10.2】 根据表10—3资料，ABC公司现金流量的结构分析数据见表10—6。

表 10—6　　ABC 公司现金流量结构分析　　单位：万元

项　　目	流入	流出	净流量	内部结构%	流入结构%	流出结构%	流入流出比
一、经营活动产生的现金流量							
销售商品、提供劳务收到的现金	8 465			100			
现金流入小计	8 465			100	97		
购买商品、接受劳务支付的现金		4 000		65			
支付给职工以及为职工支付的现金		871		14			
支付的各项税费		1 247		21			
现金流出小计		6 118		100		71	1.4
经营活动产生的现金流量净额			2 347				
二、投资活动产生的现金流量							
收回投资所收到的现金	25			17			
取得投资收益所收到的现金	110			76			
处置固定资产、无形资产和其他长期资产所收到的现金	10			7			
现金流入小计	145			100	2		
购置固定资产、无形资产和其他长期资产所支付的现金		1 410		95			
投资所支付的现金		70		5			
现金支出小计		1 480		100		17	0.1
投资活动产生的现金流量净额			—1 335				
三、筹资活动产生的现金流量							
借款所收到的现金	130			100			
现金流入小计	130			100	1		
偿还债务所支付的现金		190		19			
分配股利、利润或偿付利息所支付的现金		760		77			
支付的其他与筹资活动有关的现金		42		4			
现金流出小计		992		100		12	0.13
筹资活动产生的现金流量净额			—862				
合　　计	8 740	8 590	150		100	100	

1. 流入结构分析

流入结构分析分为总流入结构和三项（经营、投资和筹资）活动流入的内部结构分析。该公司的总流入中经营流入占 97%，是其主要来源；投资流入占 2%，筹资流入占 1%。经营活动流入中销售收入（含税）占了 100%，比较正常；投资活动的流入中，股利占 76%，投资收回和处置固定资产占 24%；

筹资活动的 130 万元全部是借款。

2. 流出结构分析

流出结构分析分为总流出结构和三项流出的内部结构分析。该公司的总流出中经营活动流出占 71%；投资活动占 17%；筹资活动占 12%。经营活动流出中，购买商品和劳务占了 65%，支付给职工的以及为职工支付的占 14%，比重较大。投资活动流出 95%是购置固定资产。筹资流出中偿还债务本金占 19%，支付股利利息占 77%，是绝大部分。

3. 流入流出比分析

经营活动流入流出比为 1.4，表明企业 1 元的流出可换回 1.4 元现金。此比值越大越好。投资活动流入流出比为 0.1，表明公司处在扩张时期。发展时期此比值较小，而衰退或缺少投资机会时此比值较大。

筹资活动流入流出比为 0.13，表明还款明显大于借款。

本公司经营现金净流入2 347万元，现金存量增加了 150 万元；它们用于投资1 335万元，用于还款等 862 万元。

流入和流出结构的历史比较和同业比较，可以得到更多有意义的信息。

对于一个健康的正在成长的公司来说，经营活动现金流量应是正数，投资活动的现金流量是负数，筹资活动的现金流量是正负相间的。

假设经营现金流量的结构百分比具有代表性（可用三年或五年的平均数），可以根据它们和计划销售额来预测未来的经营现金流量。

假设前例，公司今年销售额（含增值税）为8 500万元，预计明年可增加 8%。经营现金流量的结构百分比不变，可预计明年的经营现金流量：

$$\text{销售收现比}=\text{销售收现}\div\text{销售额}=\frac{8\ 465}{8\ 500}=99.59\%$$

$$\begin{aligned}\text{预计销售商品流入}&=\text{销售额}\times\text{增长率}\times\text{销售收现比}\\&=8\ 500\times1.08\times99.59\%\\&=9\ 142\text{（万元）}\end{aligned}$$

$$\begin{aligned}\text{预计经营现金流出}&=\text{销售商品流入}\div\text{流入流出比}\\&=9\ 142\div1.4\\&=6\ 530\text{（万元）}\end{aligned}$$

$$\begin{aligned}\begin{matrix}\text{预计购买商品}\\\text{和劳务付现}\end{matrix}&=\begin{matrix}\text{经营现}\\\text{金流出}\end{matrix}\times\begin{matrix}\text{购买商品和劳务占}\\\text{经营活动流出百分比}\end{matrix}\\&=6\ 530\times65\%=4\ 244.5\text{（万元）}\end{aligned}$$

用同样方法可计算出其他项目的数额。

（三）流动性分析

所谓流动性是指将资产迅速转变为现金的能力。根据资产负债表确定的流动比率虽然也能反映流动性但有很大局限性。这主要是因为：作为流动资产主要成分的存货并不能很快转变为可偿债的现金；存货用成本计价不能反映变现净值；流动资产中的待摊费用也不能转变为现金。许多企业有大量的流动资产，但现金支付能力却很差，甚至无力偿债而破产清算。

真正能用于偿还债务的是现金流量。现金流量和债务的比较可以更好地反映企业偿还债务的能力。

1. 现金到期债务比

$$\text{现金到期债务比}=\frac{\text{经营现金净流入}}{\text{本期到期的债务}}$$

本期到期的债务，是指本期到期的长期债务和本期应付票据。通常这两种债务是不能展期的，必须如数偿还。

假设 ABC 公司的本期到期长期债务是 700 万元，则：

$$\text{现金到期债务比}=\frac{2\ 347}{700}=3.35$$

若同业平均现金到期债务比为 2.5，说明 ABC 公司偿还到期债务的能力是较好的。

2. 现金流动负债比

$$\text{现金流动负债比}=\frac{\text{经营现金净流入}}{\text{流动负债}}$$

如表 10—1，ABC 公司流动负债为1 000元，则：

$$\text{现金流动负债比}=\frac{2\ 347}{1\ 000}=2.347$$

若同业平均现金流动负债比为 0.60，说明 ABC 公司偿还流动负债的能力是较好的。

3. 现金债务总额比

$$\text{现金债务总额比}=\frac{\text{经营现金净流入}}{\text{债务总额}}$$

如表 10—1，ABC 公司的债务总额为1 850万元，则：

$$\text{现金债务总额比}=\frac{2\ 347}{1\ 850}=1.27$$

这个比率越高，企业承担债务的能力越强。该公司最大的付息能力是127%，即利息高达127%时企业仍能按时付息。只要能按时付息，就能借新债还旧债，维持债务规模。如果市场利率是10%，那么该公司最大的负债能力是2 347÷10%=23 470（万元）。仅从付息能力看，企业还可借债21 620万元（=23 470－1 850），可见该公司的举债能力是不错的。

（四）获取现金的能力分析

获取现金的能力是指经营现金净流入和投入资源的比值。投入资源可以是销售收入，总资产，净营运资金，净资产或普通股股数等。

1. 销售现金比率

$$销售现金比率=\frac{经营现金净流入}{销售额}$$

ABC公司销售额（含增值税）为8 500万元，则：

销售现金比率=2 347÷8 500=27.6%

该比率反映每元销售得到的净现金，其数值越大越好。

2. 每股营业现金净流量

$$每股营业现金净流量=\frac{经营现金净流入}{普通股股数}$$

假设ABC公司有普通股1 600万股，则：

每股营业现金净流量=2 347÷1 600=1.47（元/股）

该指标反映企业最大的分派股利能力，超过此限度，就要借款分红。

3. 全部资产现金回收率

全部资产现金回收率，是经营现金净流量与全部资产的比值，说明企业资产产生现金的能力。

$$全部资产现金回收率=\frac{经营现金净流入}{全部资产}\times 100\%$$

如表10—1，ABC公司的全部资产为4 430万元，则：

全部资产现金回收率=2 347÷4 430=52.98%

若同业平均全部资产现金回收率为35%，说明该公司资产产生现金的能力较强。

（五）财务弹性分析

所谓财务弹性是指企业适应经济环境变化和利用投资机会的能力。这种能力来源于现金流量和支付现金需要的比较。现金流量超过需要，有剩余的现金，适应性就强。因此，财务弹性的衡量是用经营现金流量与支付要求进行比较。支付要求可以是投资需求或承诺支付等。

1. 现金满足投资比率

$$现金满足投资比率=\frac{近5年经营活动现金净流入}{近5年资本支出、存货增加、现金股利之和}$$

假设ABC公司近5年经营活动现金流量平均数与今年相同，平均资本支出1 410万元，存货平均增加100万元，现金股利平均每年740万元，则：

$$现金满足投资比率=\frac{2\ 347}{1\ 410+100+740}=1.04$$

该比率越大，说明资金自给率越高。达到1时，说明企业可以用经营获取的现金满足扩充所需资金；若小于1，则说明企业是靠外部融资来补充。

2. 现金股利保障倍数

$$现金股利保障倍数=\frac{每股营业现金净流入}{每股现金股利}$$

假设ABC公司每股现金股利为0.1元，则：

$$现金股利保障倍数=1.47\div 0.1=14.7$$

该比率越大，说明支付现金股利的能力越强。若同业平均现金股利保障倍数为3，相比之下，ABC公司的股利保障倍数较高。

（六）收益质量分析

收益质量是指报告收益与公司业绩之间的相关性。如果收益能如实反映公司的业绩，则认为收益的质量好；如果收益不能很好地反映公司业绩，则认为收益的质量不好。

决定收益质量的因素很多，大体上可以分为三个方面：（1）会计政策的选择。企业管理当局在选择可接受的会计政策时，有一定的自由决定权。赋予企业管理当局一定的自由决定权，是任何国家的会计规范都存在的，只不过程度有区别。企业管理当局在选择会计政策时，可以采取稳健的态度，也可以采取乐观的态度。采取稳健的会计政策，通常认为比采取乐观的会计政策收益质量高，稳健主义减少了高估收益的可能性。例如存货的后进先出法和加速折旧法等，都是稳健主义的选择。我们从企业管理当局的会计政策选择中，可以看出他们的倾向和态度。会计政策的选择，反映在财务报表附注二“重要会计政策和会计估计的说明”中。（2）会计政策的运用。在选定会计政策之后，如何运用该会计政策，企业管理当局仍然有一定的自由决定权。例如，在选定提取资产减值准备的政策之后，对于提取多少数额，企业管理当局仍有一定自由决定权。企业管理当局在广告费、营销费、修理费、研发费等酌量性费用的发生时间上有一定的自由决定权。利用这种自由决定权，企业管理当局可以操纵财务报告利润的水平。这种操纵使财务报告收益与实际业绩的相关性减少，降低了收益质量。(3) 收益与经营风险的关系。经营风险的高低与环境有关，也与企业管理当局的管理战略有关。经营风险大，收益不稳定，会降低收益的质量。影响经营风险的因素包括经营周期的长短、收益水平对外部环境变化的敏感程度、收益的稳定性、收益的可变性、收益来源的构成等。

收益质量分析涉及资产负债表、利润表和现金流量表的分析，是个非常复杂的问题。我们这里仅从现金流量表的角度评价收益质量。它主要包括两个方面：净收益营运指数分析和现金营运指数分析。

1. 净收益营运指数

净收益营运指数是指经营净收益与全部净收益的比值。

$$\text{净收益营运指数}=\frac{\text{经营净收益}}{\text{净收益}}=\frac{\text{净收益}-\text{非经营活动净收益}}{\text{净收益}}$$

计算净收益营运指数的信息，列示在现金流量表的"补充资料"，见表10—4。

$$\begin{aligned}\text{经营活动净收益}&=\text{净收益}-\text{非经营活动净收益}\\&=1\,242-(-240\times(1-33\%))\\&=1\,402.8\text{（万元）}\end{aligned}$$

$$\text{净收益营运指数}=1\,402.8\div 1\,242=1.13$$

通过净收益营运指数的历史比较和行业比较，可以评价一个公司的收益质量。例如，2001年12月申请破产的安然公司，从1997年开始净利润逐年大幅度上升，而经营利润逐年下降，非经营利润的比重逐年加大。这是净收益质量越来越差的明显标志。在2001年5月6日，波士顿一家证券分析公司曾建议投资者卖掉安然公司股票，其主要理由之一就是其越来越低的营业利润率。该公司1996年的营业利润率是21.15%，到2000年已跌至6.22%，2001年第一季度只有1.59%。该公司的收益越来越依靠证券交易和资产处置。

为什么非经营收益越多，收益质量越差呢？与经营收益相比，非经营收益的可持续性低。非经营收益的来源主要是资产处置和证券交易。资产处置不是公司的主要业务，不反映公司的核心能力。许多公司正是利用"资产置换"达到操纵利润的目的。通过短期证券交易获利是靠运气。由于资本市场的有效性比商品市场高得多，通常只能取得与其风险相称的收益率，取得正的净现值只是偶然的，不能依靠短期证券交易增加股东财富。一般企业进行的短期证券买卖，只是现金管理的一部分，目的是减少持有现金的损失。企业长期对外投资的主要目的是控制子公司，通过控制权取得额外的好处，而不是直接获利。通过证券交易增加股东财富，主要靠运气。一个人的运气不会总是那么好，如同买彩票不会每次都中奖一样。如果公司靠证券交易获利，不如把钱还给股东，让他们自己去直接进行交易，还可以节约一部分交易费用。因此，非经营收益虽然也是收益，但不能代表企业的收益能力。

2. 现金营运指数

现金营运指数是指经营现金净流量与经营现金毛流量的比率。

$$现金营运指数=\frac{经营现金净流量}{经营现金毛流量}$$

上式中：经营现金毛流量＝经营活动净收益＋折旧与摊销

经营现金净流量＝经营活动现金流量净额＋非经营活动所得税

例如：根据表 10—4 的资料计算可得，该公司的现金营运指数为：

经营现金毛流量＝经营活动净收益＋折旧与摊销

＝1 402.8＋962＝2 364.8（万元）

经营现金净流量＝经营活动现金流量净额＋非经营所得税

＝2 347－79.2＝2 267.8（万元）

$$现金营运指数=\frac{经营现金净流量}{经营现金毛流量}=\frac{2\ 267.8}{2\ 364.8}=0.959\ 0$$

小于 1 的现金营运指数说明收益质量下降。下降的原因是营运资本增加了 97 万元。如果现金营运指数大于 1，说明营运资金减少了，反映企业为取得同等水平的收益占用了较少的营运资金，取得收益的代价降低了，代表较好的营运业绩。但是，本例中所举公司的业绩水平较差，原因是为取得同等水平的收益，占用了较多的营运资金。

无论是净收益营运指数还是现金营运指数的分析，通常都是需要连续使用若干年的数据资料进行长期的趋势分析，仅靠一年的数据未必能说明问题的实质。

【本章小结】

财务分析是财务管理的基础工作之一。财务分析是以企业的财务报告及其他相关资料为基础，对企业的财务状况和经营成果进行的评价。它既是对一定期间已完成的财务活动的总结，又是企业进行下一步财务预测和财务决策、完善财务活动运行程序的前提。同时为企业的投资者、债权人、经营者及其他关心企业的组织或个人了解企业过去、评价企业现状、预测企业未来，做出正确决策，提供准确的信息或依据。

企业偿债能力分析通常分为短期偿债能力分析和长期偿债能力分析。对企业短期偿债能力的指标分析，主要采用流动资产与流动负债对比的指标，包括流动比率、速动比率和现金比率。由于企业债务本金及其利息的偿还与企业的非流动资产及盈利能力紧密相关，因此，对企业长期偿债能力的指标分析主要采用资产负债率、权益乘数、债务权益比率、有形净值债务率和已获利息倍数等指标。

企业营运能力分析反映的是企业对相关资产的管理效率，企业资产管理效率的高低是通过有关资料在一年内周转速度的快慢来反映的。常用的反映企业营运能力方面的财务指标有：营业周期、存货周转率、应收账款周转率、流动资产周转率和总资产周转率。

企业盈利能力分析反映的是企业在一定时期内赚取利润的能力。盈利能力的大小是一个相对的概念，即利润相对于一定的资源投入、一定的收入而言。利润率越高，盈利能力越强；利润率越低，盈利能力越差。常用的反映企业盈利能力方面的财务指标有：销售净利率、销售毛利率、资产净利率和股东权益报酬率。

杜邦财务分析体系是一种综合财务分析方法，其基本原理是利用各种主要比率之间的内在联系，把企业偿债能力分析、营运能力分析和盈利能力分析等单方面的财务评价结合起来进行综合分析。

现金流量分析，一方面揭示现金净流量变动的原因，另一方面揭示企业利润的质量。由于现金流量分析是在现金流量表出现以后发展起来的，其方法体系并不完善，一致性也不充分，因此，本章现金流量分析的内容主要包括：现金流量的结构分析；流动性分析；获取现金能力分析；财务弹性分析；收益质量分析五个方面。

【复习题】

1. 试述财务分析的目的。

2. 财务分析的局限性有哪些？

3. 财务分析中有哪些营运能力指标，它们之间有何关系？

4. 企业长期偿债能力分析中有哪些指标？它们与短期偿债能力指标有何关系？

5. 分析企业盈利能力的指标主要有哪些？在进行盈利能力分析时，应排除哪些因素的影响？它们与偿债能力之间有何关系？

6. 试述杜邦财务分析体系中各指标间的关系。

【讨论及思考题】

1. 作为投资者，应该如何进行财务分析？
2. 作为债权人，应该如何进行财务分析？
3. 反映偿债能力的指标有哪些？如何计算？
4. 反映营运能力的指标有哪些？如何计算？
5. 反映盈利能力的指标有哪些？如何计算？

第十一章 企业并购、分立与重组

【本章引言】

企业之间的并购、分立和重组，是市场经济条件下企业实现其战略目标的重要方式。作为产权交易高级形态的企业并购、分立和重组，无疑急剧地加速了资本集中，有利于资源的优化配置，从而提高了公司的资产价值和资本的市场价值。本章将对企业并购、分立和重组的理论进行阐述。

第一节 企业并购

一、企业并购的含义

一般来说，企业的成长和发展有两个途径，即内部扩充和外部扩展。内部扩充是指企业从其内部和外部筹集资金来进行投资，以扩大生产经营规模的行为，采用这种途径来促进企业成长和发展，具有投入大、时间长和风险大的特点。而外部扩展则是指企业以不同的方式直接与其他企业整合起来，利用其现成设备、技术力量和其他外部条件，实现优势互补，以迅速扩大生产经营规模的行为，采用这种途径来促进企业成长和发展，具有投入少、见效快和风险小的特点。兼并和收购是企业外部扩展的主要形式。

企业兼并是指一个企业购买其他企业的产权，并使其他企业失去法人资格的一种经济行为。而企业收购是指一个企业用现金、有价证券等方式购买另一家企业的资产或股权，以获得对该企业控制权的一种经济行为。

企业兼并与收购有许多相同或相似之处，主要有：(1) 两者都是一种在市场机制作用下，具有独立法人财产权企业的经济行为，是企业对市场竞争的一种能动反应，而不是一种政府行为；(2) 两者都是一种产权交易活动，而且这种产权交易活动是一种有偿的交换，而不是一种无偿的调拨。既可以通过购买资产的方式，也可以通过购买股票的方式来进行交易。支付的手段既可以是现金，也可以是股票、债券或其他形式的回报；(3) 两者的动因基本相同，如扩大企业的市场占有率，经营规模及经营范围等。总之，两者都是为了迅速增强企业实力而进行外部扩张的策略和手段。

企业兼并与收购也有差别，主要在于：(1) 在兼并中，被兼并企业丧失法人资格，而在企业收购中，被收购企业的法人地位仍可继续存在；(2) 兼并后，兼并企业成为被兼并企业债权债务的承担者，是资产和债权及债务的一同转让；而在收购后，收购企业是被收购企业新的所有者，以收购出资的股本为限承担被收购企业的风险；(3) 兼并多发生在被兼并企业财务状况不佳、生产经营停滞或半停滞之时，兼并后一般需要调整其生产经营活动、重新整合资产；而收购则一般发生在被收购企业正常经营的情况下。

尽管兼并与收购存在着许多差异，但两者更有着许多联系，尤其是两者所涉及的财务问题并无差异。因此，我们在以下讨论中，将二者混用，统称“企业并购”。

二、企业并购的类型

企业并购的形式多种多样，按照不同的分类标准可划分为许多不同的类型。

(一) 按并购双方产品与产业的联系划分

并购可分为横向并购、纵向并购、混合并购。

1. 横向并购

横向并购是指市场上竞争对手间的合并，例如生产同类商品的厂商间或是在同一市场领域出售相互竞争的商品的分销商之间的并购。横向并购的结果是资本在同一生产、销售领域或部门集中，优势企业吞并劣势企业组成横向托拉斯，扩大生产、销售规模以达到新技术条件下的最佳经济规模。实质上，横向并购目的在于消除竞争，扩大市场份额，增加并购企业的垄断实力或形成规模经济效应。横向并购是企业并购中的常见方式，但由于这种并购（尤其大型企业的并购）容易破坏竞争，形成高度垄断的局面，许多国家都密切关注并严格限制此类并购的发生。

2. 纵向并购

纵向并购是指与企业的供应厂商或客户的合并，即优势企业将与本企业生产紧密相关的从事生产、营销过程的企业收购过来，以形成纵向生产一体化。纵向并购实质上是处于生产同一产品不同生产阶段的企业间的并购。从并购方向来看，纵向并购又有向后并购和向前并购之分，前者是指生产原材料和零部件的企业并购加工、装配企业以及生产企业并购销售商，后者则是向生产流程前一阶段企业的并购。纵向并购的优点是能够扩大生产经营规模，节约通用的设备和费用等；可以加强生产过程各环节的配合，利于协作化生产；可以缩短生产流程和生产周期，节省运输、仓储、资源和能源等，而且较少受到各国反垄断法律规范的限制。

3. 混合并购

混合并购是指既非竞争对手又非现实或潜在的客户或供应商的企业间的并购。混合并购有三种形态：产品扩张型并购、市场扩张型并购、纯粹的扩张型并购。产品扩张型并购是指相关产品市场上企业间的并购；市场扩张型并购是一个企业为扩大其竞争地盘而向其尚未渗透的地区生产同类产品的企业进行并购；而纯粹的扩张型并购是那些生产和经营彼此间毫无联系的若干企业之间的并购。混合并购的主要目的在于减少长期经营一个行业所带来的风险。

与横向并购和纵向并购相比，混合并购因收购公司与目标公司没有直接业务关系，其并购目的往往较为隐蔽而不易为人察觉，有可能降低并购成本。与纵向并购类似，混合并购也被认为不易限制竞争或构成垄断，故而很少成为各国《反托拉斯法》控制和打击的对象。

（二）按并购的实现方式划分

1. 承担债务式并购

在被并购企业资不抵债或资产与债务相等的情况下，并购方以承担被并购方全部或部分债务为条件，取得被并购方的资产所有权和经营权。

2. 现金购买式并购

现金购买式并购有两种情况：（1）并购方筹集足额的现金购买被并购方全部资产，使被并购方除现金外没有持续经营的物质基础，成为有资本而无生产资源的空壳，不得不从法律意义上消失。（2）并购方以现金通过股票交易市场、柜台或协商购买目标公司的股票或股权，一旦拥有其大部分或全部股本，目标公司就被并购了。

3. 股份交易式并购

股份交易式并购也有两种情况：（1）以股权换股权。这是指并购公司向目标公司的股东发行自己公司的股票，以换取目标公司的大部分或全部股票，达到控制目标公司的目的。通过并购，目标公司或者成为并购公司的分公司或子公司，或者解散并入并购公司。（2）以股权换资产。并购公司向目标公司发行并购公司自己的股票，以换取目标公司的资产，并购公司在有选择的情况下承担目标公司的全部或部分责任。目标公司也要把拥有的并购公司的股票分配给自己的股东。

（三）按企业并购双方是否友好协商划分

1. 善意并购

是指并购方企业能以较合理的价格等并购条件，与目标企业的管理层协商，取得目标企业股东和管理层的理解与配合后所进行的并购。

2. 敌意并购

是指并购方企业事先未与目标企业管理层协商而秘密收购目标企业的股份，使目标企业不得不接受条件出售企业。在敌意并购下，并购方企业通常得不到目标企业管理层的配合，相反，后者还会设置种种障碍阻挠并购。

（四）按是否利用目标公司本身资产来支付并购资金划分

1. 杠杆收购

杠杆收购指收购公司利用目标公司资产的经营收入，来支付并购价款或作为此种支付的担保。换言之，收购公司不必拥有巨额资金，只需准备少量现金，加上以目标公司的资产及营运所得作为融资担保，即可并购任何规模的公司。由于此种收购方式在操作原理上类似财务杠杆，故而得名。在杠杆收购中，并购公司用于并购活动的自有资金与收购总价格相比微不足道，两者之间的比例通常在10％到15％之间。

2. 非杠杆收购

非杠杆收购是指不用目标公司自有资金及营运所得来支付或担保支付并购价款的收购方式，早期并购浪潮中的收购形式多属此类。但非杠杆收并购不意味着收购公司不用举债即可负担并购价款，现实中，几乎所有的收购都是利用贷款完成的，所不同的只是借贷数额的多少、贷款抵押对象的不同而已。

（五）按并购是否通过证券交易所划分

1. 协议收购或称直接收购

是指收购公司直接向目标公司提出并购要求，双方通过一定程序进行磋商，共同商定完成收购的各项条件，进而在协议的条件下达到并购目的。

2. 要约收购或称间接收购

是指收购公司并不直接向目标公司提出兼并要求，而是在证券市场上以高于目标公司股票市价的价格大量收购其股票，从而达到控制该公司的目的。

三、并购的动机

（一）企业并购的基本动机

企业并购的目的和效应往往是联系在一起的，有些并购的起因正是来源于并购本身将会出现的后果。综合考察，企业并购的基本动机主要是两个方面：追求利润的动机和竞争的动机。

1. 追求利润的动机

在市场经济条件下，企业的经济活动必然是一个追求利润最大化的过程。追求利润最大化乃至价值最大化是企业从事生产经营活动的宗旨。企业并购作为一种经济活动，不可能脱离追求利润的根本动机而存在。通过并购，企业可以迅速扩大生产规模，提高生产效率，从而获取更多的利润。因此，企业必然会利用并购的途径以获得更大的收益，而且各种中介机构在高额佣金的诱惑下，也会极力促进企业的并购活动。正是企业追求利润最大化的动机，有力地刺激了企业并购的不断发展。

2. 竞争的动机

企业并购的另一个基本目的就是市场竞争的压力。在市场经济条件下，市场中必然存在竞争。尽管竞争的形式多种多样，但从根本上讲，竞争仍然是单位成本的竞争。某个企业的单位产品成本低，它就可以比其他企业获得更多的利润，从而在市场上获取更大的市场份额，在竞争中获得生存与发展。并购既是企业在竞争中获得快速发展的重要手段，也是保持企业长远发展的基本措施。

（二）企业并购动机的理论评述

以上是对企业并购动机的一般阐述，理论界也针对不同情况，作出了不同的理论解释，并形成了不同的学派。下面主要就效率理论、信息理论、代理成本理论、自由现金流量理论、税收优惠理论作简要介绍。

1. 效率理论

效率理论认为，企业并购和其他形式的资本经营活动，对整个社会来说是有潜在效益的，这主要是通过各种不同形式的协同效应表现出来。所谓协同效应，是指两个企业组成一个企业之后，其产出比原来两个企业的产出之和还要大的情形，通常称之为“1＋1＞2”的效应。由于产生协同效应的原因和方式不同，效率理论可分为以下几个分支：

（1）经营协同理论。该理论认为，由于并购双方在资源上存在互补性、规模经济或广度经济，所以两个或两个以上企业合并成一个企业时引起收益增加或成本减少。该理论有一个重要的前提是：在行业中存在着规模经济，并且在合并之前，公司的经营活动水平达不到实现规模经济的潜在要求。在横向并购中，由于企业存在大量不可分性的生产要素，如人员、专用设备及一般管理设施等，通过将这些要素支出分摊到更大的产出上，可以增加单位投入的收益。规模经济同样也存在于纵向并购和混合并购之中。纵向并购可以节约相关的联络费用和各种形式的交易费用，从而提高企业经营效率；混合并购则可以通过公共支出的分摊降低单位管理费用。

但是经营协同效应理论也存在一些问题，主要有：一是企业管理层的管理能力能否在短时期内迅速提高，并达到管理好比原有企业规模更大企业的水平；二是企业管理层的管理才能在相同或相近的产业中很容易扩散和转移；三是如何并购对双方都有利的资源，又如何处理并购之后不需要的部分。

（2）效率差别理论，又称为管理协同理论。该理论认为如果一家公司有一个高效率的管理队伍，其能力超过了公司日常的管理需求，该公司便可以通过收购一家管理效率较低的公司来使其额外的管理资源得以充分利用。该理论隐含着一个基本的假设，即通过并购确实能够提高目标企业的经营效率。但这一假设在实践中却显得过于乐观。实证研究表明，有些管理低效的企业并没有因为并购而将其资源利用潜能发掘出来，因为企业经营效率低下有时并不只是管理的问题。从另一方面来看，如果一个企业管理效率低下，也并非只有通过并购的方式才能提高管理水平，还有其他方式可供选择，如直接另外聘请管理者。

(3) 财务协同理论。该理论认为企业并购主要是企业出于财务方面的考虑。拥有许多内部现金流量但缺乏投资机会的企业，与具有较少现金但拥有许多投资机会的企业之间进行并购，可以提高资金的使用效率。因为企业向外部筹集资金，需要支付利息和交易费用，而并购通过利用并购双方在产品生产销售周期、产品生命周期上的不同，使资金在企业内部从低回报项目转向高回报项目。许多混合并购均以这种理论为依据。财务协同理论还认为，随着并购之后企业规模的扩大，企业的融资能力要大于并购之前两个独立企业之和。并购不但可以增强融资能力，节约融资成本，而且由于利息费用计入成本，还可以节约所得税支出。许多企业并购主要是出于避税或节税的考虑，例如，盈利企业兼并亏损企业，可以带来相应的节税收益。

(4) 多样化经营理论。该理论认为由于多样化经营能够满足管理者和其他雇员分散风险的需要，能够实现组织资本和声誉资本的保护等原因，具有一定的价值，进行企业并购就能获取这种价值。首先，由于公司管理者和雇员人力资本的专用性，他们不能像股东一样，通过在资本市场上分散投资来降低风险。而公司的分散经营可以给管理者和雇员带来工作的安全感和提升的机会，并且在其他条件不变的情况下，还会导致劳动力成本的降低。其次，在企业运营过程中，形成了特定的管理者组合和雇员组合。如果企业被解散，这些组合的价值也随之消失；但如果公司分散经营，这些组合便可以从没有利润的商业活动中转移到正在发展和盈利的活动中去，从而保证公司业务活动平稳健康发展。最后，公司通过对广告、研究与开发、人员培训以及机构发展等方面长期的投资，建立起良好的声誉资本，分散经营对此也可以加以利用。

(5) 战略重组效应。战略重组效应认为，通过并购可以分散企业的经营风险。企业的战略规划不仅与经营决策有关，而且也与公司的环境和顾客有关。该理论隐含地认为并购可以实现规模经济或挖掘出公司目前未充分利用的管理潜力。

战略重组效应是建立在竞争优势获得基础上的，虽然新的能力和新的市场可以在内部得到发展，但因为时机的选择对于获得发展的企业是十分重要的。

通过并购活动，对企业调整的速度要快于内部发展的调整速度，并且还可能存在实现管理协同效应的机会。由于竞争性的收购市场意味着从收购投资中所获净现值的可能会比较小，但如果这些投资能够利用协同效应，成为净现值为正的额外投资，这一战略就仍然可能是成功的。

（6）价值低估效应。一些研究结果将并购的目的归因于目标企业价值的低估。造成目标企业价值低估的原因很多：可能是公司管理层无法使公司的经营潜力得以充分发挥；也可能是收购者有内幕消息，他们如何获得该内幕消息可能随着具体情况的不同而变化，但如果并购企业有资本市场上所没有反映的消息时，他们就可能会给股票以一个高于一般市场价格的估价；也可能是由于通货膨胀的存在，股票价格一直处于低迷状态，导致资产的重置成本比账面成本大幅度提高。在目标企业价值被市场低估的情况下，如果并购公司想要增加生产特定产品的能力，它可以通过购买生产此类产品的目标公司来达到这一目的，而不用从头做起，因为前者更便宜一些。

2. 信息理论

信息理论可以区分为两种形式：一种形式认为收购活动会散布关于目标企业股票被低估的信息并且促使市场对这些股票进行重新估价，目标企业和其他各方不必采取特别的行动来促进价值的重估，这被称作为“坐在金矿上”的解释；另一种形式认为收购要约会激励目标企业的管理层自身贯彻更有效的战略，在收购要约之外不需要任何外部动力来促进价值的重新评估，这是“背后鞭策”的解释。

信息假说的一个重要变形是信号理论。信号理论认为，特别的行动会传达其他形式的重要信息。在企业并购活动中，信息的发布与传递将以多种方式存在。目标公司收到收购要约这一事实会传递给市场这样的信息：该公司拥有迄今为止尚未被认识到的额外的价值，或者企业未来的现金流量将会增长。当一个并购企业用普通股来购买其他企业时，可能会被目标企业或其他各方看作是并购企业的普通股价值被高估的信号。而当企业重新购回他们的股票时，市场又会将其看作是这样一种信号：公司管理层持有其自身企业股票价值被低估的信息，且该企业将会获得新的发展机会。

3. 代理成本理论

代理成本理论认为，代理问题产生的基本原因在于管理者（决策或管理代理人）和所有者（风险承担者）间的合约不可能无代价地签订和执行。由此而产生的（代理）成本包括：（1）缔结一系列合约的成本；（2）委托人对代理人行为进行监督和控制的成本；(3) 剩余损失，即由于代理人的决策和委托人决策间发生偏差而使委托人所遭受的损失。

代理问题可以通过一些组织和市场方面的机制进行有效的控制。股东大会和股票市场分别是内部监督和外部监督的重要手段。当所有这些机制不足以控制代理问题时，并购市场将为这一问题的解决提供最后的外部控制手段。并购可以使外部管理者战胜现有的管理者和董事会，从而取得对目标企业的决策控制权。

4. 自由现金流量理论

由于代理成本的客观存在，而产生了自由现金流量的问题。自由现金流量理论认为，自由现金流量的支出可以在解决管理者和股东间的利益冲突方面发挥重要的作用。自由现金流量是超过所有投资项目资金要求量的现金流量，且这些项目在以合适的资本成本折现后要有正的净现值，说明了公司若想有效率和使股价最大化，自由现金流量就必须支付给股东。自由现金流量的支出降低了管理者所控制的资源量，从而削弱了他们的权力。另外，当他们为额外的投资寻求新的资本而进行融资时，就更可能会受到资本市场的约束。

除了支付本期额外的现金外，自由现金流量理论还认为管理者通过契约来保证未来各期现金流量的支付也是十分重要的。实现这一要求的一个有效方式是制造一些不用保留发行收入的债务。在已经面临前景暗淡而规模逐渐缩小但仍能产生大量现金流量的组织中，控制债权比例将是重要的，也就是说，公司通过收购活动，适当地提高负债比率，可以降低代理成本，提高公司价值。

但是迄今为止，自由现金流量理论仍然没有被广泛接受，还需要更进一步的实证检验。

5. 税收优惠理论

一些学者认为，一部分并购活动的出现可能是出于税收最小化方面的考虑。例如，处于较高纳税等级的企业，可以通过并购纳税等级较低的高科技企业，将主营业务转移到高科技企业，从而享受高科技企业的纳税优惠待遇。不过，税收因素是否会引起并购活动，取决于并购企业是否存在获得同等税收利益的其他替代方法。

税收除了影响并购的动机外，也影响并购的过程。依靠重组（并购）的方法和交易中介，被收购企业税收属性可能会转移到收购企业，具体的做法可以表现为获得净营业亏损和税收抵免的递延。例如，一个有累积亏损和税收减免优惠的企业，可以通过与有正收益的企业合并，通过合并纳税，实现收益与亏损的相互抵补，进行合法避税。

第二节　企业分立

越来越多的公司开始认识到，剥离和分立并非像过去人们所认为的那样是公司经营失败的标志，而是公司发展的一项合理的战略选择。一个公司通过分立不适合于公司长期战略、没有发展潜力或影响公司整体业务发展的子公司、部门和产品生产线，可以使自己更集中于某些重点经营领域，从而更具有竞争力。与此同时，通过分立的方式，可以使公司所拥有的资产达到更有效地配置，从而可以提高公司的资产质量和资本的市场价值。

一、分立的含义及类型

（一）分立的含义

分立是指一个公司通过将母公司在子公司中所拥有的股份，按比例分配给现有公司的股东，从而在法律上和组织上将子公司的经营从母公司的经营中分离出去的一种形式。这会形成一个与母公司有着相同股东的新公司。在分立过程中，不存在股权和控制权向第三者转移的情况，因为现有股东对公司和分立出来的子公司同样保持着他们的权利。

（二）分立的类型

1. 按照被分立公司是否存续，分立可分为派生分立与新设分立

派生分立是公司以其部分财产设立另一家新公司的行为。在这种方式下，新设公司需注册登记，原公司存续，但需办理减少注册资本的变更登记。新设分立是将公司全部财产分解为若干份，重新设立两个或两个以上的新公司，原公司解散。

2. 按照股东对公司的所有权结构变化形式划分，分立可分为并股和拆股

并股是指母公司以其在子公司中所占有的股份，向部分（而不是全部）股东交换其在母公司中的股份。不同于纯粹的分立，并股会导致两个公司的所有权结构发生变化，母公司的股东在并股以后甚至不能对子公司行使间接的控制

权。因此，并股不像纯粹的分立那样会经常发生，因为它需要部分母公司的股东愿意放弃其在母公司中的权益，转向投资于子公司。

拆股，与纯粹的分立比较相似，是指母公司将子公司的控制权移交给其股东。拆股后，母公司所有的子公司都分立出来，母公司不复存在。拆股不仅会带来管理队伍的变化，公司的所有权结构也有可能发生变化，这取决于母公司选择何种方式向其股东提供子公司的股票。

二、分立的动因

1. 适应经营环境变化，调整经营战略

无论是企业并购还是企业分拆，都反映了企业为了适应不断变化的经营环境和发展战略需要而做出的努力。任何一个企业都是在一个动态的环境中经营的，经济发展和技术进步是经营环境变化的主要原因。一个企业为了适应经营环境的变化，其经营方向和战略目标也要随之做出调整和改变，而分立则是实现这一改变的有效手段。从这个意义上讲，公司分立同并购活动一样，都是企业为努力适应其经济和政治环境中的持续变化所采取的战略中的一部分。

2. 弥补错误的投资或并购决策

企业出于各种动机进行投资和并购活动，但不明智的投资和并购活动却会给企业造成灾难性的后果。因此，盈利水平低或正在亏损以及达不到利润增长预期的业务部门，往往成为企业分拆的首选目标，以避免造成对整个企业利润增长的影响。

企业并购的目的常常是为了获取目标企业与并购方企业之间的协同效应，但实际上要真正实现协同效应却往往是很困难的。国外的有关研究表明，在全部的并购业务中，有 50%以上最后没有实现其预期的目标，其中许多在并购完成后的若干年内又不得不进行分拆。造成这一情况的原因，可能是并购过程中管理层的判断失误，也可能是两个企业在经营、文化以及价值观念方面的差异过大，使得预定的目标难以实现。

3. 作为企业并购方案的组成部分

许多企业分立计划，早在目标企业被并购前已经由并购方企业作为收购一揽子计划中的一个组成部分。在目标企业中，总有在并购方企业看来是不适应企业发展的战略，甚至会给企业带来不必要亏损的业务部门，因此，在并购方案设计中，将目标企业进行分立。

4. 提高管理效率

当管理者所控制资产的规模和种类增加时，即使是最好的管理队伍也会达到收益递减的临界点，因为管理者难以注意到从事不同业务类型的子公司各自所面临的独特问题与投资机会。此时，采用不同形式售出那些与母公司经营活动不相适应的部分，母子公司通过重新定位，在确定各自比较优势的基础上，可以更加集中于各自的优势业务，提高公司的整体管理效率，为公司的股东创造更大的价值。此外，分立常常能够创造出简洁、有效率、分权化的公司组织，使公司能够更快地适应经营环境的变化。所以在许多子公司独立的声明中，都提到为突出公司的主营业务，需要使与母公司业务关系不大或管理效率较低的子公司独立。

5. 谋求管理激励

大公司中，管理机构的官僚化膨胀会抑制企业的创新精神，导致良好的表现得不到应有的回报，而不佳的表现未受到惩罚。当子公司的形象和目标与母公司不一致时，这个问题就会更加突出。此时，以母公司普通股期权为激励报酬的计划可能变得毫无意义，甚至起反作用。如果让子公司独立出来，市场对管理行为的反应就会直接反映在其独立的（而不是母公司的）股票价格上，母公司和子公司的管理人员也都相信，他们现在可以更直接地影响到公司的绩效，这就使报酬计划与公司经营管理业绩更加紧密地联系在一起，从而降低代理成本，形成更为有效的激励机制。

6. 提高资源利用效率

企业售出资产的原因有两个：第一，该部分资产作为购买方公司的一部分比作为售出方公司的一部分更有价值；第二，该部分资产强烈干扰了售出方公司其他的营业活动。通过剥离或分立，可以变现取得收益，提高公司股票的市场价值。一般来说，市场并不总是能够正确地认识和评价一个公司的市场价值，特别是对一些集团公司来说，由于实行多元化经营，其业务范围涉及广泛的领域，使得市场投资者以及证券分析人员对其所涉及的复杂业务可能无法做到正确的理解，因此，可能会低估其股票的市场价值。

7. 获取税收或管制方面的收益

不同国家由于调节经济的需要制定了不同的税收政策。公司可以通过分立进行合法避税。如果子公司从事受管制行业的经营，而母公司从事不受管制行业的经营，则一方面母公司常常会受到管制性检查的“连累”，另一方面如果管理当局在评级时以母公司的利润为依据，受管制子公司可能会因与盈利的母公司联系而处于不利地位。此时，如果让子公司独立出来，既可使从事不受管制行业经营的母公司不再受到规章的约束与审查，又可以使子公司得以有更多的机会提高评级水平。

8. 满足政府反垄断需要

政府可能因反垄断需要，依法强制企业分拆部分资产和业务。美国电报电话公司的分拆就是一例。

第三节　企业重组

一、企业重组的含义

关于企业重组，在理论上有多种不同的解释，在实践中也有诸多不同的做法。在西方财务中，重组只限于濒临破产企业和非破产处理过程。一般来说企业重组有广义和狭义之分。广义的企业重组是指对企业生产经营各要素的分拆、整合以及内部优化的过程，它的实质是产权经营，是产权的流动和转移。狭义的企业重组是指对国有企业改组为股份有限公司，并申请上市的过程。企业重组是指为了更有效地进行企业制度创新，提高企业运行效率和竞争力而通过对不同的法人主体的出资人所有权、法人财产权及债权人的债权进行符合资本最大增值目的的相互调整与改变，对企业之间或单个企业的实业资产、金融资产、产权资产和无形资产进行分拆和整合的优化整合过程。它在外延上包括十分广泛的内容，既包括企业资产重组、资本重组和债务重组，也融合了企业分立、合并、收购、控股、上市、破产处置等经营行为。

二、企业重组的内容和方式

（一）按企业重组的本质分类

企业重组的本质是对企业生产力的重组，按照现代生产力理论，生产力诸要素是指企业的劳动者、劳动资料、劳动对象、组织管理和科学技术等，所以企业重组是对这些生产要素的重组。按企业重组的本质，企业重组可以分为：

1. 资产重组

资产重组是指对重组企业一定范围内的资产进行分拆、整合或优化组合的活动，它是企业重组的核心。资产是指企业拥有或控制的能用货币计量的经济资源，包括各种财产、债权和其他权利。对资产重组的分析主要侧重于固定资产重组、无形资产重组、长期投资重组。

2. 债务重组

企业负债是指企业所承担的能用货币计量，需以资产或劳务偿付的义务，它包括长期负债和流动负债。债务重组，简言之，是指债权人与债务人对原债权和债务的重新组织安排。债务重组可分为持续经营下的债务重组和非持续经营下的债务重组。

3. 股权重组

股权重组是指对企业股权的调整，是企业重组的内在表现。它包括以股换股，发行新股票以扩大企业的资本总量，调整企业的资本结构等。

4. 职工重组

职工重组的基本目的在于优化劳动组合，提高劳动生产率。职工重组的内容本身并不复杂，其基本要求是减少企业冗员，优化其劳动组合。从今后的发展趋势看，在建立健全社会保障体系的同时，还要进一步改革劳动用工制度，在分流、重组企业职工方面逐步由企业内部消化为主转向由劳动力市场吸纳和配置为主。

5. 管理体制重组

伴随着企业的资产、债务、股权和职工的重组，企业调整其管理体制，其目的是使企业转变经营机制，实现重组效益。管理体制的重组，包括企业治理结构的变迁、管理人员的变更以及管理制度的变化。

（二）按企业重组的形式分类

企业重组的形式很多，包括扩张、收缩、资产重组以及所有者结构变更等。它包括以下几个方面：

1. 扩张

企业扩张包括企业的兼并、发盘收购和联营。简单地说，兼并就是指任何一项由两个或多个实体形成一个经济单位的交易。其中涉及两个从事同类业务活动的企业的合并称为横向合并，涉及某项生产活动的不同阶段的合并称为纵向合并，涉及从事不相关类型经营活动的企业之间的合并称为混合合并。

在发盘收购中，谋求另一家公司控制权的公司要求它想要控制的企业的股东们卖出他们所拥有的股票或为他们所拥有的股票开一个收购价。

联营企业所涉及的只是相关公司的小部分业务的合并，通常有一定的年限，一般定为10年～15年或更短的期限。联营企业可以是一个独立的实体，在这个实体中，联营各方以现金或其他方式进行投资。

2. 分立和剥离

分立创造出了一个独立的、新的法律实体，它的股份按比例分配给母公司的股东。这样，母公司现有的股东就在分立的实体中拥有与在原有企业所拥有的相同比例的所有权。然而，控制权却被分离了，并且分立的实体作为一个独立的决策单位，结果可能会采取与原母公司不相一致的战略或政策。从某种意义上说，分立是向现有股东支付股息的一种形式。

与分立相联系的另一种交易形式就是剥离。分立只是进行股权的转移或交换，而剥离则会有现金流入。从根本上说，剥离是将企业的一部分出售给外部的第三方，并收到现金或与之相当的报酬。在典型的剥离中，购买者是一家已经存在的企业，因此不会产生新的法律主体，它仅仅是某种形式的扩张。

3. 公司控制

公司控制的企业重组方式包括溢价购回股票、签订停滞协议、修订反接管条款、代表权争夺等四个方面。

溢价购回股票就是企业以高于市场价的价格购回重要股东的所有者权益。

停滞协议是一份自愿的协议，在协议中，股份被全部购回的股东同意将来不再企图接管公司。

修订反接管条款就是对公司章程进行修改，从而增加收购公司的收购难度或加大收购代价。

在代表权争夺的过程中，外部集团试图在企业的董事会中获得代表席位，这个外来者被称为“持不同意见者”或“反叛者”，他们试图削弱“当权者”或现有董事会的控制地位。由于企业的管理层通常对董事会拥有准备的控制权，因此，代表权争夺通常被认为是针对企业现有管理层的。

4. 所有权结构变更

所有权结构的变更包括四种形式，即：发盘收购、股票回购、转为非上市公司、转为上市公司以及杠杆收购等形式。

发盘收购就是以债权或优先股交换普通股或相反地以普通股交换优先股或

更高的要求权。以债权交换普通股提高杠杆率，反之，降低杠杆率。

股票回购意味着公司买回它发行在外的普通股。回购的股票数额可以很少，也可以很多。如果回购股票占股本的比例较大，其结果可能改变企业的控制权结构。

转为非上市公司就是由一个规模较小的投资人集团收购原来公开上市公司的全部股东权益，于是该企业就不再受证券交易委员会法令的规则约束。转为非上市公司的典型交易是当权的企业管理集团取得上市公司的大部分所有者权益，如果这个交易是由在职的企业管理层发动的，则被称为管理层收购。

与转为非上市公司相反，一些尚未上市的公司通过买壳的形式，注入企业的优质资产，从而达到公司部分或全部上市的目的。

杠杆收购是通过增加公司的财务杠杆去完成收购交易。从实质上看，杠杆收购是收购公司主要通过借债来获取目标公司的产权，且用后者的现金流量来偿还负债的收购方式。

5. 破产重组

破产重组,从广义上来说包括企业倒闭和清算。清算是公司依法被宣布完全解体,资产全部变卖,进行偿债。破产是一种企业淘汰方式的资产重组。

破产不只是企业倒闭和清算，而且包括企业重整。企业重整是指对陷入财务危机但仍有转机和重建价值的企业按照一定程序进行重新整顿，使企业得以维持和复兴的做法。它一般是发生财务危机的企业通过与债权人达成和解协议，重新调整债权人、债务人及其他相关利益主体的权利义务关系，并通过一定的方式改善企业的经营管理。可见，重整是资不抵债而需要破产的企业，经过债务整顿实现资本结构重组。这种破产重整的作用表现在：(1) 有利于债权人避免在破产清算中因资不抵债而受损；(2) 有利于职工，使其避免企业解散而引起的大量失业；(3) 有利于避免由于企业破产而带来的信誉受损。

三、企业重组的意义

1. 调整经济结构，促进资源优化配置

资源配置是指经济中的各种资源在不同方面的分配。在传统的经济体制下，我国的资源配置呈现如下特点：在宏观上存在着资源的极不合理的分配，造成产业结构、技术结构、地区经济结构、就业结构的严重失调，资源的浪费和破坏非常严重；在微观上，由于行政部门直接干预企业的生产和经营，企业既没有合理使用资源的积极性，也没有这种可能性，因而生产效率低下，资源的使用率也很低。对传统经济体制进行改革，建立社会主义市场经济体制，其实质是以市场机制为基础的资源配置方式取代以行政命令为主的资源配置方式。在市场经济中，市场是社会资源的基本配置者，通过市场配置各种资源，并将这些资源有效地配置给社会生产最需要的产品和效率最高的部门，促使拥有最强竞争能力的企业获得最高利润。

市场有效调节的各种资源，不仅包括资金、劳动力、技术和信息等各种单一生产要素，而且也包括企业这一多种生产要素的复合体。企业进入市场，在买卖中流动，遵循价值规律、供求规律和竞争规律，重新选择新的经营方式，对原有企业进行认真改组，从根本上打破原所有者手中已形成并难以改变的僵局，使企业获得新生，提高企业的效率和效益。

由于一定时期内，社会资源的增量投入是有限的，因此，经济结构的调整主要靠存量的再配置得以实现，而企业的并购、分立和剥离等重组形式则是调整存量的主要方式。通过企业重组，劣势企业的资本流向优势企业，传统产业、衰退产业的资本流向新兴产业、高成长产业，既促进了新兴技术部门，高成长企业的发展，壮大了优势企业的实力，又能改造传统部门，淘汰落后企业。企业重组不但有效地调整了产业结构，而且有效地促进了产业升级换代。

2. 增强企业市场竞争力

随着改革开放的不断深入，我国的企业都面临着日益激烈的市场竞争。这种市场竞争，一方面来自于市场供给主体的增多与市场供给主体效益的增强，另一方面来自于市场态势的变化。如果再加上中国市场日益国际化这个因素，考虑到国际资本与国际产品的流入，那么中国市场竞争将会更加激烈。在如此激烈的市场竞争中,谁的竞争力强,谁就是强者,谁就能生存发展。企业为了具备强大的竞争能力,就需要加大技术的投入,使自己提供的产品和服务能适应不断变化的市场需求,扩大市场占有率,从而在市场竞争中站稳脚跟。企业还需要扩大自身规模以便取得规模经济,使企业获得规模效益。在社会资金紧张且获得贷款日益困难的情况下，通过增量投入扩大生产规模显然比较困难。只有通过企业重组，使劣势企业的资产流入优势企业，从而加速资本的集中，才能扩大企业规模，增强企业实力，迅速提高企业的市场竞争能力。

3. 实现企业优势集中化

中国国有经济的一个重要特征就是优势分散化，也就是说，技术、产品、管理、市场、人才、设备等要素的优势分散在不同企业内。例如，有的国有企业有市场与名牌产品，但却缺乏生产规模与设备；有的国有企业有生产规模与设备，却缺乏市场与名牌产品；有的国有企业有技术与设备，却缺乏管理人才等等。因此，某企业缺乏的正是其他企业所拥有的，而某企业所擅长的却又是其他企业所不足的。这样，各企业分散的要素优势，就不能形成企业的经济优势。如果把各有特色的企业整合在一起，把各自的优势集中起来，就会使潜在的优势变为现实的优势。这样不仅充分利用了资源，而且解决了生产能力短缺、资本不足与生产能力过剩、设备闲置、开工不足并存的问题。可见，企业重组是实现企业优势集中的有效途径。

【本章小结】

企业兼并与收购是两个不同的概念，常说的企业并购是二者的统称。依照不同的分类标准，企业并购可以分为多种形式，本章对企业并购作了五种不同的分类。然后结合企业并购的动机，对相关的理论，如效率理论、信息理论、代理理论、自由现金流量假说、税收优惠理论等进行了评述。

分立是指一个公司通过将母公司在子公司中所拥有的股份，按比例分配给现有公司的股东，从而在法律上和组织上将此公司的经营从母公司的经营中分离出去的一种形式。分立不是公司经营失败的标志，而是公司发展的一项合理的战略选择。通过分立的方式，可以使公司所拥有的资产达到更有效地配置，从而可以提高公司的资产质量和资本的市场价值。

企业重组是指为了更有效地进行企业制度创新，提高企业运行效率和竞争力而通过对不同的法人主体的出资人所有权、法人财产权及债权人债权进行符合资本最大增值目的相互调整与改变，对企业之间或单个企业的实业资产、金融资产、产权资产和无形资产进行分拆和整合的优化组合过程。它在外延上包括十分广泛的内容，既包括企业资产重组、资本重组和债务重组，也融合了企业分立、合并、收购、控股、上市、破产处置等经营行为。企业重组具有调整经济结构，促进资源优化配置；增强企业市场竞争力；实现企业优势集中化的重要意义。

【复习题】

1. 分析并购和分立的动因。
2. 企业重组的内容和方式有哪些?
3. 试述企业重组的意义。

【讨论及思考题】

企业兼并与收购的相似之处与差别。

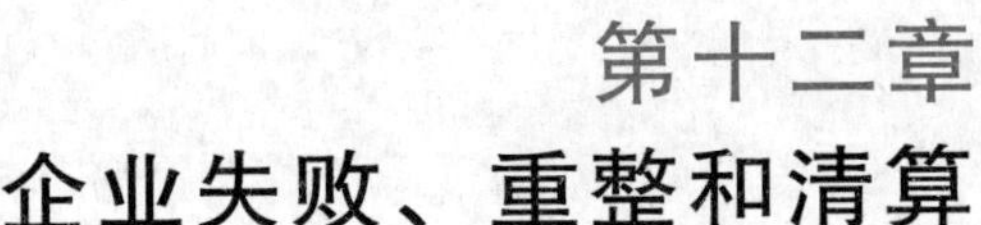

第十二章 企业失败、重整和清算

【本章引言】

到目前为止，本书所讨论的内容都是持续经营的企业所面临的问题。然而，在市场经济条件下，许多企业在财务上有时会陷入困境甚至宣告破产倒闭。因此，每一个企业都必须考虑财务危机和失败，考虑企业一旦出现财务困难或失败时，如何处理企业的财务事宜，如何保护各利益相关主体的利益。本章将以失败与清算为中心内容，对企业失败、重整和清算的理论进行阐述。

第一节　企业失败

一、企业失败的种类

在不同的场合，对“失败”一词有不同的理解。失败从本质上讲是指没有达到和实现预定目标。所谓预定目标可以是当事人知道并且制定出详细计划的目标，如通常所说的目标；也可以是当事人并不是很清楚或者并未清楚地意识到而实际上客观存在的目标。

企业失败既是一种状态结果，又是一个过程。它描述的是由于种种原因导致的企业财务状况持续恶化，投资者收益持续低于同类投资预期最低平均报酬，财务风险加剧，出现不能清偿债务的信用危机，直至最终清偿的一系列事件的总称。

企业失败的表现是多种多样的，如经济失败、商业失败、技术型无力偿债、资不抵债、正式破产等。我们一般把它们概括为经济失败和财务失败两种类型：

（一）经济失败

企业的经济失败是指企业生产经营活动所产生的税后收入不足以弥补其生产成本，并使其投资收益率低于资本成本，从而使企业处于亏损状态并走向失败。对企业出现的经济失败，应设法进行挽救，挽救无效，则只能转入清算。经济失败描述的是企业的经营活动不能获取盈利。具体含义包括以下三个方面：

（1）经营所得收入不足以支付经营成本和费用，即通常所说的“收不抵支”；

（2）投资收益率小于资本成本；

（3）实际收益小于预期收益。

（二）财务失败

财务失败是指企业无力履行对债权人的契约责任，又称为契约性失败。企业失败往往都集中和突出表现为财务失败，以违约、无偿付能力或破产为显著特征和具体表现形式，是失败程度逐步加深的三种具体表现形式，也是企业失败逐步加剧的“三部曲”。

财务失败根据失败程度的不同,可分为技术性失败和破产两种。技术性失败是指尽管企业资产总额超过负债总额,但因资金周转不灵,流动性差,没有足够的现金偿付到期的债务。对于这种类型的财务失败,管理人员可以通过有效的补救措施,使企业免于清算。但是,如果企业的全部负债超过其全部资产总额,即企业的净资产出现负值时,就可能导致企业破产。破产是企业失败的极端形式。

二、财务失败的原因

财务失败集中表现为企业不能按时偿还到期债务。实际上，财务失败的具体情况和严重程度是不相同的，但是，无论那种类型的财务失败，分析其原因一般认为有两个方面：一是管理效率低下，二是企业资金不足。这是就财务失败企业的内部原因来说的，因为在正常的市场经济条件下，外部因素对每个企业而言都是公平的。所以，分析财务失败的原因主要应分析企业的内部原因(特殊条件下除外)。结合我国企业的实际情况，我们将财务失败的原因归纳为以下几个方面：

1. 严重亏损

企业在市场中生存下去的基本条件是以收抵支。企业一方面付出货币，从市场上取得所需的资源，另一方面提供市场所需要的商品或服务，从市场中换回货币。企业从市场获得的货币至少要等于付出的货币，以便维持继续经营，这是企业长期存续的基本条件。如果出现相反的情况，企业没有足够的货币从市场换回必要的资源，企业就会发生亏损，资本不能保值，于是就无力清偿到期债务。特别是那些亏损严重的企业，现金十分缺乏，财务失败将难以避免。

2. 过度负债

企业为扩大业务规模或满足经营周转的临时需要，可以向其他法人或个人借债。在资产收益率较高的情况下，适度负债有利于企业获得财务杠杆利益。如果企业权益资金不足，或因盲目追求规模效益和财务杠杆利益而过度负债，就会增加偿还本金和利息的负担；同时，企业的所有者和债权人会因投资风险加大而要求增加收益分配和提高利率。于是，企业财务负担进一步加重，偿债能力进一步降低，到期不能偿债的可能性就进一步加大。

3. 资产结构不合理

资产结构是影响偿债能力的重要因素。一般来说，短期资产投资风险小，但收益少；长期资产投资风险大，但收益高。在资产总额一定的条件下，提高短期资产的比重，企业的偿债风险就会降低，收益就会减少。相反，企业的偿债风险上升，收益也会增加。如企业选择后一种策略，把筹集到的短期资金主要用于变现能力较弱的长期资产上，降低了资产的流动性，一旦出现流动资金不足以偿债的困难，引发财务失败。因为长期资产从投资到产生现金流入量需要经历较长的时间，往往在现金流入量未形成之前就需要还本付息，这就迫使企业举新债还旧债或将债务展期。倘若举新债失败或债务不能展期，企业就将面临无力清偿债务的风险，甚至面临破产。

4. 债务结构不合理

债务结构是指企业筹集的各类债务资金的构成及其比重。长短期债务各有利弊，如果结构不合理，不是加重利息负担，就是增加偿债的困难。如企业因盲目扩张、追求规模效益而采取积极的筹资政策，全部长期资产和一部分长期性流动资产（如存货）由长期债务融通，另一部分长期性流动资产和临时性流动资产由短期债务融通，短期债务在筹资总额中所占比重较大，虽有利于降低资金成本，但因其到期日近，投资于长期性流动资产之后，就可能产生不能按时清偿本息的风险。

5. 存在未作记录的或有负债

如已贴现的商业承兑汇票、产品质量担保、尚未解决的税额争议、未决诉讼各经济纠纷案、借款担保等。这些或有负债一旦成为事实上的负债，就会打乱企业的还债计划，加重偿债负担。

6. 信用等级低

在市场经济条件下，举债是一种信用活动。对债务人来讲，偿债信用非常重要。如果企业的偿债能力一贯很好，信用等级高，举债是很方便的。当债务到期需要偿还而又缺乏现金时，可通过举借新债，发行债券和股票等办法解决资金的短缺问题。如果一个企业信用等级不高，举新债还旧债必然困难重重，财务危机将难以避免。

三、企业财务失败的预警

（一）企业财务预警系统的职能和目标

1. 企业财务预警系统的职能

财务危机一般是指企业没有足够的偿债能力，不能及时偿还到期债务。企业可能遇到财务危机的困扰，如果不及时采取措施加以解决，就会破产。财务预警系统是指对企业的财务危机状态进行监测，并发出警情信号，及早采取相应措施加以防范的体系。

一个完善的财务预警系统一般应由如下四个部分构成：(1) 财务预警的组织机制，即建立由企业经营者、企业内部熟悉经营管理业务并且有现代管理知识的管理人员和企业外部管理咨询专家等人员构成的组织机构，为财务预警分析工作经常化提供组织保证；(2) 财务预警的信息搜集、整理和传递机制，即搜集大量相关资料，并借助计算机辅助系统进行分析处理和迅速传递，为财务预警系统能够有效预知和防范财务危机提供可靠依据；(3) 财务危机的处理机制，即在企业可能发生财务危机之前，立即采取相应的防范措施，加以消除；(4) 财务危机的责任机制，即将企业可能发生财务危机的责任落实到具体的部门及个人，并实施合理的奖惩制度，提高每个部门及个人防范财务危机的积极性和主动性，为财务预警系统正常而有效地运转提供制度性保障。

企业财务失败预警，作为一种成本低廉的诊断工具，其灵敏度越高就能越早地发现问题并告知企业的经营者，就能越有效地防范与解决财务问题，避免财务危机的发生。所以，一个有效的财务失败预警系统具有以下职能：第一，预知财务危机的征兆。当可能危害企业财务状况的关键因素出现时，财务失败预警系统能预先发出警告，提醒企业经营者早做准备或采取对策以减少财务损失。第二，预防财务危机发生或控制其进一步扩大。当财务危机征兆出现时，有效的财务失败预警系统不仅能预知并预告，还能及时寻找导致企业财务状况恶化的原因，使经营者知其然，更知其所以然，制定有效措施，阻止财务状况进一步恶化，避免严重的财务危机真正发生。第三，避免类似财务危机再次发生。有效的财务失败预警系统不仅能及时化解现存的财务危机，而且能通过系统详细地记录其发生缘由、解决措施、处理结果，并及时提出改进建议，弥补企业现有财务管理及经营中的缺陷，完善财务失败预警系统，从而既提供未来类似情况的前车之鉴，更能从根本上消除隐患。

2. 财务预警系统的目标

财务预警系统的目标，是为企业管理当局提供反映企业财务危机状态的警情指标，以便企业管理当局及早采取相应措施，防患于未然，从而使企业持续而稳定地经营，实现企业价值最大化。财务预警系统的有效运行有助于企业管理当局分析和掌握企业财务危机的警源、警兆和警度，采取正确的战略措施，提高企业经营管理水平，防止企业经营状况恶化直至破产；有助于投资者提高警惕，做出正确的投资决策，降低投资风险；有助于完善破产制度，使之建立在客观、数量化的基础之上；有助于政府对国有企业结构进行战略性改组，放开搞活国有企业，防止国有资产流失，实现国有资产保值增值。

（二）财务预警的方法

财务预警的方法通常有定性分析法和定量分析法两大类，它们都以财务报告分析为基础。

1. 定性分析方法

财务预警的定性分析方法主要有如下几种：

（1）风险分析调查法。即通过专业人员、咨询公司、协会等就企业可能遇到的问题加以详细调查与分析，并形成报告文件，以供企业经营者参考的一种方法。运用这种方法所提出的问题对所有企业或组织都是有意义的，普遍适用的。但缺点是这种方法对特定的企业来说，无法提供特定问题、损失暴露的一些个性特征。另外，该种方法所使用的表格没有对要求回答的每个问题进行解释，也没有引导使用者对所问问题之外的相关信息做出正确判断。

（2）“阶段症状”分析法。即把企业财务运营病症大体分为几个阶段，而且每个阶段都有其典型症状。如果企业有相应情况发生，就可以尽快弄清病因，采取相应措施，以摆脱财务困境，恢复财务正常运作。

（3）“短期资金周转表”分析法。是否制定资金周转的三个月计划表，是否经常检查结转下月的资金余额对总收入的比率，销售额对付款票据兑现额的比率和考虑资金周转问题，对维持企业的生存极为重要。该种方法的基本思路是：当销售额逐月上升时，兑现付款票据极其容易；相反，如果销售额每月下降，已经开出的付款票据也就难以支付。该种方法的判断标准有两个：一是如果制定不出三个月的资金周转表，这本身就已经是个问题了；二是倘若已经制好了该表，就要查明转入下一个月的结转额是否占总收入的20％以上，付款票据的支付额是否占销售额的60％以下（对批发商而言）或40％以下（对制造业而言）。可见，该种方法的实质就是企业面临不断变化的理财环境，要经常准备好安全度较高的资金周转表，假如连这种应当办到的事也做不到，就说明这个企业已经处于紧张状态。

（4）管理评分法。它是指通过对企业的管理特性和破产企业存在的缺陷进行调查，对管理中的缺陷、错误和征兆与破产企业进行对比打分，并根据对破产影响的程度对它们进行加权处理，所给分数表明管理不善的程度。管理评分法是基于这样一个前提：即企业失败源于企业的高级经营管理层。该方法简明易懂、有效。当然其效果还取决于评分者是否对被评分公司及其高层管理者有直接的了解。

2. 定量分析法

财务预警的定量分析方法主要有如下几种：

(1) 多变模式。即运用多种财务指标加权汇总产生的总判别分（称为 Z 值）来预测财务危机。最初的"Z 计分模型"由美国爱德华·阿尔曼在 20 世纪 60 年代中期提出，用以计量企业破产的可能性。其判别函数为：

$$Z=0.033X_1+0.014X_2+0.012X_3+0.999X_4+0.006X_5$$

式中：Z——判别函数值

X_1——（息税前利润/资产总额）×100

X_2——（留存收益/资产总额）×100

X_3——（营运资金/资产总额）×100

X_4——（销售收入/资产总额）×100

X_5——（普通股和优先股市场价值总额/负债账面价值总额）×100

X_1 这一比率反映企业的获利水平，比率越高说明企业的获利能力越强，财务失败的可能性越小。X_2 这一比率反映企业的积累水平，比率越高说明企业的积累水平越高，财务失败的可能性越小。一般情况下，新建企业这一比率低于老企业，因为它没有足够的时间增加积累。因此，新建企业发生财务失败的可能性往往比老企业多。X_3 这一比率反映企业资产的流动性和分布状况，比率越高，说明资产的流动性越强，财务失败的可能性越小。X_4 这一比率反映企业总资产的周转速度或企业的营运能力，比率越高，说明资产的周转速度越快。利用效果越好，财务失败的可能性越小。X_5 这一比率反映企业所有者权益（或企业价值）与企业债务之间的关系，比率越高，企业所有者权益或企业价值越大，财务失败的可能性越小。

该模型实际上是通过五个变量（五种财务比率），将反映企业偿债能力的指标、获利能力指标和营运能力指标有机联系起来，综合分析预测企业财务失败或破产的可能性。一般地，Z 值越低企业越有可能发生破产。阿尔曼还提出了判断企业破产的临界值：如果企业的 Z 值大于 2.675，则表明企业的财务状况良好，发生破产的可能性较小；反之，若 Z 值小于 1.81，则企业存在很大的破产危险；如果 Z 值处于 1.81～2.675 之间，阿尔曼称之为“灰色地带”，进入这个区间的企业财务是极不稳定的。

另外，日本开发银行也建立了一个多变量分析模型。与上述 Z 计分模型基本相同，所不同的只是构成 Z 的各个变量。日本开发银行调查部选择了东京证券交易所 310 家上市公司作为研究对象，建立破产模型，进行财务困境预测。这一模型是：

$$Z=2.1X_1+1.6X_2-1.7X_3-X_4+2.3X_5+2.5X_6$$

式中：X_1 表示销售额增长率；X_2 表示总资本利润率；X_3 表示他人资本分配率；X_4 表示资产负债率；X_5 表示流动比率；X_6 表示粗附加值生产率（折旧费、人工成本、利息与利税之和与销售额之比）。其中，X_3 和 X_4 的系数是负数，表明他人资本分配率和资产负债率越小，风险越小。

Z 值的经济意义是：Z 值越大，企业越是“优秀”；相反，则是“不良”的象征，并把 0～10 的区间，定为可疑地带，即灰色区域。

（2）单变模式。即通过单个财务比率走势恶化来预测财务危机。按综合性和预测能力大小，预测企业财务失败的比率主要有：1）债务保障率＝现金流量/债务总额；2）资产收益率＝净收益/资产总额；3）资产负债率＝负债总额/资产总额；4）资金安全率＝资产变现率－资产负债率，其中，资产变现率＝资产变现金额/资产账面金额。按照单变模式的解释，良好企业的现金流量、净收益和债务状况应该表现为企业长期的、稳定的状况，所以跟踪考察企业时，应对上述比率的变化趋势予以特别注意。一般地，失败企业有较少的现金而有较多的应收账款，或者表现为极不稳定的财务状况。

由于单变模式只是利用个别比率预测企业财务失败，其有效性受到一定的限制。企业的生产经营活动受到许多因素的影响，各种因素之间既有联系又有区别。单个比率反映的内容往往有限，无法全面揭示企业的财务状况。多变模式可以说在一定程度上弥补了单变模式的一些缺陷，但仍然有其局限性。

除了上述方法外，我们还可以通过对企业情况的了解与企业某些外在特征的分析，预测企业的财务状况发生某种危机的可能性，尽管这种情况或特征并非一成不变，但仍可加以借鉴并灵活运用。诸如：1）财务预测在较长时间不准确。财务预测偶尔发生误差，是十分正常的事情，但是如果预测结果与实际状况长时间发生很大差距，这说明企业即将发生财务危机。2）过度大规模扩张。如一家企业同时在许多地方大举收购其他企业，同时涉足许多不同领域，可能使企业因负担过重而支付能力下降。3）过度依赖贷款。在缺乏严密的财务预算与管理下，较大幅度增加贷款只能说明该企业资金周转失衡或盈利能力低下。4）财务报表不能及时公开。财务报表不能及时报送、公开延迟，一般都是财务状况不佳的征兆，但这只是提供给分析人员一个关于企业财务危机发生可能性的线索，而并不能确切地告知企业是否会发生财务危机。5）过度依赖某家关联公司。比如子公司对母公司的过度依赖，一旦母公司根据战略的需要或者整体投资回报率的考虑，觉得某子公司不再有原有的利用价值，它们会立即停止对子公司的扶持。而子公司如果在销售、供应甚至管理、技术等各个方面都完全依赖于母公司的帮助，那么没有了母公司支持，很可能会倒闭。6）企业管理层的辞职。一个企业的高层管理者的辞职，尤其是引起轩然大波的集体辞职通常是该企业存在重大隐患的明显标志。当然，并非每一项辞职都意味着财务危机的发生，有些辞职只是由于大公司内部争权夺利所致。

第二节　企业重整

一、企业重整的基本目的

一个已达破产界限的企业能否继续存在，将取决于企业的重整价值是否大于清算价值。如果企业在可预见的未来具有较高的发展前景，且其重整价值大于清算价值，则债权人就认为该企业值得重整，以使其通过重整而继续生存下去；否则，企业将被迫转入清算。因此，企业重整的目的是在企业面临可能破产危险时，设法避免出现这种结果，维持企业的生存，保护所有者（股东）、债权人及职工的利益，使企业重新恢复生机。

企业重整包括和解与整顿两个方面：和解是债务人与债权人会议（或债权人委员会）就延期清偿债务期限，减少部分债务，企业整顿计划等达成相互谅解；整顿是指债务人与债权人会议（或债权人委员会）达成的和解协议生效后，债务人自己或在上级主管部门主持下所进行的经营方针、经营策略、产品结构、组织管理、人员调配等方面的调整和重组。

二、企业重整的方式

企业重整按是否通过法律程序分为非正式财务重整和正式财务重整两种。

（一）非正式财务重整

非正式财务重整是指企业只是面临暂时性的财务困难，属于技术性无偿债能力，能够恢复和偿还债务的前景比较乐观，债权人通常愿意直接同企业联系，私下和解，帮助企业恢复和重新建立较坚实的财务基础，而不通过法律程序来进行处理。因此，非正式财务重整也叫自愿和解与整顿。

非正式财务重整虽然不像经过法律程序所进行的正式财务重整那样正规，但也必须遵循必要的程序，一般要经过如下几个步骤：

(1) 自愿和解的提出。当企业不能及时清偿到期债务时，可由债务人企业或企业的债权人提出和解。

(2) 召开债权人会议。研究债务人的具体情况，讨论决定是否采用自愿和解的方式加以解决。如果认为和解可行，则成立相应的调查委员会，对债务人的情况进行调查，写出评价报告。如果认为自愿和解不适宜，则移交法院采用正式法律程序来加以解决。

(3) 债权人与债务人会谈。在和解方案实施以前，债权人和债务人要进行会谈，谈判的内容是确定企业财务重整的方案。

(4) 签署重整协议。经过多次谈判以后，如果双方意见趋于一致，则可签订重整协议。

(5) 实施重整协议。重整协议签订以后，债权人应遵守协议中对债权债务关系的重新界定；债务人要按重整协议规定的要求对企业进行整顿，继续经营，并于规定的时间清偿债务。

非正式财务重整主要包括债务展期与债务和解。债务展期是指推迟到期债务要求付款的日期；而债务和解则是债权人自愿同意减少债务人的债务，包括同意减少债务人偿还的本金数额，或同意降低利息率，或同意将一部分债权转化为股权，或将上述几种选择混合使用。企业可以根据实际情况来选择和解的办法。

虽然由于债务展期或债务和解会使债权人暂时无法收取账款而发生一些损失，但是，一旦债务人从困境中恢复过来，债权人不仅能如数收取账款，进而还能给企业带来长远效益，因而为债务人和债权人双方都带来一定的好处，具体表现在：

（1）这种做法避免了履行正式手续所需发生的大量费用，所需要的律师、会计师的人数也比履行正式手续要少得多，使重整费用降至最低点。

（2）非正式重整可以减少重整所需的时间，使企业在较短的时间内重新进入正常经营的状态，避免了因冗长的正式程序使企业迟迟不能进行正常经营而造成的企业资产闲置和资金回收推迟等浪费现象。

（3）非正式财务重整是债务人与债权人之间达成的协议，属非正式的挽救措施，既方便又简捷，谈判有更大的灵活性，有时更易达成协议。

当然，非正式财务重整也存在着一些弊端，主要表现为：

（1）债务人仍然控制着企业，这种情况可能引起法律纠纷，即由债务人经营的资产不断受到侵蚀而产生的种种问题。但是可以采取许多控制手段来保障债权人债权的安全。

（2）当债权人人数众多时，可能难以达成一致意见，特别是小金额债权人可能会纠缠不清，坚持要全额偿还。对此，一般的解决办法是，设定一个基准的债权额，所有债权额在基准以下者如数付清，其他的债权人都可以得到这个基数，再加上他们的债权余额按协商、调整后的百分比所计算出来的数额。

（3）由于企业不是进行正式重整，可能得不到破产保护的好处。因没有法院的正式参与，协议的执行缺乏法律保障。

（二）正式财务重整

正式财务重整是在法院受理债权人申请破产案件的一定时期内，经债务人及其委托人申请，与债权人达成和解协议，对企业进行整顿、重组的一种制度。正式重整与非正式重整有某些类似之处，但在正式重整中，涉及许多正式的法律程序，法院起着重要的作用，特别是要对协议中的公司重整计划的公正性和可行性作出判断。

正式财务重整一般要经过下列几个基本程序：

（1）企业不能及时清偿债务，债权人向法院提出破产申请。根据《破产法》的规定，债务人不能清偿到期债务时，债权人可以申请宣告债务人破产。当然，这种申请是在不愿进行自愿和解与整顿的情况下提出的。

（2）被申请破产企业或其上级主管部门向法院提出和解与整顿的申请。企业由债权人申请破产的，在法院受理破产案件以后的3个月内，破产企业或其上级主管部门可以申请对该企业进行整顿。在向法院申请企业重组时，必须阐明对企业实施重组的必要性，以及不采用非正式重整的原因，同时要满足一定的条件。

(3) 整顿申请提出后，企业应向债权人会议提出和解协议草案与整顿方案，即重整计划，计划中应说明企业清偿债务的限期与数额及具体的整顿措施。

(4) 债权人会议通过重整计划。当债务人提出和解后，债权人要召开会议，决定是否同意和解与整顿。由于和解协议草案中一般都要求债权人作适当的债务减免或债务展期，所以，只有当债权人会议通过重整计划，和解才能成立。如果重整计划未被债权人会议通过，法院就要宣布债务人破产，并予以清算。

(5) 法院对重整计划认可做出裁定，中止破产程序。企业和债权人就重整计划达成一致后，应将重整计划提交法院，由法院作最后裁定。一般而言，如果在达成重整计划过程中没有其他违法行为，法院都会认可。重整计划经法院认可后，做出中止破产程序的裁定并发布公告，重整计划自公告之日起法律效力。

(6) 企业和其上级主管部门执行重整计划，对企业进行重整，按照重整计划所列示的措施逐项予以落实，包括整顿原有企业、联合新的企业，以及随时将整顿情况报告债权人会议，以便债权人及时了解企业重整情况。

(7) 经法院认定宣告终止重整。有下列情形之一者，经法院裁定终止重整：一是企业经过重整后，能按协议及时偿还债务，法院宣告终止重整；二是重整期满，不能按协议清偿债务，法院宣告破产清算而终止重整；三是重整期间，不履行重整计划，欺骗债权人，致使财务状况继续恶化，法院终止企业重整，宣告其破产清算。

正式财务重整是对达到破产界限的企业经过一定法律程序采取的各种拯救措施，它具有以下几个优点：

(1) 通过和解与整顿，能尽量减少社会财富的浪费。一般而言，企业经过整顿后，多数都能中止亏损，并逐步走向繁荣。

(2) 对债务人企业而言，和解与整顿的裁定既给企业带来强大的压力，同时，重整计划中所规定的债务减免和展期又为企业的整顿提供了较为宽松的外部环境，这些都有利于企业摆脱困境走向成功。

(3) 和解与整顿可以使债权人收回较多的债权。一旦企业重整成功，债权人就能收回较破产清算更多的债权。

(4) 正式财务重整须经过一定的法律程序，有法院的参与，和解协议的实施更有法律保障，对债务人的行为也更有约束力。在债权人较多或债务结构复杂的情况下，正式财务重整显然是较好的选择。

当然，正式财务重整也有缺点，如需要较长的诉讼时间，会发生大量的手续费用，如果整顿不成功，债务人企业继续亏损，这将使债权人的利益受到更大程度的损害。

三、企业重整的计划

重整计划是对公司现有债权和股权的清理和变更作出安排，调整公司资本结构，提出未来的经营方案和实施办法。经法院批准的重整计划，对企业本身、全体债权人及全体股东均具有法律约束力。一般来讲，制定和执行重整计划要注意以下几个方面的问题：

（一）重整计划的编制

重整计划是一个非常重要的法律文件，编制得好并得到债权人会议同意，企业便可进行和解整顿。如果编制得不好，在债权人会议上得不到通过，企业便只好被依法宣告破产。重整计划一般应包括如下内容：

（1）清偿债务的财产来源、办法和期限的具体说明。在编制和解草案时，企业财务人员要对债权人和本企业的情况进行具体分析，合理确定债权减免的数额和提出债务展期的要求，减轻企业的负担，以利于企业在整顿中恢复和发展。

（2）改善财务状况的具体方案。主要包括：如何重构企业的资本结构；如何增加企业资金来源；怎样减少企业资金占用；如何扩大市场，增加销售收入；采取哪些降低成本的措施等。

（3）相应的措施。主要有：对公司管理人员进行调整，选择有能力的管理人员替代原有管理人员对公司进行管理，补充聘用新的经理和董事；改进公司的生产、营销、广告等各项工作，改善经营管理方法，提高企业各个环节、各个职能部门之间的有效运转和协调配合，提高公司的工作效率；必要时还需要制定新产品开发计划和设备更新计划，以提高生产能力等。

（二）企业资本结构的重构

一般来讲，资本结构的重构要经过下述三个步骤：

第一，估算重整企业的价值。这是非常困难的一步，常采用的方法是收益现值法，首先要估算公司未来销售额；其次分析公司未来的经营环境，以便预测公司未来的收益与现金流量；再次，确定用于未来现金流量贴现的贴现率；最后，用确定的贴现率对未来公司的现金流量贴现，以估算出公司的价值。

第二，调整公司的资本结构，减轻公司的债务负担和利息支出，为公司继续经营创造一个合理的财务状况。为达到这一目的，需要对某些债务展期，将某些债务转化为其他证券（如，收益债券、优先股、普通股）。

第三，公司新的资本结构确定之后，用新的证券替换旧的证券，实现公司资本结构的转换。要做到这一点，需要将公司的债权人和所有者按照收益索取权的优先级别分类统计，同一级别的债权人或所有者在进行资本结构调整时享有相同的待遇。一般来讲，优先级别在前的债权人或所有者得到妥善安排之后，优先级别在后的债权人或所有者才能得到安置。

（三）财务重整计划的决策

财务重整计划直接关系到企业的生死存亡，必须慎重进行。影响财务重整计划决策的重要因素，首先是企业重整价值与清算价值的比较。当企业出现偿债能力不足的问题时，必须决定是要通过清算来解散企业还是通过重整来重新经营。这一决策基本取决于企业重整后的价值与资产出售的价值两者孰高孰低。通常，以重整价值大于清算价值作为重整优先考虑的条件。其次，法院或债权人对企业重整的认可是以重整计划是否具备公平性和可行性为依据的。公平性是指在企业重整过程中对所有的债权人一视同仁，按照法律和财产合同规定的先后顺序，对所有债权人的求偿权予以确认，不能违背法律。可行性是指重整应具备的相应条件，如，良好的道德信誉；详细可行的重整计划；宽松有利的经营环境；债权人提供的有力帮助等等。

第三节　企业清算

企业清算是指在企业终止过程中，为保护债权人、所有者等利益相关者的合法权益，依法对企业财产、债权债务进行全面清查，处理企业未了事宜，收取债权，变卖财产，偿还债务，分配剩余财产，终止其经营活动等一系列工作的总称。当一个企业估计其“死亡的价值高于生存的价值”时，便发生了清算。从经济学角度看，企业清算的重要功能在于将资源配置到使用效率更高、效益更好的单位，从而实现整个社会资源配置的优化。

一、企业清算的类型

（一）企业清算按其原因可分为解散清算和破产清算

导致企业解散清算的原因主要有：（1）公司章程规定的营业期限届满或公司章程规定的其他解散事由出现，如经营目的已达到而不需继续经营，或目的无法达到且公司无发展前途等；（2）公司的股东大会决定解散；（3）企业合并或者分立需要解散；（4）公司违反法律或者从事其他危害社会公众利益的活动而被依法撤销；（5）发生严重亏损，或投资一方不履行合同、章程规定的义务，或因外部经营环境变化而无法继续经营。

破产清算是因经营管理不善造成严重亏损，不能偿还到期债务而进行的清算。其情形有二：一是企业的负债总额大于其资产总额，事实上已不能支付到期债务；二是虽然企业的资产总额大于其负债总额，但因缺少偿付到期债务的现金资产，未能偿还到期债务，依法被迫宣告破产。

（二）依据清算是否自行组织可以分为普通清算和特别清算

普通清算是指公司自行组织的清算。特别清算是指公司依法院的命令开始，并且自始至终都在法院的严格监督之下进行的清算。普通清算按法律规定的一般程序进行，法院和债权人不直接干预。特别清算是指不能由企业自行组织，而由法院出面直接干预并进行监督。如果企业不能清偿到期债务，企业有资产不足清偿到期债务的嫌疑，企业无力自行组织清算工作，企业董事会对清算事务达不成一致意见，或者由债权人、股东、董事会中的任何一方申请等情况发生，就应采用特别清算程序。

对普通清算与特别清算，公司并无选择实行的权利。公司解散后，应立即进行普通清算。在普通清算过程中，当有下列情形之一发生时，法院方可命令公司实行特别清算：第一，当公司实行普通清算遇到明显障碍时；第二，当公司负债超过资产有不实之嫌疑时，即形式上公司负债超过资产，但实际上是否真正超过尚有嫌疑。这时法院依债权人或股东或清算人的请求，或依职权命令实行特别清算。

（三）企业清算还可分为自愿清算和非自愿清算

自愿清算是指由债权人与债务人之间通过协商私下进行的清算。在某些情况下，债权人通过对负债企业的全面调查和分析后发现，该企业已无继续存在的必要，企业清算是惟一可供选择的出路。为避免冗长耗时的法律程序和昂贵的费用，自愿清算可能更为有效，且可使债权人更多地收回自己的资金。非自愿清算是通过正规的法律程序进行清算。非自愿清算程序时间长，法律条文纠缠不清，费用较高。而自愿清算在资产处理上有一定弹性，可以迅速采取行动，不会拖延时间，且资产处理价格也会优惠一些。但是通过协商私下进行的清算可能不能完全合法地解除债务人的债务，也不能保护债权人免受欺诈，克服这些缺点需要用到法律程序。另外，由于自愿清算必须得到所有债权人的同意，因此，它通常仅适用于债权人人数较少且债券不是公开发行的企业。

二、破产清算

（一）破产定义和破产界限

企业破产是指企业因经营管理不善等原因而造成不能清偿到期债务时，按照一定程序，采取一定方式，使其债务得以解除的经济事件。在财务管理中，企业破产可分为：

（1）技术性破产。又称技术性无力偿债，是指由于财务管理技术的失误，造成企业不能偿还到期债务的现象。表现为：盈利能力可能尚好，财务基础也比较健全，但缺乏流动性，变现能力差。无力偿债的主要原因是企业财务政策上的某些偏差造成的，处理不好，会造成法律上的破产。

（2）事实性的破产。又称破产性的无力偿债，是指企业因经营管理不善等原因而造成连年亏损、资不抵债的现象。这种性质的破产使企业的全部债务难以偿还。

（3）法律性的破产。是指债务人因不能偿还到期债务而被法院宣告破产。因为对债务人的破产宣告是依法律上确定的标准进行的，所以这种破产叫法律性的破产。它强调对债务人的破产宣告是由法院依法律上规定进行的，而对企业破产前的财务基础以及破产清算后债务人实际能否清偿全部到期债务则不加考虑。

狭义的破产是指法律性的破产，即债务人企业不能清偿到期债务，经破产申请人申请，由法院依法强制执行其全部财产，公平清偿所欠全体债权人债务的经济事件。本章中破产均指法律性的破产。

我国经济法将破产定义为一套在一定条件下有法院参与，强制性地规范债务人与债权人债权债务关系的法律制度。

破产界限，也叫法律破产原因，即法院据以宣告债务人破产的法律标准，是指在什么情况下，法院可以宣告债务人可以破产。企业只有达到了破产界限，当事人才可以提出破产申请，法院才会受理破产案件并最终宣告债务人破产。在破产立法上，对破产界限有两种规定方式：一种是列举方式，即在法律中规定若干种表明债务人丧失清偿能力的具体行为，凡实施行为之一者便认定达到破产界限；另一种方式是概括方式，即对破产界限作抽象性的规定，它着眼于破产发生的一般性原因，而不是具体行为，通常有三种概括：不能清偿或无力支付；债务超过资产，即资不抵债；停止支付。我国和世界上大多数国家均采用概括方式来规定企业破产的界限。《中华人民共和国企业破产法（试行)》（以下简称《破产法》）指出，企业因经营管理不善造成严重亏损，不能清偿到期债务的依法宣告破产。

在理解法定企业破产界限时，应注意以下几点：

（1）对于造成亏损原因的理解各国有所不同。世界许多国家不管企业亏损原因，只要不能清偿到期债务便依法宣告破产。我国则对只有因经营管理不善造成严重亏损的企业，在不能清偿到期债务时才予以宣告破产；因其他原因导致不能清偿到期债务时，则不能采用破产方式解决。

（2）债务到期不能清偿是指债务人明显丧失清偿能力，即不能以财产、信用或能力等任何方法偿还清偿期限已经届满的债务。如果债务人能及时筹措到一笔新债来偿还到期债务时，即使债务人的债务已超过了其资产，也不能认定已到破产界限。

（3）不能清偿债务通常是指债务人对全部或部分主要债务在可以预见的一定时间内持续不能清偿，而不是因资金周转一时不灵而暂时停止支付，即不能清偿到期债务是指债务人停止清偿到期债务并呈连续状态。

（二）破产清算的一般程序

企业破产清算的基本程序大致分为三个阶段：一是破产申请阶段：二是和解整顿阶段；三是破产清算阶段。和解整顿阶段已在前面介绍，现主要介绍破产申请阶段和破产清算阶段的操作程序。

1. 提出破产申请

我国《破产法》规定，提出破产申请的既可以是债权人，也可以是债务人。

当债务人不能清偿到期债务时，债权人可以向债务人所在地人民法院申请宣告债务人破产。债权人申请债务人破产清算，应当向人民法院提交下列材料：债权发生的事实与证据；债权性质、数额、有无担保，并附证据；债务人不能清偿到期债务的证据。

债务人不能清偿到期债务，经过上级主管部门同意，可以向当地人民法院自动申请破产。债务人申请破产清算，应当向人民法院提交下列材料：书面清算申请；企业主体资格证明；企业法定代表人与主要负责人名单；企业职工情况和安置预案；企业亏损情况的书面说明，并附审计报告；企业至清算申请日的资产状况明细表；企业在金融机构开设账户的详细情况；企业债务情况明细表；企业涉及的担保情况；企业已发生的诉讼情况；人民法院认为应当提交的其他材料。

2. 法院接受申请

人民法院接到破产申请后即进行受理与否的审查、鉴定。受理债权人破产申请案件 10 日内应通知债务人，并发布破产案件受理公告；受理债务人破产申请案件后，应在案件受理后 10 日内通知债权人申报债权，直接发布债权申报公告。

人民法院受理企业破产案件后，除可以随即进行破产宣告成立清算组外，在企业原管理组织不能正常履行管理职责的情况下，可以成立企业监管组。企业监管组向人民法院负责，在人民法院的指导、监督下，处理相关事务。

3. 债权人申报债权

债权人应当在收到通知后一个月内，未收到通知的债权人应当自公告之日起三个月内，向人民法院申报债权，说明债权的数额和有无财产担保，并且提交有关证据资料。逾期未申报债权的，视为自动放弃债权。

4. 法院裁定，宣告企业破产

法院对于企业破产申请进行审理，符合《破产法》规定情形的，即由法院依法裁定并宣告该企业破产。

5. 组建清算组

按照《破产法》的规定，法院应当自宣告企业破产之日起 15 日内成立清算组，接管破产企业。清算组的组成人员一般包括财政部门、企业主管部门、国有资产管理部门、审计部门、劳动部门、国土管理部门、社会保障部门、人民银行、工商管理部门等部门的人员。清算组可以依法进行必要的民事活动。

6. 接管破产企业，进行资产处置等工作

清算组成立后，应接管破产企业的一切财产、账册、文书、资料和印章，并负责破产财产的保管、清理、估价、处理和分配等。

7. 编报、实施破产财产分配方案

清算组在清算、处置破产财产并验证破产债权后，应在确定企业破产财产的基础上拟定破产财产的分配方案，经债权人会议通过，并报请人民法院裁定后，按一定的债务清偿顺序进行比例分配。

8. 报告清算工作

清算组在破产财产分配完毕之后，应编制有关清算工作的报告文件，向法院报告清算工作，并提请人民法院终结破产程序。破产程序终结有三种情况：一是债务人与债权人达成和解协议。二是破产财产不足以支付破产费用，人民法院应当宣布破产程序终结。三是破产财产分配完毕，由清算组提请人民法院终结破产程序。

9. 注销破产企业

清算组在接到法院终结破产程序的裁定后，应及时办理破产企业的注销登记手续。至此，破产清算工作宣告结束。

三、解散清算

解散清算和破产清算有着不同的规定和特点，具体表现在：

（一）清算程序

1. 确定清算人或成立清算组

《公司法》规定，公司应在公布解散的15天之内成立清算小组，有限责任公司的清算组由股东组成，股份有限公司的清算组则由股东大会确定其人选。逾期不成立清算组的，由法院根据债权人的指定成立清算组。当解散清算由强制原因导致时，由有关机关组织股东、有关机关人员及有关专业人员成立清算组。

清算组的职权包括：（1）清理公司财产，分别编制资产负债表及财产清单；(2) 通知或者公告债权人；(3) 处理与清算有关的公司未了结的业务；(4) 清缴所欠税款；(5) 清理债权、债务；(6) 处理公司清偿债务后的剩余财产；(7) 代表公司参与民事诉讼活动。

2. 债权人进行债权登记

在清算组成立或者聘请受托人的一定期限内通知债权人进行债权申报，要求其应在规定的期限内对其债权的数额及其有无财产担保进行申请，并提供证明材料，以便清算组或受托人进行债权登记。

3. 清理公司财产，制定清算方案

清算组应对公司财产进行清理，编制资产负债表和财产清单，在这一过程中，如果发现公司资不抵债的，应向法院申请破产，并将清算工作移交人民法院。在对公司资产进行估价的基础上，制定清算方案。清算方案包括清算的程序和步骤、财产定价方法和估价结果、债权收回和财产变卖的具体方案、债务的清偿顺序、剩余财产的分配以及对公司遗留问题的处理等等。清算方案应报经股东大会或有关主管机关确认。

4. 执行清算方案

执行方案内容包括：确定清算财产的范围，对清算财产进行估价；确定清算费用与清算损益；在支付清算费用后按照法律规定的顺序清偿债务；企业清偿债务后的剩余财产一般应按照合同、章程的有关条款处理，充分体现公平、平等的原则，照顾各方利益。

5. 办理清算的法律手续

企业清算结束后，应编制清算后的资产负债表和损益表，经企业董事会或职工代表大会批准后宣布清算结束。其后，清算组提出清算报告并出具清算期间内收支报表和各种财务账册，报公司股东大会或者有关主管机关确认，并向工商行政管理部门办理公司注销手续，向税务部门注销税务登记。

(二) 决定清算组成员的机关

解散清算的清算组成员在不同情况下由不同机关决定：

(1) 当由自愿原因导致解散清算时，有限责任公司由股东组成清算组，股份有限公司由股东大会确定清算组成员。如果公司在 15 日内没有成立清算组，债权人可以申请人民法院指定有关人员成立清算组。

(2) 当由强制原因导致解散清算时，由有关机关组织股东、有关机关人员及有关专业人员成立清算组。

四、企业清算的实施

（一）清算接管管理

清算接管是破产企业与清算组之间进行有关事项的移交工作，是破产清算的基础性工作，各移交事项办理得是否真实、完整、顺利，手续是否完备，责任是否分明，直接关系到清算工作的功效和成败。在清算组进入破产企业办理交接手续并签订移交书后，根据移交书的内容逐项进行核对。主要包括：(1) 资产接管。接管资产时，主要核对其账实是否相符，是否按会计制度的要求进行了核算。(2) 负债和所有者权益接管。对负债接管应注意各有关明细科目的记录与债权人清册核对，以及对有关合同、债务凭证进行接管；对所有者权益的接管按账面记录核实后计入清算账目中即可。(3) 其他接管。清算组应注意对未结事项的接管并对有关会计档案、人事档案、文件档案依据移交清册逐项核对后接管。

（二）清算财产的界定和变现

1. 清算财产的界定

清算财产包括企业在清算程序终结前拥有的全部财产以及应当由企业行使的其他财产权利。企业下列资产应计入清算财产：宣告清算时企业经营管理的全部财产，包括各种流动资产、固定资产、对外投资以及无形资产；企业宣告清算后至清算程序终结前所取得的财产，包括债权人放弃优先受偿权利、清算财产转让超过其账面净值的差额部分；清算期间分回的投资收益和取得的其他收益等；投资方认缴的出资额未实际投入而应补足的部分；应当由破产企业行使的其他财产权利。

法院受理清算案件前六个月至破产宣告之日的期间内，清算企业的下列行为无效，并且清算组有权向法院申请追回财产，并入清算财产：隐匿、私分或者无偿转让财产；不正常压价出售财产；对原来没有财产担保的债务提供担保；对未到期的债务提前清偿；放弃自己的债权。

2. 清算财产的变现

清算财产的变现是指破产企业清算财产由非货币形态向货币形态的转化，以便偿还债务、分配剩余财产。基本要求是：

(1) 处理清算资产前，可以确定有相应评估资质的评估机构对清算财产进行评估。债权人会议对清算财产的市场价格无异议的，经人民法院同意后，可以不进行评估，国有资产除外。

（2）清算财产的变现分为单项资产变现和综合资产“一揽子”变现。其原则是：能整体变现的不分散变现，以提高财产的变现价值，保护财产的整体使用价值；能拍卖的不零售，以增强财产变现的公正性和时效性。

（3）依法属于限制流通的清算财产，应由国家指定的部门收购或者按照有关法律规定处理。

（三）清算债务的界定和清偿

1. 清算债务的界定

清算债务是指经清算组确认的至企业宣告破产或解散为止的清算企业的各项债务。企业清算债务主要包括下列各项：（1）破产或解散宣告前设立的无财产担保债务；（2）宣告时未到期的债务，视为已到期的债务减去未到期利息后的债务；（3）债权人放弃优先受偿权利的有财产担保债务；（4）有财产担保债务其数额超过担保物价款未受偿部分的债务；（5）保证人代替企业偿还债务后，其代替偿还款为企业清算债务；（6）清算组解除企业未履行合同致使其他当事人受损害的，其损害赔偿为企业清算债务等。下列项目不得作为企业清算债务：（1）宣告日后的债务；（2）债权人参加清算程序按规定应自行负担的费用；（3）债权人逾期未申报的债权；（4）超过诉讼时效的债务。

2. 债务的清偿

企业财产支付清算费用后，按照下列顺序清偿债务：应付未付的职工工资和劳动保险费；应缴未缴国家的税金；尚未偿付的债务。如果清算财产不足以偿还全部债务，则按《破产法》规定的顺序进行清偿。

（四）清算费用与清算损益

1. 清算费用

清算费用是指企业清算过程中所发生的各项支出。清算费用应当从清算财产中优先拨付，一般随时发生随时支付。清算财产不足以支付清算费用的，清算程序相应终结，未清偿的债务不再清偿。

清算费用的开支范围包括：清算期间职工生活费；清算财产管理、变卖和分配手续费用；破产案件诉讼费用；清算期间企业设施和设备管理费用、审计评估费用；为债权人共同利益而支付的其他费用，包括债权人会议会务费、破产企业催收债务差旅费及其他费用。企业清算组应严格按照经债权人会议审核的开支范围和标准拨付清算费用。

2. 清算损益

企业清算中发生的财产盘盈、财产变价净收入、因债权人原因确实无法归还的债务，以及清算期间的经营收益等计入企业清算收益。企业清算终了，清算收益大于清算损失、清算费用的部分，依法缴纳所得税。

（五）剩余财产的分配

企业清偿债务后剩余财产的分配，一般应按合同、章程的有关条款处理，充分体现公平、对等原则，均衡各方利益；清算后各项剩余财产的净值，不论实物或现金，均应按投资各方的出资比例或者合同、章程的规定分配。其中，有限责任公司除公司章程另有规定外，按投资各方出资比例分配。股份有限公司按照优先股股份面值对优先股股东优先分配，其后的剩余部分再按照普通股股东的股份比例进行分配。如果企业剩余财产尚不足全额偿还优先股股金，则按照各优先股股东所持比例分配。如果是国有企业，则其剩余财产应全部上缴财政。

【例】 某企业依法宣告破产，法院组织清算组进行清算，清算财产的变现收入如下：

货币资金 20 000 元；应收账款 10 000 元；存货 120 000 元；固定资产净值 150 000 元（其中有 60 000 元的设备担保债务 50 000 元）；清算期间分回的投资收益50 000 元。

需支付的款项有：向债权人尚未偿付的债务：A 债权人 60 000 万元；B 债权人100 000万元；C 债权人 80 000 万元；D 债权人 50 000 万元（抵押贷款）；应付未付的职工工资 85 000 元；应付未付的职工劳动保险 5 100 元；应缴未缴的国家税金45 000元；清算费用 30 000 元。

可用于支付的清算财产＝20 000＋10 000＋120 000＋（150 000－60 000）

＋（60 000－50 000）＋50 000

＝300 000 元

应按下列顺序偿付：

（1）优先拨付清算费用 30 000 元：

剩余 300 000－30 000＝270 000 元

（2）支付应付未付的职工工资 85 000 元和劳动保险 5 100 元：

剩余 270 000－85 000－5 100＝179 900 元

（3）支付应缴未缴国家税金 45 000 元：

剩余 179 900－45 000＝134 900 元

（4）债权人的债务共计 60 000＋100 000＋80 000＝240 000 元

由于所剩余财产 134 900＜240 000，即不足清偿，应按比例清偿。

支付债权人 A：（60 000÷240 000）×134 900＝33 725 元

支付债权人 B：（100 000÷240 000）×134 900＝56 208.33 元

支付债权人 C：（80 000÷240 000）×134 900＝44 966.67 元

【本章小结】

企业失败既是一种状态结果又是一个过程，它描述的是由于种种原因导致的企业财务状况持续恶化，投资者收益持续低于同类投资预期最低平均报酬，财务风险加剧，出现不能清偿债务的信用危机，直至最终清偿的一系列事件的总称。企业失败一般分为经济失败和财务失败两种类型。

企业重整是指对陷入财务危机但仍有转机和重建价值的企业按照一定程序进行重新整顿，使企业得以维持和复兴的做法。企业重整按是否通过法律程序分为非正式财务重整和正式财务重整。两者都有其适用的条件和优缺点。自愿和解的方式包括债务展期和债务减免。非正式财务重整过程中应注意尽力争取和解带来的好处并按和解协议按期偿还债务。正式财务重整过程中应注意重整计划的编制、企业资本结构的重构。

企业清算是指在企业终止过程中，为保护债权人、所有者等利益相关者的合法权益，依法对企业财产、债权债务进行全面清查，处理企业未了事宜，收取债权，变卖财产，偿还债务，分配剩余财产，终止其经营活动等一系列工作的总称。企业清算有多种分类方法，按清算原因可分为解散清算和破产清算。解散清算和破产清算都应遵循一定的程序。清算过程中应注意清算接管、清算财产的界定与变现、清算债务的界定与清偿、清算费用与损益的确认、剩余财产的分配等财务问题。

【复习题】

1. 企业破产、重整和清算三者之间的关系是什么？

2. 比较非正式财务重整和正式财务重整有哪些不同?
3. 财务预警系统的职能和方法有哪些?
4. 比较解散清算和破产清算有哪些不同?

【讨论及思考题】

1. 如何理解破产界限?
2. 在破产清算过程中，为什么债权人更愿意和解，而不是分享破产财产?

附表

附表一

1元的终值表(*CF*)

$CF=(1+i)^n$

n	1%	2%	3%	4%	5%	6%	7%	8%	9%	10%	12%	14%
1	1.010	1.020	1.030	1.040	1.050	1.060	1.070	1.080	1.090	1.100	1.120	1.140
2	1.020	1.040	1.061	1.082	1.102	1.124	1.145	1.166	1.188	1.210	1.254	1.300
3	1.030	1.061	1.093	1.125	1.158	1.191	1.225	1.260	1.295	1.331	1.405	1.482
4	1.041	1.082	1.126	1.170	1.216	1.262	1.311	1.360	1.412	1.464	1.574	1.689
5	1.051	1.104	1.159	1.217	1.276	1.338	1.403	1.469	1.539	1.611	1.762	1.925
6	1.062	1.126	1.194	1.265	1.340	1.419	1.501	1.587	1.677	1.772	1.974	2.195
7	1.072	1.149	1.230	1.316	1.407	1.504	1.606	1.714	1.828	1.949	2.211	2.502
8	1.083	1.172	1.267	1.369	1.477	1.594	1.718	1.851	1.993	2.144	2.476	2.853
9	1.094	1.195	1.305	1.423	1.551	1.689	1.838	1.999	2.172	2.358	2.773	3.252
10	1.105	1.219	1.344	1.480	1.629	1.791	1.967	2.159	2.367	2.594	3.106	3.707
11	1.116	1.243	1.384	1.539	1.710	1.898	2.105	2.332	2.580	2.853	3.479	4.226
12	1.127	1.268	1.426	1.601	1.796	2.012	2.252	2.518	2.813	3.138	3.896	4.818
13	1.138	1.294	1.469	1.665	1.886	2.133	2.410	2.720	3.066	3.452	4.363	5.492
14	1.149	1.319	1.513	1.732	1.980	2.261	2.579	2.937	3.342	3.797	4.887	6.261
15	1.161	1.346	1.558	1.801	2.079	2.397	2.759	3.172	3.642	4.177	5.474	7.138
16	1.173	1.373	1.605	1.873	2.183	2.540	2.952	3.426	3.970	4.595	6.130	8.137
17	1.184	1.400	1.653	1.948	2.292	2.693	3.159	3.700	4.328	5.054	6.866	9.276
18	1.196	1.428	1.702	2.026	2.407	2.854	3.380	3.996	4.717	5.560	7.690	10.575
19	1.208	1.457	1.754	2.107	2.527	3.026	3.617	4.316	5.142	6.116	8.613	12.056
20	1.220	1.486	1.806	2.191	2.653	3.207	3.870	4.661	5.604	6.728	9.646	13.743
25	1.282	1.641	2.094	2.666	3.386	4.292	5.427	6.848	8.623	10.835	17.00	26.462
30	1.348	1.811	2.427	3.243	4.322	5.743	7.612	10.063	13.268	17.449	29.960	50.950

续前表

n	15%	16%	18%	20%	24%	28%	32%	36%	40%	50%
1	1.150	1.160	1.180	1.200	1.240	1.280	1.320	1.360	1.400	1.500
2	1.323	1.346	1.392	1.440	1.538	1.638	1.742	1.850	1.960	2.250
3	1.521	1.561	1.643	1.728	1.907	2.097	2.300	2.515	2.744	3.375
4	1.749	1.811	1.939	2.074	2.364	2.684	3.306	3.421	3.842	5.062
5	2.011	2.100	2.288	2.488	2.932	3.436	4.007	4.653	5.378	7.594
6	2.313	2.436	2.700	2.986	3.635	4.398	5.290	6.328	7.530	11.391
7	2.660	2.826	3.185	3.583	4.508	5.630	6.983	8.605	10.541	17.086
8	3.059	3.278	3.759	4.300	5.590	7.206	9.217	11.703	14.758	25.629
9	3.518	3.803	4.453	5.160	6.931	9.223	12.166	15.917	20.661	38.443
10	4.046	4.411	5.234	6.192	8.594	11.806	16.060	21.647	28.925	57.665
11	4.652	5.117	6.176	7.430	10.657	15.112	21.199	29.439	40.496	86.498
12	5.350	5.936	7.288	8.916	13.215	19.343	27.983	40.037	56.694	129.746
13	6.153	6.886	8.599	10.699	16.386	24.759	36.937	54.451	79.371	194.620
14	7.076	7.988	10.147	12.839	20.319	31.691	48.757	74.053	111.120	291.929
15	8.137	9.266	11.974	15.407	25.196	40.565	64.359	100.712	155.568	437.894
16	9.358	10.748	14.219	18.488	31.243	51.923	84.954	136.69	217.795	656.84
17	10.761	12.468	16.672	22.186	38.741	66.461	112.139	186.277	304.913	985.26
18	12.375	14.463	19.673	26.623	48.039	85.017	148.024	253.338	426.879	1 477.89
19	14.232	16.777	23.214	31.948	59.568	108.890	195.391	344.540	597.630	2 216.8
20	16.367	19.461	27.393	38.338	73.864	139.380	257.916	468.574	836.683	3 325.26
25	32.919	40.874	62.669	95.396	216.542	478.905	1 033.59	2 180.08	4 499.88	25 251
30	66.212	85.850	143.371	237.376	634.820	1 645.504	4 142.07	10 143.0	24 201.4	191 750

附表二

1元的现值表（*DF*）

$$DF=\frac{1}{(1+i)^n}$$

n	1%	2%	3%	4%	5%	6%	7%	8%	9%	10%	12%
1	0.990	0.980	0.971	0.962	0.952	0.943	0.935	0.926	0.917	0.909	0.893
2	0.980	0.961	0.943	0.925	0.907	0.890	0.872	0.857	0.842	0.826	0.797
3	0.971	0.942	0.915	0.889	0.864	0.840	0.816	0.794	0.772	0.751	0.712
4	0.961	0.924	0.889	0.885	0.823	0.792	0.763	0.735	0.708	0.683	0.636
5	0.951	0.906	0.863	0.822	0.784	0.747	0.713	0.681	0.650	0.621	0.567
6	0.942	0.888	0.838	0.790	0.746	0.705	0.666	0.630	0.596	0.565	0.507
7	0.933	0.871	0.813	0.760	0.711	0.665	0.623	0.584	0.547	0.513	0.452
8	0.924	0.854	0.789	0.731	0.677	0.627	0.582	0.540	0.502	0.467	0.404
9	0.914	0.837	0.766	0.703	0.645	0.592	0.544	0.500	0.460	0.424	0.361
10	0.950	0.820	0.744	0.676	0.614	0.558	0.508	0.463	0.422	0.386	0.322
11	0.896	0.804	0.722	0.650	0.585	0.527	0.475	0.429	0.388	0.351	0.288
12	0.887	0.789	0.701	0.625	0.557	0.497	0.444	0.397	0.356	0.319	0.257
13	0.879	0.773	0.681	0.601	0.530	0.469	0.415	0.368	0.326	0.290	0.229
14	0.870	0.758	0.661	0.578	0.505	0.442	0.388	0.341	0.299	0.263	0.205
15	0.861	0.743	0.642	0.555	0.481	0.417	0.362	0.315	0.275	0.239	0.183
16	0.853	0.728	0.623	0.534	0.458	0.394	0.339	0.292	0.252	0.218	0.163
17	0.844	0.714	0.605	0.513	0.436	0.371	0.317	0.270	0.231	0.198	0.146
18	0.836	0.700	0.587	0.494	0.416	0.350	0.296	0.250	0.212	0.180	0.130
19	0.828	0.686	0.570	0.475	0.396	0.331	0.277	0.232	0.195	0.164	0.116
20	0.820	0.673	0.554	0.456	0.377	0.312	0.258	0.215	0.178	0.149	0.104
25	0.780	0.610	0.478	0.375	0.295	0.233	0.184	0.146	0.116	0.092	0.059
30	0.742	0.552	0.412	0.308	0.231	0.174	0.131	0.099	0.075	0.057	0.033

续前表

n	14%	15%	16%	18%	20%	24%	28%	32%	36%	40%	50%
1	0.877	0.870	0.862	0.847	0.833	0.806	0.781	0.758	0.735	0.714	0.667
2	0.769	0.756	0.743	0.718	0.694	0.650	0.610	0.574	0.541	0.510	0.444
3	0.675	0.658	0.641	0.609	0.579	0.524	0.477	0.435	0.398	0.364	0.296
4	0.592	0.572	0.552	0.516	0.482	0.423	0.373	0.329	0.292	0.260	0.198
5	0.519	0.497	0.476	0.437	0.402	0.341	0.291	0.250	0.251	0.186	0.132
6	0.456	0.432	0.410	0.370	0.335	0.275	0.227	0.189	0.158	0.133	0.088
7	0.400	0.376	0.354	0.314	0.279	0.222	0.178	0.143	0.116	0.095	0.059
8	0.351	0.327	0.305	0.266	0.233	0.179	0.139	0.108	0.085	0.068	0.039
9	0.038	0.284	0.263	0.226	0.194	0.144	0.108	0.082	0.063	0.048	0.026
10	0.270	0.247	0.227	0.191	0.162	0.116	0.085	0.062	0.046	0.035	0.017
11	0.237	0.215	0.195	0.162	0.135	0.094	0.066	0.047	0.034	0.025	0.012
12	0.208	0.187	0.169	0.137	0.112	0.076	0.052	0.036	0.025	0.018	0.008
13	0.182	0.163	0.145	0.116	0.093	0.061	0.040	0.027	0.018	0.013	0.005
14	0.160	0.141	0.125	0.099	0.078	0.049	0.032	0.021	0.014	0.009	0.003
15	0.140	0.123	0.108	0.084	0.065	0.040	0.025	0.016	0.010	0.006	0.002
16	0.123	0.107	0.093	0.071	0.054	0.032	0.019	0.012	0.007	0.005	0.002
17	0.108	0.093	0.080	0.060	0.045	0.026	0.015	0.009	0.005	0.003	0.001
18	0.095	0.081	0.069	0.051	0.038	0.021	0.012	0.007	0.004	0.002	0.001
19	0.083	0.070	0.060	0.043	0.031	0.017	0.009	0.005	0.003	0.002	0.000
20	0.073	0.061	0.051	0.037	0.026	0.014	0.007	0.004	0.002	0.001	0.000
25	0.038	0.030	0.024	0.016	0.010	0.005	0.002	0.001	0.000	0.000	—
30	0.020	0.015	0.012	0.007	0.004	0.002	0.001	0.000	0.00	—	—

附表三

1 元的年金终值表（*ACF*）

$$ACF=\frac{(1+i)^n-1}{i}$$

n	1%	2%	3%	4%	5%	6%	7%	8%	9%	10%	12%	14%
1	1.000	1.000	1.000	1.000	1.000	1.000	1.000	1.000	1.000	1.000	1.000	1.000
2	0.010	2.020	2.030	2.040	2.050	2.060	2.070	2.080	2.090	2.100	2.120	2.140
3	3.030	3.060	3.091	3.122	3.152	3.184	3.125	3.246	3.278	3.310	3.374	3.440
4	4.060	4.122	4.184	4.246	4.310	4.375	4.440	4.506	4.573	4.641	4.779	4.921
5	5.101	5.204	5.809	5.416	5.526	5.637	5.751	5.867	5.985	6.105	6.353	6.610
6	6.152	6.308	6.468	6.633	6.802	6.975	7.153	7.336	7.523	7.716	8.115	8.536
7	7.214	7.434	7.662	7.898	8.142	8.394	8.654	8.923	9.200	9.487	10.089	10.730
8	8.286	8.583	8.892	9.214	9.549	9.897	10.260	10.637	11.028	11.436	12.300	13.233
9	9.369	9.755	10.159	10.583	11.027	11.491	11.978	12.488	13.021	13.579	14.776	16.085
10	10.462	10.950	11.464	12.006	12.578	13.181	13.816	14.487	15.193	15.937	17.549	19.337
11	11.567	12.169	12.808	13.486	14.207	14.972	15.784	16.645	17.560	18.531	20.655	23.044
12	12.683	13.412	14.192	15.062	15.917	16.870	17.888	18.977	20.141	21.384	24.133	27.271
13	13.809	14.680	15.618	16.627	17.713	18.882	20.141	21.495	22.953	24.523	28.029	32.089
14	14.947	15.974	17.086	18.292	19.599	21.051	22.550	24.215	26.019	27.975	32.393	37.581
15	16.097	17.293	18.599	20.024	21.579	23.276	25.129	27.152	29.361	31.772	37.280	43.842
16	17.258	18.639	20.157	21.825	23.675	25.673	27.888	30.324	33.003	35.950	42.753	50.980
17	18.430	20.012	21.762	23.698	25.840	28.213	30.840	33.750	36.974	40.545	48.884	59.118
18	19.615	21.412	23.414	25.645	28.132	30.906	33.999	37.450	41.301	45.599	55.750	68.394
19	20.811	22.841	25.117	27.671	30.539	33.760	37.379	41.446	46.018	51.159	63.440	78.969
20	22.019	24.297	26.870	29.778	33.066	36.786	40.995	45.762	51.160	57.275	72.052	91.025
25	28.243	32.030	36.459	41.646	47.727	54.865	63.249	73.106	84.701	98.347	133.334	181.871
30	34.785	40.568	47.575	56.085	66.439	79.058	94.461	113.283	136.308	164.494	241.333	356.787

续前表

n	16%	18%	20%	24%	28%	32%	36%	40%	50%
1	1.000	1.000	1.000	1.000	1.000	1.000	1.000	1.000	1.000
2	2.160	2.180	2.200	2.240	2.280	2.320	2.360	2.400	2.500
3	3.506	3.572	3.640	3.778	3.918	4.062	4.210	4.360	4.750
4	5.066	5.215	5.368	5.634	6.016	6.362	6.725	7.104	8.125
5	6.877	7.154	7.442	8.048	8.700	9.398	10.146	1.946	13.187
6	8.977	9.442	9.930	10.980	12.136	13.406	14.799	16.324	20.781
7	11.414	12.142	14.916	14.615	16.534	18.696	21.126	23.853	32.172
8	14.240	15.327	16.499	19.123	22.163	25.678	29.732	34.395	49.258
9	17.518	19.086	20.799	24.712	29.369	34.895	41.435	49.153	74.887
10	21.321	23.521	25.959	31.643	38.592	47.062	57.352	69.814	113.33
11	25.733	28.755	32.150	40.238	50.399	63.122	78.998	98.739	170.99
12	30.850	34.931	39.580	50.895	65.510	84.320	108.44	139.44	257.49
13	36.786	42.219	48.497	64.110	84.853	112.30	148.48	195.93	387.24
14	43.672	50.818	59.196	80.496	109.61	149.24	202.93	275.30	581.86
15	51.660	60.965	72.035	100.815	141.31	197.99	276.98	386.42	873.78
16	60.925	72.939	87.424	126.011	181.87	262.36	377.69	541.99	1 311.7
17	71.673	87.068	105.931	157.253	233.79	347.31	514.66	759.78	1 968.5
18	84.141	103.740	128.117	195.994	300.25	459.45	700.94	1 064.7	2 953.8
19	98.603	123.414	154.740	244.033	385.32	607.47	954.28	1 491.6	4 431.7
20	115.380	146.628	186.688	303.601	494.21	802.86	1 298.8	2 089.2	6 648.5
25	249.214	342.603	471.981	898.092	1 706.8	3 226.8	6 053.0	11 247.2	50 500.3
30	530.312	790.948	1 181.882	2 640.916	5 873.2	12 941.0	28 172.2	60 501.1	583 500.0

附表四

1元的年金现值表（*ADF*）

$$ADF=\frac{1}{i}\left[1-\frac{1}{(1+i)^n}\right]$$

n	1%	2%	3%	4%	5%	6%	7%	8%	9%	10%	12%
1	0.990	0.980	0.971	0.962	0.952	0.943	0.935	0.926	0.917	0.909	0.893
2	1.970	1.942	1.914	1.886	1.859	1.833	1.808	1.783	1.759	1.736	1.690
3	2.941	2.884	2.829	2.775	2.723	2.673	2.624	2.577	2.531	2.487	2.402
4	3.902	3.808	3.717	3.630	3.546	3.465	3.387	3.312	3.240	3.170	3.037
5	4.853	4.713	4.580	4.452	4.330	4.212	4.100	3.993	3.890	3.791	3.605
6	5.796	5.601	5.417	5.242	5.076	4.917	4.766	4.623	4.486	4.355	4.111
7	6.728	6.472	6.230	6.002	5.786	5.582	5.389	5.206	5.033	4.868	4.564
8	7.652	7.326	7.020	6.733	6.463	6.210	5.971	5.747	5.535	5.335	4.968
9	8.566	8.162	7.786	7.435	7.108	6.802	6.515	6.247	5.995	5.759	5.328
10	9.471	8.983	8.530	8.111	7.722	7.360	7.024	6.710	6.418	6.145	5.650
11	10.368	9.787	9.253	8.761	8.306	7.887	7.499	7.139	6.805	6.495	5.938
12	11.255	10.575	9.954	9.385	8.863	8.384	7.943	7.536	7.161	6.814	6.194
13	12.134	11.348	10.635	9.986	9.394	8.853	8.358	7.904	7.487	7.103	6.424
14	13.004	12.106	11.296	10.563	9.899	9.295	8.746	8.244	7.786	7.367	6.628
15	12.865	12.849	11.938	11.118	10.380	9.712	9.108	8.559	8.060	7.606	6.811
16	14.718	13.578	12.561	11.652	10.838	10.106	9.447	8.851	8.313	7.824	6.974
17	15.562	14.292	13.166	12.166	11.274	10.477	9.763	9.122	8.544	8.022	7.120
18	16.398	14.992	13.754	12.659	11.690	10.828	10.059	9.372	8.756	8.201	7.250
19	17.226	15.679	14.324	13.134	12.085	11.158	10.336	9.604	8.950	8.365	7.366
20	18.047	16.351	14.878	13.590	12.462	11.470	10.594	9.818	9.129	8.514	7.469
25	22.023	19.524	17.413	15.622	14.094	12.783	11.654	10.675	9.823	9.077	7.843
30	25.808	22.397	19.600	17.792	15.373	13.765	12.409	11.258	10.274	9.427	8.055

续前表

n	14%	16%	18%	20%	24%	28%	32%	36%	40%	50%
1	0.877	0.862	0.847	0.833	0.806	0.781	0.758	0.735	0.714	0.667
2	1.647	1.605	1.566	1.528	1.457	1.392	1.332	1.276	1.224	1.111
3	2.322	2.246	2.174	2.106	1.981	1.868	1.766	1.674	1.589	1.407
4	2.914	2.798	2.690	2.589	2.404	2.241	2.096	1.966	1.849	1.605
5	3.433	3.274	3.127	2.991	2.745	2.532	2.345	2.181	2.035	1.737
	3.889	3.685	3.4986	3.326	3.020	2.759	2.534	2.339	2.168	1.824
7	4.288	4.039	3.812	3.605	3.242	2.937	2.678	2.455	2.263	1.883
8	4.639	4.344	4.078	3.837	3.421	3.076	2.786	2.540	2.331	1.992
9	4.946	4.607	4.303	4.031	3.566	3.184	2.868	2.603	2.379	1.948
10	5.216	4.833	4.494	4.193	3.682	3.269	2.930	2.650	2.414	1.965
11	5.453	5.029	4.656	4.327	3.776	3.335	2.978	2.683	2.438	1.977
12	5.660	5.197	4.793	4.439	3.851	3.387	3.013	2.708	2.456	1.985
13	5.842	5.342	4.910	4.533	3.912	3.427	3.040	2.727	2.469	1.990
14	6.002	5.468	5.008	4.611	3.962	3.459	3.061	2.740	2.478	1.993
15	6.142	5.576	5.092	4.675	4.001	3.483	3.076	2.750	2.484	1.995
16	6.625	5.669	5.162	4.730	4.033	3.503	3.088	2.758	2.489	1.997
17	6.373	5.749	5.222	4.775	4.059	3.518	3.097	2.763	2.492	1.998
18	6.467	5.818	5.273	4.812	4.080	3.529	3.104	2.767	2.494	1.999
19	6.550	5.878	5.316	4.844	4.097	3.539	3.107	2.770	2.496	1.999
20	6.623	5.929	5.353	4.870	4.110	3.546	3.113	2.772	2.497	1.999
25	6.873	6.097	5.464	4.948	4.147	3.564	3.122	2.776	2.499	2.000
30	7.003	6.177	5.517	4.979	4.160	3.569	3.124	2.778	2.500	2.000

参考文献

[1] 刘兴云，汪平主编．财务管理学．北京：经济科学出版社，2000

[2] 余绪缨主编．企业理财学．沈阳：辽宁人民出版社，1995

[3] 汪平著．财务理论．北京：经济管理出版社，2003

[4] 金德环主编．证券市场规范化建设研究．上海：上海财经大学出版社，1998

[5] 中国注册会计师教育教材编审委员会编．财务管理．北京：经济科学出版社，2003

[6] 唐现杰，卜穆峰主编．公司财务．哈尔滨：黑龙江人民出版社，2002

[7] 全国会计专业技术资格考试领导小组办公室编．财务管理．北京：中国财政经济出版社，2002

[8] 王化成，刘俊彦主编．财务管理学．北京：中国人民大学出版社，2002

[9] 荆新主编．公司财务．北京：中央广播电视大学出版社，2002

[10] 詹姗期，范霍因等著．现代企业财务管理．北京：经济科学出版社，1998

[11] 苏号朋．企业经营陷阱与法律防范丛书——重组篇．北京：中国经济出版社，2001

[12] 张兆国．高级财务管理．武汉：武汉大学出版社，2002

[13] 吴晓求．公司并购原理．北京：中国人民大学出版社，2001

[14] 胡玄能．企业并购分析．北京：经济管理出版社，2002

[15] 戴维·F·霍金斯编著，孙铮、郭永清译．公司财务报告与分析——教程与案例．大连：东北财经大学出版社，2000

[16] 刘学华．新编财务管理．上海：立信会计出版社，2001

[17] 卢雁影．财务分析．武汉：武汉大学出版社，2002

[18] 荆新，刘兴云．财务分析学．北京：经济科学出版社，2000

[19] 陆正飞．财务管理．大连：东北财经大学出版社，2001

图书在版编目(CIP)数据

财务管理学/龙云飞主编
北京:中国人民大学出版社,2004
21世纪成人高等教育精品教材
ISBN 978-7-300-05617-3

Ⅰ.财…
Ⅱ.龙…
Ⅲ.财务管理-成人教育:高等教育-教材
Ⅳ.F275

中国版本图书馆CIP数据核字(2004)第054965号

21世纪成人高等教育精品教材
财务管理学
主编 龙云飞

出版发行	中国人民大学出版社		
社　　址	北京中关村大街31号	**邮政编码**	100080
电　　话	010－62511242(总编室)		010－62511398(质管部)
	010－82501766(邮购部)		010－62514148(门市部)
	010－62515195(发行公司)		010－62515275(盗版举报)
网　　址	http://www.crup.com.cn http://www.ttrnet.com(人大教研网)		
经　　销	新华书店		
印　　刷	北京市易丰印刷有限责任公司		
规　　格	170 mm×228 mm　16开本	**版　　次**	2004年10月第1版
印　　张	24　插页1	**印　　次**	2016年3月第16次印刷
字　　数	411 000	**定　　价**	35.00元